NCS 직업기초능력평가

2025 고시넷 공기업

최신 LH 업무직 기출 유형

새롭게 바뀐 필기시험 출제영역

LH 한국토지주택공사
7급 업무직원 NCS
기출예상모의고사

동영상 강의 WWW.GOSINET.CO.KR

gosinet
(주)고시넷

스마트폰에서 검색 고시넷

www.gosinet.co.kr

최고 강사진의
동영상 강의

수강생 만족도 1위

류준상 선생님
- 서울대학교 졸업
- 응용수리, 자료해석 대표강사
- 정답이 보이는 문제풀이 스킬 최다 보유
- 수포자도 만족하는 친절하고 상세한 설명

고시넷 취업강의 수강 인원 1위

김지영 선생님
- 성균관대학교 졸업
- 의사소통능력, 언어 영역 대표강사
- 빠른 지문 분석 능력을 길러 주는 강의
- 초단기 언어 영역 완성

공부의 神

양광현 선생님
- 서울대학교 졸업
- NCS 모듈형 대표강사
- 시험에 나올 문제만 콕콕 짚어주는 강의
- 중국 칭화대학교 의사소통 대회 우승
- 前 공신닷컴 멘토

PREFACE

정오표 및 학습 질의 안내

정오표 확인 방법

고시넷은 오류 없는 책을 만들기 위해 최선을 다합니다. 그러나 편집 과정에서 미처 잡지 못한 실수가 뒤늦게 나오는 경우가 있습니다. 고시넷은 이런 잘못을 바로잡기 위해 정오표를 실시간으로 제공합니다. 감사하는 마음으로 끝까지 책임을 다하겠습니다.

고시넷 홈페이지 접속 > 고시넷 출판-커뮤니티 > 정오표

www.gosinet.co.kr

 모바일폰에서 QR코드로 실시간 정오표를 확인할 수 있습니다.

학습 질의 안내

학습과 교재선택 관련 문의를 받습니다. 적절한 교재선택에 관한 조언이나 고시넷 교재 학습 중 의문 사항은 아래 주소로 메일을 주시면 성실히 답변드리겠습니다.

이메일주소 qna@gosinet.co.kr

CONTENTS 차례

LH 한국토지주택공사[업무직] 필기시험 정복

- 구성과 활용
- LH 한국토지주택공사 소개
- 모집공고 및 채용 절차
- LH 한국토지주택공사[업무직] 기출 유형 분석

파트 1 LH 한국토지주택공사[업무직] 기출예상모의고사

1회 기출예상문제	16
2회 기출예상문제	70
3회 기출예상문제	110
4회 기출예상문제	148
5회 기출예상문제	194

파트 2 인성검사

01 인성검사의 이해 ──────────── 238
02 인성검사 연습 ──────────── 245

파트 3 면접가이드

01 NCS 면접의 이해 ──────────── 252
02 NCS 구조화 면접 기법 ──────────── 254
03 면접 최신 기출 주제 ──────────── 259

책 속의 책 정답과 해설

파트 1 LH 한국토지주택공사[업무직] 기출예상모의고사

1회 기출예상문제 ──────────── 2
2회 기출예상문제 ──────────── 14
3회 기출예상문제 ──────────── 24
4회 기출예상문제 ──────────── 35
5회 기출예상문제 ──────────── 45

EXAMINATION GUIDE 구성과 활용

1
LH공사 소개 & 채용 절차

LH공사의 미션, 비전, 핵심가치, 경영목표, 인재상 등을 수록하였으며 최근 모집공고의 내용 및 채용 절차 등을 쉽고 빠르게 확인할 수 있도록 구성하였습니다.

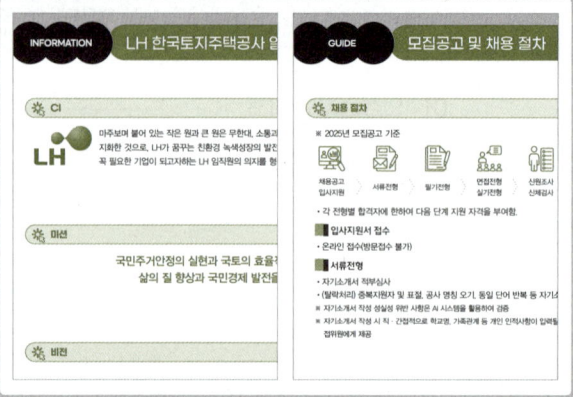

2
LH공사 업무직 기출문제 분석

2023~2024년 최신 기출문제를 분석하여 최근 출제 경향을 한눈에 파악할 수 있도록 하였습니다.

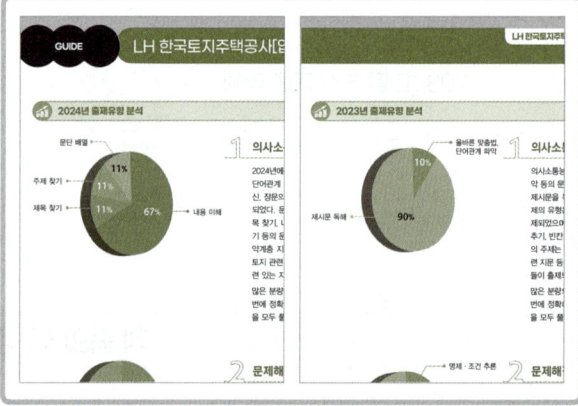

3
기출예상문제로 실전 연습 & 실력 UP!!

총 5회의 기출예상문제로 자신의 실력을 점검하고 완벽한 실전 준비가 가능하도록 구성하였습니다.

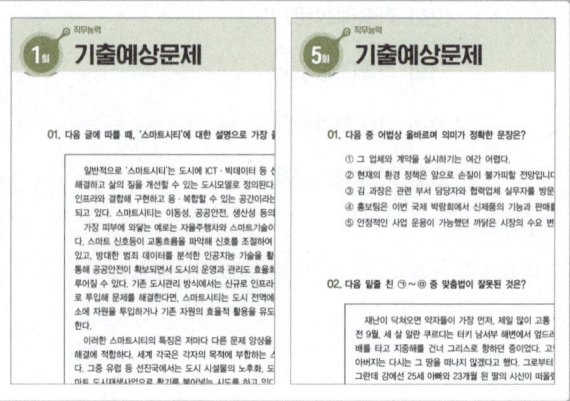

4

인성검사 & 면접으로 마무리까지 OK!!!

최근 채용 시험에서 점점 중시되고 있는 인성검사와 면접 질문들을 수록하여 마무리까지 완벽하게 대비할 수 있도록 하였습니다.

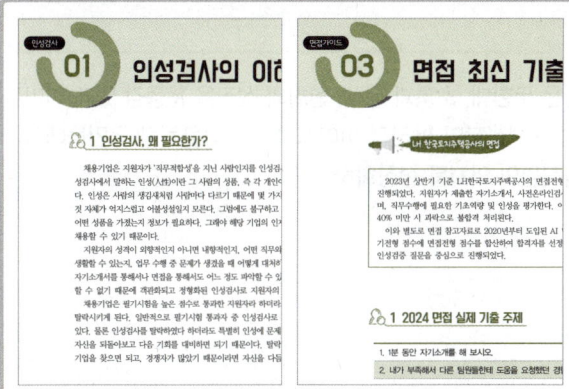

5

상세한 해설과 오답풀이가 수록된 정답과 해설

기출예상문제의 상세한 해설을 수록하였고 오답풀이 및 보충 사항들을 수록하여 문제풀이 과정에서의 학습 효과가 극대화될 수 있도록 구성하였습니다.

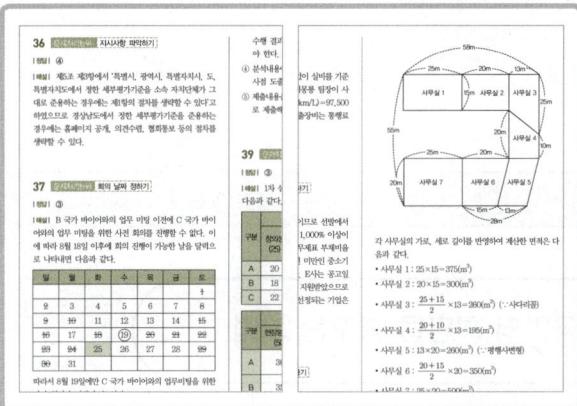

INFORMATION
LH 한국토지주택공사 알아두기

CI

마주보며 붙어 있는 작은 원과 큰 원은 무한대, 소통과 상생, 변화와 성장을 운동감 있게 이미지화한 것으로, LH가 꿈꾸는 친환경 녹색성장의 발전적 이미지와 공기방울처럼 국민들에게 꼭 필요한 기업이 되고자하는 LH 임직원의 의지를 형상화하였다.

미션

국민주거안정의 실현과 국토의 효율적 이용으로
삶의 질 향상과 국민경제 발전을 선도

비전

살고 싶은 집과 도시로 국민의 희망을 가꾸는 기업

핵심가치

T	R	U	S	T
국민중심 (Together)	미래혁신 (Revolution)	소통화합 (Unification)	안전품질 (Safety & Quality)	청렴공정 (Transparency)

전사적 경영목표

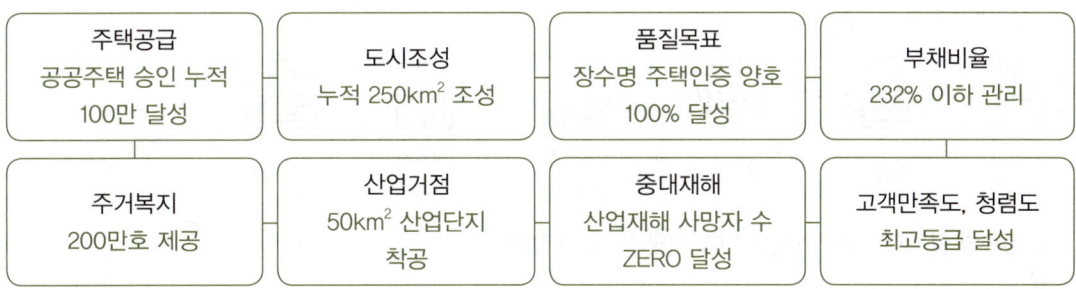

주택공급	도시조성	품질목표	부채비율
공공주택 승인 누적 100만 달성	누적 250km² 조성	장수명 주택인증 양호 100% 달성	232% 이하 관리
주거복지	**산업거점**	**중대재해**	**고객만족도, 청렴도**
200만호 제공	50km² 산업단지 착공	산업재해 사망자 수 ZERO 달성	최고등급 달성

인재상

LH C.O.R.E. Leadership

소통 · 성과 · 도전 · 공익으로 미래가치를 창출하는 핵심인재

LH 의미

LH는 영문 공식명칭에 기반한 대표 이니셜을 사용하여 토지 · 주택분야 대표기업으로서의 의미를 함축하며, 또한 L과 H의 이니셜은 Land & Housing, Life & Human, Love & Happiness 등 인간중심과 국민행복을 위한 주거공간 및 도시 · 국토개발의 고객가치를 담았다.

설립근거

	법률 제20557호 한국토지주택공사법
설립목적	한국토지주택공사를 설립하여 토지의 취득 · 개발 · 비축 · 공급, 도시의 개발 · 정비, 주택의 건설 · 공급 · 관리 업무를 수행하게 함으로써 국민주거생활의 향상과 국토의 효율적인 이용을 도모하여 국민경제의 발전에 이바지함을 목적으로 한다.
자본금	공사의 자본금은 65조 원으로 하고, 그 전액을 정부가 출자한다.

※ 자세한 정보는 LH 홈페이지에서 확인할 수 있습니다.

GUIDE 모집공고 및 채용 절차

채용 절차

※ 2025년 모집공고 기준

채용공고 입사지원 〉 서류전형 〉 필기전형 〉 면접전형 실기전형 〉 신원조사 신체검사 〉 최종 합격

- 각 전형별 합격자에 한하여 다음 단계 지원 자격을 부여함.

입사지원서 접수
- 온라인 접수(방문접수 불가)

서류전형
- 자기소개서 적부심사
- (탈락처리) 중복지원자 및 표절, 공사 명칭 오기, 동일 단어 반복 등 자기소개서 작성 성실성 위반 시 탈락처리

※ 자기소개서 작성 성실성 위반 사항은 AI 시스템을 활용하여 검증
※ 자기소개서 작성 시 직·간접적으로 학교명, 가족관계 등 개인 인적사항이 입력될 경우 위반사항은 임의 블라인드 처리하여 면접위원에게 제공

필기전형

- 전형대상 : 서류전형 합격자
- 전형내용 : 직무능력검사

구분		문항 수/시간(분)	평가항목
직무능력검사	NCS 직업기초능력	50/60	의사소통능력, 문제해결능력 등

- 직무능력검사 점수에 가산점을 합산하여 고득점자 순으로 선발예정인원의 2배수 선정
- 필기전형 평가점수(가산점 제외)가 만점의 40% 미만 시 과락(불합격) 처리
- 동점자 전원 선발

사전 온라인 검사

- 전형대상: 필기전형 합격자
- 필기전형 합격자는 기한 내 AI면접, 온라인 인성검사를 모두 응시하여야 하며, 기한 내 미응시할 경우 지원의사가 없는 것으로 간주하여 면접전형 응시 불가
- 사전 온라인검사 자료는 면접 시 참고자료로 활용될 예정

구분	내용	평가항목
사전 온라인검사	AI면접, 온라인 인성검사	태도, 직업윤리 등 인성전반

 실기전형

- 전형대상 : 법무관리 직무 지원자이면서 필기전형 합격자 중 기한 내 사전 온라인 검사 및 서류제출 완료자
- 전형내용 : 실기능력검증(면접일 또는 별도 공지일에 실시)
  - 법무관리 : 법무관리 실무(경·공매, 채권추심 등)에 대한 실무능력 평가
- 실기전형 평가점수(가산점 제외)의 40% 미만 득점자는 과락(불합격) 처리
- 별도로 합격자를 선정하지 않고 면접전형 합격자 선정 시 합산하여 반영

 면접전형

- 전형대상: 필기전형 합격자 중 기한 내 사전 온라인 검사 및 서류제출 완료자
- 전형내용 : 종합 심층면접(직무기초역량 및 인성검증 등)

면접방식	평가항목
대면면접(다대다 방식) : 자기소개서, 사전온라인검사 결과지 등 활용	직무수행에 필요한 기초역량 및 인성 (인터뷰 형식)

- 면접전형 평가점수(가산점 제외)가 만점의 40% 미만 시 과락(불합격) 처리

GUIDE

LH 한국토지주택공사[업무직] 기출 유형 분석

2024년 출제유형 분석

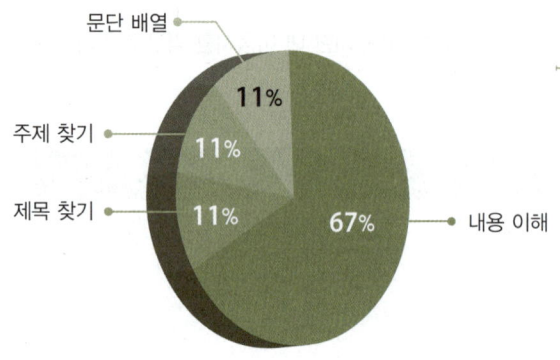

- 문단 배열: 11%
- 주제 찾기: 11%
- 제목 찾기: 11%
- 내용 이해: 67%

1 의사소통능력

2024년에는 2023년과는 달리 맞춤법, 띄어쓰기, 단어관계 파악 등의 문제가 출제되지 않았다. 대신, 장문의 제시문을 독해하는 문제가 다수 출제되었다. 문제의 유형은 문단배열, 주제 찾기, 제목 찾기, 내용 일치, 내용 흐름상 어색한 문장 찾기 등의 문제가 출제되었다. 제시문의 주제는 취약계층 지원 사업, 공공임대주택, 신혼부부청약, 토지 관련 지문 등 LH공사와 직·간접적으로 관련 있는 지문들이 출제되었다.

많은 분량의 제시문을 읽어야 하므로 독해를 한 번에 정확하게 하여 한 지문에 제시된 세트문항을 모두 풀이할 수 있도록 하는 것이 유리하다.

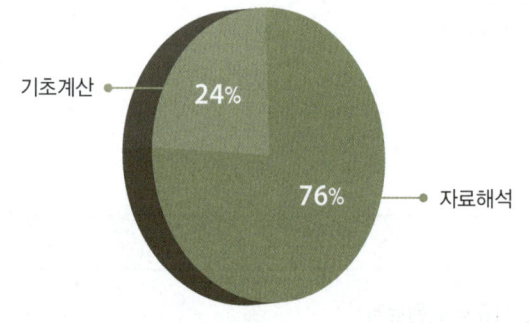

- 기초계산: 24%
- 자료해석: 76%

2 문제해결능력

2024년에는 2023년과는 달리 명제, 조건 추론 등의 문제가 출제되지 않았다. 대신, 자료 해석 문제가 다수 출제되었다. 자료해석형 문제는 주로 자료를 바탕으로 수치를 분석하거나 계산을 수행하는 문제가 출제되었다. 문제의 유형은 기준에 따라 업체 선정하기, 프린트 시간 계산, 연차 계산, 연차 보상비 계산, 성과금 계산, 남은 휴가 일수 계산, 법조문과 규정 파악, 부서에 필요한 물품 계산 등이 출제되었다. 자료의 소재는 전세사기 등 LH공사와 직·간접적으로 관련 있는 지문들이 출제되었다.

많은 분량의 자료를 분석해야 하므로, 문제풀이에 필요한 부분을 빠르게 파악하여 해석하는 능력이 요구된다.

2023년 출제유형 분석

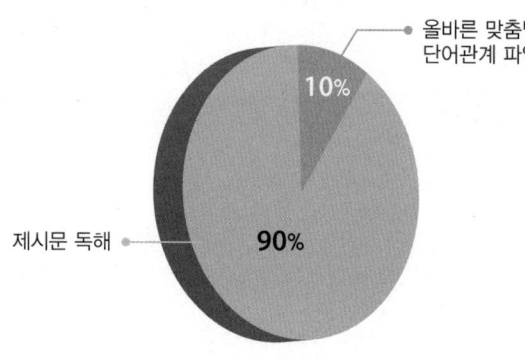

올바른 맞춤법, 단어관계 파악 10%
제시문 독해 90%

1 의사소통능력

의사소통능력은 맞춤법, 띄어쓰기, 단어관계 파악 등의 문제가 일부 출제되었다. 그리고 장문의 제시문을 독해하는 문제가 다수 출제되었다. 문제의 유형은 일치·불일치 파악 문제가 다수 출제되었으며, 주제 찾기, 제목 찾기, 문단 순서 맞추기, 빈칸 추론 등의 문제가 출제되었다. 제시문의 주제는 공공임대주택, 신혼부부청약, 토지 관련 지문 등 LH와 직·간접적으로 관련 있는 지문들이 출제되었다.

많은 분량의 제시문을 읽어야 하므로 독해를 한 번에 정확하게 하여 한 지문에 제시된 세트문항을 모두 풀이할 수 있도록 하는 것이 유리하다.

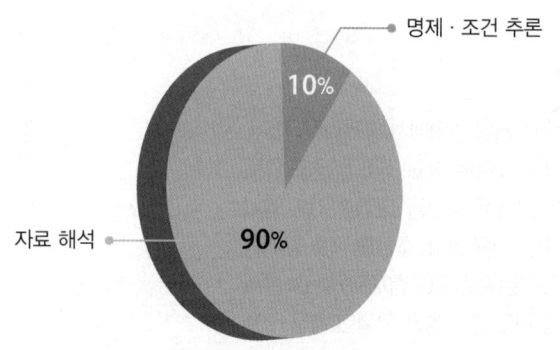

명제·조건 추론 10%
자료 해석 90%

2 문제해결능력

문제해결능력은 명제, 조건 등이 주어지고 추론하는 문제가 일부 출제되었다. 그리고 자료 해석 문제가 다수 출제되었다. 자료 해석형 문제는 주로 자료를 바탕으로 계산을 수행하거나, 자료를 분석하는 문제가 출제되었는데, 문제의 유형으로는 잔여 비품을 파악하는 문제, 기준에 따라 업체 선정하기, 비용 및 수익 계산, 근무조 파악, 법조문과 규정 파악, 결재 순서 파악 등의 문제가 출제되었다. 자료의 소재는 장기수선충당금, 전세 사기등 LH와 직·간접적으로 관련 있는 자료들이 출제되었다.

많은 분량의 자료를 분석해야 하므로, 문제 풀이에 필요한 부분을 빠르게 파악하여 해석하는 능력이 요구된다.

고시넷 LH 한국토지주택공사 [업무직] NCS

영역별 출제비중

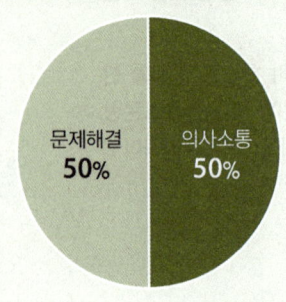

- ▶ 부적절한 문장을 고르는 문제
- ▶ 세부 내용 파악하는 문제
- ▶ 주제 찾기 문제
- ▶ 제시문의 빈칸 추론 문제
- ▶ 비용 계산하기
- ▶ 기준에 따라 업체 선정하기
- ▶ 비품 파악 문제
- ▶ 근무조 파악 문제

LH한국토지주택공사[업무직]의 필기시험은 의사소통능력, 문제해결능력 2개의 영역에서 출제된다. 먼저, 의사소통능력의 경우 제시문의 길이가 길며, 한 지문에 2~3개의 문항이 세트로 출제되었다. 문제 유형의 경우 문단의 순서를 맞추는 문제, 주제 또는 제목을 고르는 문제, 적절하지 않은 문장을 고르는 문제, 일치/불일치 여부를 파악하는 문제, 빈칸 채우기 문제 등 세부 내용 파악 및 중심 내용 파악, 추론형 독해 문제가 골고루 출제되었다. 그리고 문제해결능력의 경우 주로 자료해석 능력을 요하는 문제들이 출제되었는데 문제해결능력과 더불어 수리능력, 자원관리능력이 혼합된 복합형 문제들이 출제되었다. 출제 유형의 경우 비품 파악 문제, 비용 및 수익 계산, 기준에 따른 업체 선정, 결재 순서 파악, 규정·법조문 해석, 근무조 파악 등의 문제가 출제되었다.

LH 한국토지주택공사
[업무직]

파트
1

기출예상모의고사

1회 기출예상문제
2회 기출예상문제
3회 기출예상문제
4회 기출예상문제
5회 기출예상문제

1회 기출예상문제

직무능력

문항수 : 50 문항
문항시간 : 60 분

▶ 정답과 해설 2쪽

01. 다음 글에 따를 때, '스마트시티'에 대한 설명으로 가장 옳지 않은 것은?

> 일반적으로 '스마트시티'는 도시에 ICT · 빅데이터 등 신기술을 접목하여 각종 도시문제를 해결하고 삶의 질을 개선할 수 있는 도시모델로 정의된다. 최근에는 다양한 혁신기술을 도시 인프라와 결합해 구현하고 융 · 복합할 수 있는 공간이라는 '도시 플랫폼'으로 그 의미가 확장되고 있다. 스마트시티는 이동성, 공공안전, 생산성 등의 분야에서 현재와 다를 것이다.
> 가장 피부에 와닿는 예로는 자율주행차와 스마트기술이 결합해 이동성이 높아진다는 것이다. 스마트 신호등이 교통흐름을 파악해 신호를 조절하여 교통체증 없이 목적지에 도착할 수 있고, 방대한 범죄 데이터를 분석한 인공지능 기술을 활용해 범죄를 예방할 수 있다. 이를 통해 공공안전이 확보되면서 도시의 운영과 관리도 효율화되어 비용절감과 생산성 향상이 이루어질 수 있다. 기존 도시관리 방식에서는 신규로 인프라를 건설하거나 인력 등 자원을 추가로 투입해 문제를 해결한다면, 스마트시티는 도시 전역에서 수집한 정보를 분석하여 적재적소에 자원을 투입하거나 기존 자원의 효율적 활용을 유도하는 방식으로 인프라 문제를 해결한다.
> 이러한 스마트시티의 특징은 저마다 다른 문제 양상을 가지는 각국의 개별 도시들의 문제 해결에 적합하다. 세계 각국은 각자의 목적에 부합하는 스마트시티 프로젝트를 추진하고 있다. 그중 유럽 등 선진국에서는 도시 시설물의 노후화, 도심지역의 쇠퇴를 극복하기 위한 스마트 도시재생사업으로 활기를 불어넣는 시도를 하고 있다. 한편, 아시아와 중남미 등 신흥국에서는 급격한 인구 증가와 도시로의 인구이동에 따라 주택, 물, 에너지, 도로 등 인프라 부족이 심각한 문제가 되면서 스마트기술을 활용하여 보다 효율적으로 대응하는 노력이 이어지고 있다.
> 인프라가 스마트화되면 그 인프라를 사용하는 수요자에게 편익을 제공함과 동시에 인프라를 운영하고 유지 · 관리하는 주체의 생산성과 효율성도 크게 높일 수 있다. 따라서 다양한 기술과 역량을 가진 민간투자의 새로운 사업성이 창출된다. 공적투자에 비해 도시의 인프라 수요에 유연하게 대처할 수 있는 민간사업은 스마트시티 관련 사업을 발굴하고 제안하며 융 · 복합하는 데 필수적인 요소가 될 것이다.

① 자가용을 활용할 시 통근 시간이 단축될 것이다.
② 신규 인프라를 건설하거나 신규 인력채용을 하지 않고도 도시의 효율성을 높일 수 있다.
③ 유럽 등 선진국은 급격한 인구증가에 따른 인프라 부족 문제를 해결하기 위해 ICT · 빅데이터 등 신기술을 활용한다.
④ 아시아와 중남미 등 신흥국의 인구 증가와 인프라 부족 문제는 기존의 방식인 신규 인프라 건설, 자원 추가 투입으로 해결할 수 없다.
⑤ 도시 플랫폼의 스마트시티를 위해 민간투자가 중요한 역할을 할 수 있다.

02. 다음은 LH공사의 '그린리모델링창조센터'에서 작성한 보도자료의 일부 내용이다. 이를 통해 홍보하고자 하는 사항으로 가장 적절한 것은?

> 도시재생이 필요한 쇠퇴지역의 경우 건축물과 기반시설 등이 낙후되어 폭우로 인한 홍수, 폭염, 혹한 등과 같은 기후재난에 대한 대응력이 부족하고, 건물의 에너지 효율이 낮아 여름과 겨울 냉난방비 증가로 주민의 에너지소비 부담이 가중된다. 이러한 기후변화를 대비하기 위해 전 세계적 약속인 신기후체제의 이행방안으로 우리나라의 온실가스감축 목표를 달성하기 위하여 그린리모델링의 도시적 접근은 필수적인 상황이다.
> 이에 공사에서는 지방자치단체 공무원, 사업시행 주체, 현장지원센터 담당자, 전문가, 주민 등 도시재생뉴딜의 여러 이해관계자들이 사업 계획을 수립 및 시행하는 과정에서 그린리모델링을 포함한 녹색건축의 적용에 참고할 수 있는 지침을 제공하기 위하여 가이드라인을 작성하였다.
> 가이드라인의 주요 내용으로 뉴딜 사업에서 그린리모델링 사업을 위한 도시재생 유형별 중점 고려사항 및 관계자별 역할을 명시하였다. 저층 노후 주거지의 기존건축물에는 그린리모델링, 신축의 경우에는 제로에너지와 마을에너지인프라 구축 등의 녹색건축사업과 연계하여 노후건축물의 성능 개선 및 에너지 자립 기반을 마련하고 에너지 및 친환경 특화 커뮤니티를 조성하고자 하였다.
> 이러한 녹색건축 특화 도시재생에 필요한 요소로서 ▲건물에너지 효율화 및 신재생에너지 보급(도심형 에너지자립기반 마련) ▲에너지 공동체운영 ▲에너지 코디네이터(일자리 창출) ▲에너지정보공개(사회적 가치 창출)로 구성하였으며, 각각의 요소에 따른 사업방식과 구조, 예시 사례를 가이드라인에서 제공하고 있다. 가이드라인에서 제시하는 그린리모델링을 적용한 도시재생은 기존 노후건축물의 에너지 성능 및 효율을 개선함으로써 거주자의 쾌적함과 건강뿐만 아니라 건물가치 상승을 기대할 수 있으며 이는 곧 주거생활의 삶의 질과 연결된다. 또한 기후변화로 인한 자연재해, 재난을 예방하여 올여름과 같은 폭염에 냉방복지, 혹한에는 난방복지를 실현할 수 있을 것으로 생각된다. 그린리모델링 및 녹색건축을 적용한 도시재생으로 국가 온실가스 감축과 기후변화에 대응할 수 있는 지속가능한 에너지 저감형 도시의 구현을 기대해 본다.

① 지속가능한 도시재생을 위한 도시재생뉴딜 연계 그린리모델링 가이드라인 마련
② 그린리모델링의 도시적 접근과 도시재생에서의 연계 방안 모색
③ 그린리모델링창조센터의 지원 사항과 예산 집행방법, 그린리모델링 적용 항목 안내
④ 그린리모델링과 전기자동차충전소 및 태양광 설비 등 생활 에너지 편의시설 확보의 필요성
⑤ 그린리모델링으로 쇠퇴한 상권회복과 골목경제 활성화 유도의 필요성

03. K 은행은 다음과 같은 〈상황〉에 직면하여 부득이하게 LH 주택연금대출과 관련한 약관을 수정하게 되었다. K 은행이 수정할 약관의 내용으로 적절하지 않은 것은?

〈K 은행의 'LH 주택연금대출' 주요 약관〉

대출금의 범위
본인이 부담하는 대출금은 다음 각 항목의 대출금을 합한 금액으로 합니다.
1. 본인에게 매월 연금방식으로 지급하는 대출금(이하 '월 지급금'이라고 함)
2. 본인이 미리 설정한 수시 인출한도금액 범위 내에서 수시 지급하는 대출금(이하 '수시 인출금'이라 함)
3. 대출 실행 후 공사에 납부할 초기 보증료 및 연(또는 월) 보증료에 해당하는 대출금
4. 대출금 잔액에 대하여 약정된 이자율을 적용하여 산출한 이자액

대출금의 지급 등
1. 대출금 최초 월 지급금은 당해 월에 지급 신청한 일자에 지급하기로 합니다.
2. 대출금 지급일이 은행휴무일(법정공휴일, 근로자의 날, 토요일)인 경우에는 직전 영업일에 지급하기로 합니다.
3. 약정된 어느 하나의 사유발생에 따른 대출실행(대출금 지급) 정지 후 해당 지급정지사유가 해소된 경우, 지급정지 기간 중 지급되지 아니한 대출금에 한하여 일시 지급할 수 있습니다.
4. '수시 인출한도' 내의 '수시 인출금'은 공사에서 별도로 정한 방식과 지급시기에 따릅니다.
5. '수시 인출금'을 차감한 수시인출한도 잔액은 공사가 정한 율과 방법에 따라 매월 증가합니다.

보증료의 납부 및 인지세의 부담
1. 공사에 납부할 보증료가 발생하는 경우 본인 부담으로 대출을 실행하여 공사가 정하는 요율과 계산방법에 따라 다음에서 정한 시기에 직접 공사 계좌로 이체합니다.
   – 초기 보증료 : 최초 대출 실행 시 1회
   – 연 보증료 : 수시 인출금 지급일 및 매월 지급금 지급 해당일마다
2. 보증료는 납부기일 현재의 주택담보노후연금대출 잔액에 대하여 선불로 하되, 해당 대출 실행일에 대출 원리금에 가산합니다.
3. 보증료 납부일이 은행휴무일(법정공휴일, 근로자의 날, 토요일)인 경우에는 직전 영업일에 납부하기로 합니다.
4. 이 약정서 작성에 따른 인지세는 각 50%씩 본인과 은행이 부담합니다.

대출금 지급의 조기 만료
주택담보노후연금대출을 받고 본인에게 다음 각 항목의 사유 중 하나라도 발생한 경우 은행으로부터 독촉, 통지 등이 없어도 본인은 당연히 은행에 대한 당해 채무의 기한의 이익을 상실하여 곧 이를 갚아야 할 의무를 지며, 대출 기한일과 관계없이 대출금 지급이 조기에 종료됩니다.
- 본인 및 배우자가 모두 사망한 경우
- 본인이 사망한 후 배우자가 6개월 이내에 담보주택의 소유권 이전등기 및 채권자에 대한 보증부대출 채무의 인수를 마치지 아니한 경우
- 본인 및 배우자 담보주택에서 다른 장소로 이사한 경우
- 본인 및 배우자가 1년 이상 계속하여 담보주택에서 거주하지 아니한 경우. 다만, 입원 등 공사의 사장이 정하여 홈페이지에 공고하는 불가피한 사유로 거주하지 아니한 경우를 제외한다.
- 본인이 담보주택의 소유권을 상실한 경우
- 주택담보노후연금대출 원리금이 근저당권의 설정 최고액을 초과할 것으로 예상되는 경우로서 채권자의 설정 최고액 변경요구에 응하지 아니하는 경우
- 그밖에 공사의 주택금융운영위원회가 정하는 일정한 사유가 발생한 경우

상황

LH 주택연금대출을 시행하고 있는 K 은행은 누적되는 적자와 정부의 지급준비율에 대한 강도 높은 규제 정책으로 손익 및 경영 상황이 지속적으로 악화되었다. 또한 고령 인구의 급격한 증가로 인한 사회적 문제는 은퇴 후 남은 보유 자산으로 주택만을 소유하게 된 이른바 하우스 푸어(house poor) 고령자들의 주택연금대출을 더욱 가속화시켰다. 이로 인한 K 은행의 유동 현금 보유량은 위기 상황까지 치닫게 되었다.

① 대출금의 범위를 엄격히 하여 실제 대출금으로 인정되는 항목을 줄인다.
② 수시 인출한도를 하향 조정한다.
③ 약정서에 따른 인지세의 대출자 부담 비율을 상향 조정한다.
④ 대출 실행 정지 후 재지급을 하는 경우, 지급정지 기간 중 지급되지 아니한 대출금의 일시 지불 조항을 분할 지불로 수정한다.
⑤ 담보주택에 대한 최초 근저당권 설정액의 최저 한도를 상향 조정한다.

04. 다음은 〈공공주택 특별법〉의 일부 내용이다. 이에 대한 이해로 적절하지 않은 것은?

〈공공주택 특별법〉

제6장 공공주택의 매입

제41조(공공주택사업자의 부도임대주택 매입) ① 공공주택사업자는 부도임대주택 중에 국토교통부장관이 지정·고시하는 주택을 매입하여 공공임대주택으로 공급할 수 있다.
② 제1항에 따라 지정·고시를 하기 전에 부도임대주택의 임차인이 공공주택사업자에게 매입을 동의한 경우에는 임차인에게 부여된 우선매수할 권리를 공공주택사업자에게 양도한 것으로 본다. 이 경우 공공주택사업자는 「민사집행법」 제113조에서 정한 보증의 제공 없이 우선매수 신고를 할 수 있다.
③ 국가 또는 지방자치단체는 공공주택사업자가 부도임대주택을 매입하는 경우 재정이나 주택도시기금에 따른 공공주택 건설자금지원 수준을 고려하여 공공주택사업자를 지원할 수 있다.
④ 공공주택사업자가 제3항에 따라 재정이나 주택도시기금을 지원받은 경우 공공주택사업자는 지원받는 금액의 범위에서 주택 수리비 등을 제외하고 남은 금액을 임차인의 임대보증금 보전비용으로 사용할 수 있다.
⑤ 부도임대주택의 매입절차 및 공공주택사업자에 대한 재정지원에 필요한 사항은 대통령령으로 정하며, 매입기준 등은 국토교통부장관이 별도로 정하는 바에 따른다.

제43조(공공주택사업자의 기존주택 매입) ① 공공주택사업자는 「주택법」 제49조에 따른 사용검사 또는 「건축법」 제22조에 따른 사용승인을 받은 건축물로서 대통령령으로 정하는 규모 및 기준의 주택(이하 "기존주택"이라 한다)을 매입하여 공공매입임대주택으로 공급할 수 있다.
② 국가 또는 지방자치단체는 공공주택사업자가 제1항에 따라 기존주택을 매입하는 경우 재정이나 주택도시기금에 따른 공공주택 건설자금지원 수준을 고려하여 공공주택사업자를 지원할 수 있다.

제44조(공공주택사업자의 건설 중에 있는 주택 매입) ① 공공주택사업자 외의 자는 건설 중에 있는 주택(건설을 계획하고 있는 경우를 포함한다)으로서 대통령령으로 정하는 규모 및 기준에 해당하는 주택을 공공임대주택으로 매입하여 줄 것을 공공주택사업자에게 제안할 수 있다.
② 제1항에 따라 제안을 하려는 공공주택사업자 외의 자는 건설 중에 있는 주택에 대한 대지의 소유권을 확보하여야 한다.
③ 국가 또는 지방자치단체는 공공주택사업자가 제1항에 따라 제안을 받아 건설 중에 있는 주택을 매입하는 경우 재정이나 주택도시기금에 따른 공공주택 건설자금지원 수준을 고려하여 공공주택사업자를 지원할 수 있다.
④ 건설 중에 있는 주택의 매입절차 및 공공주택사업자에 대한 재정지원에 필요한 사항은 대통령령으로 정하며, 매입기준 등은 국토교통부장관이 별도로 정하는 바에 따른다.

① 일반적으로 부도임대주택의 우선매수할 권리는 부도임대주택의 임차인에게 있다.
② 부도임대주택의 매입절차는 국토교통부장관이 별도로 정하는 바에 따른다.
③ 기존주택에 대해 알기 위해서는 「주택법」 제49조와 「건축법」 제22조를 참고해야 한다.
④ 공공주택사업자는 기존주택을 매입하는 경우 국가기관으로부터 재정지원을 받을 수 있다.
⑤ 공공주택사업자 외의 자는 건설 중에 있는 주택에 대한 대지의 소유권 없이는 공공주택사업자에게 매입하여 줄 것을 제안할 수 없다.

05. 다음은 환경친화적 토지공급체계 구축을 위한 제언이다. 글쓴이의 주장과 일치하지 않는 것은?

> 인구의 증가, 산업화·도시화의 진전에 따른 주택용지, 상·공업용지, 공공시설용지 등을 위한 토지공급의 대부분은 농지와 산지의 전용 및 간척 개발에 의해 이루어졌다. 한편으로는 토지이용의 효율성 제고라는 차원에서 농지·산지의 과다개발이 부추겨졌으며, 제도·정책의 잘못으로 농지·산지의 난개발이 야기되기도 했다. 그 결과 녹지가 줄어들고 수질오염, 대기오염이 심화되었다.
> 그런데 최근에는 환경오염의 심화, 국민들의 녹지 수요 증대 등 여건변화에 따라 농지, 산지, 간척에 대한 인식이 전환되고 있다. 이러한 여건 변화에 대응하기 위해서는 발상의 전환이 필요하다. 과거 경제적 효율성 위주의 토지이용 및 공급체계를 탈피한 '환경친화적 토지이용 및 공급체계'의 구축이 요구된다. 그러나 토지공급원별 환경 측면에서의 객관적인 평가도 이루어지지 못하고 있으며, 이를 위한 기초자료조차 구축되어 있지 않다. 따라서 환경친화적인 토지 이용 및 공급체계 구축을 위한 다양한 정책대안의 모색이 시급하다.
> 우선 환경친화적 토지 이용 및 공급체계 구축과 관련하여 토지수요량 측정, 환경친화적 개발개념의 도입과 실천 가능성, 토지공급원별 환경적 가치의 인식, 환경보전 비용부담주체, 농촌토지이용계획 수립문제, 지방자치단체의 역할 등을 선정하여 검토해야 한다. 그리고 정책개선방안으로 수자원을 포함한 국토 자원 전체에 대한 종합적인 이용계획의 수립, 농지·산지의 계획적 전용의 제도화, 토지공급원별 환경평가의 시행, 토지에 대한 수요관리대책의 강화, 토지이용관리에 대한 지방자치단체와 지역주민의 역할 제고, 오염자부담원칙의 정립 등을 제안한다.

① 최근 환경에 대한 인식의 변화가 토지 이용 및 공급체계의 변화에 대한 요구로 이어지고 있다.
② 지금까지 농지 및 산지의 전용 및 간척 개발은 산업화·도시화의 진전을 위한 토지공급에 도움이 되었다.
③ 토지 개발 시 환경 측면의 문제도 객관적인 자료를 토대로 고려하여야 한다.
④ 농지, 산지의 개발 시 경제적 효율성을 최우선적으로 고려해야 한다는 점을 간과해서는 안 된다.
⑤ 현재까지는 환경친화적인 토지 이용에 대한 제도적 기반이 부족한 실정이다.

[06 ~ 07] 다음 제시된 상황과 자료를 보고 이어지는 질문에 답하시오.

직원 D는 선진 해외 도시 탐방 결과 보고서를 열람하고 있다.

오늘날 대부분의 도시에서는 데이터가 기업과 공공기관, 비영리기관, 개인 데이터베이스에 분산되어 있으며 표준화가 잘 이루어지지 않고 있다. 그러나 도시의 트렌드를 파악하고 대응하기 위해서는 교통 흐름, 인간의 움직임, 개인 거래, 에너지 사용량의 변화, 보안 활동 등 주요 요소에 대한 여러 계층의 데이터를 집합시킬 필요가 있다.

자동화될 공공 서비스, 유연한 교통 흐름, 스마트한 보안, 최적화된 도시계획을 가능하게 하는 기하급수적 기술을 이용하기 위해서는 정보의 흐름을 실시간으로 분석하는 것이 필수적이다. 그리고 이미 전 세계의 첨단 도시들은 스마트 주차에서 폐기물 관리까지 여러 분야에서 다양한 표준을 결합하여 실행 가능한 방법을 도출해 내는 중앙집중식 데이터 플랫폼을 구축하고 있다.

대표적인 예가 중국의 난징(Nanjing)이다. 난징시는 1,000대의 택시와 7,000대의 버스, 100만 대 이상의 승용차에 센서를 부착하여 물리적 네트워크와 가상 네트워크를 통해 데이터를 매일 수집하고 있다. 수집된 데이터는 난징 정보센터에 전송되고 전문가들은 교통정보를 분석하여 통근자들의 스마트폰에 새로운 교통 경로를 전송한다. 이러한 실시간 데이터는 자본 집약적인 도로와 대중교통 재건설의 필요성을 낮추고 기존 자산의 가치를 극대화하여 수백만 명의 시간을 절약하고 생산성을 높여준다.

센서의 보급과 도시 사물인터넷의 증가는 교통 흐름 통제를 넘어 전체 인프라 시스템을 실시간으로 관찰할 수 있게 한다. 이탈리아의 □□철도기업은 모든 열차에 센서를 설치하여 각 열차의 상태를 실시간으로 관찰하고 바로 업데이트할 수 있도록 유도하고 있다. 또한 센서에 시스템 이상 반응이 감지되면 고장이 발생하기 전에 문제를 해결할 수 있다. 열차 고장으로 인한 교통 혼란은 과거의 일이 되었다. 로스앤젤레스는 5,000킬로미터에 이르는 거리에 센서를 탑재한 새로운 LED 등을 설치했다. 가로등이 오작동하거나 밝기가 낮아지면 즉시 고칠 수 있어 큰 결함이 발생되기 전에 문제를 해결할 수 있게 되었다.

전자상거래 분야의 거대 기업인 △△의 본사가 있는 항저우시는 현재 지구상에서 가장 빠른 데이터 반응 도시를 구축하기 위한 시티브레인 프로젝트를 시작했다. 도시 전역에 설치된 카메라와 센서를 통해 중앙집중식 인공지능 허브는 도로 상태에서 날씨, 교통사고와 시민 건강에 관한 응급 사항에 이르는 모든 데이터를 처리한다. 항저우시의 시티브레인은 800만 명의 인구를 관찰하고 1,000개가 넘는 신호등을 동시에 조정하고 관리한다. 앰뷸런스가 충돌하지 않도록 경로를 안내하고 신호를 조정하며 사고율에 따라 교통경찰을 배치한다. 시범운영 결과 시티브레인 시스템은 이미 앰뷸런스 출동 시간과 통근 시간을 절반으로 줄이는 유의미한 결과를 냈다.

센서와 인공지능의 결합은 도로 감시와 교통 흐름, 교통사고 이외에도 군중을 모니터하고 인간의 움직임을 분석할 수 있다. 중국의 센스타임과 같은 회사들은 현재 자동차 번호판과 사람의 얼굴을 식별할 수 있을 뿐만 아니라 군중의 움직임과 수배 중인 범죄자를 찾아낼 수 있는 소프트웨어를 운영하고 있다.

06. 윗글에 제시된 사례에 대한 전체적인 이해로 적절한 것은?

① 5G 통신 네트워크를 통한 그린시티 구축에 성공한 도시를 소개하고 있다.
② 현대 도시의 트렌드 변화를 소개하고 있다.
③ 센서를 통해 사물인터넷을 성공적으로 구현한 스마트시티 사례를 소개하고 있다.
④ 실시간 데이터와 자본 집약적인 도로가 결합되었을 때 변화하는 도시의 사례를 소개하고 있다.
⑤ 인공지능을 통해 범죄를 예방할 수 있다는 사례를 주제로 내세우고 있다.

07. 다음 중 윗글과 〈보기〉의 연관성으로 적절한 것은?

> 보기
>
> 급속한 도시화로 많은 문제들이 생겨나면서 더 이상 전통적인 방식으로는 대응이 어려운 상황이다. 거기에 코로나19와 같은 감염병과 기후변화로 인한 각종 자연재해까지 더해져 더욱 심각한 도시의 위기가 초래되고 있다.
>
> 이런 가운데 재난에 대한 회복력 강화와 지속가능한 성장, 기후변화 대응을 위해 떠오르고 있는 것이 바로 인공지능과 빅데이터다. 과학적 방법론을 적용한 빅데이터의 활용은 어반 사이언스(Urban Sciences)와 어반 인포메틱스(Urban Informatics)에 활용되어 다양한 도시 문제들을 해결하는 데 앞장서고 있다.
>
> 도시과학은 현대 도시가 직면하고 있는 복잡하고 다양한 문제를 다학제적인 접근을 통해 연구하는 분야이며, 어반 인포메틱스는 수학이나 암호학, 빅데이터 등을 활용해 도시 문제를 개선하는 학문 분야다. 실제로 뉴욕시에선 200만 건이 넘는 시민들의 경험 공유 데이터를 통해 리포팅 패턴을 연구해서 주민들의 우려와 문제를 해결하는 데 사용했다. 최근에는 와이파이나 GPS 위치 추적기 등 지리적 위치 시스템을 통해 많은 정보를 추적할 수 있기 때문에, 이를 이용해 자연재해의 영향력도 예측할 것으로 보고 있다.
>
> 이처럼 새로운 기술 변화와 함께 과거에는 불가능했던 여러 정보들을 토대로 도시 관리와 도시 정책 수립이 가능해지고 있다.

① 빅데이터가 도시 문제의 해결 방안으로 부상하고 있음을 부연하고 있다.
② 도시가 발전하기 위해 도시공학의 학문적 뒷받침이 필요함을 지적하려고 한다.
③ 빅데이터의 활용으로 지능화되는 새로운 도시의 사례를 소개하려고 한다.
④ GPS를 이용한 다학제적 접근을 통해 미래의 자연재해를 막을 수 있음을 설명하려 한다.
⑤ 빅데이터를 활용한 도시 문제 해결의 한계점을 제시하며 새로운 주제로 전환하고 있다.

[08 ~ 09] 다음 제시된 상황과 자료를 보고 이어지는 질문에 답하시오.

홍보실의 정 대리는 다음과 같은 보도자료를 작성하였다.

〈○○공사, 건설산업분야 중소기업과 말레이시아 최대 건설산업 전시회 참가〉

1. ○○공사는 한국건설공제조합과 공동으로 20XX. 3. 15 ~ 20XX. 3. 17의 기간 동안 말레이시아 쿠알라룸푸르 컨벤션 센터에서 열린 제12회 '말레이시아 조경건축 & 주거공간건설 전시회'에 건설산업분야 중소기업 12개와 함께 참가했음.
   – 특히 효과적인 현지 판로 개척을 위해 올해부터 맞춤형 전문 마케팅을 새롭게 도입했음. 자국 바이어를 통한 수입을 선호하는 말레이시아 시장 특성을 감안하여 현지 네트워크를 보유한 전문 수출 마케팅사와 함께 현지 주요 바이어 사전 조사 및 중소기업과의 1 : 1 상담을 진행했으며, 상담이 실제 수출로 이어질 수 있도록 전시회 후에도 지속적인 바이어 관리를 수행할 계획임.
2. ○○공사는 이번 전시회에 건설산업분야 중소기업들과 동반 참가하여 우리나라가 말레이시아로 주요 수출 품목인 전통 건설자재와 거주공간건축 분야의 기술 홍보를 통해 말레이시아 건설시장 진출 확대를 추진하고 현지 주요 건설기관 및 바이어와의 협력 네트워크를 강화했음.
   – 말레이시아 건설산업 전시회는 격년으로 개최되는 말레이시아 최대 국제 건설산업 전시회로 말레이시아 토지주택부 및 건설 협의체와 단체의 적극적인 후원하에 35개국 450개 기업이 참가했으며, ○○공사는 이번 전시회에 참가한 중소기업들의 전시부스 임차, 전시물품 운송, 통역 등의 비용 일절을 지원했음.
3. 한편, ○○공사는 ○○공사의 브랜드 파워와 해외 현지 인프라를 활용한 중소기업 수출촉진회를 매년 개최하고 있으며, 주요 국제 전시회에 중소기업과 동반 참가함으로써 우리나라 중소기업의 해외시장 진출 토대를 마련하는 데 앞장서고 있음.
   – 올해에는 말레이시아를 시작으로 아시아, 유럽, 북미, 아프리카의 총 12개국을 대상으로 140여 개 협력 중소기업의 시장 판로개척사업을 지원하고, 주요 건설전시회에서 한국관(KOREA Pavilion)을 운영하여 ○○공사 – 중소기업 – 유관기관으로 구성된 'Team KOREA, Team ○○' 전략을 통해 우리나라의 우수 건설기술과 건설자재를 홍보하고 수출을 지원할 계획임.
   – 더불어, ○○공사는 중국 관광객 감소가 우려되는 우리나라 관광산업에 활력을 불어넣는 데 일조하기 위해 이번 전시회에서 관광 홍보동영상을 상영하고 가이드 책자를 무료로 배부하는 등 우리나라 관광 홍보활동을 병행했음.

08. 다음 중 ○○공사가 제12회 말레이시아 조경건축 & 주거공간건설 전시회에서 행한 활동으로 적절하지 않은 것은?

① 전문 수출 마케팅사와 함께 현지 주요 바이어 사전 조사 및 중소기업과의 1 : 1 상담을 진행하였다.
② 우리나라 관광 홍보를 위하여 동영상을 상영하고 가이드 책자를 무료로 배부하였다.
③ 주요 수출 품목인 전통 건설자재와 거주공간건축 분야 우수 기술을 홍보하였다.
④ 중소기업과의 1 : 1 상담 이후 지속적인 바이어 관리를 수행하였다.
⑤ 전시회에 참가한 중소기업들의 전시부스 임차, 전시물품 운송, 통역 등의 비용 전부를 지원하였다.

09. 윗글을 검토한 선배 직원이 지적한 문서 작성상의 오류로 적절하지 않은 것은?

① 기간은 '20XX. 3. 15 ~ 20XX. 3. 17'이 아니라 '20XX. 3. 15. ~ 20XX. 3. 17.'로 작성해야 해.
② 사내 공지사항으로 나갈 자료니까 최대한 객관적인 수치들만을 적고 공사 홍보는 자제해야 해.
③ 2번 항목에서 일절과 일체의 의미를 구분하여 '일절을'을 '일체를'로 수정해야 할 것 같아.
④ 글의 내용상 하위 항목을 서로 바꿔야 할 부분이 존재하는 것 같은데?
⑤ 2번 항목의 첫 번째 문장이 비문이라 수식어구 수정이 필요할 것 같네.

10. 다음 글을 읽고 〈보기〉의 A 시와 B 시에 대해 평가한 내용으로 적절하지 않은 것은?

최근 들어 도시의 경쟁력 향상을 위한 새로운 전략의 하나로 창조 도시에 대한 논의가 활발하게 진행되고 있다. 창조 도시는 창조적 인재들이 창의성을 발휘할 수 있는 환경을 갖춘 도시이다. 즉 창조 도시는 인재들을 위한 문화 및 거주 환경의 창조성이 풍부하며, 혁신적이고도 유연한 경제 시스템을 구비하고 있는 도시인 것이다.

창조 도시의 주된 동력을 창조 산업으로 볼 것인가 창조 계층으로 볼 것인가에 대해서는 견해가 다소 엇갈리고 있다. 창조 산업을 중시하는 관점에서는 창조 산업이 도시에 인적·사회적·문화적·경제적 다양성을 불어넣음으로써 도시의 재구조화를 가져오고 나아가 부가가치와 고용을 창출한다고 주장한다. 창의적 기술과 재능을 소득과 고용의 원천으로 삼는 창조 산업의 예로는 광고, 디자인, 출판, 공연 예술, 컴퓨터 게임 등이 있다.

창조 계층을 중시하는 관점에서는 개인의 창의력으로 부가가치를 창출하는 창조 계층이 모여서 인재 네트워크인 창조 자본을 형성하고, 이를 통해 도시는 경제적 부를 축적할 수 있는 자생력을 갖게 된다고 본다. 따라서 창조 계층을 끌어들이고 유지하는 것이 도시의 경쟁력을 제고하는 관건이 된다. 창조 계층에는 과학자, 기술자, 예술가, 건축가, 프로그래머, 영화 제작자 등이 포함된다.

창조성의 근본 동력을 무엇으로 보든, 한 도시가 창조 도시로 성장하려면 창조 산업과 창조 계층을 유인하는 창조 환경이 먼저 마련되어야 한다. 창조 도시에 대한 논의를 주도한 랜드리는 창조성이 도시의 유전자 코드로 바뀌기 위해서는 다음과 같은 환경적 요소들이 필요하다고 보았다. 개인의 자질, 의지와 리더십, 다양한 재능을 가진 사람들과의 접근성, 조직 문화, 지역 정체성, 도시의 공공 공간과 시설, 역동적 네트워크의 구축 등이 그것이다.

창조 도시는 하루아침에 인위적으로 만들어지지 않으며 추진 과정에서 위험이 수반되기도 한다. 창조 산업의 산출물의 경우, 그것에 대한 소비자의 수요와 가치 평가를 예측하기 어렵다. 또한 창조 계층의 창의력은 표준화되기 어렵고 그들의 전문화된 노동력은 대체하기가 쉽지 않다. 따라서 창조 도시를 만들기 위해서는 도시 고유의 특성을 면밀히 고찰하여 창조 산업, 창조 계층, 창조 환경의 역동성을 최대화할 수 있는 조건이 무엇인지 밝혀낼 필요가 있다.

보기

- A 시는 제조업 퇴조에 따른 경제 침체를 해결하기 위해 '예술의 산업화'를 시도하기로 했다. A 시 시장은 사업 추진체를 구성하고, 이해 당사자 설득에 힘써 왔다. 공장을 미술관으로 개조하고 보행자 전용의 아름다운 현수교를 세워 관광객을 유치하고 고용도 창출하고 있다.
- B 시는 창의적 연구에 종사하는 전문 인력이 많다. 대기업 부설 연구 기관이 많아 자본도 많이 투입된다. 그러나 이 연구 기관들은 지역 산업체와의 교류가 부족해 경제적 부(富)가 지역으로 환류되지 못하고 있다. 이에 산업 경쟁력을 강화할 수 있는 특화된 연구 단지를 계획하고 있다.

① A 시는 문화 및 거주 환경의 창조성을 중시하는군.
② A 시는 지도자의 의지와 리더십을 바탕으로 창조 환경을 마련하고 있군.
③ B 시는 개인의 창의력이 우수하군.
④ B 시는 창조 계층과 산업 환경 간에 네트워크가 잘 구축되어 있군.
⑤ A 시와 B 시 모두 지역 특성을 반영하여 창조 도시에 접근하고 있군.

11. 다음 중 자료를 이해한 내용으로 적절하지 않은 것은?

2050 탄소중립을 위하여 전 세계는 다양한 정책을 마련하여 추진하고 있다. 최근 지역에 따라 태풍과 홍수, 폭염 등으로 인하여 많은 생명들을 잃고 있는데, 그 주요 원인을 우리가 편리한 생활을 추구하기 위하여 사용하는 에너지에 의한 온실가스배출이라고 판단할 수 있다. 특히 인간의 삶 속에서 가장 중요한 것은 주거이며, 이를 위하여 에너지는 필수품으로서 아주 중요한 항목이다. 우리나라의 2020년도 온실가스배출량은 총 6억 5,600만 톤인데, 거기서 에너지소비에 따른 것이 5억 7,000만 톤으로 87%를 차지하고 있으며, 이 중 건물부문이 약 18~20%에 해당될 것으로 예측되고 있다. 향후 건축물 부문의 에너지는 점차 전기화가 가속화될 것이며, 전기소비량 역시 증가될 것으로 예상된다. 따라서 건물 부문의 탄소중립을 위해서는 다양한 전기제품의 에너지효율화와 신축건물의 제로에너지빌딩 정책이 중요할 것이다. 이에 따라 정부에서는 건물부문 온실가스 감축과 에너지 절약을 도모하기 위하여 2030년까지 모든 신축건물의 제로에너지화를 목표로 로드맵을 수립하고 단계적으로 추진하고 있다.

〈제로에너지빌딩 의무화 로드맵〉

구분	2020년	2023년	2024년	2025년	2030년
공공	1천 m² 이상(5등급)	5백 m² 이상(5등급), 공동주택 30세대 이상(5등급)		4등급 수준	3등급 수준
민간			공공주택 30세대 이상(5등급)	1천 m² 이상(5등급 수준)	5백 m² 이상(5등급 수준)

2014년부터 제로에너지빌딩 시범사업을 실시하여 다양한 기술개발과 지원제도를 마련하여 추진하고 있으며, 특히 2017년부터 제로에너지빌딩 인증제도를 실시하여 도시에서의 제로에너지빌딩 실현가능성을 점검해 오고 있다. 제로에너지빌딩은 단열재와 기밀성 창호 등을 활용해 단열성능을 극대화하여 에너지 사용량을 최소화하는 패시브적인 요소와 고효율보일러, LED조명기기, 태양광·지열 등 신재생에너지 등을 설치하는 액티브적인 요소로 구분할 수 있다. 제로에너지빌딩 인증제도란 이러한 고효율설비들의 설치로 에너지를 자급자족하는 건축물에 대해 정부가 인증해 주는 제도로, 2022년까지 약 2,466건의 건축물이 제로에너지빌딩 인증을 받은 것으로 파악된다.

<제로에너지빌딩 인증실적>
(단위 : 건)

구분	2017년	2018년	2019년	2020년	2021년	2022년	계
예비·본인증	10	30	41	506	1,100	779	2,466

　제로에너지빌딩으로 인증받은 건물은 용적률과 층수제한 완화 등 건축기준의 완화와 신재생에너지설비 설치보조금 우선 지원, 소득세 감면 등 다양한 정부의 지원혜택을 받을 수 있다.

　우리나라는 ICT 강국으로서 건축물에 다양한 기술을 융합하게 되면 더 큰 시너지를 창출할 수 있을 것이다. 건물의 구석구석과 가전기기에 센서를 부착하여 조명, 냉난방기, 가전제품 등 각종 기기의 에너지 사용량이나 소비패턴을 실시간으로 수집하고, 이를 분석하여 건물에너지 이용효율을 개선할 수 있다. 특히, 공동주택을 대상으로 다양한 에너지데이터를 활용하게 되면 전력수요관리와 통합모니터링, 에너지비용의 통합과금 등 새로운 에너지신산업을 창출할 수 있다.

① 탄소중립을 위해서는 건물 부문에 대한 에너지 효율화가 필요하다.
② 정부에서는 2030년까지 제로에너지빌딩 의무화 로드맵을 실시하고 있다.
③ 제로에너지빌딩 인증제도는 에너지를 자급자족한 건물에 대하여 정부가 인증해 주는 제도이다.
④ 우리나라는 ICT 강국으로 건축물에 대하여 다양한 기술을 융합하게 되면 새로운 에너지산업을 창출할 수 있다.
⑤ 많은 기업들이 건물에 대한 용적률 등 건축기준의 완화와 소득세 감면과 같은 다양한 정부의 지원을 받기 위해 경쟁적으로 제로에너지빌딩을 건설하고 있다.

[12 ~ 13] 다음 글을 읽고 이어지는 질문에 답하시오.

청년 연구에서 일자리가 주류를 이루고 있는 가운데, 연령에 국한되어 동일한 운명에 처한 청년의 이미지를 일방적으로 강조하는 종래의 연구에 대한 비판 및 청년 내의 다양한 차원을 드러내려는 연구에 주목할 필요가 있다. 또한 생애주기론에 따른 청년기의 과업(졸업, 취업, 결혼(및 분가), 출산)은 해체되지 않았으며, 표준화된 과정을 무시한 정책 집행은 오히려 다수의 청년들에게 좌절감을 초래할 우려가 있으므로, 새로운 삶의 방식과 충돌하는 제도 및 정책을 파악하여 균형을 맞출 수 있도록 노력할 필요가 있다. 또한 청년주거 문제는 한국뿐 아니라 전 세계적인 공통문제로서 청년 연령 규정의 다양성을 국내외 법률 및 통계 등을 통해 검토하여 사회적 합의 도출 및 그 근거의 체계적 도출의 필요성이 제기된다.

인구주택총조사의 데이터를 근거로 청년주거의 실태 및 분가 현황을 분석해 보면, 청년의 분가는 1997년 경제위기 이후 점차 감소하고 있는 추세이지만 연령 및 성별에 따라 그 분가율과 취업 유무가 분가에 미치는 영향이 상이하게 나타난다. 그리고 '취업 → 분가 → 결혼'의 생애주기 표준 순서는 강화되는 경향을 보인다. 그러나 성별에 따라, 연령에 따라 그 경향은 상이하게 나타난다. 예를 들어 기혼청년은 취업한 이후 분가하는 추세가 강화되었으나 미혼청년은 취업을 하더라도 분가하지 않는 경향이 강하게 나타났다. 또한 남성은 대부분 취업 후 분가하였으나 여성은 취업을 하지 않더라도 분가하는 비율이 높았다. 또한 미혼청년의 30% 이상이 취업 후에도 부모와 동거를 하고 있었다. 이렇게 다양한 요소들이 분가에 영향을 주고 있어서 안정적 분가를 촉진하기 위해서는 특정요소에 대한 협소한 지원보다 폭넓은 지원을 통해 종합적 삶의 질을 높여주는 주거지원의 필요성을 보여준다.

부모동거 청년과 독립분가 청년의 주거실태와 관련 인식의 차이점을 파악하고 시사점을 도출하기 위하여 2,000명을 대상으로 실시한 인터넷 설문조사를 보면 주요 결과는 다음과 같다. 주거 조건은 부모동거 청년이, 소득 조건은 독립분가한 청년이 양호한 편으로 나타났다. 즉, 부모동거 청년은 향후 잠재적 주거지원 소요계층으로 파악될 수 있으며, 독립분가한 청년은 현재 주거지원 대상이나 향후 소득이 향상될 가능성이 높다고 파악할 수 있다. 또한 연령이 높아질수록 반드시 분가비율이 높아지는 것은 아니며, 취업 유무 및 직장/학교와의 거리 등의 요소가 분가에 영향을 주는 것으로 나타났다. 청년 주거 지원에 대한 인식은 연령 등과 상관없이 대체로 호의적이어서, 시기적으로 봤을 때, 청년 주거지원을 확대할 기회로 보인다. 따라서 부양의무 범위를 비롯한 사회 전반적 정책적 구조에 대한 고찰이 필요할 것으로 보인다.

12. 다음 중 윗글의 제목으로 가장 적절한 것은?

① 청년 주거지원 제도의 장단점
② 청년 주거지원 제도의 흐름 고찰
③ 청년 주거문제와 주거지원 방안
④ 청년 주거문제 지원서비스의 기대효과
⑤ 청년을 위한 공공임대주택 운영방안

13. 윗글을 바탕으로 할 때, 〈보기〉의 빈칸 ㉠에 들어갈 말로 가장 적절한 것은?

> 보기
>
> 청년 주거정책은 청년 및 비청년이라는 새로운 정책 범주에 따라 재편성되기 시작되었다. 자격 기준은 다른 계층의 소득 및 자산 기준과 크게 다르지 않고, 연령 및 청년의 내부기준(대학생, 취준생 등)을 만들어 냄으로써 기존 공공임대주택 기준을 변경하기보다는 별도의 공급량을 설정하는 방식으로 전개되기 시작하였다. 이러한 경향은 주거복지로드맵에서 더욱 강화되었는데, 지나치게 협소한 공급량과 대상자의 상세한 선별은 청년 주거 정책이 (㉠)이/가 아닌 또 하나의 잔여적 대상자 추가에 그칠 우려가 있다. 보다 장기적인 안목에서 다른 사회적 배려층을 고려하면서도 청년의 니즈를 고려한 보다 폭넓은 지원이 제공되어야 할 것이다.

① 선별적 주거혜택 강화
② 주택공급 물량 확대
③ 청년에 대한 일자리 확대
④ 대상자 통합
⑤ 보편적 주거지원 확대

[14~16] 다음은 공공건축물 그린리모델링 사업 대상 모집 공고에 관한 문답사항이다. 이어지는 질문에 답하시오.

Q1. 사업비 지원 규모는?
A. 서울시 및 공공기관 사업의 경우 사업비의 50%, 그 밖의 사업의 경우 사업비의 70%를 지원함.
Q2. 사업비 지원 대상은?
A. 준공 후 15년 이상 된 전국의 모든 국공립 어린이집, 보건소(보건지소 및 보건진료소 포함), 의료시설은 모두 지원 대상에 포함함.
Q3. 접수 기한 및 방법은?
A. 접수는 공모시행일인 7. 10.(금)부터 신청 가능하고, 7. 27.(월)까지 제출된 접수 건에 대하여 1차로 선정함. 국토부와 그린리모델링센터(LH)는 공모신청업무가 가능한 업무지원 시스템을 구축하여 7. 18.(토)부터 개설할 예정임에 따라 7. 17.(금) 이전에 공모 신청을 하는 기관은 메일(greenremodeling@lh.or.kr) 또는 공문(LH 그린리모델링센터)으로 신청바람.
Q4. 건물당 지원 상한액은?
A. 각 소관 지자체·기관은 공사 규모, 내용 및 범위를 자유롭게 계획할 수 있음. 다만, 지원비 상한은 지원시설의 연면적을 기준으로 서울·공공 기관의 경우 125만 원/$3.3m^2$(250만 원×50%), 그 외 175만 원/$3.3m^2$(250만 원×70%)이며, 리모델링 특성을 고려하여 20% 범위(300만 원/$3.3m^2$×보조율)에서 추가지원이 가능함. 사업계획 중 에너지성능 향상 등을 목표로 하는 그린리모델링의 사업목적에 부합되지 않는 부분은 지원범위에 포함되지 않을 수 있음.
Q5. 설계를 LH에서 지원한다고 하는데 설계비를 모두 지원하는지?
A. 설계지원을 원하는 지자체 사업에 대해서는 LH가 설계업무를 대행하지만 이에 따라 발생하는 비용은 전체 사업비 지원금 범위에 포함함.
Q6. 현재 운영 중인 시설의 공사진행은?
A. 주말·야간 공사 등으로 시설운영에 차질이 없도록 할 수 있으며, 공사기간 동안 대체시설을 활용할 경우 이에 따른 소요비용은 지원 가능(지원 상한액 범위 내)함. 한편 부득이한 경우 창호교체, 냉난방 설비교체, 태양광패널 설치 등으로 사업내용을 간소화하여 신청 가능함.
Q7. 지자체소유의 공공건축물이 아닌 경우에도 지원이 가능한지?
A. 준공 후 15년 이상 된 전국 모든 국공립 어린이집, 보건소, 의료시설은 모두 지원대상이므로, 임대차 계약 건축물도 지원대상에 포함함. 다만, 공공건축물이 우선 지원대상이므로 민간건축물의 경우 임대차 계약기간 등을 종합적으로 고려하여 지원여부를 결정할 계획임.
Q8. 타부처 시설개선사업과 중복되는 지원항목은?
A. 국가온실가스감축 목표달성 등을 위해 에너지 성능향상 및 실내 공기질 관리 등을 내용으로 하는 그린리모델링은 유지관리용 시설 개선과 구별됨. 다만, 기존 지원사업을 통해 설치되는 부분과 중복되는 공사항목의 경우 지원에서 제외될 수 있음.

14. 위 자료를 통해 알 수 있는 내용으로 가장 적절하지 않은 것은?

① 공모시행일로부터 1차 선정까지는 2주 이상의 시간이 소요된다.
② 지원비 상한 금액은 지원시설의 연면적을 기준으로 하여 달라진다.
③ 서울시 및 공공기관 사업일 경우, 사업비의 50 ~ 70%를 지원받을 수 있다.
④ 국가온실가스감축 목표달성을 위한 그린리모델링은 유지관리용 시설 개선과 다르다.
⑤ 준공 후 15년 이상 된 모든 국공립 어린이집은 지원대상에 포함된다.

15. 다음 중 사업비 지원을 받을 수 있는 사례로 가장 적절한 것은? (단, 제시된 조건 외의 사항은 고려하지 않는다)

① 준공한 지 13년이 된 국가 소유의 보건진료소
② 준공한 지 17년이 된 원장 소유의 어린이집
③ 7월 28일에 신청서를 제출한 준공한 지 20년이 된 국공립 어린이집
④ 7월 15일에 신청서를 제출한 준공한 지 18년이 된 국공립 병원
⑤ 준공한 지 16년이 된 국공립 주민센터

16. 위 자료를 바탕으로 할 때, 답변할 수 있는 질문으로 적절하지 않은 것은?

① 7월 10일인 오늘자로 그린리모델링 사업에 신청하고자 하는데, 업무지원 시스템을 확인할 수 없습니다. 어떻게 해야 할까요?
② 저희 어린이집이 공모 신청이 가능한 기관인지 문의를 하고 싶은데, 전화 문의를 위해서는 어느 쪽으로 연락을 해야 할까요?
③ 공공건축물과 민간건축물 사이에 우선순위가 존재한다면 어떤 것이 우선적인 지원대상일까요?
④ 저희 보건소는 에너지성능 향상 사업에 대한 지원을 받고자 하는데, 그린리모델링 사업의 목적에 부합할 수 있을까요?
⑤ 시설을 운영하는 데에 차질이 생기면 안 될 것 같은데, 혹시 주말 공사도 가능할까요?

[17~18] 다음 제시된 상황과 자료를 보고 이어지는 질문에 답하시오.

직원 A는 (사)주거복지연대의 비 피해복구 지원에 대한 다음 기사를 읽고 있다.

주거환경이 취약한 사람들에게 202X년 올해 여름은 유난히 길었다. 특히 (사)주거복지연대(이하 연대, 이사장 남○○)는 관리중인 LH매입 임대주택들 중 노후주택 총 44가구가 올해 장맛비로 인해 피해가 더욱 심했던 것으로 나타나 지난 8월 중순부터 이로 인한 피해 복구작업을 진행하고 있다고 21일 밝혔다.

연대의 집계자료에 따르면 비 피해주택 44가구 중 현재까지 LH 14건, 연대 21건, 총 35가구에 대한 복구를 지원했으며 나머지 9가구는 복구지원 중이다. 비 피해 민원현황을 유형별로 살펴보면 누수 25건, 침수 12건, 곰팡이 4건, 기타 3건으로 그 원인이 매우 다양하다.

복구지원 역시 각 유형별 맞춤으로 진행된 가운데 대표적으로, 외벽크랙으로 인한 누수의 경우 외벽 방수공사를 진행했다. 윗집에서 누수가 발생해 아래층에 피해를 주는 경우 윗집에 대한 누수공사를 진행한 후 아래층에 대한 보수공사를 진행하였으며, 정화조에서 물이 넘쳐 집안으로 들어와 침수가 된 경우 정화조 공사를 통해 문제를 해결했다. 집수리 외에도 지자체와의 연계를 통한 주거상향 지원사례도 있다. 연대 입주민 김길동(가명, 50세) 씨는 이번 장마로 집안에 누수 및 곰팡이가 발생하는 비 피해를 입은 가운데, 기존에 앓던 질병과 더불어 피부질환까지 얻어 도움을 요청하기도 했다.

연대는 곧바로 주택을 방문해 문제상황을 파악한 후 구청과 동주민센터를 통한 주거사다리사업을 연계해, 해당 입주민이 지상 층으로 이주할 수 있도록 조치하였다. 또한 이주 당일 주거복지연대 인천지사(지사장 강○○) 회원들과 함께 입주청소 봉사활동이 진행되어, 주거복지재단과의 연계를 통한 이사비와 보증금을 지원했다.

한편, 비 피해로 인해 천장누수가 생겨 싱크대 전체가 무너져 내린 입주민도 있었다. 천장에 물이 고여 싱크대 상부장이 무너져 내리기 시작해 매우 위험한 상황이었다. 연대는 상황의 위급성을 고려해 곧바로 LH에 도움을 요청하였고, 천장 누수 공사와 싱크대 교체작업을 진행했다. 이는 연대에서 민원을 받은 후 입주민에게 더 큰 문제가 생기기 전 LH로부터 복구지원을 긴급하게 받은 사례이다.

연대에서는 남은 9 가구에 대한 비 피해복구 지원을 계속할 예정이며, 내년도 장마 기간 중 동일한 피해가 발생하지 않도록 주택에 대한 지속적인 관리와 함께 입주민들과의 소통 및 커뮤니티 활동을 통해 (　　　　　㉠　　　　　)

17. 위 기사문을 읽은 후 직원 A의 반응으로 가장 적절하지 않은 것은?

① 비 피해 민원현황 중에는 누수로 인한 피해가 가장 많은 걸로 보니 외벽 방수공사를 미리 해 두는 것이 좋겠어.
② 만약 비로 인해 윗집의 누수가 아래층에게 피해를 줬다면, 윗집의 누수공사가 아랫집의 보수공사보다 선행되어야 해.
③ 누수 및 곰팡이로 피부질환까지 얻은 사례가 있으니 장마철이 되면 여러모로 조심할 필요가 있어 보여.
④ 주거사다리사업이란 천장 누수 공사와 싱크대 교체작업 등을 목적으로 하는 사업이구나.
⑤ 주거복지연대가 지속적으로 관리활동을 하겠구나.

18. 위 기사문의 빈칸 ㉠에 들어갈 문장으로 가장 적절한 것은?

① 비 피해 예방 활동에 입주민 스스로가 적극 참여할 수 있도록 장려할 계획이다.
② LH의 복구지원 시스템을 더욱 더 체계적으로 보완할 계획이다.
③ 지하층 거주민이 없도록 전 가구 이주 조치를 완료할 계획이다.
④ 노후주택에 대한 LH의 예방책 마련을 촉구할 계획이다.
⑤ 재개발 주택 단지의 범위를 확장할 계획이다.

[19 ~ 20] 다음 제시된 상황과 자료를 보고 이어지는 질문에 답하시오.

○○공사 홍보팀 박 사원은 다음 A 기업의 CEO 메시지를 참고하여 대외 홍보자료용 문서를 준비하고 있다.

A 기업은 20XX년 5월 발표된 포브스 기업 순위에서 역사상 최초로 세계 전력회사 1위, 글로벌 100대 기업에 선정되었습니다. 아울러 주가도 20XX년 7월 역대 최고가를 경신한 이후 꾸준히 상승하고 있으며, 무디스, S&P, 피치 등 세계 3대 신용평가사로부터 글로벌 전력회사 중 가장 높은 신용평가등급을 받았습니다. 이는 안정적인 전력 공급과 효율적인 경영성과뿐 아니라 A 기업의 지속 가능한 미래가치를 세계에서 인정받은 결과이기에 더욱 뜻깊습니다. 최근 에너지 신산업 분야는 그 어느 때보다 많은 주목을 받고 있습니다. 또 기술과 산업 간 융합이 가속화되면서 새로운 시장, 기술, 산업이 만들어지고 있으며, 이러한 변화와 혁신의 물결은 보다 깨끗하고 효율적인 미래 에너지로의 전환을 요구하고 있습니다. A 기업은 세계 최대 규모인 236MW의 주파수 조정용 에너지저장장치(ESS) 구축, 울릉도 등 도서지역에 친환경 에너지자립섬 조성, 20XX년까지 3,660기의 전기차 충전 인프라 확대 추진 등 에너지 신사업의 기술 개발과 사업화를 주도하여 친환경 전력 생태계를 만들어 가고 있습니다. 또한 UAE 원전을 비롯하여 중동, 북중미, 아프리카 등 전 세계 22개국에서 37개 프로젝트를 수행 중에 있으며, 화력과 원자력 등 전통분야는 물론 신재생에너지, 에너지 신산업 수출 등 사업모델을 다양화하고 있습니다. A 기업은 20XX년 12월 나주로 본사를 이전한 후 광주전남지역을 중심으로 전력 에너지산업의 허브 "빛가람 에너지밸리" 사업을 성공적으로 추진하고 있습니다. 20XX년까지 500개 에너지 관련 기업 유치를 목표로 20XX년 6월 현재 133개 기업과 에너지밸리 투자유치 협약을 체결하였으며, 산학연 협력을 통해 지역 맞춤형 R&D 투자를 확대하는 등 "빛가람 에너지밸리"를 지역사회와 함께 가치를 나누는 상생의 롤모델로 조성해 나가고 있습니다. 그리고 중소기업에 대한 수출보증제도 운영으로 해외 판로를 지원하고 협력연구개발을 강화하여 기술역량을 제고하는 등 중소기업 동반성장을 위한 다양한 프로그램을 운영하고 있습니다.

19. 윗글을 세 문단으로 나눴을 때, 각 문단의 핵심 메시지를 순서대로 바르게 나열한 것은?

① 기업가치의 성장, 사업 다각화의 의의, 사회적 신뢰 구축
② 글로벌 기업, 에너지 신산업을 통한 새로운 미래, 상생하는 에너지 세상
③ 글로벌 경쟁 심화, 상생하는 에너지 세상, 인간존중 경영 실천
④ 기업가치의 성장, 에너지 신산업의 과거와 미래, 기업 사회공헌의 중요성
⑤ 글로벌 기업, 사회적 신뢰 구축, 지역과의 동반 성장

20. 윗글의 홍보 효과를 극대화하기 위한 제목을 선정할 때, 참고 사항으로 적절하지 않은 것은?

① 통계자료 및 숫자를 강조하여 독자의 호기심을 유도한다.
② 감각적이고 참신한 표현으로 독자의 관심을 유발한다.
③ 따옴표를 이용한 핵심 주제의 인용을 통해 시각적 집중효과를 유발한다.
④ 자세한 내용을 부제목으로 달아 본문 내용에 대한 예측력을 높인다.
⑤ 여러 독자를 대상으로 내용을 전달하기 위해 되도록 많은 내용을 포함시킨다.

[21 ~ 22] 다음 제시된 상황과 자료를 보고 이어지는 질문에 답하시오.

직원 K는 국내 주택 분양제도에 관한 다음의 자료를 읽고 있다.

선분양제도는 지난 30여 년간 국내 주택 분양에서 독보적인 제도로 자리매김해 왔다. 1980년 중반 이후, 정부는 주거안정화 정책의 일환으로 주택을 대량 공급하고자 하였으나 국가 재정투자의 여력은 부족한 상황이었다. 주택공급업자의 자기자본 규모는 턱없이 부족하였고 거액의 자금조달 또한 쉽지 않은 상황이었다. 이러한 배경하에 사업비의 상당부분을 분양대금, 즉 소비자 금융으로 조달하는 선분양 제도가 모두를 만족시킬 수 있는 방안으로 떠올랐으며, 1984년 11월 28일 주택공급에 관한 규칙이 개정됨으로써 현재까지 주택공급의 주된 방법으로 자리 잡았다.

선분양제도란 글자 그대로 건축물이 준공되기 전에 분양을 선(先) 시행하는 제도이며, 구체적으로 사업자가 대지를 확보하고 주택도시보증공사로부터 분양보증을 받을 경우 착공과 동시에 입주자 모집이 가능한 제도이다. 이에 따라 초기 사업자금만 적시에 융통된다면 그 이후 건설기간의 건설비용은 분양대금으로 충당해 사업진행이 가능하여 주택공급자에게 우호적인 사업 환경이 조성될 수 있었다. 또한 수요자에게도 선분양을 통해 분양가와 준공 후 매매가 사이의 시세차익을 향유할 수 있다는 이점이 있었다. 이와 같은 주택공급자와 주택수요자의 상업적 이익을 기반으로 선분양제도는 자연스럽게 국내 분양시스템의 핵심으로 자리 잡을 수 있게 되었다.

그러나 2000년대 초반부터 분양시장 내 분양권 투기(전매) 심화, 소비자 주택선택권 제약, 준공 전 매매대금 지급에 따른 매매위험 증가 등과 같은 사회적 차원의 부작용이 대두되기 시작하였다. 이에 따라 2004년 2월 참여정부는 분양권 투기 억제, 소비자 주택선택권 확대 및 주택 매매위험 감소 등을 목적으로 공공부문의 주택공급에 대해서는 후분양제 의무화 및 시범사업을 실시하였으며 민간부문의 주택공급에 대해서는 후분양 사업장에 대해 기금지원, 공공택지 우선공급 등의 인센티브를 부여하는 후분양 로드맵을 마련하였다. 이를 통해 정부는 선분양을 억제시키고 후분양의 안정적 정착을 도모하였으나, 공공부문의 경우 시범사업장 외에는 후분양 추진사례가 극히 미미하였고 민간부문 또한 사업비용 증가에 따른 주택공급자의 저조한 참여로 후분양제의 실효성에 대한 의문이 제기되면서 대부분의 주택공급은 현재까지 선분양제를 통해 이루어지게 되었다.

이러한 배경하에 지난 2017년, 정부는 공공부문을 중심으로 한 후분양제도의 단계적 도입을 시사하였고 현재 부실시공에 대한 사회적 이슈가 집중되면서 후분양제도에 대한 관심이 늘고 있다. 후분양제도란 건축물이 지어진 후에 분양을 시행하는 제도로 구체적으로 「주택공급에 관한 규칙」 제15조에 의거 아파트의 경우에는 전체 동의 골조공사가 완료된 때, 그 외의 경우에는 조적공사가 완료된 때 입주자를 모집하는 방법을 말한다.

21. 다음 ㉠ ~ ㉣ 중 윗글에 제시된 정보를 바탕으로 추론할 수 있는 내용은 모두 몇 개인가?

> ㉠ 착공과 함께 입주자 모집을 할 수 있는 선분양제의 경우 주택공급 사업자는 공사비 등 사업비용 대부분을 분양 받은 사람의 분양대금을 통해 조달하는 반면, 입주자모집 시기가 사업 후반부로 늦춰지는 후분양제의 경우 주택공급 사업자는 대부분의 사업비를 대출을 통해 조달하거나 사업자의 자기자금을 활용하여야 한다.
> ㉡ 선분양제도하에서는 완성된 주택을 보고 구매하는 것이 아닌 모델하우스 등을 통한 간접적 품질 확인 후 주택구매를 하게 되어 초기의 설계나 품질과 다르게 건설된 주택을 소유하여야 하는 위험을 감수해야 한다면, 후분양제하에서는 비교적 완성에 가까운 실물을 확인하고 주택을 구매함으로써 추후 발생할지 모르는 하자 리스크를 감소시킬 수 있게 된다.
> ㉢ 후분양제도는 선분양제도하에서 소비자가 활용할 수 있었던 분양시장의 분양가와 입주시점의 매매가의 차액인 시세차익을 기대하기 어렵고, 사업자의 증가된 금융비용이 소비자에게 전가됨으로써 분양가가 상승할 가능성이 나타난다.
> ㉣ 사회 전반적인 관점에서 후분양제도는 분양권 투기를 억제할 수 있고 중도금대출을 감소시켜 가계부채를 축소시키는 등 일부 긍정적인 면이 있을 것으로 보이지만 주택공급 감소, 주택가격 상승, 중소건설사 도태 가능성 및 짧은 분양기간으로 인한 준공 후 미분양증가 등의 단점도 존재할 것으로 보인다.

① 0개 ② 1개 ③ 2개
④ 3개 ⑤ 4개

22. 윗글에서 언급된 내용으로 적절하지 않은 것은?

① 후분양제도의 성과
② 선분양제도의 도입 배경
③ 정부의 후분양 사업 지원책
④ 선분양제도의 사회적 부작용
⑤ 후분양제도의 입주자 모집 시기

23. 다음 중 탄소배출권 거래중개인의 자질과 능력으로 추론할 수 없는 것은?

> 2005년 온실가스를 줄이기 위한 국제 협약인 교토의정서가 발효됨에 따라 의무 감축 국가들은 2008년부터 2012년까지 1990년 대비 평균 5.2%의 온실가스를 감축할 의무를 갖게 되었다. 또한 교토의정서에서는 온실가스 배출량을 줄이기 위한 방법으로 온실가스를 배출할 권리를 사고파는 '탄소배출권 거래제'라는 제도를 도입함으로써 국가와 기업들이 다양한 온실가스 감축사업을 통해 온실가스를 줄이고, 감축한 만큼의 온실가스를 사용 또는 방출할 권리를 다른 국가나 기업에 매매할 수 있는 탄소 시장이 열리게 되었다.
> 호주는 사용하는 에너지의 대부분을 석탄을 이용한 화력발전소로부터 공급하는데, 석탄을 연소하면 불가피하게 대기 중으로 이산화탄소가 방출된다. 이때 사람들이 기존 전구를 에너지 절약형 전구로 교체하면 더 적은 양의 에너지를 사용하게 되므로 대기로 방출되는 이산화탄소량이 줄어든다. 따라서 기차역이나 쇼핑센터 주변에서 절전형 전구와 물 절약형 샤워헤드를 사람들에게 무료로 나눠 주는데, 이를 통해 사람들이 이산화탄소를 적게 방출하여 탄소배출권(Carbon Credits)이라는 경제적 가치를 창출할 수 있다. 전구와 샤워헤드 한 세트(전구 6개와 샤워헤드 1개)가 6 Carbon Credits가 되고 1 Carbon Credits는 12AUD의 가치를 가지므로 전구와 샤워헤드 한 세트는 72AUD의 가치를 가지게 된다. 이런 방식으로 국가 전체가 확보한 탄소배출권의 총량 범위 내에서 국가나 기업이 다른 나라 혹은 기업에 탄소배출권을 판매할 수 있게 되는 것이다.
> 이러한 배경으로 성립된 탄소 시장에서 탄소배출권을 팔거나 사려고 하는 국가나 기업 간의 거래를 주선하는 사람이 바로 탄소배출권 거래중개인이다. 탄소배출권 거래중개인은 탄소배출권 판매자와 구매자 정보를 확보하여 온실가스 저감 사업에 대해 기업에 조언하거나 사업에 직접 관여하는 등 고객 확보를 위해 다방면의 노력을 기울인다. 판매자와 구매자가 확보되면 협상을 체결하기 위해 적절한 매매 가격 산정이나 배출권 이전 및 발행의 보증 문제 등에 대해 조율한다. 거래에 따른 위험을 관리하는 방법을 찾아 고객에게 조언하는 것도 중요한 일이다. 이렇게 모든 것이 갖추어지면 최종적으로 감축분에 대해 구매 계약을 체결하게 된다.

① 국제적인 정책, 경제의 흐름에 민감해야 한다.
② 온실가스 저감 기술에 대한 기본적인 이해가 필요하다.
③ 공식적으로 정해진 탄소배출권 가격을 정확히 파악하고 전달해야 한다.
④ 수요와 공급에 대한 경제학적 지식을 가지고 있어야 한다.
⑤ 구매 계약 체결의 법적 절차를 잘 알아야 한다.

24. 다음 글을 참고할 때, 밑줄 친 '문화 효과'를 가장 적절하게 요약한 것은?

> 미국 뉴욕주 버펄로의 알브라이트 녹스 미술관의 공공 미술을 처음으로 큐레이트한 애런 오트는 서부 뉴욕 전역의 드문 문화 효과를 이끌어냈다. 헬싱키 미술관의 책임자인 제인 사이렌은 알브라이트 녹스의 공공 미술 구상의 창립자 중 최초로 다양한 시카고 지역 기관의 예술 프로젝트에 종사한 애런 오트를 고용하여 변화를 이끌어내게 되었다. 156년 역사를 자랑하는 이 박물관은 이제 페인트, 플라스틱, 강철 및 천을 사용하여 서부 뉴욕 지역의 공원, 이웃, 건물 및 기타 기반시설에 생명을 주입한 야심찬 프로그램으로 5년간의 노력을 통해 재탄생했다.
>
> 시와 국가 그리고 기업이 자금을 지원하는 이 프로그램은 버펄로의 방문객을 끌어들였다. 런던의 샨텔 마틴(Shantell Martin)과 폴란드 브로츠와프에 기반을 둔 보이치에흐 콜라츠(Wojciech Kolacz)의 벽화는 오늘날 버펄로의 흑인문화의 허브인 이스트사이드(East Side)에 현대적이고 국제적으로 유명한 벽화가 되었다. 오트가 2014년 4월에 와서 맡은 첫 번째 임무는 지역공동체에서 나아가 버펄로와 파트너가 되기를 원하는 이해 관계자, 개인 및 단체를 만나 대화를 하고 프로젝트를 어떻게 진행하고 싶은지 결정하는 것이었다. 이에 따라 매튜 호프만의 'You Are Beautiful' 프로젝트는 나이아가라 등 전역에 배치된 44개의 광고판을 활용한 첫 번째 활동이 되었으며, 이는 공연 기반의 벽화 예술로 탄생하게 되었다. 그 다음 오트는 케이시 리오단 밀라드의 그림 'Shark Girl'을 커낼사이드(Canalside)에 배치했다. 이는 관광객 사이에 유명한 포토존이 되었고 지역사회의 자산이 되었다.
>
> 결국 이러한 오트의 노력은 지역사회를 넘어 지역 간의 연결을 가져올 수 있다는 점을 보여 준 활동이 되었다. 프로젝트를 수행하기 위해 다수의 아티스트를 고용하여 조각을 할 수 있게 도와주었는데, 그 과정에서 타 지역 예술가들이 프로젝트를 위해 이곳으로 와 작업을 하게 되었던 것이다. 그러면서 이곳의 아티스트들도 다른 곳에서 공연을 하게 되었다. 오트는 미국의 다른 지역, 특히 중서부 지역의 사람들에게 연락하면서 이와 같은 방식을 생산하고 그 자산을 공유하려고 적극적으로 노력하였다. 버니 레이스와 같은 예술가가 그곳에 와서 젊은 예술가들과 이야기하는 것을 봄으로써 도시 밖에서 그녀와 함께 다른 프로젝트를 할 수 있는 기회를 상상할 수 있게 하였고, 이는 그들이 자신의 작품을 만들기 위해 그녀로부터 영감을 받을 수도 있다는 사실을 의미하게 되었다.

① 벽화를 통한 미술의 발전
② 공공 예술을 통한 도시 재생
③ 도시를 연결하는 예술의 힘
④ 광고를 통한 도시의 발전
⑤ 인적 교류 확대를 통한 예술의 발전

25. 다음 글을 참고할 때, 〈보기〉 중 반드시 임대인이 비용을 부담해야 하는 경우는?

> 주택이나 상가의 임대차 기간 중 목적물이 파손되거나 하자가 발생한 경우 임대인과 임차인 중 누가 수선을 해야 하는지 분쟁이 발생하는 경우가 많다. 우리 「민법」 제623조는 "임대인은 목적물을 임차인에게 인도하고 계약 존속 중 그 사용, 수익에 필요한 상태를 유지하게 할 의무를 부담한다."라고 규정하며 임대인에게 수선의무를 지우고 있다. 이에 대응하여 임차인에게는 제634조에서 "임차물의 수리를 요하거나 임차물에 대하여 권리를 주장하는 자가 있는 때에는 임차인은 지체없이 임대인에게 이를 통지하여야 한다. 그러나 임대인이 이미 이를 안 때에는 그러하지 아니하다."라고 규정하여 통지의무를 부여하고 있다.
>
> 임대차 목적물의 하자에 대한 임대인의 수선의무의 범위에 관하여 대법원은 "임대차 계약에서 임대인은 목적물을 계약 존속 중 사용, 수익에 필요한 상태를 유지할 의무를 부담하므로, 목적물에 파손 또는 장해가 생긴 경우 그것이 임차인이 별 비용을 들이지 아니하고도 손쉽게 고칠 수 있을 정도의 사소한 것이어서 임차인의 사용, 수익을 방해할 정도의 것이 아니라면 임대인은 수선의무를 부담하지 않지만, 그것을 수선하지 아니하면 임차인이 계약에 의하여 정해진 목적에 따라 사용, 수익할 수 없는 상태로 될 정도의 것이라면 임대인이 수선의무를 부담한다."라고 판시한 바 있다. 또한 "임대인의 수선의무를 발생시키는 사용, 수익의 방해에 해당하는지 여부는 구체적인 사안에 따라 목적물의 종류 및 용도, 파손 또는 장해의 규모와 부위, 이로 인하여 목적물의 사용, 수익에 미치는 영향의 정도, 그 수선이 용이한지 여부와 이에 소요되는 비용, 임대차계약 당시 목적물의 상태와 차임의 액수 등 제반 사정을 참작하여 사회통념에 의하여 판단하여야 할 것"이라고 하였다.
>
> 이러한 임대인의 수선의무는 특약에 의하여 이를 면제하거나 임차인의 부담으로 돌리는 것도 가능하다. 하지만 판례는 특약에서 수선의무의 범위를 명시하고 있는 등의 특별한 사정이 없는 한 그러한 특약에 의하여 임대인이 수선의무를 면하거나 임차인이 그 수선의무를 부담하게 되는 것은 통상 생길 수 있는 파손의 수선 등 소규모의 수선에 한한다 할 것이고, 대파손의 수리, 건물의 주요 구성부분에 대한 대수선, 기본적 설비부분의 교체 등과 같은 대규모의 수선은 이에 포함되지 아니하고 여전히 임대인이 그 수선의무를 부담하여야 한다는 입장이다.
>
> 형광등이나 변기의 사소한 수리와 같이 임차인이 별다른 비용을 들이지 아니하고도 손쉽게 고칠 수 있는 것이어서 임차인의 사용, 수익을 방해할 정도의 것이 아니라면 임차인이 수리하여야 한다. 그러나 기본적 설비 부분의 교체 등 대규모의 수선(예를 들어 벽 균열 발생 등)이 필요할 때에는 임대인의 수선의무가 면제되지 아니하므로 임대인이 비용을 부담하여야 한다. 만일 임대인이 수선의무를 이행하지 않는다면 임차인은 차임지급을 일부 또는 전부 거절할 수도 있고, 계약을 해지할 수도 있다. 또한 임차인의 비용으로 일단 수리를 받은 다음 그 비용을 청구하거나 지급할 차임에서 공제할 수도 있다.

보기
㉠ 어린 아이들이 거실에서 뛰어놀다가 거실 바닥에 균열이 생겨 바닥재가 무너진 경우
㉡ 임차료를 낮춰 주는 대신 누수 시 임차인이 비용을 부담하기로 특약을 맺은 후, 수도관에서 누수가 발생한 경우
㉢ 겨울철에 아무런 이유 없이 보일러가 작동하지 않아 당장 수리를 해야 하는 경우
㉣ 벽에 균열이 생긴 것을 오래도록 임대인에게 통보하지 않고 있다가 균열이 커져 결국 벽 전체에 대한 대규모 공사를 요하게 된 경우
㉤ 임대인이 최초 설치하여 목적물에 포함하여 임대하였으나, 임차인이 전혀 사용하지 않던 붙박이장 내부가 썩고 악취가 진동하여 해체가 필요한 경우

① ㉠, ㉡ ② ㉡, ㉣, ㉤ ③ ㉠, ㉢, ㉤
④ ㉠, ㉡, ㉢, ㉣ ⑤ ㉡, ㉢, ㉣, ㉤

[26 ~ 27] 다음 자료를 보고 이어지는 질문에 답하시오.

〈한계차주 주거지원을 위한 주택(아파트) 매입 공고〉

㈜△△부동산투자회사에서 주택담보대출 원리금 상환에 어려움을 겪는 한계차주의 주거지원을 위하여 다음과 같이 주택(아파트)을 매입합니다.

> 한계차주 주거지원을 위한 매입임대주택은 주택도시기금이 출자하여 설립한 ㈜△△부동산투자회사가 한계차주 소유의 아파트를 매입하여 매도자인 한계차주에게 5년간 임대하는 주택으로, 한계차주는 임대기간 종료 후 재매입우선권을 행사하여 주택을 재취득할 수 있습니다.

- 아래 요건을 모두 충족하는 주택
  ① 전용면적 85m^2 이하, 공시가격 5억 원 이하
  ② 해당 주택이 속한 단지규모가 150세대 이상
  ③ 20XX년 1월 이후 사용 승인
  ④ 특별시, 광역시 및 인구 10만 이상 시·군 지역 소재 아파트

- 아래 요건을 모두 충족한 자(한계차주)
  ① 매입공고일 3개월 이전부터 매입신청대상 주택을 소유
  ② 매입공고일 3개월 이전부터 기존주택에 주민등록이 등재되어 있을 것
  ③ 매입공고일 3개월 이전부터 기존주택을 담보로 하는 금융권 대출이 있을 것
  ④ 매입공고일 현재 해당 세대의 월평균소득이 전년도 도시근로자 가구당 월평균소득의 120% 이하일 것

- 주택요건 및 신청자격 등에 대한 서류심사 후 적격인 경우에 한해 아래 기준에 따른 우선순위에 따라 매입예정 호수의 2배수를 현장실태조사 및 감정평가 대상으로 선정함.

기준(%)	내용	적용방법
매도희망 가격비율	매도희망가격 ÷한국감정원 시세×100	• 비율 90% 미만은 90% 적용, 100% 초과는 100% 적용 • 매도희망가격비율이 낮은 순으로 우선순위 부여
채무비율	담보대출 총합 ÷한국감정원 시세×100	• 매도희망가격 비율이 동점일 경우 적용하는 보조기준 • 채무비율이 높은 순으로 우선순위 부여

26. 다음 중 제시된 주택매입 공고에서 대상자 제한 사항이 아닌 것은?

① 일정 규모 이하의 주택을 소유하여야 한다.
② 해당 주택이 속한 단지와 지역의 규모가 일정 수준 이상이어야 한다.
③ 일정 기간 이상 해당 주택을 소유하고, 주민등록상 거주지로 등록되어 있어야 한다.
④ 금융권 대출 금액이 일정 수준 이상이어야 한다.
⑤ 일정 규모 이하의 세대 소득이 있어야 한다.

27. 제시된 공고를 보고 매입을 신청한 A, B, C 3명의 주택과 대출 현황이 다음과 같을 때, 대상 주택 선정의 우선순위를 올바르게 나열한 것은?

신청인	한국감정원 감정가	매도희망가격	담보대출 총합
A	2억 원	2.2억 원	1.9억 원
B	2.4억 원	2.2억 원	2.4억 원
C	3억 원	3억 원	2.7억 원

```
     1순위  2순위  3순위       1순위  2순위  3순위       1순위  2순위  3순위
①     A     B     C       ②    A     C     B       ③    B     A     C
④     B     C     A       ⑤    C     A     B
```

28. 다음 규정에 대한 설명으로 올바른 것은?

> **제5조(전용부분 및 공용부분의 범위)** ① 전용부분은 입주자가 세대에서 단독으로 사용하는 공간으로서 다음과 같다.
> 1. 천장·바닥 및 벽
> 2. 현관문 및 창(발코니 창 포함)
> 3. 전용부분에 설치된 배관·배선 및 닥트와 그 외의 건물에 부속되는 설비
> 4. 세대별 전기·수도·가스·급탕 및 난방의 배관·배선·계량기 등
>
> ② 공용부분은 제1항의 전용부분을 제외한 다음 각호의 주택부분·부대시설 및 복리시설과 그 대지로 한다.
> 1. 주거공용부분 : 동 건물의 복도·계단·현관·승강기 등 공동주택의 지상 층에 있는 동 건물을 해당 동의 입주자가 공동으로 사용하는 시설
> 2. 그 밖에 공용부분 : 제1호의 주거공용부분을 제외한 지하층·관리사무소·경비실·경로당·보육시설·주차장·주민공동시설 등 공동주택단지 안의 전체 입주자 등이 공동으로 사용하는 시설
>
> **제7조(규약 등의 준수의무)** ① 입주자 등은 원활한 공동생활을 유지하기 위하여 법·영·규칙, 공동주택관리에 관계되는 법령, 이 규약에 따라 관리규약에서 위임한 사항과 그 시행에 필요하여 입주자대표회의에서 제정·개정한 제 규정을 준수하여야 한다.
> ② 입주자 등, 관리주체, 선거관리위원회, 입주자대표회의 간의 분쟁사항은 각 자치구별로 설치된 분쟁조정위원회의 조정 및 심의를 거쳐야 한다.
>
> **제8조(규약의 효력)** ① 이 규약은 입주자의 지위를 승계한 자에 대하여도 그 효력이 있다.
> ② 관리 대상물의 사용방법에 대하여 이 규약에 정한 내용은 사용자 또는 점유자에 대하여도 입주자와 동일한 효력을 지닌다.
>
> **제12조(의결권 행사)** ① 1세대의 주택에서는 하나의 의결권을 갖는다. 다만, 1세대의 주택을 2세대(인) 이상이 공유하는 경우에는 의결권을 행사할 1인을 선임하여 미리 관리주체에 서면으로 통보하여야 한다.
> ② 입주자 등은 서면 또는 전자적 방법으로 의결권을 행사할 수 있으며, 전자적 방법을 통한 의사결정 시는 시스템에서 정한 방법에 따른다. 소유자 또는 세대주(임차 등을 한 경우)가 아닌 입주자 등은 입주자명부에 등재된 세대주를 대리하여 의결권을 행사할 수 있다. 이 경우 위임장을 첨부하여야 한다.

① 2세대 이상이 사용하는 배관과 배선은 어느 일방의 전용부분으로 간주한다.
② 공동주택단지 안의 도로, 안내표지판 등은 가장 가까운 동의 세대에 속한 전용부분이다.
③ 해당 주택의 소유자나 실 거주자 이외의 입주자도 의결권을 행사할 방법이 있다.
④ 201동의 승강기는 301동의 입주자에게도 주거공용부분으로 해당된다.
⑤ 집주인과 세입자 2세대가 한 집에서 공동 거주하는 경우, 의결권은 두 개가 된다.

29. 다음은 이주대책대상자 선정조건에 관한 조건이다. 이주대책대상자로 선정될 수 없는 사람은?

〈이주대책대상자 선정조건〉
• 공람공고를 한 날을 선정기준일로 함.
• 이주대책대상자는 주거용 건축물이 수용되는 것이므로 반드시 주거용 건축물이어야 함.
• 선정기준일 이전부터 당해 사업지구 안에 가옥을 소유한 자
• 선정기준일 이전부터 당해 사업지구 안에 계속하여 거주한 자
• 단, 다음에 해당하는 사유가 있다면 실제 거주하지 않았더라도 계속하여 거주한 것으로 인정함.
 ㉮ 질병으로 인한 요양 / ㉯ 징집으로 인한 입영 / ㉰ 공무 / ㉱ 취학 / ㉲ 해당 공익사업지구 내 타인이 소유하고 있는 건축물에의 거주 / ㉳ 그 밖에 ㉮목부터 ㉱목까지에 준하는 부득이한 사유

① A 씨 : 사업지구 내에 주택을 소유하고 있으나 건강상의 이유로 큰아들 집에서 함께 거주하였다.
② B 씨 : 사업지구 내 주민등록을 해 두었으나 본인 소유 주택이 지나치게 노후된 관계로 해당 사업지구 내 타인이 소유하고 있는 건축물에 거주하였다.
③ C 씨 : 사업지구 내 본인 소유의 주택에 거주하고 있었으나 징집으로 인해 선정기준일 이후 사업지구 내 전입신고를 하였다.
④ D 씨 : 선정기준일 이전부터 사업지구 내에 거주하고 있었으나 취학을 이유로 공람공고일 이전에 주택을 매도하였다.
⑤ E 씨 : 공무로 인해 타지역으로 주민등록을 해 두고 그의 아들이 사업지구 내 E 씨 주택에서 계속해서 거주하였다.

30. 다음 자료를 참고하여 판단한 내용으로 적절하지 않은 것은?

〈재건축 개발이익환수제〉

　재건축 개발이익환수제란 개발사업이나 기타 다른 요인으로 인하여 토지로부터 발생되는 개발이익을 환수함으로써 토지에 대한 투기를 방지하고 토지의 효율적인 이용을 촉진하기 위한 제도이다. 여기에 해당되는 단지는 재건축할 때 임대아파트를 지어야 한다. 시행안에 따르면 제도 시행일 이전 사업승인을 받았으면 재건축으로 늘어나는 면적 중 10%, 사업승인을 받지 못했으면 25%를 지어야 한다. 수도권 과밀억제권역에 위치한 재건축 단지에 적용된다. 개발이익 환수금액은 다음과 같은 기준을 적용한다.

- 재건축부담금 = [종료시점 주택가액 − (개시시점 주택가액 + 정상주택가격 상승분 총액 + 개발비용)] × 부과율
  - 개시시점 : 추진위원회 설립승인일
  - 종료시점 : 재건축사업 준공인가일
    ※ 개시시점부터 종료시점까지의 기간이 10년을 초과하는 경우에는 종료시점부터 역산하여 10년이 되는 날을 개시시점으로 함.
  - 정상주택가격 상승분 : 정기예금이자율과 평균주택가격상승률 중 높은 비율을 곱하여 산출
  - 개발비용 : 공사비, 설계감리비, 조합운영비 등
  - 부과율 및 부담금 산식

조합원 1인당 평균이익	부과율 및 부담금 산식
3천만 원 초과 ~ 5천만 원 이하	3천만 원 초과금액의 10% × 조합원 수
5천만 원 초과 ~ 7천만 원 이하	200만 원 × 조합원 수 + 5천만 원 초과금액의 20% × 조합원 수
7천만 원 초과 ~ 9천만 원 이하	600만 원 × 조합원 수 + 7천만 원을 초과하는 금액의 30% × 조합원 수
9천만 원 초과 ~ 1억 1천만 원 이하	1,200만 원 × 조합원 수 + 9천만 원을 초과하는 금액의 40% × 조합원 수
1억 1천만 원 초과	2,000만 원 × 조합원 수 + 1억 1천만 원을 초과하는 금액의 50% × 조합원 수

- 부과지역 : 전국
- 납부의무자 : 조합(조합이 해산된 경우 부과 종료시점 당시의 조합원)
- 부과시점 : 준공시점부터 4월 이내
- 부담금 부과대상 : 「도시 및 주거환경정비법」에 의한 주택재건축사업

① 재건축 기간 중 발생한 정상적인 주택가격 상승분은 환수 대상에 포함되지 않는다.
② 재건축 개발이익환수제는 토지에 대한 투기를 방지하고 토지의 효율적인 이용을 목적으로 시행되는 제도이다.
③ 부과율은 집값 상승분의 최대 50%를 부담하는 형태로 추가 징수하는 방식이다.
④ 조합원 수의 많고 적음에 따라 1인당 환수금 부담액이 달라지지 않는다.
⑤ 조합원 1인당 평균이익이 8천만 원일 경우 1인당 총 1,000만 원의 부담금이 발생한다.

[31 ~ 32] 다음 제시된 상황과 자료를 보고 이어지는 질문에 답하시오.

결혼을 준비 중인 A씨 부부는 A 지역 신혼희망타운 입주자 모집 공고문 중 입주자격의 일부 내용을 읽고 있다.

- 검토대상 : 신혼부부나 한부모가족 신청자의 경우 '6세 이하의 자녀가 있는 무주택세대구성원' 전원을 말하며, 예비신혼부부는 '혼인으로 구성될 세대가 전부 무주택'임을 말함.
  ※ '혼인으로 구성될 세대'란 예비신혼부부가 공고일로부터 1년 이내에 제출해야 하는 주민등록표등본에 등재될 세대를 말함.
- 총자산보유기준 적용
  - 입주자모집 공고일 현재 '총자산보유기준'을 충족하여야 합니다.
  - 총자산은 '무주택세대구성원 또는 혼인으로 구성될 세대'가 소유하고 있는 모든 부동산(건물+토지)·자동차·금융자산·기타자산 가액의 총합과 부채의 차액으로 검증하며 기준 초과 시 불이익[계약체결 불가, 부적격 당첨자 명단관리(1년간 입주자선정 제한 및 입주자저축 사용 제한) 등]을 받게 됩니다.
  - 부동산(건물+토지) 및 자동차를 지분으로 보유하고 있는 경우 전체가액 중 해당지분가액(단, 동일 세대원 간에 지분을 공유할 때에는 지분합계액)만을 소유한 것으로 보며, 소명의무는 신청자에게 있습니다.
  - 「주택공급에 관한 규칙」 제53조에 의거 주택으로 보지 않는 경우에도 '해당 주택과 그 주택의 부속 토지'는 자산보유기준 적용 대상이 됩니다.
- 조사대상자의 의무
  - 당사에서 당첨자의 자격심사를 위해 원천정보를 보유한 공공기관으로부터 사회보장정보시스템을 통해 조사대상자 전원의 자산에 관한 정보를 수집·조사하여야 하므로 당첨자 서류제출 시 개인정보 수집·이용 및 제3자 제공 동의서를 조사대상자 전원이 동의하여 당사에 제출하여야 하며, 제출하지 아니하는 경우에는 계약이 불가능합니다.
※ 총자산보유기준 : ①+②+③-④ ≤ 362,000천 원

〈총자산보유 판정 기준〉

구분	자산보유기준 세부내역			
① 부동산	건물	구분		
		주거용 건물	단독주택	
			공동주택	
			오피스텔	
		비주거용 건물	공장, 상가 (오피스텔)	건물
				부속 토지
	토지	토지가액은 지목에 상관없이 해당세대가 소유하고 있는 모든 토지면적에 개별공시지가를 곱한 금액		
② 금융자산	• 보통예금, 저축예금, 자유저축예금, 외화예금 등 요구불예금 : 최근 3개월 이내의 평균 잔액 • 정기예금, 정기적금, 정기저축 등 저축성예금 : 예금의 잔액 또는 총납입액 • 주식, 수익증권, 출자금, 출자지분, 부동산(연금)신탁 : 최종 시세가액 • 채권, 어음, 수표, 채무증서, 신주인수권 증서, 양도성예금증서 : 액면가액 • 연금저축 : 잔액 또는 총납입액 • 보험증권 : 해약하는 경우 지급받게 될 환급금 • 연금보험 : 해약하는 경우 지급받게 될 환급금			
③ 자동차	• 총자산가액 산출 시 적용하는 자동차가액은 해당세대가 보유한 모든 자동차의 가액을 합하여 산출하고 아래의 경우를 제외함. 　가. 「장애인 복지법」 제39조에 따른 장애인사용 자동차 　나. 「국가유공자 등 예우와 지원에 관한 법률」에 따른 국가유공자로서 상이등급 1급 내지 7급에 해당하는 자의 보철용 차량			
④ 부채	• 금융회사, 공공기관 등으로부터 받은 대출금 • 법원에 의하여(판결문, 화해·조정조서) 확인된 사채 • 임대보증금(단, 해당 부동산가액 이하의 금액만 반영)			

31. 다음 중 위의 공고문을 파악한 내용으로 적절하지 않은 것은?

① 신혼부부가 입주 신청을 할 경우 총자산보유기준은 부부 모두의 합계자산에 적용된다.
② 2억 원 부동산에 15% 투자를 한 경우 해당 부동산의 자산가치는 3천만 원으로 산정된다.
③ 신혼희망타운에 입주를 신청하는 예비신혼부부는 입주 후 1년 이내로 주민등록표등본에 세대로서 등재되어 있어야 한다.
④ 입주 신청자의 개인정보 수집·이용 및 제3자 제공 동의서 동의는 선택사항이 아닌 필수사항이다.
⑤ 자산보유액이 4억 원을 초과해도 부채금액의 크기에 따라 신청 자격이 주어질 수 있다.

32. 다음 중 위의 공고문을 읽고 나눈 A 씨 부부의 대화 내용으로 적절하지 않은 것은?

①	우리 무주택자지만 부모님이 물려주신 토지가 있으니 신청 자격이 없겠네요.
	토지가 있다고 반드시 신청 자격이 없는 건 아니고, 토지를 포함한 자산가치를 따져 봐야 해요.
②	입주 신청은 다음 주에 해야 하고 주택(오피스텔) 구입은 다음 달에 하게 될 테니 우린 신청 자격이 있겠죠?
	모집공고 시점에만 주택이 없으면 되니까 무주택세대주 자격은 충족한 거겠죠.
③	여보, 우리는 부동산도 없고 자동차도 없는 무주택자들이니까 당연히 신청 자격이 있는 거죠?
	그런데 우리가 보유한 주식가치가 3억 원이고 보험 해약 시 환급금 가치도 8천만 원 정도 되는데 부채도 없는 우리로서는 신청 자격이 안 될 것 같아요.
④	아버님이 사용하시는 자동차가 우리 명의로 되어 있으니 우리 자산기준이 넘어가겠어요.
	아버님이 사용하시는 자동차가 우리 명의이긴 하지만 그건 장애인사용 자동차로 등록된 거니까 자산에 포함되지 않아요.
⑤	여보, 내일 상가 임대보증금을 받기로 한 날인데 다음 주 입주 신청할 때 자산기준에 불리하게 작용하지 않을까요?
	임대보증금을 받으면 자산으로 포함될 테니 입주 신청 이후에 받도록 조정해야죠.

[33 ~ 34] 다음 제시된 상황과 자료를 보고 이어지는 질문에 답하시오.

대학생 H는 LH 청년전세임대주택의 서류 제출 사항에 대한 안내문을 읽고 있다.

〈대학생 첨부서류〉

	첨부서류(모든 서류는 입주자 모집공고일(202X. 06. 23.) 이후 발급분에 한함)	
공통	① 주민등록등본 (본인, 부모 등)	- 등본상 부모 주소 분리 시 분리된 부모 등본 추가 첨부(국내 주민등록등본이 발급되지 않는 재외국민은 해외 거주 사실을 확인할 수 있는 서류로 대체 첨부) - 기혼자의 경우 세대 분리된 배우자 등본 추가 첨부(부모 등본 불필요) - 소득확인 대상자 중 임신 중인 자가 있는 경우 병원에서 발행한 임신확인서 추가 첨부
	② 재학증명서	202X년 복학예정자는 휴학증명서(또는 재적증명서) 첨부
해당자에 한함	③ 가족관계증명서(본인)	- 본인의 등본에 부모 모두 또는 부모 중 일방이 등재되지 않는 자는 반드시 발급 - 반드시 신청자 본인의 가족관계증명서 첨부 ※ 부 또는 모가 사망하였으나 가족관계증명서상 확인되지 않는 경우 말소자초본 등 추가 제출
	④ 고등학교 졸업증명서(본인)	배우자가 없는 소년소녀가정(가족관계증명서상 부모가 사망한 경우)의 경우에 한해 첨부
	⑤ 장애인등록증	2, 3순위 중 장애인가구는 첨부 ※ 신청자가 장애인인 경우 첨부하지 않아도 됨.
	⑥ 부 또는 모의 혼인관계증명서	부모 이혼 시에 한해 첨부
	⑦ 아동복지시설 관련 서류	1순위 아동복지시설퇴소자에 한해 시설퇴소확인서 및 시설등록증 첨부
	⑧ 혼인관계증명서(본인)	신청자가 배우자와 사별 또는 이혼한 경우에 한해 첨부

33. 다음 중 제시된 안내문에 대한 설명으로 가장 적절한 것은?

① 재학증명서, 주민등록등본, 가족관계증명서는 공통적으로 제출해야 하는 서류이다.
② 1, 2, 3 순위에 해당하는 장애인가구라면 반드시 장애인등록증을 첨부해야 한다.
③ 신청자가 배우자와 이혼한 경우, 혼인관계증명서를 반드시 제출해야 하지만 사별한 경우에는 제출하지 않아도 된다.
④ 기혼자의 경우, 세대가 분리된 배우자의 등본은 추가로 제출할 필요가 없다.
⑤ 소득확인 대상자 중 임신 중인 자가 있는 경우, 병원에서 발행한 임신확인서를 첨부해야 한다.

34. 다음 중 LH 청년전세임대주택 전세금을 받을 수 없는 사람은?

① 대학생 A	나는 202X년에 복학을 할 예정이야. 그래서 재학증명서 대신 휴학증명서를 첨부했지.
② 대학생 B	나는 2순위 아동복지시설퇴소자야. 따라서 시설퇴소확인서 및 시설등록증을 따로 첨부하지 않았어.
③ 대학생 C	우리 부모님께서는 3년 전에 이혼을 하셨어. 그래서 부모님의 혼인관계증명서를 제출할 필요가 없었지.
④ 대학생 D	등본상 외국에 사는 부모님과 주소가 분리되어 있어서, 부모님께서 해외에 거주하신다는 사실을 확인할 수 있는 서류로 대체 첨부하였어.
⑤ 대학생 E	내 등본상에 아버지는 등재되어 있지 않아서 가족관계증명서를 추가로 제출하였어.

[35 ~ 36] 다음 「환경영향평가업자의 사업수행능력 세부평가기준」을 읽고 이어지는 질문에 답하시오.

『환경영향평가업자의 사업수행능력 세부평가기준』

제1조(목적) 이 기준은 「환경영향평가법」(이하 "법"이라 한다) 제53조 및 같은 법 시행령(이하 "영"이라 한다) 제67조의3 제3항 별표4의2에 따라 환경영향평가서 등의 작성을 대행하고자 할 경우 환경영향평가업자 선정을 위한 사업수행능력 평가에 관한 세부기준을 정함을 목적으로 한다.

제2조(적용범위) 이 기준은 영 제67조의2부터 제67조의5까지의 규정에 따라 환경영향평가업자의 사업수행능력 평가, 낙찰자 결정 및 계약을 하는 경우에 적용한다.

제3조(참가자격 등) ① 환경영향평가서 등의 작성대행 용역을 발주하려고 하는 발주청은 법 제54조 및 영 제68조에 따라 환경영향평가업을 등록한 자가 참가하도록 하여야 하며, 다른 법률에서 정하는 업의 면허·허가·등록·신고 등의 요건을 추가하여 참가자격을 제한하여서는 아니된다.
② 참여기술자에 대한 평가는 환경영향평가업에 등록된 기술인력으로 한다.

제4조(세부평가기준) ① 발주청은 별표의 사업수행능력 세부평가항목 및 배점을 참고하여 세부평가기준을 정하여야 한다.
② 발주청은 관계법령 등에서 규정하는 사항에 따라 필요하다고 인정하는 경우 별표의 평가요소별 배점을 ±20퍼센트 범위 내에서 조정할 수 있다.
③ 발주청은 제1항 및 제2항에 따라 세부평가기준을 정하는 경우에는 조정 내용 및 사유를 명확히 하여야 하며, 경력 및 실적 등 특정 기준에 다른 내용을 추가하거나 특정 항목을 배제하여서는 아니된다.
④ 발주청은 특별한 사유가 없는 한 '공동계약운용요령(기획재정부 계약예규)' 등에서 정한 내용과 다르게 공동수급체 구성원 수를 제한하여서는 아니된다.

제5조(세부평가기준 작성 절차) ① 발주청은 제4조에 따라 세부평가기준을 정하는 경우에는 다음 각 호의 절차에 따라야 한다.
　가. 세부평가기준(안)을 작성한 후 그 내용을 최소 7일 이상 홈페이지 등을 통해 일반에 공개하여 의견수렴 과정을 거쳐야 한다. 이 경우 발주청은 환경영향평가기술자의 경력관리 등의 업무를 담당하는 법 제71조에 따라 설립된 환경영향평가협회에도 통보하여야 한다.
　나. 의견수렴 과정을 거쳐 확정된 세부평가기준은 발주청 홈페이지 등을 통해 공고하여야 한다.
② 발주청은 공고된 세부평가기준을 변경하거나 당해 용역의 특성을 고려하여 일시적으로 기준을 변경할 경우에도 제1항과 동일한 절차를 거쳐야 한다.
③ 특별시, 광역시, 특별자치시, 도, 특별자치도에서 정한 세부평가기준을 소속 자치단체가 그대로 준용하는 경우에는 제1항의 절차를 생략할 수 있다.

제6조(평가서류 확인) ① 발주청은 사업수행능력 평가 시 관련 서류의 사본 또는 입찰참여업체가 작성한 서류를 활용하여 평가한 후 건설기술자 경력관리수탁기관, 현황관리기관, (사)환경영향평가협회 또는 발주청이 발행한 서류를 제출받아 관련 내용의 진위여부 등을 확인할 수 있다.
② 발주청은 업무유유도 평가를 위해 참여업체로부터 제출받은 평가자료를 7일 이상 홈페이지 등을 통해 일반에 공개하고, 평가자료의 오류나 누락사항에 대한 의견을 수렴하여야 한다.
③ 발주청은 제2항에 따라 제시된 의견과 「건설기술진흥법 시행령」 제45조에 따른 건설기술용역실적관리시스템 또는 (사)환경영향평가협회 등을 통하여 진행 중인 용역의 참여기술자에 대한 오류, 누락사항 등을 확인하여야 한다. 다만, 법에 환경영향평가기술자의 근무경력 등에 관한 기록의 관리 등을 위한 정보화시스템이 구축된 이후에는 동 시스템을 통해 확인한다.
④ 발주청은 제3항에 따라 확인결과 해당사항이 있을 경우 평가위원회에 보고하여야 한다. 이 경우 평가위원회는 해당 기술자의 업무유유도 평가점수를 0점 처리하여야 한다.

제7조(평가결과 공개) 발주청은 사업수행능력 평가 후 해당 용역업자에게 개별 점수를 통보하여야 한다.

제8조(이의제기) 사업수행능력평가서를 제출하여 평가결과에 이의가 있는 자는 「국가를 당사자로 하는 계약에 관한 법률」 제28조 또는 「지방자치단체를 당사자로 하는 계약에 관한 법률」 제34조에 근거하여 해당 발주청에 이의신청을 할 수 있다.

제9조(평가위원회 구성·운영) 발주청은 다음 각목의 사항에 대해 심의하기 위하여 평가위원회(외부전문가를 포함 3인 이상으로 구성한다)를 구성·운영하여야 하며, 과반수 찬성으로 결정한다.
　　가. 평가서류의 오류 등에 대한 적용여부 등
　　나. 기타 발주청의 장이 필요하다고 판단되는 사항

제10조(낙찰자의 결정 및 계약) 계약방식 및 낙찰자 결정은 「국가를 당사자로 하는 계약에 관한 법률」 및 「지방자치단체를 당사자로 하는 계약에 관한 법률」 중 낙찰자 결정 및 계약에 관한 규정을 준용한다.

제11조(재검토 기한) 환경부장관은 「훈령·예규 등의 발령 및 관리에 관한 규정」에 따라 2020년 1월 1일을 기준으로 매 3년이 되는 시점(매 3년째의 12월 31일까지를 말한다)마다 그 타당성을 검토하여 개선 등의 조치를 하여야 한다.

35. 제시된 세부평가기준에 대한 이해로 옳은 것을 〈보기〉에서 모두 고르면?

보기

㉠ 발주청은 환경영향평가업을 등록한 자가 참가하도록 하여야 하며, 다른 법률에서 정하는 기타 요건을 추가하여 참가자격을 제한해서는 안 된다.
㉡ 발주청은 별표의 사업수행능력 세부평가항목 및 배점을 참고하여 세부평가기준을 정해야 하는데 별표의 평가요소별 배점을 조정하는 것은 불가능하다.
㉢ 발주청은 단순히 공고된 세부평가기준을 변경하거나 당해 용역의 특성을 고려하여 일시적으로 기준을 변경할 경우에는 홈페이지를 통한 의견수렴 과정을 생략할 수 있다.
㉣ 법에 환경영향평가기술자의 근무경력 등에 관한 기록의 관리 등을 위한 정보화시스템이 구축된 경우라면, 업무여유도 평가를 위해 참여업체로부터 제출받은 평가자료의 오류나 누락사항에 대한 의견 등을 동 시스템을 통해 확인할 수 있다.

① ㉠, ㉡
② ㉠, ㉢
③ ㉠, ㉣
④ ㉡, ㉢
⑤ ㉢, ㉣

36. LH공사의 양산지사 직원 A는 〈상사의 지시 내용〉을 반영하여 '사후환경영향조사 용역 사업수행능력 세부평가기준'을 정하고자 한다. ㉠ ~ ㉤ 중 적절하지 않은 내용은?

〈상사의 지시 내용〉

㉠ 참여평가자의 자격 평가는 「환경영향평가법 시행령」 제67조의3 제3항 별표4의2에 따라 평가하되, 국가기술자격법 등의 다른 법률에서 정하는 면허 요건을 추가적인 참가자격 제한 사유로 정해서는 안 돼. ㉡ 세부평가기준을 정함에 있어서는 경력 및 실적 등의 평가요소를 「환경영향평가법 시행령」 제67조의3 제3항 별표4의2의 사업수행능력 세부평가항목 및 배점을 참고하여 정해야 해. ㉢ 우선 세부평가기준안을 작성한 후 그 내용을 7일 이상 홈페이지에 공개하여 의견수렴 과정을 거쳐야 하고, 별도로 환경영향평가협회에도 통보해야 할 거야. ㉣ 만약 세부평가기준안을 새로이 작성하지 않고 양산시가 소속되어 있는 경상남도에서 정한 세부평가기준을 그대로 준용하게 되는 경우라 해도 이러한 홈페이지 공개 및 의견수렴, 통보 과정을 생략할 수는 없음을 주의해야 해. ㉤ 이렇게 의견수렴 과정을 거쳐 확정된 세부평가기준은 홈페이지를 통해 공고해야 할 거야.

① ㉠
② ㉡
③ ㉢
④ ㉣
⑤ ㉤

37. 다음 중 C 국가 바이어와의 업무 미팅을 위한 사전 회의가 진행될 수 있는 날은?

○○기업은 20XX년 8월 신사업 진출을 위한 업무 일정표를 작성하고 있다. 신사업 진출을 위해서 ○○기업은 A 국가의 바이어, B 국가의 바이어, C 국가의 바이어와 각각 업무 미팅이 예정되어 있다. 결재의 편의를 위하여 재무부는 바이어와의 업무 미팅 시 반드시 동행해야 하며 영업부, 신사업 TF, 기획부는 필요에 따라 동행한다.

각 바이어와의 업무 미팅 전, 필수 참석 부서가 모두 참가하는 회의를 한 번 진행해야 한다. 단, A 국가 바이어와의 업무 미팅 이전에 진행되는 사전 회의 시 A 국가 바이어와의 업무 미팅을 위한 회의만을 진행하여야 하며, B 국가 바이어와의 업무 미팅 이전에는 C 국가 바이어와의 업무 미팅을 위한 사전 회의를 진행할 수 없다. 사전 회의는 단 하루씩만 진행된다.

국가	업무 미팅 날짜	필수 참석 부서
A 국가	20XX. 08. 10.	재무부, 영업부
B 국가	20XX. 08. 18.	재무부, 신사업 TF
C 국가	20XX. 08. 25.	재무부, 기획부, 영업부

〈각 부서별 8월 주요 업무일정〉

재무부	08. 01. ~ 08. 02. 회계팀 출장 08. 15. ~ 08. 16. 계열사 출장
기획부	08. 10. 컨설팅 펌 회의 08. 20. ~ 08. 21. 기획부 회의
영업부	08. 21. ~ 08. 24. 해외 출장
신사업 TF	08. 05. ~ 08. 07 국내 출장

※ 부서별 주요 업무일정 기간에는 해당 부서가 회의에 참석하지 못한다.
※ 주말과 업무 미팅 날짜에는 회의를 진행하지 않는다.
※ 20XX년 8월 1일은 토요일이다.

① 8월 17일　　② 8월 18일　　③ 8월 19일
④ 8월 20일　　⑤ 8월 24일

[38 ~ 39] 다음 제시된 상황과 자료를 보고 이어지는 질문에 답하시오.

수지는 토지분야 데이터 분석 공모전의 안내문을 보고 있다.

〈개요〉

- 공모주제 : 국민이 원하는 토지정보 서비스
  - 토지분야 데이터 분석으로 국민들이 토지정보에 대한 궁금증을 해소할 수 있는 토지정보 서비스 아이디어 및 데이터 분석결과 제시
  - 토지분야 데이터와 다른 분야의 데이터를 함께 분석하여 새로운 서비스를 도출하거나 토지관리 현안을 해결할 수 있는 분석과제
  - 토지분야 데이터 분석을 통해 주택분야 신규 비즈니스(사업) 모델을 제시하는 자유 분석과제
  ※ 위에 제시된 공모주제 설명을 참고하여 토지와 관련된 어느 주제나 가능함.
- 활용자료 : 공공데이터 포털(data.go.kr) 등 주택 분야 데이터를 제공하는 정보시스템*을 활용하여 분석대상 데이터 확보, 활용
  * 공공데이터 포털, 토지정보포털, 국토정보시스템, 국가주택정보시스템, 토지주택정보시스템, 국가통계포털 등
- 응모자격 : 공공 빅데이터에 관심 있는 국민 누구나 참여 가능하며 "일반국민"과 "데이터 관련 분석 전문가" 전형으로 나누어 응모
  - 일반국민 : 학생, 일반국민 등 개인 또는 팀 형태로 참가
  - 전문가 : 데이터, 시스템 관련 중소기업·스타트업 형태로 참가
- 접수기간 : ~ 20X9. 9. 19.(목)
- 접수방법 : 이메일을 통한 개별접수 ※ 이메일주소 : bigdata@lh.or.kr
  ※ 접수기간까지 도착분에 한함.
- 제출서류 : 과제 수행계획서 및 개인정보 수집·활용 동의서
- 주요일정 : 분석 참가신청(~ 9. 19.) → 과제수행 및 결과보고서 제출(~ 10. 15.)
  → 빅데이터 콘테스트 행사(10월 말) ※ 일정은 내부 상황에 따라 변동 가능
- 분석내용 : 과제 제안, 데이터 처리, 결과해석 및 시사점 도출
  - 데이터 수집·정제, 분석모형 개발 및 적용, 결과해석 등
  - 과제를 통해 개발된 분석모형의 현업 적용방안 및 시사점 도출
  ※ 타분야 공공데이터와 융합 활용하여 새로운 가치를 발굴한 과제 우대

〈결과물 제출〉

- 제출기한 : ~ 20X9. 10. 15.(화) 18 : 00까지
- 제출방법 : 이메일을 통한 개인 제출 ※ 향후 별도 공지 예정
- 제출내용 : 분석보고서 및 발표자료
  - 보고서 : 한글문서(hwp) 또는 pdf 변환파일 제출
  - 발표자료 : 파워포인트(ppt, pptx) 또는 pdf 변환파일 제출
  ※ 상기 제출물 중 어느 하나라도 제출하지 않은 경우 심사대상에서 제외

38. 제시된 안내문을 읽고 수지가 이해한 내용으로 가장 적절하지 않은 것은?

① 학생이나 일반 국민도 개인 또는 팀 형태로 참가 가능하다.
② 과제 수행계획서는 9월 19일까지, 최종 결과물은 10월 15일까지 제출이다.
③ 최종 결과물은 bigdata@lh.or.kr로 제출해야 한다.
④ 분석내용에는 과제 제안, 데이터 처리 등이 포함된다.
⑤ 보고서는 한글문서 또는 pdf 변환파일로 제출해야 한다.

39. 다음은 최종 결과물의 평가 방법에 대한 자료이다. 평가 결과의 원점수가 다음과 같을 때, 세 팀 중 총점이 가장 높은 팀과 낮은 팀이 순서대로 올바르게 짝지어진 것은?

- 1차 심사 결과, 발표평가 대상과제로 선정된 팀에 한하여 2차 발표평가를 진행하여 최종 수상작 선정
- (1차 심사) 분석결과물 제출과제 대상 서면심사

심사지표	창의성	실현가능성	적합성	파급성	완성도
배점	25	25	20	10	20

- (2차 심사) 1차 심사결과, 상위팀 대상으로 발표평가
  - 2차 심사점수는 2배의 가중치를 부여한다.
  - 1차 심사점수(40%)와 2차 심사점수(60%) 합산

심사지표	심사내용	반영 비율
1차 심사점수	1차 심사점수 환산	40%
2차 심사점수(발표평가)	현장평가단 평가점수(30%)	60%
	심사위원 평가점수(70%)	

구분	1차 심사 (100)					2차 심사 (100)	
	창의성(25)	실현가능성(25)	적합성(20)	파급성(10)	완성도(20)	현장평가단(50)	심사위원(50)
A	20	15	16	6	17	36	42
B	18	20	18	8	18	35	40
C	22	16	18	9	16	40	38

① A, B   ② B, C   ③ B, A
④ C, A   ⑤ A, C

40. 결혼을 준비 중인 A 씨 부부와 B 씨 부부는 다음과 같이 전세자금 대출을 받고자 한다. 다음 자료를 참고할 때, 두 부부가 1년간 매달 지불해야 하는 이자의 차이는 얼마인가? (단, 1년간 원금은 상환하지 않는다)

- 대출대상
  - 대출신청일 현재 세대주로서 대출대상 주택 임차보증금 2억 원 이하[단, 수도권(서울, 인천, 경기)은 3억 원 이하], 전용면적 85m² 이하(단, 수도권을 제외한 도시지역이 아닌 읍 또는 면 지역은 100m² 이하)에 임대차계약을 체결하고 임차보증금의 5% 이상을 지불한 자
  - 대출 신청일 현재 세대주로서 세대주를 포함한 세대원 전원이 무주택자인 자
  - 대출 신청인과 배우자의 연소득 합산 6천만 원 이하인 자
  - 신혼가구 : 혼인관계증명서상 혼인기간이 5년 이내인 가구 또는 결혼 예정자와 배우자 예정자로 구성된 가구

- 대출금리

부부 합산 연소득	보증금			
	5천만 원 이하	5천만 원 초과 ~1억 원 이하	1억 원 초과 ~1.5억 원 이하	1.5억 원 초과
2천만 원 이하	연 1.2%	연 1.3%	연 1.4%	연 1.5%
2천만 원 초과 ~ 4천만 원 이하	연 1.5%	연 1.6%	연 1.7%	연 1.8%
4천만 원 초과 ~ 6천만 원 이하	연 1.8%	연 1.9%	연 2.0%	연 2.1%

- 대출한도
  전(월)세 계약서상 임차보증금의 80%

구분	수도권(서울, 경기, 인천)	수도권 이외 지역
대출 한도 금액	1.7억 원	1.3억 원

- A 씨 부부는 서울에 위치한 전용면적 85m²의 아파트에 살고자 하며 아파트의 임차보증금은 2억 1천만 원이고, 부부의 합산 연소득은 5,700만 원이다. A 씨 부부는 대출금을 최대한으로 받으려 한다.
- B 씨 부부는 충청북도 단양군 단양읍에 위치한 전용면적 99m²의 주택에 살고자 하며 주택의 임차보증금은 1억 6,250만 원이고, 남편의 연소득은 2,700만 원, 아내의 연소득은 1,200만 원이다. B 씨 부부는 5천만 원의 예금이 있으며 나머지 금액은 신혼부부 전세자금 대출을 이용하고자 한다.

① 99,000원 ② 112,000원 ③ 125,250원 ④ 147,500원 ⑤ 160,500원

[41 ~ 42] 다음 제시 상황과 자료를 보고 이어지는 질문에 답하시오.

인사팀 김 대리는 직원들의 근태 기록을 정리 및 관리하고 있다.

〈○○공사 복무규정〉
- 정규 근무시간은 오전 9시(출근 시간)에서 오후 6시(퇴근 시간)로, 하루 근무 시간은 8시간 이상이어야 한다.
- 1주간 근무시간은 40시간으로 하며, 토요일과 일요일은 휴무이다.
- 점심시간은 정오에서 오후 1시까지로 하며, 근무시간에서 제외한다.
- 9시를 넘겨 출근하는 경우 지각으로 처리하며, 지각한 시간만큼 정규 퇴근 시간 이후에 추가로 근무한다.
- 오후 7시부터 30분마다 5,000원의 초과근무수당을 지급한다. 단, 지각한 경우는 해당 일의 초과근무수당을 지급하지 않는다.

〈202X년 9월 직원별 출퇴근 기록〉

구분	A		B		C		D		E	
	출근	퇴근	출근	퇴근	출근	퇴근	출근	퇴근	출근	퇴근
7일(화)	08:32	19:20	09:00	18:00	08:24	18:34	09:00	18:00	10:00	19:30
8일(수)	09:25	20:31	08:40	20:10	08:55	20:01	09:56	19:10	09:16	19:12
9일(목)	08:13	20:00	08:47	20:34	08:44	18:00	08:55	20:15	08:40	18:55

41. 다음 중 직원 D의 3일간 총 근무시간으로 옳은 것은? (단, 정규 출근 시간부터 근무시간으로 계산한다)

① 26시간 14분　　② 26시간 29분　　③ 26시간 40분
④ 27시간 04분　　⑤ 27시간 30분

42. 다음 중 3일간의 초과근무수당을 가장 많이 받게 되는 직원은?

① 직원 A　　② 직원 B　　③ 직원 C
④ 직원 D　　⑤ 직원 E

[43 ~ 44] 다음은 A 호텔의 요금과 할인 규정이다. 이어지는 질문에 답하시오.

〈객실별 요금〉

(단위 : 원)

등급	객실명	숙박일	요금
스위트	로얄 스위트	1박	2,100,000
		2박	3,500,000
	프리미엄 스위트	1박	561,000
		2박	935,000
	주니어 스위트	1박	462,000
		2박	770,000
디럭스		1박	294,000
		2박	490,000
슈페리어		1박	252,000
		2박	420,000
스탠다드		1박	222,000
		2박	370,000

〈할인 규정〉

구분	할인율	내용
영아 할인	100%(무상)	성인 1명당 1명에 한해 무료(만 2세 미만)
어린이 할인	50%	2세 이상 ~ 12세 미만
학생 할인	20%	초등학교, 중학교, 고등학교, 만 30세 미만 대학생(대학원생 제외)
장애인 할인	20%	• 1 ~ 3급 : 동반 보호자 1인 동급 할인 • 4 ~ 6급 : 동반 보호자 할인 안 됨.
경로 할인	20%	만 65세 이상
일반 단체 할인	10% / 15% / 20%	15인 이상(10%), 40인 이상(15%), 80인 이상(20%)

※ 중복 할인은 불가하며, 할인율이 높은 것을 선택하실 수 있습니다(단, 일반 단체 할인의 경우 개별 할인이 적용된 후 단체 할인을 중복으로 적용).
※ 학생, 장애인 할인의 경우 학생증, 장애인 수첩 등 입실 당일 신분을 증명할 수 있는 증빙서류가 필요하며, 반드시 지참하셔야 할인 혜택을 받으실 수 있습니다.

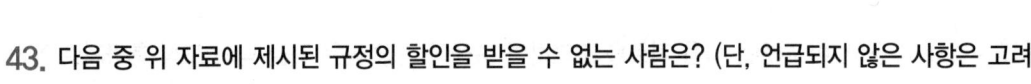

43. 다음 중 위 자료에 제시된 규정의 할인을 받을 수 없는 사람은? (단, 언급되지 않은 사항은 고려하지 않는다)

① 황혼여행을 위해 호텔을 방문한 만 65세, 만 70세 부부 – 20% 할인
② 증빙서류를 지참한 2급 장애인의 동반 보호자 – 20% 할인
③ 학생증을 지참하지 않고 방문한 30인 단체 중학생 – 10% 할인
④ 만 0세 쌍둥이 2명, 만 1세 여아 1명을 데리고 방문한 부부 – 유아 3명 모두 무료
⑤ 성인 21명으로 구성된 여행 동호회 모임 – 10% 할인

44. 다음의 일행이 A 호텔에 방문할 경우, 일행이 지불해야 할 최소 요금은? (단, 모든 객실은 혼자 사용한다)

> P 대학 물리학과 학생들과 교수는 타 지역 학술발표회 방문을 위해 A 호텔에 숙박하기로 하였다. 총인원은 각각 64세, 60세, 58세인 교수 3명, 1학년 학생 3명, 2학년 학생 5명, 3학년 학생 10명, 4학년 학생 5명, 대학원생 조교 2명으로 모두 28명이다. 학생증을 아직 발급받지 못한 1학년 학생들을 제외하고는 모두 학생증을 갖고 있으며 3학년 중 1명은 3급 장애인 수첩을 지참하고 있고 조교 중 한 명이 보호자로 동행한다. 학부생 중 만 30세 이상인 학생은 없다.
> 64세 교수는 로얄 스위트 객실을 사용하며, 60세 이하 교수 2명은 프리미엄 스위트 객실을 사용한다. 조교 1명과 장애인 학생은 주니어 스위트 객실을 사용한다. 또 다른 조교 1명과 4학년 학생 5명은 슈페리어 객실을, 나머지 인원은 모두 스탠다드 객실을 사용하기로 하였으며 전원 2박으로 요금을 지불할 계획이다.

① 12,560,400원 ② 12,890,200원 ③ 13,956,000원
④ 15,956,000원 ⑤ 18,700,000원

[45 ~ 46] A 공사 이 사원은 다음 자료를 고려하여 총점이 가장 높은 곳을 팀의 포상 휴가지로 정하려고 한다. 이어지는 질문에 답하시오.

〈휴가지 평가 점수〉

구분	맛	1인 교통비	분위기	거리	방문횟수
필리핀	2점	600,000원	3점	3점	2회
베트남	5점	400,000원	2점	4점	3회
태국	3점	300,000원	5점	2점	5회
제주도	4점	200,000원	1점	5점	8회
괌	2점	800,000원	4점	1점	1회

※ 방문횟수는 적은 순서대로 5 ~ 1점을 부여한다.
※ 1인 교통비는 기본 점수를 10점으로 하되 10,000원당 0.1점을 차감한다.

〈팀원들의 요구사항〉

최 이사 : 팀 프로젝트를 성공적으로 마친 것을 축하하는 뜻에서 포상휴가를 가고자 하네. 오랜만에 휴가인데 분위기가 좋은 곳에 가 보자고!
김 팀장 : 감사합니다. 이왕이면 자주 방문했던 곳 말고 익숙하지 않은 곳으로 한번 가 보는 것이 어떨까요?
박 주임 : 교통비가 저렴한 곳으로 가고, 대신 숙소를 업그레이드했으면 좋겠어요.
민 주임 : 저는 음식이 맛있는 곳으로 가고 싶어요.
이 사원 : 저는 동남아시아 지역에 한번 가 보고 싶어요.

※ 각 팀원의 요구사항 관련 항목에서 가장 점수가 높거나 요구사항과 가장 관련 있는 휴가지에 가산점을 부여한다.
※ 가산점은 이사 5점, 팀장 3점, 주임 2점, 사원 1점을 부여한다.

45. 이 사원이 포상 휴가지를 정할 때 최종 선택되는 휴가지는?

    ① 필리핀   ② 베트남   ③ 태국
    ④ 제주도   ⑤ 괌

46. 이 사원이 다음 김 팀장의 지시를 듣고 가산점을 다시 부여할 때, 총점이 가장 낮은 휴가지는?

> 김 팀장 : 최 이사님께서 일이 있어 휴가를 못 가신다고 합니다. 처음 이사님의 요구사항에 따라 가산점이 부여되었던 장소는 선택지에서 제외한 후 나머지 4가지 대안을 가지고 나를 제외한 팀원들의 요구사항을 다시 반영해서 결정해 주세요.

    ① 필리핀   ② 베트남   ③ 태국
    ④ 제주도   ⑤ 괌

[47 ~ 48] 다음 ○○공사 연차 관련 기준 및 직원별 연차소진 현황자료를 보고 이어지는 질문에 답하시오.

〈직책별 지정 연차일 수 및 연차휴가비〉

직책	부장	과장	대리	주임
연차일 수(1년당)	25일	20일	15일	10일
연차휴가비(1일당)	5만 원	3만 원	2만 원	1만 원

〈202X년도 ○○공사 직원 연차소진 현황〉

이름	직책/근무연수	남은 연차일 수	이름	직책/근무연수	남은 연차일 수
김○○	주임/2년	10일	황○○	과장/2년	15일
이○○	과장/1년	13일	조○○	부장/5년	100일
박○○	부장/1년	2일	임○○	대리/6년	11일
최○○	대리/3년	1일	방○○	대리/3년	2일
정○○	주임/3년	0일	송○○	과장/1년	0일

- 근무연수는 해당 직책을 단 이후부터 근무한 연수를 의미함.
- 연차 사용 시 회사 복지차원에서 직책별 연차휴가비가 지급됨.
- 전년도에 사용하지 않은 연차는 그다음 연도로 계속해서 이월됨(단, 동일한 직책에서만 유효함).

47. 다음 중 연차휴가비를 가장 많이 지급 받은 직원은?

① 박○○   ② 임○○   ③ 최○○
④ 조○○   ⑤ 방○○

48. 다음 중 연차를 두 번째로 많이 소진한 직원의 연차휴가비와 두 번째로 적게 소진한 직원의 연차휴가비의 합은?

① 98만 원   ② 115만 원   ③ 136만 원
④ 155만 원   ⑤ 179만 원

[49 ~ 50] 다음은 ○○공사의 비품 관리 지침이다. 이어지는 질문에 답하시오.

〈비품 관리 지침〉

- 공용 물품
  - 공용 물품 : 배너 거치대, 문구류(볼펜, 수첩, 메모지), 전자기기(노트북, 모니터)
  - 원칙상 공용 물품의 수량은 다음과 같으며, 특이사항에 한하여 수량을 추가로 구비할 수 있다.

물품	수량	특이사항
배너 거치대	24개	구매 요청을 하는 팀이 2팀 이상인 경우에 한하여 추가 구매(그 외에는 각 팀이 협력사를 통해 개별적으로 대여하는 것으로 함)
문구류	-	문구류는 물품별로 팀에서 요청할 때마다 각 팀에서 요청한 총수량의 2배수로 구매
노트북	30대	구매 요청을 하는 팀이 3팀 이상일 경우에 한하여 추가 구매(그 외에는 각 팀이 협력사를 통해 개별적으로 대여하는 것으로 함)
모니터	15대	사내 보유 노트북의 $\frac{1}{2}$의 수량(소수점을 버림함)으로 구비(노트북을 추가 구매하지 않는 경우엔 각 팀에서 대여하는 것으로 함)

- 팀별 물품
  - 팀별 물품 : A4용지, 사무용품(가위, 칼, 테이프), 파일철
  - 팀별 물품은 각 팀에서 관리하며, 원칙상 다음의 최소 수량을 구비하고 있어야 한다.

물품	최소 수량	특이사항
A4용지	5묶음	최소 수량을 충족하지 못한 팀은 다른 팀으로부터 최대 2묶음을 빌릴 수 있음(단, A4용지를 빌려주는 팀은 최소 수량의 2배를 넘는 수량을 보유하고 있어야 하며, 이때 빌려주는 팀의 필요 수량은 고려하지 않음). ※ 최소 수량을 충족하지 못한 팀이 2팀 이상인 경우 더 적은 수량을 보유한 팀에 먼저 빌려주며, 그 후에는 최소 수량의 2배보다 많이 보유한 경우에 한하여 최소 수량을 미충족한 다른 팀에 빌려줌. ※ 빌려주는 팀은 다른 팀에 각각 빌려준 후에도 최소 수량의 2배 이상을 보유하고 있어야 함.
사무용품	-	전사 차원에서 정해진 최소 수량은 없으며, 각 팀의 결정에 따라 구비
파일철	20개	최소 수량의 4배까지 보유 가능(최대 보유 수량을 초과할 경우 공용 물품으로 관리됨)

※ 공용 물품의 구매는 구매팀에서 진행하며, 팀별 물품의 구매는 각 팀에서 진행한다.

49. 다음 팀별 물품 재고 및 필요 수량에 따라 팀별로 구매할 물품으로 옳지 않은 것은? (단, 물품별 수량 단위는 제시된 자료와 동일하다)

〈팀별 물품 재고 및 필요 수량〉

물품	기획팀		영업팀		홍보팀		디자인팀	
	재고	필요	재고	필요	재고	필요	재고	필요
A4용지	7	9	2	7	4	6	12	3
가위	1	3	0	2	4	4	4	2
수첩	–	15	–	20	–	8	–	12

※ 재고는 현재 각 팀에서 보유하고 있는 수량을 의미하며, 필요는 각 팀에서 필요한 수량을 의미한다.
※ 필요에서 재고를 뺀 값은 각 팀에서 구매가 필요한 물품과 수량을 의미하며, 0 이하일 경우 구매하지 않는다. (단, 재고에서 '–' 표기가 되어 있는 경우 재고 수량을 고려하지 않고 필요 수량만큼 구매한다)

① 기획팀 / A4용지 2묶음 / 가위 2개
② 영업팀 / A4용지 3묶음 / 가위 2개
③ 홍보팀 / A4용지 2묶음 / 가위 0개
④ 디자인팀 / A4용지 4묶음 / 가위 0개
⑤ 구매팀 / 수첩 110개

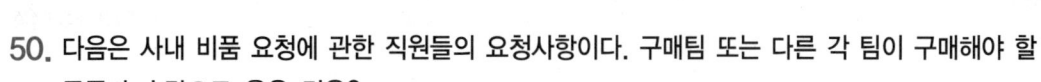

50. 다음은 사내 비품 요청에 관한 직원들의 요청사항이다. 구매팀 또는 다른 각 팀이 구매해야 할 물품과 수량으로 옳은 것은?

- 홍보팀 직원 : 프로모션 행사에 12개의 배너 거치대가 필요한데, 다른 팀에서 해당 일자에 13개를 사용한다고 해서 추가로 구매 요청드립니다.
- 인사팀 직원 : 2주 뒤 첫 출근할 인턴 20명에게 6개월간 노트북을 1대씩 제공해야 하는데, 지난주부터 출근한 3개월 계약직 직원 15명에게 이미 노트북이 1대씩 지급된 후여서 추가 구매가 필요하겠습니다. 또한 인턴 1명당 볼펜과 메모지를 각각 1개씩 지급할 예정입니다.
- 영업팀 직원 : 다음 주부터 장기 출장 갈 직원 3명에 대한 노트북이 필요해서 구매 요청드려요.
- 기획팀 직원 : 프로젝트 운영 인력 6명에 대한 노트북 구매 부탁드려요. 또 파일철이 지금 10개밖에 없어서 최대 보유 수량으로 맞춰서 구매하려 합니다.

① 배너 거치대 3개 ② 볼펜 20개 ③ 노트북 16개
④ 모니터 2대 ⑤ 파일철 70개

2회 기출예상문제

문항수 : 50문항
문항시간 : 60분

▶ 정답과 해설 14쪽

01. 다음 밑줄 친 ㉠~㉤ 중 맞춤법이 올바른 것은?

> 산꼭대기에는 해를 비롯한 ㉠<u>천채</u>의 움직임을 보여주는 ㉡<u>금빛</u> 혼천의가 돌고, 그 아래엔 4명의 선녀가 매시간 종을 울린다. ㉢<u>산기슥</u>은 동서남북 사분면을 따라 봄·여름·가을·겨울 산이 펼쳐져 있다. 산 아래 평지에는 밭 가는 농부, 눈 내린 기와집 등 조선땅의 사계절이 ㉣<u>묘사돼</u> 있고, 쥐·소·호랑이와 같은 12지신상이 일어섰다 ㉤<u>누엇다</u> 반복하며 시간을 알린다.

① ㉠   ② ㉡   ③ ㉢
④ ㉣   ⑤ ㉤

02. 다음은 식품용 금속제 기구·용기에 대한 사용방법과 주의사항에 관한 글이다. 밑줄 친 ㉠~㉆의 맞춤법과 띄어쓰기에 대한 설명으로 적절하지 않은 것은?

> 식품의약품안전처는 식품용 금속제 기구·용기를 일상생활에서 안전하게 사용할 수 있도록 ㉠<u>올바른</u> 사용방법과 ㉡<u>사용 시</u> 주의사항을 다음과 같이 발표하였다.
>
> ○ 금속제 프라이팬은 사용하기 전에 매번 기름코팅을 하면 조리과정에서 중금속 성분이 용출되는 것을 방지할 수 있다.
>   - 세척한 팬의 물기를 닦아내고 불에 달군 후, 식용유를 ㉢<u>얇게</u> 바르며 가열하는 과정을 3~4회 반복한 후 사용한다.
> ○ 금속제 프라이팬이나 냄비에 조리한 음식은 다른 그릇에 옮겨 담아 먹거나, 보관할 경우 전용용기에 담아 보관하도록 한다.
>   - 식초·토마토소스와 같이 산도가 강하거나, ㉣<u>절임</u>·젓갈류와 같이 염분이 많은 식품은 금속 성분 용출을 ㉤<u>증가시킴으로</u> 금속재질의 용기에 장기간 보관하지 않는 것이 바람직하다.
> ○ 금속제 조리 기구는 ㉥<u>전자렌지</u>에 넣어 사용하지 않도록 주의한다.
>   - 금속재질은 마이크로파가 투과되지 못하고 반사되어 식품이 가열되지 ㉆<u>않을뿐 아니라</u>, 끝이 날카로운 금속에서는 마이크로파가 집중되어 스파크가 일어날 수 있어 사용하지 않도록 한다.

① ㉠ '옳바른'은 '올바른'으로 표기해야 한다.
② ㉡ '사용 시'는 '사용시'로 붙여 쓰는 것이 원칙이다.
③ ㉢ '엷게'와 ㉣ '절임'은 맞춤법에 맞는 표현이다.
④ ㉤ '증가시킴으로'는 '증가시키므로'로, ㉥ '전자렌지'는 '전자레인지'로 고쳐 쓰는 것이 적절하다.
⑤ ㉦ '않을뿐 아니라'는 '않을 뿐 아니라'로 띄어 써야 한다.

03. 다음 단어 관계에 대응하여 빈칸에 들어갈 단어로 적절한 것은?

고의 – 과실
좌천 – (   )

① 파견(派遣)   ② 보수(保守)   ③ 천적(遷謫)
④ 퇴임(退任)   ⑤ 영전(榮轉)

[04 ~ 05] 다음 글을 읽고 이어지는 질문에 답하시오.

㉠지구 온난화란 화석 연료의 사용 증가와 산림 훼손으로 인한 온실 효과로 인해 지구의 기온이 상승하는 현상으로 전 지구적 차원에서의 ㉡환경 문제라고 할 수 있다. 화석 연료의 과다 사용에 따라 연안 저지대가 ㉢침수되는 등 그 심각성이 크다.

04. 다음 중 ㉠ : ㉡의 관계와 가장 유사한 것은?

① 당뇨 : 성인병   ② 계절 : 봄   ③ 필통 : 지우개
④ 여름 : 장마   ⑤ 바다 : 하늘

05. 다음 중 ㉠ : ㉢의 관계와 가장 유사한 것은?

① 가열 : 수증기   ② 빵 : 밀가루   ③ 꽃 : 나비
④ 버스 : 지하철   ⑤ 개나리 : 코스모스

[06 ~ 07] 다음에 제시된 상황과 자료를 보고 이어지는 질문에 답하시오.

> 직원 A는 20X3년 2월에 국토교통부가 발표한 보도자료를 확인하고 있다.

〈공공지원민간임대주택 하자 관리 강화〉

- 국토교통부와 ▲▲공사는 지난 1월 공공지원민간임대주택 하자 보수 논란 등과 관련하여 20X2년 10월 이후 입주한 공공지원민간임대주택(5개 단지, 4,767세대)의 하자 처리 현황을 전수조사하고 개선방안을 마련·시행한다고 밝혔다.
  ※ 공공지원민간임대주택 : 무주택자 등이 저렴한 임대료(시세 대비 70 ~ 95%)로 10년간 안정적으로 거주(임대료 인상률 5% 이하)할 수 있는 주택으로, 임대리츠가 주택도시기금 출자 또는 공공택지 지원을 받아 건설·임대

- 국토교통부는 ▲▲공사, ○○공사 및 하자심사·분쟁조정위원회와 함께 '하자점검단'을 구성하여 1월 30일까지 점검 대상 5개 단지를 조사한 결과, 대부분(93.87%) 하자조치는 완료되었으나 복합공사의 일정 조정 등의 사유로 보수가 지연된 사례도 있어 즉시 조치를 완료하도록 하였다.

- 하자 문제의 주요 원인으로는 하자 접수·처리를 수기에 의존하여 처리 누락이 있거나, 임대사업자(임대리츠)가 하자 처리 현황 등 건설사의 업무 상황을 적시에 파악하지 못하는 점 등이 지적되었다. 또한 코로나19 및 자재 수급난 등으로 선행 공정관리가 미흡하여 마감공사가 부실해지는 점이 있었다.

- 이에 국토교통부는 공공지원민간임대주택 임대사업자(임대리츠)의 품질관리 및 하자 처리를 위한 개선방안을 마련하였으며, 주요 내용은 다음과 같다.

  ◆ 시공 단계 : 마감공사 품질 제고를 위한 공정관리 강화

  − 먼저 시공 단계에서 마감공사 부실을 예방하기 위하여 건설사 공정관리 및 감리책임을 강화하도록 「임대리츠 품질점검 지침」을 개정한다.
  − 임대리츠 대주주인 ▲▲공사의 품질관리 전담인력을 2인에서 3인으로 증원하는 등 단계적으로 확대하고, 점검 시 전문업체도 활용한다.

  ◆ 입주 단계 : 입주 전 하자점검·보수 내실화

  − 임대사업자가 입주개시일 직전 건설사의 시공 실태·하자 등 이상 유무를 전 세대 점검한다. 또한 각 시·도의 공동주택 품질점검단이 임의로 점검하던 것을 공공주택민간임대주택도 점검 대상에 포함하는 것으로 명확화하여 지방자치단체의 관리·감독도 강화한다.
  − 임대사업자(임대리츠)는 건설사에 대하여 공사비 잔금 일부 지급을 보류했다가, 하자 조치 현황을 조사하여 입주 전에 문제가 없다고 인정될 때 보류한 잔금을 지급하도록 하고, 하자 처리 진행 상황에 대해 모바일 앱 등의 활용을 의무화하여 임차인에게 관련 정보를 제공하도록 할 예정이다.

◆ 거주 단계 : 입주 후 임차인 권리 강화 및 하자이력 관리

- 입주 후 임차인이 하자를 접수하면 15일 내 조치하도록 하고, 임대사업자는 하자 보수 이력 및 관련 서류를 10년간 보관하여 임차인이 열람할 수 있게 할 예정이다.
- 임대사업자(임대리츠)가 입주 1개월 후 실시하는 주거서비스 만족도 조사에 하자 처리 관련 조사를 추가하여 품질관리 및 제도개선에 활용하고, 하자 처리 결과 등은 해당 건설사가 추후 공공지원민간임대주택 사업 공모에 참여 시 평가에 반영하여 하자 처리가 부실한 건설사는 공공지원민간임대주택 사업에서 퇴출시킬 예정이다.

06. 다음 중 직원 A가 제시된 자료를 이해한 내용으로 적절하지 않은 것은?

① 점검 대상이 된 5개 단지 중 20X3년 1월 기준 하자 보수가 완료되지 않은 곳이 있다.
② 공공지원민간임대주택의 하자 발생 원인 중 하나는 부실 마감공사이다.
③ 공동주택 품질점검단은 시민단체이다.
④ 입주민들에게 수행되는 하자 처리 관련 조사 결과는 건설사의 사업 참여 여부에 영향을 끼칠 것이다.
⑤ ▲▲공사는 공공지원민간임대주택 임대사업자(임대리츠)의 품질관리를 담당한다.

07. 제시된 자료를 직원 A가 다음과 같이 정리했을 때, ㉠~㉤ 중 잘못 작성한 것은?

단계	개선사항
시공	• 임대리츠 품질점검 지침 개정 • ㉠ ▲▲공사 품질관리 전담인력 3인으로 증원
입주	• ㉡ 입주 전 이상 유무 전수조사 • ㉢ 하자 조치 현황 조사 결과에 따라 공사비 잔금 지급 결정
거주	• ㉣ 임차인은 하자 처리 진행 상황에 대해 모바일로 확인 및 관련 서류 열람 가능 • ㉤ 주거서비스 만족도 조사에 하자 처리 관련 조사 추가

① ㉠
② ㉡
③ ㉢
④ ㉣
⑤ ㉤

[08 ~ 09] 다음에 제시된 상황과 자료를 보고 이어지는 질문에 답하시오.

> 직원 A는 소방방재청이 발간한 지역축제장 안전관리 매뉴얼을 확인하고 있다.
>
> 〈지역축제 행사장 위치 선정〉
> - 지역축제 진행은 대부분 야외에서 이루어지는 점을 고려하여 행사장 주변에 위험요인이 없는지, 긴급상황 발생 시 축제 관람객 등이 안전한 곳으로 대피할 수 있는지 등을 종합적으로 검토하고 결정하여야 한다.
> - 집중호우, 폭우, 하천범람, 화재 등과 같은 돌발성 재해 발생 위험지역과 산간, 계곡, 경사지역, 천변, 교통혼잡 지역 등 위치적으로 위험성이 높은 지역인지 검토한다.
> - 지역축제 행사장의 동시 최대 수용인원을 검토하여 수용대책을 마련하고, 축제 진행 중 수용한계를 넘을 때를 대비해 적절한 대책을 수립한다.
> - 소음·불빛 등 기타 요인 때문에 축제장 주변시설(아파트·주택단지, 축사, 병원, 어린이보육시설 등)에 피해를 주는 지역인지 검토한다.
> - 실내에서 축제를 진행하는 경우에는 긴급상황 발생에 대비해 출입구에는 문제가 없는지, 화재위험이 없는지, 임시 시설물의 전도위험이 없는지 등을 검토한다.
>   - 긴급상황 발생 시 대비방법, 비상구의 위치 등 피난안내 동영상을 축제 기간 내 방영하는 등 사전교육 실시계획 수립
>
> 〈개최 시기(시간) 검토〉
> - 지역축제의 개최 시기는 기상예보, 과거 기상사례 등을 참고하여 태풍, 집중호우(장마), 폭염, 대설, 한파 등을 피하고 맑고 화창한 날로 정하는 등 행사 전 또는 행사 중에 발생할 수 있는 기상이변에 대한 대처계획을 수립한다.
>   ※ 기상청 기상특보(경보·주의보) 발효 시, 축제를 취소하거나 연기
> - 지역축제는 축제의 특성에 따라 밤, 낮, 새벽에 진행할 수 있으나 축제의 안전관리 등을 고려하여 될 수 있으면 일출 후 시작하여 일몰 전에 끝나는 것으로 계획한다.
> - 야간이나 새벽에 진행되는 지역축제는 조명, 안전장비 확보 등 종합적인 안전사고 예방대책을 수립하여 추진한다.
>   - 신년 해맞이 행사 달집태우기, 빛의 축제, 불꽃축제 등 밤이나 새벽에 진행되는 축제의 경우에는 화재·감전·폭발사고 등 관람객에 대한 안전대책 강구
>   - 겨울철에 진행되는 축제의 경우 관람객에게 미리 방한복, 무릎담요, 핫팩 등을 지참하도록 겨울철 안전사고에 대비하여 사전홍보 실시

〈지역축제의 안전관리계획 수립〉

- 지역축제 안전관리계획을 수립하려면 개최지를 관할하는 지방자치단체, 소방서 및 경찰서 등 안전관리 유관기관의 의견을 미리 들어야 한다.
- 지역축제의 안전사고 예방과 긴급상황 발생에 대비하여 합동상황실의 설치·운영계획을 수립한다.
- 긴급상황 발생에 대비하여 지역안전관리민관협의회(지역안전관리자문단) 등 관계기관과 비상연락체계를 사전 구축한다.
  - 지자체, 소방서, 경찰서, 시설·전기·가스·통신 등 유관기관, 민간자원봉사자 및 담당부서와의 비상연락체계 구축
- 통신 두절에 대비한 비상연락체계 구축(안전관리요원 무전기, 확성기 등 비치)
- 재난안전대책본부를 구성하고 대규모 재난발생 시 즉각 가동할 수 있도록 운영계획을 수립한다. 다만 지역축제 개최자가 민간단체 등일 때는 지역축제 관할 지방자치단체에서 주관하여 운영계획을 수립한다.
- 지역축제 진행단계별 시나리오를 작성하여 운영상의 문제점을 미리 검토하고 안전관리 대책을 마련한다.
- 안전사고 발생에 대비하여 단계별 조치계획을 마련한다.
  - 초동단계, 응급 구호단계, 비상단계별 조치계획

08. 다음 중 직원 A가 제시된 자료를 보고 소방방재청에 추가로 문의할 내용으로 가장 적절한 것은?

① 통신 두절에 대비하기 위해 어떤 조치를 하면 좋을까요?
② 비상연락체계를 구축할 때, 민간자원봉사자도 포함하여야 할까요?
③ 안전사고 발생에 대비해 계획을 마련할 땐 어떤 단계별로 나누면 좋을까요?
④ 지역축제 안전관리계획을 수립할 때 의견을 미리 들어야 하는 기관에는 무엇이 있나요?
⑤ 지역축제 안전사고 예방을 위해 합동상황실을 미리 설치할 경우 무엇을 가장 우선적으로 비치하여야 하나요?

09. 다음은 지역축제장 안전관리 매뉴얼을 읽고 직원 A가 선배인 직원 B와 나눈 대화이다. (가)에 들어갈 내용으로 적절하지 않은 것은?

> 직원 A : 저는 현재 T 시에서 야생화체험축제를 계획하고 있습니다. 축제장으로 계획하고 있는 후보지 인근에는 산간 및 계곡이 있고, 주택 몇 곳과 축사도 있습니다. 계획 단계에서 특별히 유의하여야 할 점이 있다면 어떤 게 있을까요?
> 직원 B : (가   )

① 산간이나 계곡은 폭우로 인한 하천 범람 등의 돌발성 재해가 발생할 위험이 있으므로 특히 재해 발생 시의 안전대책을 집중적으로 검토해야 합니다.
② 축제장 주변 주택과 축사에 소음이나 불빛으로 인해 피해를 주는지 미리 검토해야 합니다.
③ 통신 두절의 문제가 있을 수 있는 산간에서는 무전기를 사용하는 별도의 연락체계를 확보해두는 것이 좋습니다.
④ 주로 실외에서 진행되는 행사이므로 행사장 로비에 영상 기기를 비치하여 긴급상황 발생 시의 비상구 위치를 안내하는 영상을 재생하는 것이 좋습니다.
⑤ 축제의 안전을 위해 일몰 전에 축제 일정이 끝나도록 계획하는 것이 좋습니다.

[10 ~ 12] 다음에 제시된 상황과 자료를 보고 이어지는 질문에 답하시오.

직원 R은 올 10월 '이달의 한국판뉴딜'로 선정된 사례에 관한 기사를 보고 있다.

K 연구원의 'A 시티'는 운전자 조작 없이 도착지까지 스스로 주변 환경을 인식해 운행하는 자율주행자동차의 각종 대응력을 실험하고 문제점을 찾아내 개선하고 있는 우리나라의 첫 자율주행 실험단지이다. 20X1년 12월 10일 국토교통부가 자동차안전연구원 주행시험장 내에 32만 m^2 규모로 조성했다.

A 시티는 자율주행 때 발생할 수 있는 다양한 상황에서의 차량 대응력을 실험할 수 있도록 실제 5대 도로 환경(자동차전용도로, 도심부, 커뮤니티부, 교외도로, 자율주차시설)을 재현했다. 또한 실제 운전에서 접할 수 있는 35종(톨게이트, 횡단보도, 신호등, 어린이 보호구역, 비포장도로, 철도건널목 등)의 시설과 평행·수직 주차장, 주차 빌딩의 경사면까지 배치했다. 세계 최초로 5세대 이동통신망(5G)도 깔았다.

A 시티 조성 이후 이곳에서 시험운행을 통해 허가받은 자율차는 모두 71대로 전체 중 39%를 차지한다. 46억 원에 이르는 사용료 감면 혜택도 91개 기업과 대학에 돌아갔다. 현재까지 자율주행차 실험에 참여한 기관은 108개, 횟수는 2,354회(무상 2,064회/유상 290회, 1만 2199시간)이다.

A 시티는 앞으로 시설과 장비를 첨단화해 4단계(레벨 4), 나아가 5단계(레벨 5) 이상의 기술을 상용화할 수 있도록 시험장을 고도화할 계획이다. 이와 함께 새싹 기업과 재정적 약소 기업이 중·장기 연구개발을 수행하고, 창업 공간 등으로도 활용할 수 있도록 혁신성장지원센터를 구축할 방침이다.

심사를 담당한 광고 제작자 김○○은 "자율주행차는 기술개발 경쟁이 치열한 분야로 정부·기업·학계 모두가 힘을 합쳐 세계 주도권을 잡는 게 중요한데, 한국판뉴딜이 추구하는 방향과 맥을 같이해 이달의 한국판뉴딜로 선정하게 됐다."라고 선정 이유를 밝혔다. 최○○ 방송작가 역시 "A 시티는 우리나라 자율주행 발전을 위해 꼭 필요한 환경이며, 성공할 때까지 시험을 반복해 성과를 일궈내는 과정이 한국판뉴딜의 도전정신과 다르지 않다."라고 심사 소감을 밝혔다.

B 기업은 사물인터넷(IoT) 분리배출함을 개발하고, 이와 연계해 재활용에 참여하는 소비자에게 점수(포인트)를 제공함으로써 자원 선순환에 대한 인식 전환을 도모하는 '사회정의(소셜)벤처'이다. 투명 페트병을 배출함에 넣으면 B 기업의 '오늘의 분리수거' 응용프로그램(앱)에 점수가 적립되고, 소비자는 이 점수로 식음료를 구매하거나 자원순환 지원 사업에 기부할 수 있다.

또한 B 기업은 한국데이터산업진흥원의 데이터 이용권(바우처) 지원 사업을 통해 자원 재활용품 정보가 시장에서 특별한 데이터로 활용되도록 만들었다. 어느 지역에서 어떤 제품이 버려졌는지, 어떤 제품이 많이 팔리는지 등과 같은 재활용품 데이터를 제품의 소비 성향과 같은 마케팅 데이터로 가공해 기업에 제공하는 방식이다. 이로써 분리배출에 참여하는 소비자는 기업으로부터 점수를 받고, 기업은 이러한 데이터를 마케팅에 활용하는 일석이조의 효과를 거둘 수 있게 됐다.

분리배출함 누적 이용자는 4만 명, 재활용품 월 회수량은 3.9톤, 매월 이용자에게 지급하는 점수 환산 금액은 5,000만 원 정도로 호응이 높은 편이다. 쓰레기를 잘 버리면서 현금처럼 사용할 수 있는 점수를 적립할 수 있는 재미 요소 외에도 환경보호에 이바지한다는 만족감이 일반배출 대비 25배나 높은 회수율로 이어지고 있다.

심사에 참여한 서○○ 맘카페 대표는 "쓰레기 문제 해결을 위해 국민 참여를 유도하는 유인책을 접목하고, 쓰레기 배출 데이터를 마케팅 데이터로 가공했다는 점이 흥미로웠다."라고 선정 이유를 밝혔다. 홍○○ □□연구소 소장은 "재활용 관련 아이디어를 사물인터넷 기술과 연계, 분리배출에 소비자가 자연스럽게 참여하도록 유도했다."라고 평가했다.

10. 다음 중 직원 R이 제시된 자료를 이해한 내용으로 가장 적절하지 않은 것은?

① A 시티는 실제 도로 환경을 재현하여 자율주행차 실험을 할 수 있는 환경을 제공한다.
② 분리배출함에 넣는 재활용품 중에서 B 기업의 앱에 점수가 적립되는 대상이 되는 품목이 정해져 있다.
③ 기업은 소비자로부터 마케팅에 활용하기 위한 데이터를 수집하기 위한 목적으로 B 기업의 앱을 이용할 것이다.
④ 한국데이터산업진흥원의 데이터 바우처 지원 사업은 자원 선순환에 대한 인식 전환을 목표로 하고 있다.
⑤ A 시티에는 앞으로 재정적 약소 기업이 연구개발을 장기적으로 수행할 수 있는 공간이 구축될 예정이다.

11. 다음 중 제시된 자료를 토대로 얻을 수 있는 답변으로 적절하지 않은 것은?

① A 시티에는 어떤 운전 관련 시설이 배치되어 있나요?
② 올 10월 이달의 한국판뉴딜에 선정된 사례에 이용된 기술은 어떤 것이 있나요?
③ A 시티와 B 기업은 성과를 이루기까지 어떤 과정을 거쳤나요?
④ 해외에 A 시티와 같은 자율주행 실험단지가 있나요?
⑤ B 기업의 앱을 통해 얻을 수 있는 데이터는 어디에 활용되나요?

12. 직원 R은 제시된 자료를 다음과 같이 정리하였다. 다음 중 관련 내용이 바르게 연결되어 있지 않은 심사위원은?

심사위원	신분	심사평
홍○○	연구소 소장	소비자의 자연스러운 분리배출 협력을 유도함.
서○○	맘카페 운영자	기업이 분리배출 데이터를 활용해 마케팅에 성공한 사례를 높이 평가함.
김○○	광고 제작자	심사대상과 한국판뉴딜이 추구하는 방향과 맥을 같이 함.
최○○	방송작가	심사대상은 해당 분야 발전에 꼭 필요한 환경을 조성함.

① 홍○○ ② 서○○ ③ 김○○
④ 최○○ ⑤ 모두 옳다.

13. 다음 글의 전개 방식으로 가장 적절한 것은?

> 환경(Environment), 사회(Social), 지배구조(Governance)를 결합한 말인 ESG는 기업의 중장기 기업가치에 막대한 영향을 주는 비재무적 지표이다. 기존의 기업 재무제표가 현재의 상황과 상태를 보여준다면, ESG는 비재무적 정보를 통해 기업이 얼마나 지속될 수 있는지를 진단한다. 즉, ESG는 기업의 지속가능성, 기업가치, 그리고 비재무적 성과지표라고 할 수 있다.
> 최근 기업 소비자는 사회적 가치에 대한 인식 수준이 매우 높아지고 있으며, 기업들은 이러한 인식 변화에 대응하여 비즈니스 전략을 수립하기 시작하고 있다. 또한 기후변화 위기와 코로나19 팬데믹의 영향으로 기업의 핵심 이해관계자인 투자자, 고객, 신용평가사, 정부는 기업에게 높은 수준의 ESG 경영체계를 갖출 것을 강력하게 요구하고 있으며, 전 세계 국가들의 사회적 가치 관련 법·제도가 강화되고 투자자·소비자·NGO의 감시가 확대됨에 따라 주요 이해관계자들의 요구를 반영한 사회적 가치 실현의 필요성이 커지고 있다.

① 대상을 정의한 후 대상과 관련된 변화를 제시하고 있다.
② 가정된 결론을 여러 관점과 추론을 통해 논리적으로 증명해가고 있다.
③ 대상에서 받은 인상을 대상 자체의 구체적인 표현을 통해 세밀하게 그려내고 있다.
④ 하나의 관점과 그에 상반되는 관점을 비교하여 차이점을 밝히고 둘의 타협점을 도출하고 있다.
⑤ 특정한 기간 내에서 일어난 사건을 열거하며 대상의 변화 과정을 시간 순서대로 서술하고 있다.

[14 ~ 16] 다음 (가) ~ (라)는 '경쟁'에 대한 입장을 설명하는 서로 다른 글의 일부이다. 이어지는 질문에 답하시오.

(가) 시장은 자원의 효율적 이용과 개인의 자유를 신장할 수 있게 한다. 완전경쟁시장은 한정된 자원들을 효율적으로 이용하게 하므로 시장기구에 의존하는 사회는 실현 가능한 어떤 대안적 사회보다도 빠른 경제성장과 높은 물질적 생활수준을 누릴 수 있게 된다. 경쟁적 시장이 자원의 효율적 이용을 가능케 하는 ㉠요인은 두 가지이다. 우선 시장은 방대한 정보를 효과적으로 처리하는 탁월한 장치이다. 시장이 처리해 주는 가장 기본적인 정보 한 가지는 무수히 많은 재화의 수요와 공급의 균형을 맞추는 데 필요한 정보이다. 예를 들어 어떤 재화의 수요가 공급을 초과하면 시장은 곧 그 재화의 가격을 올림으로써 기업과 소비자들에게 새로운 신호를 ㉡전달하며 이 새로운 정보를 접하고 기업들은 생산을 증가시키는 방법으로, 소비자는 소비를 줄이는 방향으로 각각 반응한다. 반대로 어떤 재화가 과잉 생산되고 있으면 시장은 곧 그 재화의 가격을 떨어뜨려 줌으로써 각 기업과 소비자들에게 공급과잉이 해소되는 방향으로 행동하는 데 필요한 정보를 흘린다. 따라서 기업, 중간상, 도매상, 소매상, 소비자 등 관련자들이 직접 만나서 수요와 공급의 상황을 일일이 점검하고 조정할 필요가 없다. 다음으로 시장은 자원의 효율적 이용에 기여하는 행위가 ㉢조장되도록 경제적 동기를 부여한다. 예를 들면 다른 기업들보다 값싸고 질 좋은 재화를 생산하는 기업에 시장은 더 많은 이윤으로 보상을 해 줌으로써 그러한 행위를 장려한다. 또 다른 사람들보다 더 열심히 일하는 노동자에게 시장은 남보다 더 많은 소득으로 보상해 줌으로써 그러한 행위를 장려한다.

(나) 모든 조직은 엄격한 위계질서를 갖추고 있어서 직위별로 책임의 강도를 반영하여 급료를 책정한다. 능력발휘가 필요한 직위일수록 급료를 많이 받는다. 기업은 이런 영향력 있는 직위에 적합한 유능한 후보자를 찾기 위해 애쓰고, 기꺼이 그들에게 높은 급료를 지급하며 사람들은 기꺼이 경쟁한다. 이때 높은 직위에 있는 사람들의 경우 직무수행능력의 차이가 조금만 나도 수익이 크게 달라진다. 하지만 개개인의 미묘한 능력 차이에 따라 성과물이 크게 달라지는 직위의 경우 시장이 그 직위에 오른 개인들에게 그들의 인적 자본과 비례하게 보상할 것이라고 예측할 수 없다. 기업은 왜 터무니없이 높은 급료를 지급하고 최고 실력의 인력을 끌어들이는가? 개인의 능력이 결정적인 역할을 하는 직위의 경우 능력이 조금만 더 있어도 커다란 가치를 얻게 된다. 정상적인 경쟁시장에서보다 더 큰 보상이 주어지는 것이다. 경쟁은 유명세를 만들어 내고 영향력을 확대하여 더 많은 보상을 받는 데 있어서 필요조건은 되겠지만 충분조건은 결코 아니다.

(다) '경쟁'이라는 말은 어원적으로 '함께 추구한다'는 뜻을 내포한다. 경쟁의 논리가 기술의 진보와 생산성 향상에 크게 기여했음은 부인할 수 없다. 인간의 욕구 수준을 계속 높여감으로써 새로운 진보와 창조를 가능케 한 것이다. 정치적인 측면에서도 경쟁 심리는 민주주의 발전의 핵심적인 ㉣동인(動因)이었다. 정치적 의지를 관철시키려는 이익집단 또는 정당 간의 치열한 경쟁을 통해 민주주의가 뿌리내릴 수 있었다. 그러나 오늘날 경쟁은 어원적 의미와는 달리 변질되어 ㉤통용된다. 경쟁은 더 이상 목적을 달성하기 위한 수단들 가운데 하나가 아니다. 경쟁은 그 자체가 하나의 범세계적인 지배 이데올로기로 자리 잡았다. 경쟁 논리가 지배하는 사회에

서는 승리자와 패배자가 확연히 구분된다. 물론 아무렇게나 경쟁하는 것은 아니다. '게임의 법칙'이 공정했을 때 패자도 승부의 결과를 받아들이게 된다. 그렇지만 경쟁 사회에서는 '협상'을 통해 갈등을 해소하거나 타협점을 찾을 여지가 없다. 경쟁에서 상대방을 이기면 된다는 간단한 논리만이 존재할 뿐이다. 경제적인 측면에서 살펴보면, 경쟁이란 곧 상대의 이익을 빼앗는 과정이다.

(라) 어떤 마을에 누구나 가축을 방목할 수 있도록 개발된 공동의 땅이 있었다. 이 마을 주민들은 각자 자신의 땅을 갖고 있지만 이 공동의 땅에 자신의 가축을 가능한 한 많이 풀어 놓으려 한다. 자신의 비용 부담 없이 넓은 목초지에서 신선한 풀을 마음껏 먹일 수 있기 때문이다. 각 농가에서는 공유지의 신선한 풀이 자신과 다른 농가의 모든 가축들을 기르기에 충분한지를 걱정하기보다는 공유지에 방목하는 자신의 가축 수를 늘리는 일에만 골몰하였다. 주민들의 이러한 행동으로 인하여 공유지는 가축들로 붐비게 되었고, 그 결과 마을의 공유지는 가축들이 먹을 만한 풀이 하나도 없는 황량한 땅으로 변하고 말았다.

14. 윗글의 ㉠~㉤ 중 그 쓰임이 문맥과 어울리지 않는 것은?

① ㉠ ② ㉡ ③ ㉢
④ ㉣ ⑤ ㉤

15. 윗글의 (가)~(라)를 경쟁에 대한 관점을 기준으로 바르게 분류한 것은?

① (가) / (나), (다), (라)
② (가), (나), (다) / (라)
③ (나) / (가), (다), (라)
④ (나), (다) / (가), (라)
⑤ (다) / (가), (나), (라)

16. 윗글의 (가)~(라)에 대한 설명으로 올바르지 않은 것은?

① (가) - 시장경제에서의 경쟁의 역할에 주목하고 있다.
② (나) - 경쟁과 보상 간의 관계에 대하여 설명하고 있다.
③ (나), (라) - 사례를 통해 필자의 관점을 드러내고 있다.
④ (다) - 과거와 현재의 비교를 통해 경쟁의 가치를 평가하고 있다.
⑤ (라) - 공유 재산의 가치와 가능성에 주목하고 있다.

[17 ~ 19] 다음에 제시된 상황과 자료를 보고 이어지는 질문에 답하시오.

직원 K는 LH의 그린뉴딜 사업에 관한 기사를 읽고 있다.

국내 유일의 주택도시 전문기관인 한국토지주택공사(LH)는 임대주택 스마트뉴딜, 그린리모델링 사업, 제로에너지 도시 조성 등을 통해 건물부문에서 그린뉴딜 사업의 핵심적 역할을 해 나갈 계획이다. 건축물이 전체 에너지 소비 중 20% 이상을 차지하고 있는 만큼 정부의 그린뉴딜 사업에 있어 건물부문이 큰 몫을 차지하고 있다. LH의 역할이 막중한 셈이다.

LH는 건물부문의 그린뉴딜을 다양한 방식으로 실현해 나갈 계획이다. 우선 기존주택의 경우 '패시브' 전략과 '액티브' 전략으로 나눠 그린뉴딜 전략을 추진한다. 패시브 전략으로는 단열, 창호, 출입구 등을 기밀하게 막아 에너지 유출을 줄이는 일을 비롯해 열을 뺏기지 않으면서 신선한 공기를 유입시킬 수 있도록 환기시스템을 바꾸는 일 등을 추진한다. ⊙ 액티브 전략으로는 태양광, 열, 옥상 태양광, 베란다 태양광 등을 설치하는 방안이 있다. 단지 주변에 이용할 수 있는 물이 있으면 직접 지하 수열을 활용할 수 있고, 비축시설과 연계해 수소, 수열을 활용할 수도 있다.

처음부터 저에너지 주택·도시를 만드는 방안도 추진할 예정이다. 에너지 친화적인 건물을 짓고, 차량 이용을 최소화하는 도시를 구상하고 있다. 마을 공용 차량 이용을 활성화하고, 보행 중심으로 도시를 계획하면 사람들은 자연스럽게 에너지를 절감할 수 있게 된다. 또한 에너지·물·폐기물 순환 등이 가능한 단지와 도시를 만들고, 에너지교육, 에너지절약 습관을 체험할 수 있도록 입주자 선정 기준을 마련하면 에너지 공동체 도시 조성이 충분히 가능하다. ⓒ 이를 위해 LH는 3기 신도시에 선도적으로 에너지 친화적 요소를 도입하는 한편 10 ~ 20만 m² 규모의 작은 도시 하나를 에너지 특화형으로 만들 계획이다.

세계적으로 유명한 영국의 '베드제드(BedZED)'를 롤모델로 한국에도 제로에너지 도시를 조성하는 것이다. 이를 위해 계획을 수립하고, 지자체 공모를 시행할 예정이다. 영국의 런던 남부에 위치한 도시 '베드제드'는 도시 전체가 친환경 모델로 만들어졌다. ⓒ 베드제드는 '베딩턴 제로에너지 개발'이란 뜻으로 탄소 제로를 꿈꾸는 영국이 석유, 석탄 등 화석 에너지를 사용하지 않고 개발한 친환경 도시다. 또 오물 처리장 부지를 매입해 100가구 규모의 친환경 주거단지를 조성하기도 했다. LH 관계자는 "기존 건물은 리모델링, 재건축을 통해 패시브 하우스로 바꾸고, 신축은 시작부터 에너지절감형으로 만들어야 한다."라며 "이렇게 하면 전체적으로 에너지 사용량이 줄어들게 될 것이고 이것이 바로 그린뉴딜이라 할 수 있다."라고 말했다.

LH는 특히 에너지생산모델, 에너지 친화적 건축을 통해 민간 산업을 육성하고, 저에너지 민간 건축물을 유도함으로써 우리 사회에 그린라이프를 안착시키는 것을 목표로 하고 있다. 한 해에 공급하는 15만 6,000가구의 건물을 에너지 친화적, 저에너지 건축물로 전환하면 새로운 기술이 필요하고, 관련 산업을 육성할 수 있다. 이를 통해 에너지 기술의 단가를 낮추면 이는 민간 부문의 에너지 친화적 제품·기술 사용의 확대로 이어지고, 이러한 선순환 구조 속에서 에너지 기술·역량 축적을 통해 한국형 그린뉴딜 수출도 가능해지게 된다. ⓔ 환경부는 오염배출원에서 큰 비중을 차지하는 제조업 공장의 녹색전환을 지원하기 위해 '스마트 생태공장 구축사업'을 진행하고 있다.

LH의 관계자는 "LH는 연간 15만 가구 이상을 공급하기 때문에 많은 테스트베드가 있다."라며 "LH가 기술 데이터를 모으고, 적용하고, 민간과 R&D를 같이 하면 새로운 한국형 그린뉴딜이 완성될 수 있을 것"이라고 말했다. LH의 지구단위 제로에너지 사업은 이미 지난해부터 본격적으로 추진되고 있다. ⓜ <u>지난해 6월 정부가 발표한 '제로에너지건축 보급확산 방안'에는 제로에너지 건축물(ZEB, Zero-Energy Building) 단계적 의무화를 위한 세부 로드맵 등이 포함됐다.</u>

17. 다음 중 윗글의 내용과 일치하지 않는 것은?

① 국내 전체 에너지 소비 중 20% 이상을 차지하는 것은 건축물에서의 에너지 소비이다.
② 패시브 전략은 단열, 창호, 출입구 등을 막아 에너지의 유출과 손실을 줄이는 전략을 의미한다.
③ 에너지 기술의 단가를 낮추면 민간 부문의 에너지 친화적 제품 및 기술의 사용이 확대되며, 이 과정을 통해 에너지 기술과 역량이 축적될 수 있다.
④ 올해 정부는 제로에너지 건축물 단계적 의무화를 위한 세부 로드맵을 포함한 제로에너지건축 보급확산 방안을 발표하였다.
⑤ 영국에는 도시 전체가 친환경 모델로 만들어진 도시가 있다.

18. 다음 중 윗글을 읽고 보인 반응으로 가장 적절한 것은?

① A 씨 : 우리나라에 있는 여러 주택도시 전문기관 중 한국토지주택공사가 가장 친환경적인 사업을 진행하고 있다는 거네.
② B 씨 : 새로운 주택이나 도시를 조성할 경우, '패시브' 전략과 '액티브' 전략을 활용하는 방안이 가장 적절하고 효율적이야.
③ C 씨 : 베드제드는 영국의 런던 남부에 위치한 도시의 가장 대표적인 친환경 건물 이름인가 보네.
④ D 씨 : 선도적으로 에너지 친화적 요소를 도입하는 것은 가능하지만, 작은 도시를 에너지 특화형으로 만드는 것은 지금으로서 불가능한 사업 계획인 것 같아서 아쉬운걸.
⑤ E 씨 : 에너지 공동체 도시를 만들기 위해서 입주자 선정 기준을 새롭게 마련하는 것도 도움이 되겠어.

19. 윗글의 밑줄 친 ㉠~㉤ 중 글의 흐름상 적절하지 않은 문장은?

① ㉠   ② ㉡   ③ ㉢
④ ㉣   ⑤ ㉤

[20 ~ 21] 다음 글을 읽고 이어지는 질문에 답하시오.

(가) 이에 정부는 1984년 선분양제도를 도입했다. 선분양제도는 주택이 완공되기 전에 이를 입주자에게 분양하고 입주자가 납부한 계약금, 중도금을 통해 주택가격의 80% 정도를 완공 이전에 납부하도록 하여 건설비용에 충당하는 제도를 말한다. 건설사의 금융비용 절감 등을 통해 주택건설자금을 확보하기 용이해져 활발한 주택공급을 할 수 있게 되었다.

(나) 1980년대 산업화·도시화가 심화되면서 주택난은 사회적으로 가장 큰 문제였다. 이를 해결하기 위해 정부는 주택건설 계획을 추진했다. 하지만 당시 건설사의 자체 자금력으로는 주택 공급 확대는 꿈도 꿀 수 없었다.

(다) 따라서 정부는 1993년 주택분양보증업을 전담하는 주택사업공제조합(현 주택도시보증공사)을 세웠다. 주택분양보증은 건설사가 부도·파산 등으로 분양계약을 이행할 수 없는 경우 납부한 계약금과 중도금의 환급을 책임지는 것으로 계약자의 분양 대금을 보호하고 주택사업자들이 건설자금을 원활히 조달하도록 돕는 역할을 한다.

(라) 그러나 입주자가 건설회사의 도산이나 부도로 인한 위험에 노출될 가능성이 높으며, 완공 이전에 주택가격의 80%를 납부해야 하는 부담을 안게 된다. 또한 완성된 주택이 아닌 모델하우스를 보고 사전에 구입함으로써 실제 완공된 주택과의 괴리가 발생하는 문제점이 생겼다.

20. (가) ~ (라)를 글의 흐름에 맞게 순서대로 나열한 것은?

① (가)-(나)-(라)-(다)
② (나)-(가)-(다)-(라)
③ (나)-(가)-(라)-(다)
④ (나)-(다)-(가)-(라)
⑤ (다)-(나)-(라)-(가)

21. 윗글과 다음 〈보기〉를 참고하여 선분양제와 후분양제를 이해한 내용으로 옳지 않은 것은?

보기

후분양제란 아파트 건설 공사가 전체 공정의 60 ~ 80% 이상 진행된 시점에 주택을 구입하려는 수요자가 직접 집을 보고 분양받는 제도이다.

① 선분양제를 통해 주택 공급자는 건설비용을 분양대금으로 충당하며 차입을 줄일 수 있다.
② 후분양제는 미분양 리스크 증가로 공급이 감소한다는 단점이 있다.
③ 후분양제는 금융비용의 증가로 인해 분양가 상승이 예상된다.
④ 후분양제를 통해 주택 하자 보수에 대한 분쟁이 감소할 수 있다.
⑤ 선분양제는 계약 후 분양대금을 납부하는 시간이 짧아 소비자의 자금 마련 부담이 더 크다.

22. 다음 글의 제목으로 가장 적절한 것은?

현대인의 삶의 질이 점차 향상됨에 따라 도시공원에 대한 관심도 함께 높아지고 있다. 도시공원은 자연 경관을 보호하고, 사람들의 건강과 휴양, 정서 생활을 위하여 도시나 근교에 만든 공원을 말한다. 또한 도시공원은 휴식을 취할 수 있는 공간인 동시에 여러 사람과 만날 수 있는 소통의 장이기도 하다.

도시공원은 사람들이 선호하는 도시 시설 가운데 하나이지만 노인, 어린이, 장애인, 임산부 등 사회적 약자들은 이용하기 어려운 경우가 많다. 사회적 약자들은 그들의 신체적 제약으로 인해 도시공원에 접근하거나 도시공원을 이용하기에 열악한 상황에 놓여있기 때문이다.

우선, 도시공원은 대중교통을 이용해서 가기 어려운 위치에 있는 경우가 많다. 또한 공원에 간다 하더라도 사회적 약자를 미처 배려하지 못한 시설들이 대부분이다. 동선이 복잡하거나 안내 표시가 없어서 불편을 겪는 경우도 있다. 이런 물리적·사회적 문제점들로 인해 실제 공원을 찾는 사회적 약자는 처음 공원 설치 시 기대했던 인원보다 매우 적은 편이다. 도시공원은 일반인뿐 아니라 사회적 약자들도 동등하게 이용할 수 있는 공간이어야 한다. 그러기 위해서는 도시 공간 계획 및 기준 설정을 할 때 다른 시설들과 실질적으로 연계가 되도록 제도적·물리적으로 정비되어야 한다. 사회적 약자에게 필요한 것은 작더라도 편안하게 접근이 가능하여 여러 사람과 소통하거나 쉴 수 있도록 조성된 공간이다.

① 도시공원의 생태학적 특성
② 도시의 자연 경관을 보호하는 도시공원
③ 모두가 여유롭게 쉴 수 있는 도시공원
④ 도시공원, 사회적 약자만을 위한 쉼터
⑤ 공원 이용 활성화를 위한 도시공원 안내 표지판의 필요성

[23 ~ 25] 다음 글을 읽고 이어지는 질문에 답하시오.

　사람들의 거주지가 늘어나면서 야생동물이 살 곳을 잃고 있으며, 이로 인해 (㉠) 동물들의 개체 수가 줄어들고 있다는 연구 결과가 속속 발표되고 있다. 인간 거주지 주변에 살고 있는 동물들의 삶이 자연생태계 속에 살고 있는 동물들과 비교해 1.36배 더 야행성화한 것으로 나타났다. 버클리대 케이틀린 게이너(Kaitlyn Gaynor) 박사는 "이런 변화가 전 세계에 걸쳐 일어나고 있다. 일반적으로 낮과 밤의 활동량이 비슷했던 포유류 중 야간 활동이 68%까지 늘어난 사례가 발견되었다."라고 말했다. 또한 "이전부터 (㉡)이었던 동물들은 더욱 심각하게 야행성화돼 인간과의 관계를 단절시키고 있었다."라고도 말했다.
　이런 변화는 고양이과 포식 동물에서부터 사슴과 같은 유순한 동물에 이르기까지 광범위하게 일어나고 있다. 그는 "특히 사슴의 경우 자신들이 사냥을 당하고 있지 않음에도 불구하고 사람들의 하이킹을 피해 숲으로 숨어들고 있으며 낮 활동을 줄여 나가고 있었다."라면서 "이런 변화는 인간의 도시 개발과 밀접한 관계가 있다."라고 말했다. 특히 21세기에 들어 도시 개발이 늘어나고 동물들의 자연생태계가 급속히 파괴되면서 동물들 역시 생존을 위해 삶의 패턴을 (㉢)화하고 있다.
　생태학자들 역시 지금의 야생동물 야행성화에 대해 크게 우려하고 있는 중이다. 이로 인해 야생의 먹이사슬 구조가 변화하고, 생존경쟁에서 일부 종이 소멸되는 등 세계적으로 동물 생태계 보존에 빨간불이 켜질 수 있다는 것이다. 실제로 미국 캘리포니아 주 산타크루즈 산맥에 살고 있는 코요테의 경우 급속한 야행성화가 진행되고 있는데, 이런 변화가 일어나고 있는 가장 큰 원인은 사람들의 하이킹 코스 때문인 것으로 밝혀졌다. 게이너 박사는 "산을 오르내리는 사람들이 코요테의 식사 시간을 변화시켰고, 그 결과 많은 코요테들이 밤 사냥을 하고 있다. 이에 따라 낮에는 다람쥐, 새 등의 약한 동물들의 활동이 활발해지면서 산맥 생태계 전체에 변화가 일어나고 있다."라고 말했다.
　호주산 들개인 딩고(Dingo)도 유사한 사례다. 사람을 피해 숲으로 들어가면서 사람 거주지 주변에 딩고의 천적이었던 야생동물들의 수가 급격히 늘기 시작했다. 야행성인 이 동물들은 인간 거주지 주변에서 약한 동물을 공격하면서 생태계를 파괴하고 있다. 연구팀은 이런 현상을 과거 공룡이 포유류를 (㉣)화한 사례와 비교하였다. "당시 포유류는 공룡의 위협을 피하기 위해 야행성 능력을 발전시켰다."라며, "지금의 포유류 역시 인간의 위협을 피해 더욱 (㉤)화하고 있다."라고 말했다.
　게이너 박사는 "동물들의 입장에서 보았을 때 지금 인간들의 행동은 매우 위협적"이라고 말했다. "언제 어디서 어떤 일이 일어날지 예측이 불가능한 만큼 동물들이 큰 위협을 느끼고 있다."라며 생태계 보존을 위한 대책을 마련해 줄 것을 촉구했다.

23. 제시된 글의 빈칸 ㉠ ~ ㉤ 중 문맥상 나머지와 다른 단어가 쓰일 곳은?

① ㉠ ② ㉡ ③ ㉢
④ ㉣ ⑤ ㉤

24. 제시된 글을 통해 알 수 있는 내용이 아닌 것은?

① 동물들의 야행성화는 자연의 생태계 파괴라는 심각한 결과를 초래할 수 있다.
② 인간들의 도시 개발은 동물들에게 매우 위협적인 행위로 보인다.
③ 개체 간의 생존경쟁에서 밀리는 종들은 야행성화되는 과정이 반복될 수밖에 없다.
④ 코요테가 야행성화된 원인은 모두 인간의 '침범' 때문이다.
⑤ 이미 야행성이던 동물들은 야간 활동 비율을 더욱 늘리고 있다.

25. 제시된 글을 참고할 때, 다음 중 야행성화와 관련된 동물들의 변화가 나머지와 다른 하나는?

① 사슴 ② 딩고 ③ 다람쥐
④ 코요테 ⑤ 모두 같다

[26 ~ 28] 다음에 제시된 상황과 자료를 보고 이어지는 질문에 답하시오.

□□공사 직원 A는 ○○공공주택지구 내 주거용 오피스텔 건설을 위해 국토교통부에서 발표한 공공주택지구 오피스텔 계획 가이드라인을 확인하고 있다.

〈공공주택지구 오피스텔 계획 가이드라인〉

1. 기본원칙
   공공주택지구 내 주택계획은 공공주택을 위주로 하되, 불가피한 경우에 한하여 주거목적의 오피스텔을 계획한다.

2. 목적
   1 ~ 2인 세대 증가에 따른 공공주택지구 내 오피스텔 수요에 적절히 대응하고, 오피스텔 반영에 따른 기반시설(상·하수도, 도로, 학교시설 등) 부족 및 도시관리상 문제가 발생하지 않도록 적정 계획기준을 마련한다.

3. 오피스텔의 구분
   ① 공공주택지구에 반영하는 오피스텔은 '업무전용 오피스텔'과 '주거용 오피스텔'로 구분하여 계획하여야 한다.
   ② '업무전용 오피스텔'은 업무를 전용으로 하는 건축물을 말한다.
   ③ '주거용 오피스텔'은 주거를 목적으로 하는 건축물을 말한다.

4. 오피스텔 계획기준
   ① 오피스텔은 도로, 상·하수도, 학교 등 기반시설이 허용 가능한 범위 내에서 계획하여야 한다.
   ② 주거용 오피스텔을 계획하고자 할 경우 공공주택지구의 면적에 따라 다음의 기준을 적용한다.

구분	사업지구 면적기준	주거용 오피스텔 반영기준
대규모	330만 m² 이상	총주택수의 10% 이내
중규모	150만 m² 이상 ~ 330만 m² 미만	총주택수의 15% 이내
중규모	30만 m² 이상 ~ 150만 m² 미만	총주택수의 20% 이내
소규모	30만 m² 미만	총주택수의 25% 이내

   ③ 업무전용 오피스텔은 바닥난방을 허용하지 않는다.
   ④ 주거용 오피스텔은 역세권, 간선도로 인근 등 입지특성을 고려해 선택적으로 허용하고 필지별 허용률은 건축물 지상층 연면적의 30% 이하로 하되, 지구여건을 감안해 10% 이내에서 조정할 수 있다. 단, 필지 내 허용용도를 주용도와 부용도로 구분할 경우 부용도에 포함한다.
   ⑤ 주거용 오피스텔은 전용면적 40m² 이하 규모를 원칙으로 하되, 학교 등의 교육시설이 양호한 지역으로서 필요한 경우에는 전체 주거용 오피스텔 계획호수 중 20% 이내에서 전용면적 40m² 초과 ~ 120m² 이하 규모로 계획할 수 있다.

⑥ 주거용 오피스텔의 가구수 및 인구수는 전용면적 기준으로 아래와 같이 적용하여야 하며, 지구특성에 따라 용지별로 달리 산정할 수 있다.
  가. 전용면적 $40m^2$ 이하의 오피스텔은 평균 공급면적 $45m^2$ 수준으로 가구수를 산정하며, 가구당 인구수는 1.6인을 적용하고 학교를 제외한 기반시설 계획에 반영하여야 한다.
  나. 전용면적 $40m^2$ 초과 ~ $60m^2$ 이하의 오피스텔은 평균 공급면적 $70m^2$ 수준으로 가구수를 산정하고, 가구당 인구수는 해당 지자체의 도시기본계획상 기준을 적용하여 산출하고 기반시설계획에 반영하여야 한다.
  다. 전용면적 $60m^2$ 초과 ~ $85m^2$ 이하의 오피스텔은 평균 공급면적 $120m^2$ 수준으로 가구수를 산정하고, 가구당 인구수는 지자체의 도시기본계획상 기준을 적용하여 산출하고 기반시설계획에 반영하여야 한다.
  라. 전용면적 $85m^2$ 초과 ~ $120m^2$ 이하의 오피스텔은 평균 공급면적 $150m^2$ 수준으로 가구수를 산정하고, 가구당 인구수는 지자체의 도시기본계획상 기준을 적용하여 산출하고 기반시설계획에 반영하여야 한다.

5. 기반시설 설치기준
  ① 공공주택사업시행자는 지구계획 수립 및 설계 시 오피스텔 반영에 따른 상·하수도, 도로 등에 관련된 용량검토를 아래와 같이 하여야 한다.
    가. 업무전용 오피스텔은 연면적 기준의 용도별 원단위를 이용하여 기반시설 용량을 검토하고 설계하여야 한다.
    나. 주거용 오피스텔은 4-⑥에 따라 필지 내 허용 가능한 오피스텔의 전용면적별 가구수에 가구당 인구를 반영하여 기반시설 용량을 검토하고 설계한다.
  ② 주거용 오피스텔 중 전용면적 $40m^2$ 초과의 오피스텔은 관련법에 따른 교육환경평가 및 관할 교육청 협의 등을 이행하여야 하고, 해당 오피스텔로부터 교육시설까지 안전한 통학로가 확보되도록 계획하여야 한다.

6. 적용기준
  ① 동 가이드라인은 공공주택기구 내 오피스텔을 계획하는 경우에 한하여 적용한다.
  ② 지구계획을 최초로 승인하는 지구부터 적용한다.
  ③ 이미 승인된 지구 중 오피스텔의 규모와 비율의 변경이 필요한 경우에는 기반시설 허용범위 내에서 준용한다.

26. 다음 중 직원 A가 제시된 자료에 대해 이해한 내용으로 가장 적절한 것은?

① 공공주택지구에서 계획되는 다양한 주택계획에 적용된다.
② 주거용 오피스텔 건축기준에 대한 예외사항을 규정하고 있다.
③ 허용용도의 주용도와 부용도에 대한 개념을 파악할 수 있다.
④ 주거용 오피스텔의 필지별 허용률은 공동주택 수요에 따라 탄력적인 적용이 가능함을 알 수 있다.
⑤ 공공주택지구에 반영하는 오피스텔은 최소 세 가지 이상의 목적으로 분류될 수 있음을 알 수 있다.

27. 직원 A가 제시된 자료에 따라 다음 ○○공공주택지구에 건축할 수 있는 주거용 오피스텔의 최대 수를 구하려 할 때, 그 값은?

- 총주택수 : 53,000호
- 사업지구 면적 : 세로 1,100m, 가로 850m

① 2,650호   ② 5,300호   ③ 7,950호
④ 10,600호 ⑤ 13,250호

28. 직원 A는 ○○공공주택지구 내 계획된 주거용 오피스텔인 H 오피스텔의 건축계획에 관한 내용을 검토 중이다. ㉠ ~ ㉣ 중 가이드라인을 준수하지 않은 내용을 모두 고른 것은?

㉠ 지상층의 연면적이 3,000m^2인 경우, 필지별 허용면적은 최대 1,200m^2이다.
㉡ 학교 및 교육시설이 양호한 지역인 점을 고려해, 전체 계획호수 230호 중 47호를 40m^2 초과 ~ 80m^2 이하 규모로 계획하였다.
㉢ H 오피스텔 일부 호수에서 산정된 가구당 인구수는 해당 지역의 학교 시설계획에 반영되지 않는다.
㉣ 평균 공급면적이 70m^2으로 가구수가 산정된 주거용 오피스텔이 있으므로, 해당 호실은 교육환경평가를 이행하여야 한다.

① ㉠   ② ㉡   ③ ㉠, ㉡
④ ㉠, ㉣ ⑤ ㉢, ㉣

[29 ~ 30] 다음에 제시된 상황과 자료를 보고 이어지는 질문에 답하시오.

> ○○기업에 근무하는 S는 지역 내 신규 매장을 개설하고자 수익체계를 분석하고 있다.
>
> 〈매장별 수익체계〉
> (단위 : 만 원)
>
> | 구분 | 매장 A | 매장 B | 매장 C | 매장 D |
> |---|---|---|---|---|
> | 초기투자비용 | 7,600 | 7,200 | 7,600 | 7,000 |
> | 월 비용 | 450 | 480 | 420 | 620 |
> | 월 수익 | 700 | 1,080 | 980 | 1,160 |
>
> ※ 표에 나타난 월 수익 이외의 수익은 고려하지 않는다.
> ※ 월 비용·수익은 매월 운영되면서 발생하는 비용·수익이며, 초기투자비용은 매장 개점 직후 최초 1회만 발생하는 비용이다.
> ※ 순수익=(전체 수익)-(전체 비용)

29. 매장 D를 개설한다고 할 때, 개점 직후 1년간 발생하는 전체 비용은?

① 7,440만 원 ② 8,220만 원 ③ 13,240만 원
④ 14,440만 원 ⑤ 16,250만 원

30. 매장 B를 개설한다고 할 때, 개점 직후 2년간 발생하는 순수익은?

① 7,200만 원 ② 8,000만 원 ③ 8,800만 원
④ 9,200만 원 ⑤ 9,800만 원

[31 ~ 32] 다음에 제시된 상황과 자료를 보고 이어지는 질문에 답하시오.

> 운영팀 사원 A는 팀별 물품 보유 현황을 조사하기 위해 각 팀별로 물품 보유 현황을 사내 게시판에 댓글로 남겨줄 것을 요청하였다.

안녕하세요. 운영팀입니다.

팀별 물품 보유 현황을 조사하여 사내 물품 구매에 참고하려 합니다. 각 팀별로 마우스, 회사 다이어리, 배지의 보유 현황을 확인하여 오늘 15시까지 댓글로 알려주시기 바랍니다.

기타 문의 사항은 운영팀 사원 A에게 연락해 주시기 바랍니다. 감사합니다.

댓글	
개발팀 사원 J	배지 2개, 회사 다이어리 10개, 마우스 없습니다. 202X. 9. 26. 10 : 21
회계팀 사원 B	회사 다이어리는 8개, 배지 3개에 마우스 2개 있습니다. 202X. 9. 26. 10 : 45
인사팀 사원 H	마우스는 3개가 있어 충분한데 회사 다이어리는 2개 있어요. 배지는 4개입니다. 202X. 9. 26. 11 : 17
마케팅팀 사원 G	배지 10개, 마우스 7개, 회사 다이어리는 3개 있습니다. 202X. 9. 26. 11 : 49
경영팀 사원 T	마우스가 1개밖에 남지 않았어요. 회사 다이어리는 5개, 배지는 2개 있습니다. 202X. 9. 26. 13 : 02

31. 운영팀 사원 A는 게시글에 적힌 댓글을 정리해 물품관리대장표를 다음과 같이 작성하였다. 그 중 옳지 않은 것은?

	팀	마우스(개)	배지(개)	회사 다이어리(개)
①	개발팀	0	2	10
②	경영팀	1	2	5
③	마케팅팀	7	10	3
④	인사팀	3	1	2
⑤	회계팀	2	3	8

32. 다음은 이번 주에 팀별로 입사할 신입사원 수이다. 각 팀별로 신입사원들에게 웰컴 기프트로 배지 1개, 회사 다이어리를 2개씩 지급한다고 할 때, 물품 종류에 상관없이 추가로 구매해야 하는 물건이 있는 팀을 바르게 연결한 것은? (단, 각각의 물품은 팀 간 공유가 불가하다)

팀	경영팀	회계팀	개발팀	마케팅팀	인사팀
신입사원 수	2명	2명	5명	2명	1명

① 경영팀, 회계팀
② 경영팀, 인사팀
③ 회계팀, 개발팀
④ 회계팀, 인사팀
⑤ 개발팀, 마케팅팀

[33 ~ 35] 다음에 제시된 상황과 자료를 보고 이어지는 질문에 답하시오.

○○공사 직원 G는 본사 내 기념관 건설을 위한 건설사를 선정하려 한다.

〈건설사 평가기준〉

기준 업체	공사단가	예상기간	계약금	평판	업체규모
A 건설사	200억 원	13개월	20억 원	★★★	대형
B 건설사	180억 원	12개월	18억 원	★★★★	중형
C 건설사	150억 원	13개월	15억 원	★★	소형
D 건설사	160억 원	15개월	10억 원	★★★★★	대형
E 건설사	170억 원	13개월	15억 원	★★★	중형

〈순위-점수 환산표〉

순위	1위	2위	3위	4위	5위
점수	5점	4점	3점	2점	1점

- 5개 기준(공사단가, 예상기간, 계약금, 평판, 업체규모)에 대하여 각 기준별로 5개 업체를 비교하여 순위를 매긴 후 〈순위-점수 환산표〉에 따라 점수를 부여한다.
- 순위는 1위부터 매기며, 공사단가가 저렴할수록, 예상기간이 짧을수록, 계약금이 적을수록, 평판은 ★의 개수가 많을수록, 업체규모가 클수록 높은 순위를 부여한다.
- 2개 이상 업체의 순위가 같을 경우 그다음 순위의 업체는 순위가 동일한 업체의 수만큼 밀려난다.
  예 A, B, C 모두 1위인 경우, 그다음 순위인 D는 4위가 된다.
- 각 기준에 의한 환산점수의 합인 합산점수가 가장 높은 업체를 선택한다. 단, 합산점수가 동일한 경우 공사단가가 더 저렴한 업체를 선택한다.

33. 다음 중 직원 G가 선정할 업체로 가장 적절한 곳은?

① A 건설사 ② B 건설사 ③ C 건설사
④ D 건설사 ⑤ E 건설사

34. 최초의 기준에 다음 변경사항을 적용할 경우, 직원 G가 선정할 업체로 가장 적절한 곳은?

- 안전이 가장 중요하다는 의견에 따라 업체 평판의 환산점수에 3을 곱한 값을 새로운 환산점수로 변경하였다.
- 빠른 완공이 중요하다는 의견에 따라 예상기간의 환산점수에 2를 곱한 값을 새로운 환산점수로 변경하였다.

① A 건설사 ② B 건설사 ③ C 건설사
④ D 건설사 ⑤ E 건설사

35. 최초의 기준에 다음 변경사항을 적용할 경우, 직원 G가 선정할 업체로 가장 적절한 곳은?

- 공사단가와 계약금을 환산점수 기준에서 제외하고, 계약금비율을 새로운 기준으로 삼는다.

  ※ 계약금비율 = $\dfrac{계약금}{공사단가} \times 100$

  ※ 계약금비율이 낮을수록 높은 순위를 부여한다.

- 업체규모에 대한 순위를 매기지 않고, 대형은 4점, 중형은 2점, 소형은 0점의 환산점수를 부여한다.

① A 건설사 ② B 건설사 ③ C 건설사
④ D 건설사 ⑤ E 건설사

[36 ~ 37] 다음에 제시된 상황과 자료를 보고 이어지는 질문에 답하시오.

○○기업 인사팀 대리 L은 직원들의 근무 희망사항을 조사하여 이를 기준으로 조별 근무를 배치하려고 한다.

〈직원별 근무 희망사항〉

직원	근무 희망사항
직원 A	금요일은 오전에 대학원 강의가 있어서 오후 2시부터 출근이 가능해요.
직원 B, C	화요일과 목요일에 오전 일정이 있어서 그 전날에는 오후 2시에 퇴근하면 좋겠어요.
직원 E	수요일 심야 시간대에는 근무가 어려워요.
직원 D, F	월요일과 수요일 심야 시간대에 근무하고 싶어요.

※ 배치를 희망하는 시간대가 있다면 해당 시간대에 배치하는 것을 우선으로 한다.

〈근무 시간표〉

날짜	주간 (09시 ~ 14시)	야간 (14시 ~ 23시)	심야 (24시 ~ 익일 09시)
12일(월)	1조	3조	2조
13일(화)	4조	2조	3조
14일(수)	1조	4조	2조
15일(목)	3조	1조	4조
16일(금)	3조	4조	1조

※ 한 조에는 최대 2명의 직원을 배정할 수 있으며, 각 조에는 최소 1명 이상의 직원이 배치되어야 한다.

36. 대리 L이 직원별 근무 희망사항을 모두 반영하여 조별 근무를 배치할 때, 다음 중 4조에 배정되는 직원은?

① 직원 A ② 직원 B, C ③ 직원 C
④ 직원 D, E ⑤ 직원 F

37. 일부 직원들의 근무 희망사항이 다음과 같이 변경되었다. 대리 L이 변경된 근무 희망사항을 모두 반영하여 조별 근무를 새로 배치할 때, 다음 중 직원별로 배치되는 조를 바르게 연결한 것은?

직원	근무 희망사항
직원 A	화요일에는 야간에 근무하고 싶어요.
직원 D	수요일에 종합검진을 받는 일정이 잡혀서 수요일에는 근무를 하기가 어려워졌어요.
직원 E	가능하다면 수요일에는 심야 대신 야간에 근무하는 것으로 일정을 조정해 주세요.

	직원	조		직원	조		직원	조
①	직원 A	4조	②	직원 B	2조	③	직원 D	3조
④	직원 E	1조	⑤	직원 F	4조			

[38~39] 다음에 제시된 상황과 자료를 보고 이어지는 질문에 답하시오.

▲▲연구개발센터의 박 대리는 계약 준비 및 내부 결재와 관련된 문서를 보고 있다.

□ 계약 준비 시 고려사항
※ 다음 내용에 기재된 금액은 모두 부과세 10%가 포함된 값이다.

• 물품, 제조, 인쇄
 - 1백만 원을 초과하고 2.2천만 원 이하인 경우 소액 수의계약 추진
 - 2.2천만 원 초과인 경우 경쟁입찰을 통한 계약 추진(물품구매의 경우 계약부서로 구매가능 여부 문의, 특정한 경우 사유서 제출 후 수의계약 가능)
 - 2천만 원 이하는 견적서 1개 이상, 2천만 원 초과는 견적서 2개 이상 필수

• 용역
 - 3백만 원을 초과하고 3천만 원 이하인 경우 수의계약 추진
 - 3천만 원 초과인 경우 경쟁입찰을 통한 계약 추진(1억 원 이하인 특정한 경우 사유서 제출 후 수의계약 가능)
 - 3천만 원 이하의 경우 견적서 1개 이상, 3천만 원 초과는 견적서 2개 이상 필수

□ 계약의 종류
• 제한경쟁 중 지역제한 계약 : 법인등기부상 본점 소재지가 해당 물품 납품지 혹은 용역결과물 납품지의 지역 관할 구역 안에 있는 자로 입찰참가자격 제한 가능(2억원 미만인 물품과 용역의 경우)

• 수의계약
 - 물품, 제조, 인쇄 : 견적서 1개 이상, 구매물품사양서를 첨부하여 계약을 신청하며, 1천만 원 이상인 경우 일상감사 결재가 필수, 2.2천만 원 이하 인쇄 시 수의계약 가능
 - 용역 : 견적서(혹은 산출내역서 1개), 과업내용이 필요할 경우 2개 이상의 업체 견적서를 첨부

□ 계약신청서 내부결재선
• 물품, 제조, 인쇄

계약 금액	1천만 원 이하	1천만 원 초과~3천만 원 이하	3천만 원 초과~5천만 원 이하	5천만 원 초과~1억 원 이하	1억 원 초과
결재선	실장	센터장	부서장	부원장(원장 직속 부서일 경우 원장)	원장

- 용역

계약 금액	3천만 원 이하	3천만 원 초과~ 5천만 원 이하	5천만 원 초과~ 1.5억 원 이하	1.5억 원 초과~ 3억 원 이하	3억 원 초과
결재선	실장	센터장	부서장	부원장(원장 직속 부서일 경우 원장)	원장

- 수의계약

계약 금액	2천만 원 이하	2천만 원 초과~3천만 원 이하	3천만 원 초과
결재선	부서장	부원장(원장 직속 부서일 경우 원장)	원장

□ ▲▲연구개발센터의 조직도

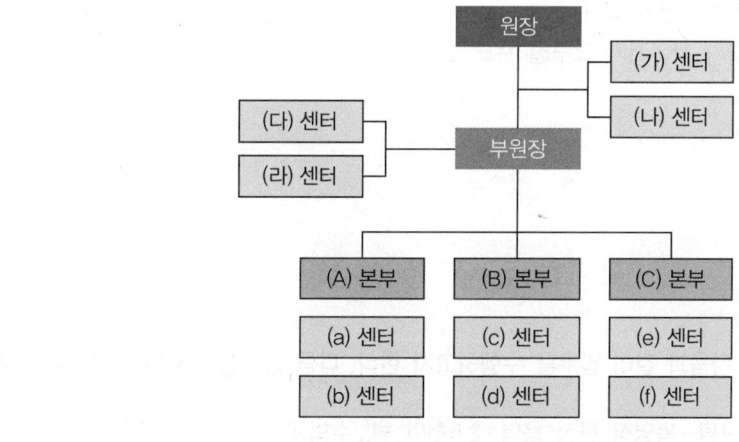

38. 박 대리는 외부 업체와 다음과 같은 계약을 진행하고자 한다. 다음 중 이에 대한 설명으로 적절하지 않은 것은?

> - 계약명 : 사내 온라인 교육 콘텐츠 개발
> - 금액 : 90,000,000원(부가세 10% 별도)
> - 계약내용 : 6차시(1차시당 30분) 6개 과목 교재개발 및 동영상촬영
> - 진행부서 : (나) 센터

① 최종 결재선은 원장이다.
② 어떤 경우에도 수의계약은 진행할 수 없다.
③ 지역제한 경쟁입찰로 진행할 수 있다.
④ 견적서는 2개 이상 있어야 한다.
⑤ 계약의 종류에 따라 사유서가 요구될 수도 있다.

39. 연구원 5명은 각각 다음과 같이 업무를 수행하고자 한다. 다음 중 최종 결재선이 다른 사람은?

① (가) 센터 박 연구원 – 동영상 편집 용역, 2.5천만 원, 수의계약
② (라) 센터 정 연구원 – 사업평가 연구 용역, 5천만 원, 경쟁입찰
③ (c) 센터 김 연구원 – 홍보물 인쇄, 3천만 원
④ (d) 센터 이 연구원 – 연구 장비 구입, 2천만 원, 경쟁입찰
⑤ (e) 센터 한 연구원 – 콘텐츠 개발 용역, 3.5천만 원, 경쟁입찰

40. 다음 결론이 성립되게 하는 전제로 적절한 것은?

[전제] • 내향적인 성격은 사람을 사귀는 것이 어렵다.
      • 외국어를 쉽게 배우지 못하는 사람은 말하는 것을 싫어한다.
      • _____

[결론] • 외향적인 성격은 영어를 쉽게 배운다.

① 내향적인 성격은 말하는 것을 싫어한다.
② 내향적인 성격은 외국어를 쉽게 배우지 못한다.
③ 외향적인 성격은 말하는 것을 싫어하지 않는다.
④ 외향적인 성격은 사람을 사귀는 것이 어렵지 않다.
⑤ 외국어를 쉽게 배우는 사람은 말하는 것을 싫어하지 않는다.

41. 다음 명제들이 참이라고 할 때, 〈보기〉에서 반드시 참인 명제가 아닌 것을 모두 고르면?

• 나는 음악을 감상하면 졸리지 않다.
• 나는 졸리지 않으면 책을 읽는다.
• 나는 자전거를 타면 커피를 마시지 않는다.
• 나는 커피를 마시지 않으면 책을 읽지 않는다.
• 나는 커피를 마시면 졸리지 않다.

보기
㉠ 나는 자전거를 타면 음악을 감상하지 않는다.
㉡ 나는 커피를 마시지 않으면 졸리다.
㉢ 나는 커피를 마시면 음악을 감상하지 않는다.
㉣ 나는 책을 읽으면 졸리지 않다.
㉤ 나는 졸리면 자전거를 탄다.

① ㉠, ㉡   ② ㉡, ㉢   ③ ㉡, ㉣
④ ㉢, ㉤   ⑤ ㉣, ㉤

[42 ~ 43] 다음에 제시된 상황과 자료를 보고 이어지는 질문에 답하시오.

조합 A의 조합원 최 씨는 리모델링 자금 보증에 관한 자료를 보고 있다.

〈리모델링 자금 보증〉

1. 리모델링 자금 보증이란?
리모델링 주택 조합이 리모델링에 필요한 사업 자금을 조달하기 위해 금융 기관으로부터 대출받은 사업비 대출금의 원리금 상환을 책임지는 보증 상품

2. 개요

보증 대상	리모델링 행위 허가를 득한 리모델링 사업
보증 구분	조합원 이주비 보증, 조합원 부담금 보증, 조합 사업비 보증
보증 채권자	「은행법」에 의한 금융 기관, 산업은행, 기업은행, 농협, 수협 등
보증 채무자	보증 채권자로부터 리모델링 자금 대출을 받는 차주
보증 금액	이주비 대출 원금, 부담금 대출 원금, 사업비 대출 원금
보증 기간	대출 실행일로부터 대출 원금 상환 기일까지

기타	• 보증 금지 요건
	  – 보증 심사 결과 심사 평점표의 종합 평점이 70점 미만인 경우
	  – 건립 세대 규모가 총합 150세대 미만인 사업장인 경우
	  – 보증 신청 당시 조합 설립 인가, 행위 허가 등의 무효 또는 취소를 다투는 소송이 진행 중으로 사업에 차질이 예상되는 경우
	  – 위조 또는 변조된 서류를 제출하는 등 속임수에 의하여 보증을 받고자 하는 경우
	  – 기타 보증함이 적절하지 못하다고 판단되는 경우
	• 사업비 대출 보증 시공자 요건
	  – 신용 평가 등급이 BBB-등급 이상
	  – 고객 상시 모니터링 결과 경보 등급에 해당하지 않는 경우
	  – 책임 준공 의무 부담

3. 유의 사항 안내

구분	보증 한도	주채무자(연대 보증인)
조합원 이주비 보증	조합원별 종전 자산 평가액의 60%	조합원(조합)
조합원 부담금 보증	조합원별 부담금의 60%	조합원(조합)
조합 사업비 보증	전체 사업비의 50%	조합

4. 보증료
• 보증료 산정식 : 보증료 = 보증금액 × 보증료율 × $\dfrac{보증\ 기간에\ 해당하는\ 일수}{365}$

- 심사 등급별 보증료율

상품명	이주비	부담금	사업비		
			1등급	2등급	3등급
보증료율(연)	0.35%	0.20%	0.45%	0.62%	0.92%

42. 조합원 최 씨는 보증 회사로부터 이주비 보증을 받으려고 한다. 다음 중 옳지 않은 것은?

- 최 씨의 자격 심사결과 심사 평점표의 종합 평점이 70점이었다.
- 건립 세대 규모는 165세대이다.
- 최 씨의 종전 자산 평가액은 10억 원이고 보증 기간은 60일이다.

① 최 씨의 종합 평점은 보증 자격 요건을 충족한다.
② 최 씨가 이주비 보증을 받기 위해서는 추가적으로 신용 평가 등급을 조회해 보아야 한다.
③ 최 씨가 이주비 보증을 받기 위해서는 사업에 차질을 줄 수 있는 소송의 진행 여부를 확인해 보아야 한다.
④ 최 씨가 받을 수 있는 최대 보증료는 약 34만 5천 원이다.
⑤ 최 씨의 건립 세대 규모는 보증을 받기에 충분하다.

43. 다음 3개 조합이 보증을 받으려고 한다. 보증료가 높은 순서대로 바르게 나열한 것은? (단, 천의 자리에서 반올림한다)

구분	상품명	등급	보증금액	보증 기간
A	사업비	1	200억 원	200일
B	부담금	–	200억 원	365일
C	이주비	–	300억 원	150일

① A-B-C ② A-C-B ③ B-A-C
④ C-A-B ⑤ C-B-A

[44 ~ 45] 다음에 제시된 상황과 자료를 보고 이어지는 질문에 답하시오.

○○기업은 전년도부터 '에너지 자원 절약 프로젝트'를 실시하고 있다. 직원 B는 이 프로젝트의 결과 보고서를 작성하기 위해 다음과 같이 자료를 정리하고 있다.

〈실천 과제 항목별 월간 절감 비용〉

(단위 : 천 원)

구분	월 절감비용
(ㄱ) 개인 컵 사용	58,000
(ㄴ) 이면지 재활용	55,000
(ㄷ) 3층 이하 엘리베이터 사용 자제	26,000
(ㄹ) 실내 온도 제한	50,000
(ㅁ) 점심시간 사무실 소등	34,000
(ㅂ) 퇴근 시 불필요한 전력 사용 차단(복사기 등)	46,000
(ㅅ) 외근 등 장시간 부재 시 PC 전력 대기모드 전환	23,000

〈복수 항목 실천 시 추가 절감률〉

(단위 : %)

구분	추가 절감률
(ㄱ)+(ㄴ)+(ㄹ)	25
(ㄱ)+(ㄷ)+(ㅁ)	20
(ㄱ)+(ㄹ)+(ㅁ)	15
(ㄴ)+(ㄷ)+(ㅅ)	20
(ㄴ)+(ㄹ)+(ㅁ)	10
(ㄷ)+(ㄹ)+(ㅂ)	15
(ㄷ)+(ㅂ)+(ㅅ)	15

※ 에너지 자원 절약 프로젝트는 1달에 3가지 이상을 필수적으로 실천해야 함.
※ 총절감비용=해당 복수 항목(세 항목)의 절감비용의 총합×(1+해당 추가 절감률)

44. ○○기업은 다음 달에 '3층 이하 엘리베이터 사용 자제'를 포함한 총 3개 항목을 실천할 계획이다. 에너지를 가장 많이 절감하는 조합을 선정할 때, 나머지 2개의 실천 항목으로 적절한 것은?

    ① (ㄱ), (ㅁ) ② (ㄹ), (ㅂ) ③ (ㅂ), (ㅅ)
    ④ (ㄴ), (ㅅ) ⑤ (ㄱ), (ㄴ)

45. ○○기업은 지난달에 '이면지 재활용', '3층 이하 엘리베이터 사용 자제', '퇴근 시 불필요한 전력 사용 차단(복사기 등)'을 실천하였고, 이번 달에는 '개인 컵 사용', '실내 온도 제한', '점심시간 사무실 소등'을 실천하였다. 이번 달 에너지 절감 비용은 지난달과 얼마나 차이가 나는가?

    ① 15,000,000원 ② 22,600,000원 ③ 28,500,000원
    ④ 36,300,000원 ⑤ 41,800,000원

46. 해진, 예림, 희은, 찬빈, 은희, 영준, 유민은 영어회화, 시사토론, 수영 강의 중 최소 하나 이상을 수강하고 있다고 할 때, 해진이가 수강하고 있는 강의는?

    - 영어회화, 시사토론, 수영의 수강인원은 각각 4명, 4명, 3명이다.
    - 수영만 수강하는 사람은 없다.
    - 세 강의를 모두 수강하는 사람은 없다.
    - 은희와 유민은 두 개의 강의를 수강하고 있고 모두 같은 강의를 수강하고 있다.
    - 희은, 찬빈은 시사토론 강의를 수강하고 있다.
    - 예림과 영준은 두 개의 강의를 수강하고 있으며 그중 하나만 같은 강의이다.
    - 은희와 영준은 하나만 같은 강의를 듣고 있다.
    - 예림은 영어회화는 듣지 않는다.

    ① 시사토론 ② 영어회화 ③ 수영
    ④ 영어회화, 시사토론 ⑤ 시사토론, 수영

[47 ~ 48] 다음에 제시된 상황과 자료를 보고 이어지는 질문에 답하시오.

△△공사 직원 M은 부지 건설을 위한 공사 계획을 살펴 보고 있다.

〈시설 공사계획〉

1. 산림공원 내 시설 확장
   - 원활한 차량 진·출입을 위해 각 출입문 도로 확장 및 주차장 배치
   - 공원 출입구 주변에 관리사무소 및 진입광장을 배치하여 이용객 안내 및 만남의 장소 제공
   - 산림공원 내부에 국악 공연장, 동상, 자연박물관을 적정 위치에 배치
   - 공원 동쪽에 있는 기존의 대나무 숲 최대한 보존
   - 화장실, 벤치, 그늘막 등의 이용객을 위한 공원 내 편의시설을 적절한 위치에 배치

2. 한지체험박물관 건설
   - 청소년과 지역 주민들이 쉽게 접근할 수 있도록 주거지역과 인접한 곳에 건설
   - 박물관 혹은 기념관과 프로그램 연계를 위해 간접 지역에 건설
   - 산림공원 이용객이 접근하기 쉽도록 산림공원의 대나무 숲과 연결도로 확장
   - 산림공원 연결로를 통한 산림공원 내 주차장 공동 이용
   - 한지 공장에서 물품 공수를 위해 이용도로 확장

3. 도시 외곽 체육시설 건설
   - 강변 운영으로 수영장과 수상스포츠 시설 시공
   - 원활한 차량 출입을 위해 순환도로와 연결된 출입로를 확장하고 주차장 배치
   - 인접 산의 암벽 지역에 자연 암벽장 시공
   - 암벽장 내에 강의용 건물을 적정 배치하고 내부에 강의용 인공 암벽장 배치
   - 자연 암벽장의 이용에 불편한 점이 없도록 공간 확보
   - 이용객들의 휴식을 위해 수변 공원 및 편의시설 배치

47. 본 공사계획에는 각각 다른 건설사가 각 사업을 진행한다. 다음 〈건설사 시공 가능내역〉을 참고할 때, 참여하지 않는 건설사는?

〈건설사 시공 가능내역〉

건설사	주차장	도로 확장	공용 편의시설	수상스포츠 시공	자연 암벽장	건축물
갑	X	O	X	O	X	X
을	O	O	X	X	O	O
병	O	O	O	X	X	O
정	O	O	O	O	O	O

① 갑
② 을
③ 병
④ 정
⑤ 모든 건설사가 참여한다.

48. 다음은 건설 부지 명단과 입지 여건이다. 제시된 자료에 따라 우선순위가 가장 낮은 부지끼리 연결한 것은?

구분	입지 여건
A 부지	• 동쪽으로 일반 주거 지역과 역사박물관이 있으며, 서쪽으로 산림 공원과 맞닿음. • 북쪽으로 청소년 수련원 및 골프연습장이 위치함.
B 부지	• 자연녹지 지역으로 폭 12m 도로와 접하고 있으며, 산림 공원 내 위치함. • 서쪽에 스쿨존이, 남쪽에는 주거 지역 및 상업 지역과 인접해 있음. • 동쪽으로 대나무 숲이 위치함.
C 부지	• 자연녹지 지역이며 일반 주거 지역 내부에 있음. • 외곽 순환 도로와 접해 있음. • 서쪽과 남쪽에 강을 따라 농장 및 논과 밭이 있음.
D 부지	• 일반 주거 지역 내부에 있으며 서쪽에는 역사기념관, 중학교, 한지 공장이 있음. • 강변에 위치하여 순환 도로와 접해 있음. • 서쪽에 대나무 숲이 위치함.
E 부지	• 도시 외곽에 위치한 자연 녹지 지역으로 서쪽으로 순환도로가 있음. • 남쪽으로 절이 위치하며, 북쪽으로 강이 흐르고 있음. • 부지 동남쪽으로 △△산 자연 암벽 지형이 있음. • 부지 내에 공터 및 주차장이 조성되어 있음.

① A, C
② A, D
③ C, D
④ C, E
⑤ D, E

49. LH는 신혼부부 1쌍을 □□시의 ○○공공주택 입주자로 선정하려고 한다. 〈자료 1〉에 따라 〈자료 2〉의 신혼부부 중 입주자로 선정될 신혼부부는? (단, 입주자격을 충족하지 않는 경우 입주점수는 0점으로 한다)

〈자료 1〉 ○○공공주택 공급개요

1. 입주자격 : 공고일(20X3. 5. 12.) 기준 혼인 2년 이내 신혼부부
2. 입주자 선정방법
    1) 아래 표의 기준소득 대비 가구소득 수준, □□시 거주기간, 청약저축 납입 횟수에 따른 점수를 단순 합산하여 입주점수가 가장 높은 부부를 선정
    2) 1)에서 최고점수를 받은 동점자가 발생하는 경우, 동점자 중 가점항목별 점수를 아래의 비율대로 가중평균한 점수가 가장 높은 부부로 선정
    (기준소득 대비 가구소득 수준 : □□시 거주기간 : 청약저축 납입 횟수 = 3 : 5 : 2)

가점항목	평가요소	점수
㉠ 기준소득 대비 가구소득 수준	70% 이하	3
	70% 초과 ~ 100% 이하	2
	100% 초과	1
㉡ □□시 거주기간	2년 이상	3
	1년 이상 ~ 2년 미만	2
	1년 미만	1
㉢ 청약저축 납입 횟수	24회 이상	3
	12회 이상 ~ 24회 미만	2
	6회 이상 ~ 12회 미만	1

〈자료 2〉 신혼부부 입주희망자 현황

구분	혼인일자	가구소득	□□시 거주기간	청약저축 납입 횟수
A 부부	20X1. 06. 13.	85%	3년	10회
B 부부	20X1. 05. 10.	85%	3년	24회
C 부부	20X2. 05. 10.	110%	2년	15회
D 부부	20X1. 05. 16.	110%	1년 6개월	15회
E 부부	20X0. 01. 18.	65%	3년	15회

① A 부부 ② B 부부 ③ C 부부
④ D 부부 ⑤ E 부부

50. 김정식, 김병연, 허초희, 백기행, 정지용은 이번에 최종합격한 신입사원들이다. 신입사원들은 영업팀, 홍보팀, 재무팀, 개발팀, 설계팀 중 한 곳에 배정되며 모두 다른 팀에 배정된다. 다음에 나열된 조건이 모두 거짓일 경우, 배정받은 팀을 정확히 알 수 있는 신입사원은?

- 김병연은 영업팀 또는 홍보팀이다.
- 백기행은 재무팀 또는 개발팀이다.
- 허초희는 홍보팀이다.
- 김병연은 설계팀이다.
- 정지용, 백기행 중에 한 명은 영업팀이다.
- 김정식, 정지용 중에 한 명은 재무팀이다.
- 허초희, 백기행 중에 한 명은 설계팀이다.

① 김정식　　　　② 김병연　　　　③ 허초희
④ 백기행　　　　⑤ 정지용

3회 기출예상문제

문항수 : 50 문항
문항시간 : 60 분
▶ 정답과 해설 24쪽

01. 다음 글의 ㉠ ~ ㉤ 중 맞춤법에 어긋난 것은 모두 몇 개인가?

> 도심에서 멀지 않은 곳에 이런 공원이 있다는 것은 분명 큰 행운이다. 시흥은 경기도 유일의 내만 ㉠개펄을 가진 도시이다. 갯골을 따라 갯벌의 생태계가 살아 숨 쉰다. 갯골은 갯고랑을 의미하는 말이다. 바다가 들고 나는 동안 흐르는 물길은 바닥을 움켜쥐고 달려가 육지 깊은 곳까지 크고 깊은 고랑을 냈다. 이곳의 갯골은 제법 규모 있는 하천을 ㉡연상케 한다. 하루에 두 번, 간조시간이 다가오면 갯골 가득히 차올랐던 바닷물이 빠져나가 바닥이 ㉢들어나는 장관을 볼 수 있다. 간조는 서해를 곁에 뒀기에 가능한, 시흥이란 도시가 보여 주는 드라마틱한 풍경의 시간이다. 갯골을 따라 들어온 바닷물이 있어 육지 안쪽에서도 염전을 일굴 수 있었다. 갯골생태공원 일대는 염전 산업이 성황을 이뤘던 곳이다. 일제는 1934년 염전을 만든 이후 여기서 생산한 소금을 경부선과 수인선 철로를 이용해 군산과 부산으로 옮겨 일본으로 반출해갔다. 그 뒤로도 ㉣오랜동안 소금을 생산했지만 1995년 수인선이 운행을 종료하면서 이듬해 결국 염전도 문을 닫았다. 148만 m²(약 45만 평)에 달하는 드넓은 폐염전 부지는 오랜 시간 방치되었다가 2012년 2월 ㉤생태자원으로써의 가치를 인정받아 국가 해양습지 보호지역으로 지정됐다.

① 1개 ② 2개 ③ 3개
④ 4개 ⑤ 5개

02. 다음 중 띄어쓰기가 올바르지 않은 것은?

① 몇 번 정도 해보니까 알겠다.
② 과수원에는 사과, 귤, 배 들이 있다.
③ 나는 아무래도 포기하는 게 좋을거 같다.
④ 포유동물에는 고래, 캥거루, 사자 등이 있다.
⑤ 보란 듯이 성공해서 부모님의 은혜에 보답하겠다.

03. 다음 두 단어 쌍이 같은 관계가 되도록 빈칸에 알맞은 단어를 고르면?

> 절약 : 절감 = 공급 : ( )

① 제시 ② 제공 ③ 생산
④ 수급 ⑤ 수요

04. 다음 제시된 단어 쌍과 같은 관계가 되도록 하는 단어 쌍을 고르면?

> 양계 : 양돈 = ( ) : ( )

① 닭 : 달걀 ② 립스틱 : 매니큐어 ③ 어르신 : 소년
④ 레몬에이드 : 카레 ⑤ 할머니 : 노인

05. 다음 밑줄 친 두 단어의 관계가 나머지와 다른 것은?

① 국민들의 지대한 관심을 받은 재판의 결과는 전파를 <u>타고</u> 빠르게 퍼져 나갔습니다.
  착한 일을 한 덕분에 방송을 <u>타게</u> 되어서 쑥스러웠어요.
② 주말에 <u>머리</u>를 잘랐더니 기분을 전환할 수 있었습니다.
  갑자기 창밖에서 큰 소리가 나서 <u>머리</u>를 돌렸는데 마침 사장님이 오시고 계셨습니다.
③ 글을 <u>쓰다</u> 보면 항상 도입부를 어떻게 시작할까 고민을 하게 되지요.
  어제 오랜만에 등산을 하느라 애를 <u>썼더니</u> 온몸이 쑤시는 듯해요.
④ 모든 일은 정말 마음<u>먹기에</u> 달린 것 같아요.
  지난번 내부감사 기간에 벌점을 <u>먹어서</u> 이번에는 만회를 해야겠어요.
⑤ 어제 일을 마치고 퇴근하는 길에 초등학교 동창생을 우연히 마주쳤어요.
  어머니에게 혼날 일을 생각하니 눈앞이 깜깜해요.

[06 ~ 08] 다음은 〈LH 무지개 돌봄사원(꿈높이 선생님) 채용공고〉이다. 이어지는 질문에 답하시오.

LH에서는 만 60세 이상 퇴직교원을 대상으로 다음과 같이 돌봄사원 채용계획을 공고하오니, 관심 있는 분들의 많은 지원과 참여를 부탁드립니다.

1. 채용인원 : 300명
2. 채용대상 : 196X. 04. 30. 이전 출생(당일 출생자 포함)하신 퇴직교사로서 교원자격증 소지자
   - 1세대 1인, 1인 1권역에 한해 신청 가능, 부부 동시신청 불가
   - 전년도 시니어사원은 신청 불가(단, 꿈높이 선생님 근무자는 제외)
   - 한국토지주택공사 인사규정(제9조 채용금지) 및 기간제근로자 운영지침(제8조 채용금지)에 해당되지 않는 자
3. 근무장소 : 수도권, 대구광역시, 광주광역시, 대전광역시 소재 LH 임대아파트 단지
   - 근무단지는 신청접수 전 한국노인인력개발원에 문의 바람
4. 근무기간 : 202X. 06. 14. ~ 202X. 12. 13. (6개월) *주 3일 근무
5. 근무시간 : 일 4시간
6. 담당업무
   - 입주민 초등학생, 중학생 자녀 방과후 1:1 학습지도
7. 급여 : 월 91만 원 수준(4대보험 가입)
   *상기 임금에서 세금 및 4대보험(본인부담금) 공제 후 지급
8. 합격자 결정
   - 지역별 신청자를 대상으로 건강상태, 교원경력기간, 참여적극성 등을 종합 심사하여 고득점자 순으로 결정
     ※ 돌봄사원의 채용업무는 업무협약에 따라 한국노인인력개발원에서 담당하며 지원신청서는 한국노인인력개발원에서 지정한 접수처에서 현장 접수하고, 접수과정에서 건강상태 등 근로능력을 확인할 수 있음.
   - 입사포기, 중도퇴사 등 대비하여 일정 비율의 예비 합격자 선발(단, 예비 합격자는 근무개시 후 1개월 이내에서만 유효)
9. 제출서류(모든 서류는 공고일(202X년 4월 30일) 이후 발급분만 인정)

제출서류	대상자, 발급방법 등
① 신청서 및 동의서(소정양식)	- LH 꿈높이 선생님 지원신청서 1부 - 개인정보 수집 이용에 관한 동의서 1부
② 신분증	주민등록증, 운전면허증, 여권 중 하나
③ 자격증	관련 자격증 사본 1부(교원자격증 필수)
④ 경력증명서	경력증명서 1부

06. 위 공고문을 읽은 뒤 나눈 대화의 내용으로 가장 적절하지 않은 것은?

① 우리 아버지는 1960년 1월 30일 생으로 퇴직한 교사이셔. 교원자격증도 가지고 계시니, 신청해 보시면 좋겠다.
② 우리 어머니께서도 작년에 시니어사원으로 근무해 보셨는데, 좋았다고 하시더라고. 이번 연도에도 지원해 보실 생각이래.
③ 우리 삼촌께서도 지원해 보시면 좋을 텐데, 숙모께서 이미 지원하셔서 이번 기회에는 어려울 것 같아.
④ 지원을 위해 제출할 신분증으로는 주민등록증, 운전면허증, 여권 중 하나만 있으면 돼.
⑤ 약 91만 원의 임금에서 4대보험을 공제한 금액을 총 임금으로 받게 되겠네.

07. 다음 중 위 공고문에 대한 설명으로 가장 적절한 것은?

① 공시된 채용인원은 300명이므로 합격자 역시 총 300명일 것이다.
② 제출해야 할 서류로는 관련 자격증 사본 1부 또는 경력증명서 1부가 필요하다.
③ 담당하는 업무는 같은 지역구의 초등학생, 중학생 자녀의 방과후 1:1 학습을 지도하는 것이다.
④ 근무시간은 일 3시간으로, 총 6개월 동안 주 3일 근무하게 된다.
⑤ 지역별 신청자를 대상으로 건강상태, 교원경력기간, 참여적극성 등을 종합 심사하는 과정을 거쳐 최종 합격자를 선발한다.

08. 다음 〈보기〉에서 LH 무지개 돌봄사원에 대한 설명으로 적절한 것을 모두 고르면? (단, 언급되지 않은 조건에 대해서는 고려하지 않는다)

보기

ㄱ. 1960년 4월 30일 출생자로, 현직교사로 일하고 있으며 교원자격증을 소지한 A 씨는 최종 합격자에 선발될 수 있다.
ㄴ. 작년에 꿈높이 선생님으로 근무했던 B 씨는 최종 합격자에 선발될 수 있다.
ㄷ. 최종 합격자로 선발된 근무자들은 중도퇴사를 할 수 없다.
ㄹ. 202X년 4월 28일에 발급한 경력증명서는 효력을 가지지 않는다.
ㅁ. 돌봄사원의 채용업무는 업무협약에 따라 한국토지주택공사에서 담당하며 지원신청서는 한국노인인력개발원에서 지정한 접수처에서 접수할 수 있다.

① ㄱ, ㄴ ② ㄱ, ㄹ ③ ㄴ, ㄹ ④ ㄴ, ㅁ ⑤ ㄷ, ㅁ

[09 ~ 10] 다음에 제시된 상황과 자료를 읽고 이어지는 질문에 답하시오.

> 김 사원은 LH의 소셜 본드에 대한 다음 보도자료를 읽고 있다.
>
> LH는 지난 7월 31일 국내 최초로 해외투자자를 대상으로 5년 만기 1억 스위스 프랑(한화 기준 1,140억 원 상당) 소셜본드를 발행했다고 밝혔다. 이는 세계적인 환경·사회·지배구조(ESG) 전문평가사인 서스테널리틱스(Sustainalytics)로부터 소셜·그린본드 발행사 적격의견(인증)을 받은 지 1개월 만에 전격적으로 이루어진 것으로 인증과 동시에 HSBC 증권을 주관사로 선정하고 신속하게 해외투자자를 물색한 결과다.
>
> 소셜본드는 사회적 가치실현사업에 투자할 자금을 마련하기 위해 발행하는 해외채권으로 발행을 위해서는 ESG 평가사의 전문의견이 필요하다. 이번 소셜본드 발행은 국내 최초일 뿐만 아니라 스위스 프랑으로 발행된 세계 최초의 소셜본드인 동시에 주택임대사업을 영위하는 기업이 발행한 세계 최초의 서민주택 관련 소셜본드로 그 의미가 크다.
>
> 김○○ LH 자금지원부장은 "소셜·그린본드 발행 대부분이 미국달러나 유로화로 이루어지지만 최근 미국금리 상승으로 스위스 프랑이 금리 측면에서 더 메리트가 있어 일부 불확실성에도 불구하고 주관사인 HSBC 증권과 긴밀한 협의 끝에 스위스 프랑으로 발행을 추진했다."라고 밝혔다. 실제로 LH는 국내 시중은행과 발행대금인 스위스 프랑을 1% 후반 금리로 원화와 통화스왑하여 동일 5년 만기 국고채(7/24 기준 2.34%)보다도 훨씬 낮은 금리로 자금을 조달하는 성과를 달성했다.
>
> LH는 이번 소셜본드로 조달한 자금 전액을 임대주택건설 자금으로 활용할 계획이다. 또한 올 4분기에 1.6억 불 상당의 소셜본드를 추가로 발행할 계획이라고 밝혔다. 또한 공공기관 최초로 사회적 가치 영향평가 제도를 도입하는 등 사회적 가치실현에 가장 앞서가는 모습을 보이며, 경영 전반에 걸쳐 사회적 가치실현을 최우선 과제로 설정해 추진 중에 있다. 이번 소셜본드 발행 역시 이러한 노력의 일환으로서 LH의 사회적 가치실현을 위한 주도적 행보가 다른 공기업에 미칠 영향이 어디까지일지 주목된다.

09. 김 사원이 제시된 글을 읽고 보일 수 있는 반응으로 적절한 것은?

① "LH가 서스테널리틱스로부터 적격의견을 받고 1개월 후에 HSBC 증권을 주관사로 선정한 것이 소셜본드를 발행하게 된 성공요인의 핵심이구나."
② "LH가 올 4분기에 소셜본드를 추가로 발행하는 것은 조달한 자금을 전액 임대주택건설 자금으로 활용하기 위해서구나."
③ "이번에 LH가 성공적으로 소셜본드를 발행한 데에는 다른 공기업으로부터 큰 영향을 받아 사회적 가치실현을 위한 제도를 도입하는 등의 모습을 보여온 것이 큰 기여를 했을 거야."
④ "이번 소셜본드가 스위스 프랑으로 발행된 것은 달러화보다 금리 측면에서 더 유리했기 때문이라고 하더라고. 그러나 금리로 인한 장점보다는 불확실성이 더 커서 고민이겠다."
⑤ "LH의 이번 소셜본드는 세계 최초로 스위스 프랑으로 발행된 소셜본드라고 해. 국내 최초의 서민주택과 관련한 소셜본드라는 점에서도 그 의미가 남다르네."

10. 김 사원이 제시된 글의 내용을 한 문장으로 요약했을 때 가장 적절한 것은?

① LH는 낮은 금리로 자금을 조달하고 지속적 투자를 통한 사회적 가치를 실현함으로써 다른 공기업들에 사회적 영향력을 발휘하고 있다.
② LH는 사회적 가치실현을 주도하는 기업으로 이와 관련된 사업에 투자하기 위해 해외투자자를 상대로 세계 최초로 스위스 프랑으로 소셜본드를 발행했다.
③ LH가 발행한 소셜본드의 스위스 프랑과 관련하여 불확실성 방향에 귀추가 주목된다.
④ LH는 세계 최초로 HSBC를 주관사로 하여 외화 소셜본드를 발행하였다.
⑤ LH는 해외채권을 발행하기 위하여 세계 최초로 ESG 평가사의 전문의견을 득하였다.

[11 ~ 12] 다음에 제시된 상황과 자료를 보고 이어지는 질문에 답하시오.

> 정민은 LH 대학 타운형 도시재생 아이디어 공모전의 안내문을 보고 있다.

- **공모 내용**
  - 공모명 : 「'대학 타운형 도시재생 뉴딜사업' 연계를 위한 대학생 도시재생 아이디어 공모전」
  - 주최 : 한국토지주택공사
  - 후원 : 국토교통부
  - 공모주제 : 대학교 주변 쇠퇴지역을 대상으로 도시재생 뉴딜사업 방향을 반영한 창의적이고 실현 가능한 재생 방안
    ※ 대상지는 대학교 부지 경계선으로부터 500m 이내 지역 중 쇠퇴지역에서 자율적으로 선정
  - 응모자격 : 전국 2년제 이상 대학 및 대학원 재학생 또는 휴학생
    ※ 개인 또는 팀(최대 3명) 단위로 지원 가능, 1인당 1개 작품만 응모 가능
  - 제출작품 : 1차 제안서(A1 패널 1장 및 A4 10매 이내 아이디어 설명서)*, 2차 PPT 발표(8분 분량, 파워포인트만 사용)
    *(패널) 원본(ai, psd 등) 및 PDF 파일+출력본(아이디어 설명서)에 대한 한글(hwp) 파일+출력본
  - 접수방법 : 웹하드 업로드 및 우편(또는 택배) 제출
  - 심사결과 발표 : 홈페이지를 통한 공고 및 개별 통지

- **공모 일정**

공고	접수	1·2차 심사	결과발표	시상식
5. 24.	8. 20. ~ 8. 22.	8. 27. ~ 9. 14.	9. 20.	10월 중

  ※ 상기 일정은 변경될 수 있으며, 일정이 변경되는 경우 LH홈페이지에 게시

- **유의사항**
  - 출품된 작품은 타 공모전 입상작 및 모방작이 아닌 순수한 창작품이어야 합니다. 타인의 작품을 표절하거나 표절로 인정되는 작품은 수상할 수 없으며, 수상 후에도 수상을 취소할 수 있습니다.
  - 제출된 모든 작품에 대하여는 출판 등 공표에 따른 권리를 한국토지주택공사가 무료로 사용할 수 있습니다.
  - 수상작과 아이디어의 저작권은 한국토지주택공사에 귀속되며, 한국토지주택공사는 수상작을 자유롭게 활용(제작, 복제, 배포 등)할 수 있고, 수상작의 전체나 일부를 변경하여 이용할 수 있습니다. 또한, 당선된 작품의 아이디어를 활용하여 한국토지주택공사 도시재생사업에 적용할 수 있습니다.

- 저작권, 표절 시비 등 모든 법적 책임은 응모자에게 있습니다.
- 제출한 아이디어는 반환되지 않으며, 입상하지 않은 응모작은 공모전 종료일로부터 3개월 이내 폐기합니다.
- 공모요강에 준하지 않는 출품작은 심사에서 제외합니다.

11. 안내문을 읽은 뒤 정민의 반응으로 가장 적절하지 않은 것은? (단, 언급되지 않은 조건에 대해서는 고려하지 않는다)

① 나는 ○○대학교 주변 쇠퇴지역을 대상으로 도시재생 뉴딜사업을 반영해 어떤 식으로 재생할 수 있을지를 이번 공모의 주제로 삼으려고 해.
② 만약 수상했을 때, 저작권 시비가 걸린다고 하더라도 아이디어의 저작권은 한국토지주택공사로 귀속되니 나는 상관이 없어.
③ 내 아이디어가 채택되지 않아도 돌려주지 않고 폐기해 버리는군.
④ 심사결과는 홈페이지를 통해 공고되니 발표일을 잊지 말고 기억해 둬야겠어.
⑤ 공고 이후로 접수까지 약 세 달 정도의 기간이 주어지니 너무 늦어지지 않게 계획을 짜야겠는걸.

12. 안내문에 따라 A ~ E 중 심사에서 제외되지 않을 사람은? (단, 언급되지 않은 조건에 대해서는 고려하지 않는다)

① 같은 과 학생 4명과 팀을 이루어 아이디어를 제출한 4년제 대학생 A
② 서울시에 위치한 2년제 대학을 작년에 졸업한 취업준비생 B
③ 대학교 부지 경계선으로부터 1,000m 떨어진 쇠퇴지역을 대상지로 삼은 2년제 대학생 C
④ 8월 21일에 1차 심사를 위한 제안서만을 제출한 4년제 휴학생 D
⑤ PPT 자료를 만들 때 파워포인트만을 사용해서 만든 2년제 대학원생 E

13. 다음 △△공사의 「직원주택자금대부규칙」에 관한 설명으로 옳은 것은?

> 「직원주택자금대부규칙」
>
> 제1조(목적) 이 규칙은 직원의 복리후생을 위하여 주택을 매입("분양 및 주택 건축 포함" 이하 같다) 또는 임차하는 직원에 대한 주택자금 대부에 관한 사항을 정함을 목적으로 한다.
>
> 제3조(용어의 정의) 이 규칙에서 정하는 용어의 정의는 다음과 같다.
> 1. "무주택 직원"이라 함은 본인 및 배우자 명의의 주택을 소유하고 있지 아니한 자를 말한다.
> 2. "주택자금 대부금"이라 함은 무주택 직원이 출·퇴근이 가능한 지역 내 주택 매입 또는 주택임차에 소요되는 자금을 보조하기 위하여 대부하는 금액을 말한다.
> 3. "출·퇴근이 가능한 지역"이라 함은 통상 대중교통 수단으로 출·퇴근이 가능한 거리에 위치한 지역을 말하며, 해당기관장이 주택자금 대부심의위원회의 심의를 거쳐 설정·운영한다.
> 4. "부양, 동거가족"이라 함은 본인 또는 배우자가 세대주로 주민등록이 되어 있으면서 동 주민등록 등본상에 등록된 직계 존비속(배우자의 직계존속 포함)을 말한다.
>
> 제6조(대부대상자의 범위) ① 주택자금 대부대상자는 공사에 재직 중인 자(수습기간 중인 자 제외)로서 거주를 목적으로 주택을 매입 또는 임차하고자 하는 대부신청일 현재 제3조 제1호에 해당되는 직원이어야 한다. 다만, 유주택 직원이 전보발령으로 인하여 출·퇴근이 불가능한 지역으로 배치될 경우에는 주택임차 시에만 대부가 가능하며, 동 대부금을 주택매입자금으로 사용할 수 없다.
> ② 제1항에 의한 대부대상자 중 이미 퇴직급여충당적립금 대부지침에 의거해 주택자금을 대부받은 자는 제8조에서 정한 대부금액에서 신청일 현재 상환치 않은 대부잔액을 제외한 금액의 한도 내에서 대부받을 수 있다.

① 유주택 직원이 출·퇴근이 불가능한 지역으로 전보를 받아 해당 지역에서 주택을 매입하고자 하는 경우 주택자금 대부금을 신청할 수 있다.
② 서울에 위치한 본사 근무자는 제주도에 있는 주택을 구입하기 위해 주택자금 대부금을 신청할 수 있다.
③ 수습기간 중 본사 근처에 거주할 목적으로 주택자금 대부금을 신청할 수 있다.
④ 주택자금 대부금 신청에 있어 금액 한도는 없다.
⑤ 출·퇴근 가능지역의 범위는 해당기관장이 주택자금 대부심의위원회의 심의를 거쳐 결정한다.

[14 ~ 15] 다음 글을 읽고 이어지는 질문에 답하시오.

> (가) 사유방식, 생활, 학습, 언어, 행위, 노동, 예절, 도덕 등에서 드러나는 개인의 습관은 한 사람의 소양을 드러내며 그가 세상을 살아가는 방식에 영향을 미친다. 또한 습관은 우리의 선택과 외부적 환경으로부터 영향을 받는 정도를 결정하며, 나아가 우리의 인생 그리고 타인과 사회를 바라보는 관점에도 영향을 미친다.
>
> (나) 습관의 최상위 형식은 사고방식으로 이것은 이성과 철학의 영향을 크게 받는다. 예를 들어 마르크스는 모든 문제를 두 가지의 대립된 모순으로 인식하는 경향이 있으며, 아인슈타인은 가장 간단한 사실에서 시작하여 엄밀한 추론을 통해 가장 심오한 결론에 도달한다.
>
> (다) 습관의 힘은 실로 거대한 것으로 성공의 필수불가결한 요소이며, 가치를 따질 수 없이 귀중한 인생의 재화이자 자본이다. 좋은 습관을 기르는 것은 한 사람의 인생에 무한한 이익을 가져다 주며 평범한 삶에서 특별한 삶으로 넘어가는 데에 가장 중요한 관건이 된다.
>
> (라) 습관의 사전적 의미는 '장기간에 걸쳐 양성되어 단기에 고치기 어려운 행위, 경향 혹은 사회적 풍습'이다. 습관은 인간의 행위를 연구하는 많은 학자들이 오랫동안 관심을 가져온 분야로 간단히 말해 일종의 안정적인 행위의 특징을 말한다.
>
> (마) 습관의 형식에는 여러 가지가 있는데 '무조건적 반사'를 가장 기본적인 습관이라고 할 수 있다. 그보다 상위 단계의 습관으로는 언어와 동작의 습관을 들 수 있다. 일반적으로 우리가 '습관'이라고 부르는 것도 이러한 것들이다. 일부 학자들은 남녀 간에도 습관의 차이가 있다고 주장한다. 예를 들어 남자들은 집에 도착하기 전에 미리 호주머니에서 열쇠를 꺼내는 한편, 여자들은 문 앞에 도달한 다음에 가방에서 열쇠를 꺼낸다는 것이다.

14. (가) ~ (마)를 맥락에 맞게 순서대로 바르게 나열한 것은?

① (다)-(라)-(나)-(마)-(가)
② (다)-(가)-(나)-(마)-(라)
③ (라)-(가)-(마)-(나)-(다)
④ (라)-(마)-(가)-(다)-(나)
⑤ (마)-(라)-(다)-(가)-(나)

15. 다음 〈보기〉가 들어갈 위치로 가장 알맞은 것은?

> **보기**
>
> 무엇이 좋은 습관인가? 그것은 오랜 시간을 두고 끈기 있게 다듬어 가는 품성이며 개인의 부족한 부분을 채워주고 성격을 갈고 닦아 주는 무언가이다. 좋은 습관을 가지려면 목표에 도달하는 방법론을 쉽게 배울 수 있으며 인생의 성공을 얻을 수 있을 것이다.

① (가) 뒤   ② (나) 뒤   ③ (다) 뒤   ④ (라) 뒤   ⑤ (마) 뒤

[16 ~ 18] 다음 한국토지주택공사법의 일부를 읽고 이어지는 질문에 답하시오.

제12조(매입대상토지) ① 공사가 매입할 수 있는 토지의 규모는 대통령령으로 정한다.
② 공사가 토지를 매입하는 경우 그 토지에 (가)정착물이 있는 때에는 이를 함께 매입할 수 있다.
③ 공사가 토지를 매입할 때에는 공공시설용지·주택건설용지 또는 산업시설용지로 ㉠매입할 수 있거나 개발할 수 있는 토지를 우선적으로 매입하여야 한다.
④ 금융기관으로부터 대출 또는 지급보증을 받은 기업의 부채를 상환하게 하기 위하여 그 기업이 보유하고 있는 토지를 공사가 매입하여 줄 것을 기획재정부장관이 국토교통부장관에게 요청한 때에는 국토교통부장관은 ㉡공사로 하여금 이를 우선적으로 매입하게 할 수 있다.
⑤ 공사는 토지를 매입할 경우 해당 토지가 법령에 따라 그 처분이나 이용이 제한되는 등의 사유로 매입 후 매각이나 개발이 어려울 것으로 예상될 때에는 이를 매입하여서는 아니 된다.
⑥ 제8조 제1항 제1호 다목 또는 같은 항 제7호에 따른 토지의 매입에 관하여는 제1항 제3항 및 제5항을 적용하지 아니한다.

제13조(토지매입대금의 지급) 공사가 매입하는 토지의 매입대금은 그 전액을 현금으로 지급함을 원칙으로 하되, 매도인이 원하거나 대통령령으로 정하는 일정규모 이상의 토지에 대하여는 그 전부 또는 일부를 협의에 의하여 (나)공사채로 지급할 수 있다.

제14조(매입한 토지의 관리) ① 공사는 ㉢매각한 토지의 매입을 촉진하기 위하여 필요한 경우에는 다음 각호의 어느 하나에 해당하는 조치를 할 수 있다.
  1. 용지의 조성
  2. (다)지목의 변경
  3. 토지의 분할 또는 합병
  4. 그 밖에 토지의 이용가치를 ㉣보존하거나 증대하기 위하여 필요한 조치
② 공사는 매입한 토지를 매각할 때까지 이를 임대할 수 있다.

제15조(토지의 매매 등의 수탁) ① 공사는 국가·지방자치단체·공공기관·기업 또는 개인이 토지를 매매·관리하고자 하는 경우 그 매매·관리를 수탁할 수 있다.
② 제1항에 따른 (라)수탁의 기준과 수탁수수료의 (마)요율은 대통령령으로 정한다.

제15조의2(토지 등 자산의 매각위탁 등) 공사는 재무구조 개선 및 경영정상화 등을 위하여 「한국자산관리공사의 설립 등에 관한 법률」에 따라 설립된 한국자산관리공사에 공사의 토지 등 자산의 ㉤매입을 위탁하거나 자산을 매각할 수 있다. 이 경우 위탁가격 및 위탁수수료의 요율 또는 매각가격은 한국자산관리공사와 합의하여 정한다.

제16조(토지의 공급) ① 공사는 토지를 그 용도에 따라 공급하여야 하며, 제8조 제1항 제2호 및 제7호의 사업(이하 "개발사업"이라 한다)으로 조성된 토지를 제외하고는 다음 각호의 어느 하나에 해당하는 용도로 사용하려는 자에게 우선적으로 공급하여야 한다.
  1. 「공익사업을 위한 토지 등의 취득 및 보상에 관한 법률」 제4조에 따른 공익사업의 용지
  2. 주택건설용지
  3. 산업시설용지

4. 그 밖에 대통령령으로 정하는 용도
② 공사는 다른 법령에 특별한 규정이 있는 경우를 제외하고는 다음 각호의 사항이 포함된 토지의 공급에 관한 기준(이하 "공급기준"이라 한다)을 정하여 시행하여야 한다.
　　1. 공급규모
　　2. 공급용도
　　3. 공급가격결정방법
　　4. 그 밖에 필요한 사항
③ 공사가 제2항에 따라 공급기준을 정하거나 그 공급기준을 변경하는 경우에는 미리 국토교통부장관의 승인을 받아야 한다.

16. 윗글에서 밑줄 친 ㉠ ~ ㉤ 중 표현상의 오류가 없는 것은?

① ㉠　　　　　② ㉡　　　　　③ ㉢
④ ㉣　　　　　⑤ ㉤

17. 윗글에서 밑줄 친 (가) ~ (마)의 사전적 의미로 적절하지 않은 것은?

① (가) : 토지에 계속적으로 부착되어 있고, 또 계속적으로 부착된 상태에서 사용되는 것이 사회통념상 인정되는 물건
② (나) : 공기업들이 주택이나 도로건설 등 고유사업 경비에 충당하기 위하여 발행하는 채권
③ (다) : 사람이나 사물이 어떠하다고 가리켜 정함.
④ (라) : 다른 사람의 의뢰나 부탁을 받음.
⑤ (마) : 요금의 정도나 비율

18. 다음 중 위의 한국토지주택공사법상 적절한 행위가 아닌 것은?

① 토지 매입 시에 토지 내에 있던 수목을 함께 매입할 것을 토지 매도인에게 요청하였다.
② B 기업의 부채 상환을 위해 국토교통부에서 지시한 B 기업의 토지를 우선 매입하였다.
③ 토지 매입 시, 매도인의 요청에 의해 토지매입대금의 일부를 공사의 채권으로 지급하였다.
④ 토지의 활용 용도를 준수하기 위하여 임대, 지목 변경 등의 조치를 금지하였다.
⑤ 토지를 공급하기 전에 토지의 규모, 용도 등을 미리 정하여 공급하였다.

[19~20] 다음에 제시된 상황과 자료를 보고 이어지는 질문에 답하시오.

박 사원은 LH에서 진행하는 사업의 동일순위 내 경합 시 입주자 선정방법에 관한 자료를 보고 있다.

〈동일순위 내 경합 시 입주자 선정방법〉

- 동일순위 내에서 경쟁이 있을 때에는 아래의 배점항목표에 의한 점수를 합산한 점수의 고득점자 순으로 입주자를 선정하며, 동일 점수인 경우 배점항목표 제5호과 제6호의 가점 합계점수가 높은 순에 의해 선정(단, 제5호과 제6호의 가점 합계점수가 동일할 경우 사업대상지역의 전입일이 빠른 순서대로 입주자 선정)

※ 배점항목표 (국토부 훈령 「기존주택 등 매입임대주택 업무처리지침」 별표2)

평가항목	평가요소	배점
1. 최근 3년간 국가 또는 지방자치단체가 운영하는 자활 사업 프로그램에 참여한 기간 또는 취업[1]·창업[2]을 통해 경제활동에 참여한 기간을 합산한 총 기간(세대원이 참여한 기간 포함) 1) 취업 : 4대보험(국민연금, 건강보험, 고용보험, 산재보험)에 가입한 사업장의 사업주와 「근로기준법」에 따른 근로계약을 체결하고 임금을 목적으로 근로를 제공하는 것을 말하며, 취업을 통해 경제활동에 참여한 기간은 국민연금관리공단, 국민건강보험공단, 근로복지공단 등을 통해 확인 2) 창업 : 세무서에서 사업자등록증을 발급받은 후 사업을 영위하고 「소득세법」에 따라 매년 사업소득 신고를 하는 것을 말하며, 창업을 통해 경제활동에 참여한 기간은 세무서를 통해 확인	가. 24개월 이상 나. 12개월 이상 24개월 미만 다. 12개월 미만	3점 2점 1점
2. 입주자 선정 기준일 현재까지 신청인이 해당 사업대상지역인 시(특별시, 광역시 포함), 군에 연속 거주한 기간	가. 5년 이상 나. 3년 이상 5년 미만 다. 3년 미만	3점 2점 1점
3. 부양가족의 수(신청자 본인을 제외한 무주택세대구성원)	가. 3인 이상 나. 2인 다. 1인	3점 2점 1점
※ 별도 가점 ① 「민법」상 미성년인 자녀가 있는 경우	가. 3명 이상 나. 2명 다. 1명	3점 2점 1점
② 65세 이상 직계존속을 부양하는 경우(신청인과 동일한 세대별 주민등록표상에 세대원으로 등재된 경우를 말하며, 배우자의 직계존속을 포함)		1점

③ 세대주를 포함한 가구구성원 중 중증장애인(「장애인고용촉진 및 직업재활법 시행령」 제4조에 해당하는 경우에 한함)이 있는 경우		1점
4. 청약저축 또는 주택청약종합저축 납입 회차(인정 회차를 기준으로 함) ※ 신청인 명의의 통장만 인정	가. 24회 이상 나. 12회 이상 24회 미만 다. 6회 이상 12회 미만	3점 2점 1점
5. 현 거주지의 최저주거기준 미달 여부(「국민기초생활보장법」 제32조 및 같은 법 시행령 제38조에 규정된 보장시설 거주자는 전용입식부엌, 전용수세식화장실을 모두 구비한 것으로 봄) ※ 입주자 모집 공고일 현재 3개월 이상(최근 1년간의 거주기간 합산 가능) 가목 또는 나목에 해당하는 곳에 거주한 경우에 인정한다.	가. 전용입식부엌, 전용수세식 화장실을 모두 구비하지 못한 주택에 거주하는 경우 나. 전용입식부엌, 전용수세식 화장실 중 어느 하나를 구비하지 못한 주택에 거주하는 경우	4점 2점
6. 소득 대비 임차료 비율 ※ 주거급여 수급자의 경우 임차료는 주거급여액 차감 후 금액을 의미하며, 부양의무자(「국민기초생활보장법」 제2조 제5호에 해당하는 사람을 말함)와 체결한 임대차계약에 따른 임차료는 인정하지 않음.	가. 80% 이상 나. 65% 이상 80% 미만 다. 50% 이상 65% 미만 라. 30% 이상 50% 미만	5점 4점 3점 2점

19. 다음 중 박 사원이 위 자료를 이해한 내용으로 가장 적절하지 않은 것은?

① 평가항목 중 부양가족의 수를 계산할 때는 신청자 본인을 제외해야 한다.
② 취업은 4대보험에 가입한 사업장의 사업주 또는 사업자등록증을 발급받은 사업주와 근로계약을 체결하고 임금을 목적으로 근로를 제공하는 것을 말한다.
③ 배우자의 명의로 청약저축을 납입한 경우, 납입 회차로 인정하지 않는다.
④ 보장시설 거주자는 전용입식부엌, 전용수세식화장실을 모두 구비한 것으로 본다.
⑤ 주거급여 수급자의 경우 임차료는 주거급여액 차감 후 금액을 의미한다.

20. 다음 중 위 자료의 내용에 따라 별도의 가점을 받을 수 있는 사람은?

① 동일한 세대별 주민등록표상에 세대원으로 등재된 만 62세의 아버지를 부양하는 A 씨
② 만 25세의 외동아들과 함께 살고 있는 B 씨
③ 동일한 세대별 주민등록표상에 세대원으로 등재된 만 68세의 장모님을 부양하는 C 씨
④ 만 21세의 딸과 만 23세의 아들과 함께 살고 있는 D 씨
⑤ 입주자 선정 기준일 현재까지 사업대상지역인 특별시에 10년 연속 거주한 E 씨

21. 다음 글을 읽고 이해한 내용으로 적절하지 않은 것은?

> 건축물에서의 피난 관련 사항은 건축허가 요건을 이루는 중요한 규정이다. 일반적으로 피난은 건축물의 화재상황을 염두에 두고 검토되기 때문에 건축법에서는 대피 관련 규정의 상당부분을 화재상황으로 상정하고 있고, 방화규정과 피난규정을 엄격히 구분하고 있지 않다.
> 건축물에서의 피난요건을 규정하는 방식은 크게 두 가지로 사양방식과 성능방식이 있다. 사양방식이란 건축 상황을 일반화시켜 놓고 피난시설의 개수, 치수, 면적, 위치 등을 구체적으로 규정하는 방식을 말한다. 반면 성능방식이란 건축물의 특수한 상황에서 법으로 규정된 사양을 맞출 수는 없으나 시뮬레이션을 통해 사람들이 안전하게 대피할 수 있음을 입증하는 방식이다. 우리나라의 건축법은 전적으로 사양방식을 채택하고 있으나 해외에서는 사양방식을 기본으로 하되 필요에 따라 일부 층이나 특정 공간에서 성능방식을 채택할 수 있도록 규정하고 있다.
> 피난이란 건축물 내에서 안전한 곳까지 막힘없이 안전하게 도달하는 것을 의미한다. 피난 관련 규정은 규모 측면에 있어서 고층 건축물과 기타 규모의 건축물을 구분하여 관리하고 있다. 또한 피난의 개념 측면에 있어서는 건축물 내부에서의 대피통로 확보, 건축물 내에서 밖으로 탈출하기 위한 출구, 건축물 출구에서 안전한 장소까지 이동하거나 화재 진압에 필요한 통로와 관련하여 크게 세 가지로 구분하고 있다.

① 우리나라는 건축 상황을 일반화시킨 뒤 피난시설의 개수, 치수, 면적, 위치 등을 구체적으로 규정하는 방식을 채택하고 있다.
② 30층 이상의 높이를 가진 건축물에는 성능방식을, 그 외 기타규모의 건축물에는 사양방식을 적용하는 것이 옳다.
③ 해외에서는 일부 층이나 특정 공간에서 필요에 따라 건축적 특수상황에서 시뮬레이션을 통해 사람들이 안전하게 대피할 수 있음을 입증하는 방법을 채택하기도 한다.
④ 피난규정과 방화규정은 엄격히 구분되지 않고 있는데, 이는 피난이 건축물의 화재상황을 염두에 두고 검토되기 때문이다.
⑤ 건축허가를 받기 위해서는 피난 관련 사항을 준수해야 한다.

22. 다음 기사문의 제목으로 가장 적절한 것은?

국토교통부(장관 김○○)가 기존 건축물의 에너지성능개선을 유도하기 위해 민간건축물 그린리모델링 이자지원사업을 시행하며, 한국토지주택공사 그린리모델링 창조센터에서 이에 대한 신청을 받는다. 민간건축물 그린리모델링 이자지원사업은 건축주가 냉·난방비 절감 등을 위한 리모델링을 하는 경우 국가로부터 사업관련 대출이자를 지원받을 수 있는 사업으로, 해당 건축주는 원리금을 5년에 걸쳐 상환할 수 있다.

지원받을 수 있는 이자는 1 ~ 4% 수준으로, 에너지 성능개선 비율 및 창호 에너지소비 효율등급 등에 따라 지원범위가 결정된다. 에너지성능 개선공사를 계획 중인 소유자 등은 그린리모델링 창조센터(LH)의 사업관리시스템을 통해 온라인으로 사업 지원신청을 할 수 있다. 신청된 사업에 대해서는 창조센터에서 성능개선비율, 공사비 등의 심사를 거쳐 지원 여부가 결정되며, 우수한 시공품질을 위해 그린리모델링 창조센터가 등록·관리하는 그린리모델링 사업자를 선택해 사업을 진행할 수 있다.

한편 건축물 에너지 성능개선에 관심 있는 건축주는 사전에 LH 그린리모델링 창조센터를 통해 에너지 절감효과 및 추정 사업비 확인 등의 서비스를 받을 수 있다. 또한 2014년부터 추진 중인 동 사업은 지원규모가 지속 증가해 2019년에는 약 1만 건(1만 1,428건)의 실적을 거뒀으며, 올해에는 1만 2,000건을 목표로 추진할 계획이다.

2018년 이 사업을 통해 그린리모델링을 시행한 집주인 김모 씨(79세, 제주)는 "기존 건축물이 단열 등 에너지성능이 떨어져 여름에는 더 덥고, 겨울에는 더 추웠는데 그린리모델링을 통해 쾌적하고 살기 좋은 집이 됐다."고 말했다. 아울러 "공사비 대출비용을 5년간 소액으로 갚을 수 있는 데다가, 대출금 이자까지 지원되어 큰 부담 없이 그린리모델링 공사를 완료할 수 있었다."라고 밝혔다. 국토교통부 김△△ 건축정책관은 "그린리모델링 사업은 국가 온실가스 감축에 기여할 뿐만 아니라 거주자에게는 쾌적한 주거환경을 제공하고 에너지 비용 부담을 줄이는 착한 사업"이라며 "향후 우리나라 모든 건축물의 에너지성능 향상을 위해 다양한 정책을 발굴·시행할 계획"이라고 전했다.

① LH 그린리모델링 사업의 결실 요약
② 환경을 위한 냉·난방비 절감, 함께 노력할 때
③ 국토교통과 토지주택의 상관관계는?
④ 국가 온실가스 감축 방안에 대하여
⑤ 그린리모델링으로 더 따뜻하고 더 시원하게

[23~24] 다음에 제시된 상황과 자료를 보고 이어지는 질문에 답하시오.

□□기업 총무부에서 근무하는 P는 건강검진 안내문을 작성 중이다.

〈건강검진 안내문〉

- 검진기간 : 오전 8시 30분 ~ 11시, 오후 1시 30분 ~ 4시
- 장소 : ○○병원 별관 2층 직업환경의학과
- 검진대상
  - 일반 건강검진 : 비사무직(연 1회), 사무직(2년에 1회)
  - 생애전환기 건강검진 : 만 40세와 만 66세 전원
  - 암검진 : 출생연도(짝·홀수)에 따라 암종(癌腫)별 연령 및 검진주기에 해당하는 자
- 검진비용
  - 건강검진(일반, 생애전환기) : 공단 전액부담
  - 암검진 : 공단 90%, 수검자 10% 부담
    (단, 자궁경부암과 생애전환기 대상자의 암검진은 공단 전액부담)
- 유의사항
  - 검진 일정은 최소 3일 전에 병원에 직접 예약해 주세요.
  - 검진 전날 저녁식사는 9시 이전에 가볍게 하시고 음주, 심한 운동, 다량의 수분섭취 등을 삼가 주세요.
  - 검진 당일에는 검진종료 시까지는 아침식사는 물론 약, 껌, 우유, 주스, 커피, 담배 등을 금하세요(고혈압 약은 제외입니다).
  - 검진하기 3~4일 전부터 금주해 주세요.
  - 문진표는 정확한 진단이 이루어질 수 있도록 반드시 본인이 성실히 작성 후 제출해 주세요.
  - 건강보험공단에서 받은 대상자 명단이 필요합니다(신규입사자는 담당부서에서 건강보험공단에 검진대상자로 등록해 주세요).
  - 「건강검진 실시기준」 제15조(검진비용의 환수) 제4항에 따라 공사 등은 이미 일반 건강검진을 받은 수검자가 당해에 중복하여 일반검진을 받은 사실을 확인한 경우에는 해당 검진비용의 전부 또는 일부를 수검자로부터 환수할 수 있기 때문에 ○○병원에서 실시한 일반검진을 다른 병원에서 실시하시면 안 됩니다.
  - 생애전환기 1차 건강진단을 받은 모든 분들은 2차 건강진단 대상이 됩니다.

※ 위의 유의사항을 준수하지 않을 시 예약된 건강검진이 취소될 수 있습니다.

23. P는 팀원들과 함께 건강검진 안내문을 검토하는 회의를 열었다. 다음 지적 사항들 중 가장 적절하지 않은 것은?

① B 대리 : 암종별 연령 및 검진주기에 대한 자료를 첨부하면 좋을 것 같습니다.
② K 주임 : 유의사항에 신규입사자들이 직접 검진대상자로 등록하는 방법에 대한 설명이 필요해 보입니다.
③ C 대리 : 2차 건강검진에 대한 설명을 추가하면 좋을 것 같습니다.
④ P 사원 : ○○병원 건강검진 담당 부서의 연락처를 추가하면 좋겠습니다.
⑤ S 주임 : 일반 건강검진과 생애전환기 건강검진의 검진 항목 등에 대한 자료를 첨부하면 좋을 것 같아요.

24. P는 건강검진과 관련하여 직원들로부터 아래와 같은 문의메일을 받았다. 주어진 안내문을 토대로 답변할 수 없는 내용은?

보낸사람	내용	발신일
special_kp	① 저는 올해 50세이고 이번에 대장암 진단 대상자인데, 제가 암검진 비용을 얼마나 부담해야 하나요?	201X.XX.XX.
dongmin.lee	② 생애전환기 검진 대상자입니다. 1차 건강검진 결과는 언제 받아 볼 수 있나요?	201X.XX.XX.
HY_Koo	③ 당뇨병 약을 복용 중입니다. 검진 당일날 당뇨병 약을 복용해도 되나요?	201X.XX.XX.
dydxo1213	④ 일반 검진을 다른 병원에서도 받으면 어떻게 되나요?	201X.XX.XX.
MYIN_256	⑤ 생애전환기 건강검진 대상은 어떻게 되나요?	201X.XX.XX.

25. 다음 글에 대한 의견 중 글의 주제에 가장 부합하는 것은?

> 피해자의 유가족인 김 모 씨는 피해자(지적장애 1급)가 거주하던 장애인 거주시설의 응급조치가 미흡하여 피해자가 사망하였다고 ○○위원회에 다음과 같은 내역의 진정을 제기하였다.
> 피해자는 사건 당일 오전부터 창백한 얼굴로 소리를 지르는 등의 행동을 보여 같은 날 주간에 병원진료를 받았으나 혈압, 혈액, 소변, X-ray 검사 결과 별다른 이상 소견을 보이지 않아 이상증세 발생 시 응급실을 방문하라는 의사 당부를 받고 시설로 복귀하였다. 같은 날 22시부터 피해자가 다시 이상증세를 보여 안정제를 먹였으나 나아지지 않아 다음 날 새벽 1시경 생활지도교사가 피해자를 개인 차량에 태워 병원에 도착하였다. 응급실 도착 당시 피해자는 맥박이 190까지 올라가 의료진이 지속적으로 약을 투여하였으나 효과가 없었다. 이후 피해자의 심장 박동이 느려져 심폐소생술을 실시하였으나 소생 가능성이 없어 피해자 가족에게 연락을 하고 가족이 병원에 도착한 후 같은 날 오전 9시에 사망하였다. 피진정시설 측은 피해자가 평소에도 소리 지르는 경우가 있었고 전날 낮에 진료한 결과 특이한 소견이 없어 응급상황으로 생각하지 않았으며 119를 부르는 것보다 직접 병원으로 이송하는 것이 빠르다고 판단하였다는 설명이다. 그러나 당시 피진정시설은 중증지적장애인 거주시설 특성에 맞는 응급상황 지침이 없었으며 피해자 사망 전뿐 아니라 사망 후에도 종사자와 거주인 대상의 응급상황 대응 지침 마련이나 이에 대한 교육이 전혀 없었던 것으로 확인되었다.
> ○○위원회는 장애인 거주시설에서 거주하던 지적장애인에게 발생한 응급상황에 대해 의사소통이 제대로 되지 않아 다음 날 사망에 이른 것과 관련하여 지적장애인은 자신의 증상을 제대로 표현할 수 없으니 유사한 사건이 언제든지 발생할 수 있으므로 대응 체계를 충실히 갖추고 적용하는 것은 시설 운영자의 기본적인 보호 의무에 포함된다고 판단하였다. ○○위원회는 응급이송이 늦은 것이 피해자의 직접적인 사망원인이라고 인정하기 어려우나 이로 인해 피해자가 적시에 진료받을 기회를 상실했으므로 향후 유사 사례가 발생하지 않도록 시설장에게 응급상황 발생에 대한 대응지침을 마련하고, 종사자와 거주인들이 지침을 숙지할 수 있도록 교육을 강화할 것을 권고했다.

① 장애인의 진료받을 기회가 사회적으로 보장되어야 해.
② 지적장애인에게 적합한 응급체계를 마련해야 해.
③ 장애인 시설 종사자의 미흡한 행동으로 장애인이 숨진 것은 안타까워.
④ 응급이송 중 사망에 따른 보상금 지급체계가 가장 시급히 개선되어야 할 문제야.
⑤ 중증지적장애인 거주시설 운영자의 기본 권리를 회복해야 해.

26. 이 대리는 다음의 〈평가 기준〉을 고려하여 산출한 총점이 가장 높은 장소를 세미나 장소로 대여하고자 한다. 이 대리가 대여할 장소로 적절한 곳은?

〈세미나 장소 정보〉

구분	이동거리	수용 가능인원	대관료	평점	빔 프로젝터 사용가능 여부
A	2.5km	400명	70만 원	★★	○
B	3km	500명	65만 원	★★★	○
C	2km	350명	95만 원	★★★★	○
D	4.5km	700명	75만 원	★★★	×
E	4km	600명	105만 원	★★★★★	×

〈평가 기준〉
- 이동거리, 수용 가능인원, 대관료에는 각 장소마다 1~5점이 부여된다.
- 이동거리는 짧은 순, 수용 가능인원은 많은 순, 대관료는 낮은 순으로 5점부터 1점까지 부여된다.
- 평점은 별의 개수만큼 점수가 부여된다.
- 빔 프로젝터 사용이 가능한 경우 가점 1점이 부여된다.

① A ② B ③ C ④ D ⑤ E

27. 다음 명제가 모두 참일 때, 반드시 참인 명제가 아닌 것은?

- A 거래처에 발주했다면, B 거래처에는 발주하지 않았다.
- C 거래처에 발주하지 않았다면, D 거래처에 발주했다.
- D 거래처에 발주했다면, B 거래처에도 발주했다.

① A 거래처에 발주했다면, C 거래처에도 발주했다.
② A 거래처에 발주했다면, D 거래처에 발주하지 않았다.
③ B 거래처에 발주하지 않았다면, C 거래처에도 발주하지 않았다.
④ C 거래처에 발주하지 않았다면, A 거래처에도 발주하지 않았다.
⑤ D 거래처에 발주했다면, A 거래처에는 발주하지 않았다.

[28 ~ 29] 다음 제시된 상황과 자료를 보고 이어지는 질문에 답하시오.

출장을 다녀온 한석봉 씨는 출장비 정산 기준을 살펴 보고 있다.

〈출장복명서〉

출장목적	그린벨트 및 공공 택지 조사				
출장지역	전북지역본부				
출장자	성명	소속		직급	비고
	한석봉	공공택지기획처		5급	
출장기간	20XX. 10. 12. ~ 10. 13.				
세부일정	구분	지역	일자	시간	출장내용
	출발	전주 본사	20XX. 10. 12.	09 : 00	그린벨트 규모 조사
	목적지	전북지역본부	20XX. 10. 12.	14 : 00	공공 택지 조성 가능성 진단
	목적지	전북지역본부	20XX. 10. 13.	09 : 00	공공 택지 조성 가능성 진단
	목적지	전북지역본부	20XX. 10. 13.	13 : 00	본사 복귀
	도착	전주 본사	20XX. 10. 13.	18 : 00	본사 복귀
업무내용	그린벨트 규모 조사, 공공 택지 조성 가능성 진단				
기타사항	- 출장일 변경 여부 : 없음.　　　　　- 업무용 차량 이용 여부 : 사용				
첨부	붙임 : 출장비 정산 내역서 (끝)				

〈출장비 정산 기준〉

구분	교통비			일비 (1일)	숙박비 (1박)	식비 (1일 한도)
	철도임	선임	자동차임 (자가용)			
임원 및 본부장	1등급	1등급	실비	30,000원	실비	45,000원
1, 2급 부서장	1등급	2등급	실비	25,000원	실비	35,000원
2, 3, 4급 팀장	1등급	2등급	실비	20,000원	실비	30,000원
4급 이하 팀원	2등급	2등급	실비	20,000원	실비	30,000원

1. 교통비는 실비를 기준으로 하되, 실비정산은 국토해양부장관 또는 특별시장・광역시장・도지사・특별자치도지사 등이 인허한 요금을 기준으로 한다.
2. 수로여행 시 '페리호'를 이용하는 경우 1등급 해당자는 특등, 2등급 해당자는 1등을 적용한다.
3. 철도임 구분표 중 1등급은 고속철도 특실, 2등급은 고속철도 일반실을 적용한다.

4. 식비는 실비로 정산하며, 정액을 초과하였을 경우 초과분은 지급하지 아니한다.
5. 운임 및 숙박비의 할인이 가능한 경우에는 할인요금으로 지급한다.
6. 자동차임(자가용) 실비 지급은 연료비와 실제 통행료(유료도로 이용료)를 지급한다.
   연료비 = 여행거리(km) × 유가 ÷ 연비
7. 숙박비는 7만 원을 한도로 실비정산할 수 있다.
8. 업무용 차량 이용 시 교통비는 별도로 지급하지 않으며 일비는 $\frac{1}{2}$을 지급한다.

28. 제시된 자료와 다음 〈보기〉를 참고하였을 때, 한석봉 씨가 정산받을 출장비는 얼마인가?

   보기

   한석봉 씨의 출장 중 실비와 숙박비의 내역은 다음과 같다.
   • 식사 1(10월 12일) : 12,000원
   • 식사 2(10월 12일) : 10,000원
   • 식사 3(10월 12일) : 7,000원
   • 식사 4(10월 13일) : 13,000원
   • 식사 5(10월 13일) : 10,000원
   • 숙박비 : 80,000원

   ① 132,000원 ② 140,000원 ③ 142,000원
   ④ 162,000원 ⑤ 172,000원

29. 한석봉 씨의 선배 이몽룡 팀장(3급)은 자가용 차량을 이용해 출장을 다녀왔으며, 자세한 내역은 〈보기〉와 같다. 이를 참고하였을 때 이몽룡 팀장이 정산받을 교통비는 얼마인가?

   보기

   • 이몽룡 팀장의 이번 출장 중 자가용 차량을 이용한 거리는 총 650km였으며, 자동차 연비는 10km/L, 유가는 1,500원/L이었다.
   • 이몽룡 팀장의 이번 출장 중 발생한 유료도로 통행료는 총 20,000원이었다.

   ① 97,500원 ② 107,500원 ③ 117,500원
   ④ 127,500원 ⑤ 137,500원

30. 다음은 LH 중소기업 맞춤형 특허맵 지원사업 참여기관 모집 공고문이다. 이를 근거로 할 때, 지원대상으로 선정되는 기업을 모두 고른 것은? (단, 모든 기업이 제출한 서류에는 허위사실이 없으며 증빙자료는 충분하다고 가정한다)

20X8년 LH 중소기업 맞춤형 특허맵 지원사업 참여기관을 다음과 같이 모집합니다.

1. 사업명 : 20X8년 LH 중소기업 맞춤형 특허맵 지원사업
2. 사업개요
   가. 사업목적 : 기업 보유기술 또는 신사업 기술을 중심으로 중소기업의 기술개발전략 수립을 지원하여 중소기업의 기술력 강화를 돕고, 공사와 협력체계 구축
   나. 기업당 지원 상한액 : 최대 1천만 원 상당의 특허맵 작성 무상지원
   다. 지원대상 선정기업 수 : 3개사
   라. 사업기간 : 계약일로부터 3개월
   마. 지원내용 : 중소기업의 보유 특허 또는 기술 분석 및 특허맵 작성을 무상지원하며, 특허맵 분석 결과를 제공
3. 지원대상기관 자격 : 공고일 현재 도시재생지구 건축공사 추진 역량이 있는 중소기업
4. 선정기준
   - R&D 역량, 기술 및 재무능력, 도시재생지구 건축공사 분야 적합성 등을 평가하여 합산 점수의 고득점 순으로 선발하며, 적격심사 점수가 50점 미만일 경우 선발에서 제외(첨부 2의 평가표 참조)
   - 적격심사 점수가 동일한 경우 ①* 창업초기기업 ②** 벤처, 기술혁신형, 경영혁신형 기업 ③ 기타 중소기업 순으로 선발
     ※ 2개 이상의 벤처, 기술혁신형, 경영혁신형 기업이 동점일 경우 접수 순으로 선발
     * 창업초기기업 : 공고일 기준 창업한 지 7년이 경과하지 아니한 기업으로, 법인등기부상(법인) / 사업자등록증명서(개인) 추가 서류 제출 必
     ** 벤처, 기술혁신형, 경영혁신형 기업 : 관련 증명서류 제출 必
5. 선정 제외 사항
   ① 공고일 기준 최근 2년 이내 타 기관으로부터 해당사업을 지원 받았거나 받을 예정인 경우
   ② 허위 서류 제출 및 증빙자료가 미비한 경우
     ※ 증빙자료의 보완이 필요한 경우 공사에서 보완 요청을 할 수 있으며, 공사에서 지정 기한 내에도 보완되지 않는 경우에는 선정에서 제외
   ③ 최근(전년도) 재무제표 부채비율이 1,000% 이상인 경우(단, 공고일 기준 창업 3년 미만인 중소기업인 경우 예외)

6. 성과공유
   ① 특허맵 구축에 따른 신기술 연구개발, 특허출원 등의 성과를 공유(별도 계약 예정)
   ② 특허맵 분석 결과를 바탕으로 공사와 공동의 건축공사 등을 추진할 수 있음(다만, 별도의 과제 선정절차 등을 거쳐야 함).
7. 사업 종료 이후 활용방안 제출
   ① 1개월 이내 공사 건축 공사와 연계한 특허맵 활용방안 제출(양식 별도제공)
   ② 3개월 이내 지식재산권 출원 또는 중소기업 지원 연구과제 공모 1건 이상
8. 지원신청 및 접수
   ① 신청 및 접수기간 : 20X8. 11. 06. ~ 11. 27.
      ※ 우편접수의 경우 해당일자 소인까지 유효
   ② 신청방법 : 첨부1의 참여신청서와 관련서류를 이메일 또는 우편 제출
      ※ 접수증 교부예정이오니 미수령 시 아래 문의처로 반드시 확인 요망
   ③ 문의 및 접수처
      가. (문의) 도시재생본부 도시재생계획처 ○○○ 주임(☎ 031-XXX-XXXX)
      나. (접수) 이메일 : OOO@XXX.co.kr
         우편 : (XXXXX) 경기도 ●●시 ◆◆구 ■■로, 한국토지주택공사 도시재생본부 도시재생계획처 담당자 앞

〈지원 기업 정보〉

기업	창업 시기	적격심사 점수	전년도 재무제표 부채비율	비고
A사	8년 전	52	900%	3년 전 X사로부터 해당사업 지원 받음.
B사	2년 전	57	1,200%	
C사	1년 전	48	300%	
D사	6년 전	50	500%	
E사	5년 전	55	500%	1년 전 Y사로부터 해당사업 지원 받음.
F사	4년 전	50	1,000%	

① A사, B사, D사   ② A사, B사, E사   ③ A사, B사, F사
④ B사, D사, E사   ⑤ B사, E사, F사

[31 ~ 32] 다음 자료를 읽고 이어지는 질문에 답하시오.

〈직장어린이집 설치의무 관련 규정〉

1. 직장어린이집 설치의무 사업장
   직장어린이집을 설치하여야 하는 사업장은 상시 여성근로자 300명 이상 또는 상시근로자 500명 이상을 고용하고 있는 사업장

2. 미이행 사업장에 대한 이행강제금 부과제도
   사업주의 직장어린이집 설치 등 의무를 미이행 시 연 2회, 회당 1억 원 범위 내에서 이행강제금 부과 및 징수(20X6. 1. 1.부터 시행)

> 1. 직장어린이집 면적 기준 : 영유아 1명당 4.5m²
> 2. 이행강제금 기준 : (보육대상 영유아 수×65%)×정부보육료 평균 지원단가의 50%×의무불이행기간(개월 수)
> 3. 현재 정부보육료 평균 지원단가 : 300,000원

〈20X7년 1월 직장어린이집 설치 현황〉

기업명	근로자 수 (명)	여성근로자 수 (명)	보육대상 영유아 수(명)	이행강제금 부과 횟수 (의무불이행기간)
A	700	380	100	1회(6개월)
B	600	320	220	–
C	500	150	60	2회(12개월)
D	400	320	110	–

31. 20X7년 1월 직장어린이집 미설치에 따라 A 기업과 C 기업에게 부과된 이행강제금의 총합은?

① 93,600,000원   ② 128,700,000원   ③ 187,200,000원
④ 200,200,000원   ⑤ 242,600,000원

32. A 기업은 1층 사무실 3개를 리모델링하여 직장어린이집을 설치하려 한다. 향후 수요 증가를 감안하여 면적을 직장어린이집 면적 기준의 1.5배 이상 2배 이하로 하고자 할 때, 다음 중 적절하지 않은 경우는? (단, 사무실 5의 마주보는 두 벽면의 길이는 서로 같다)

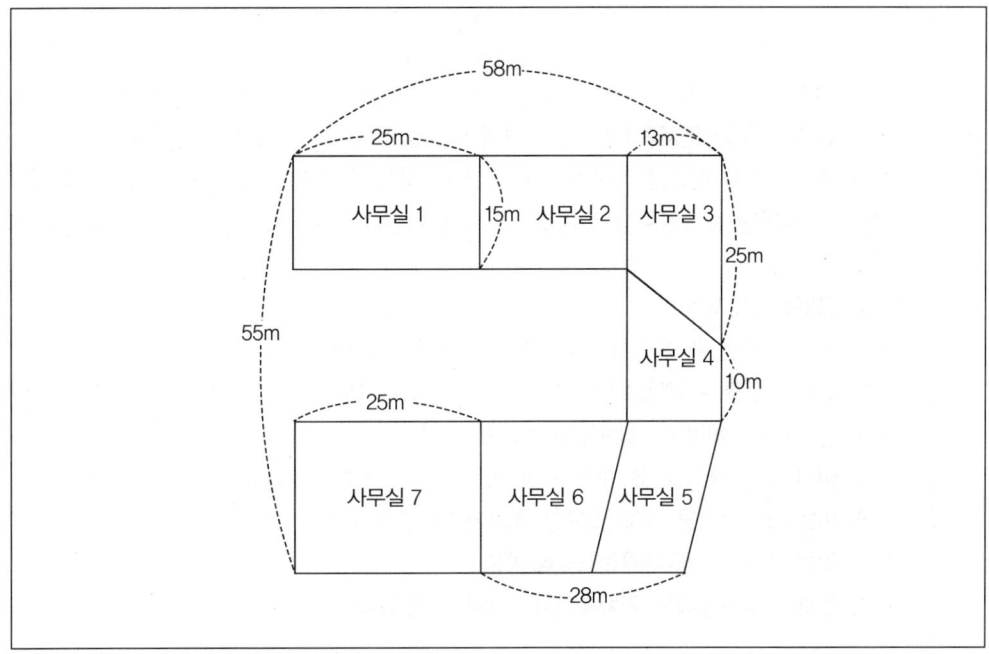

① 사무실 1, 사무실 2, 사무실 4
② 사무실 2, 사무실 3, 사무실 4
③ 사무실 3, 사무실 4, 사무실 6
④ 사무실 4, 사무실 5, 사무실 6
⑤ 사무실 4, 사무실 6, 사무실 7

33. 제시된 명제들이 모두 참일 때, 다음 중 반드시 참인 것은?

- 투명한 컵은 손잡이가 없다.
- 꽃무늬가 있는 컵은 손잡이가 없다.
- 손잡이가 없으면 무늬가 있는 컵이다.

① 무늬가 없는 컵은 투명하지 않다.
② 무늬가 있는 컵은 손잡이가 있다.
③ 투명한 컵은 꽃무늬가 있다.
④ 꽃무늬가 없는 컵은 손잡이가 없다.
⑤ 손잡이가 있는 컵은 투명하다.

34. ○○팀 소속 G 사원은 1년 7개월째 근무 중이고, 입사 후 휴가를 5일 사용했다. 다음은 회사의 휴가규정과 휴가신청 시 G 사원이 고려해야 할 사항이다. 이를 근거로 휴가계획서를 작성할 때 G 사원의 (가) <u>이번 달 신청 휴가일수</u>와 (나) <u>잔여 휴가일수</u>가 바르게 짝지어진 것은?

〈휴가규정〉

규정1. 근로자의 연차휴가는 1년 근무한 시점에 15일의 연차휴가가 발생하며 입사 첫해 근무자가 사용한 연차휴가는 다음 해에 발생할 연차휴가 15일에서 공제된다.
규정2. 휴가계획서 작성은 아래 양식에 따르며, 작성 후 반드시 총무과에 제출하여야 한다.
규정3. 기 사용한 휴가일수 및 잔여일수에 대한 사항은 총무과로 문의하여 확인하여야 한다.

※ G 사원의 고려사항
 ① 반드시 이번 주 휴가를 위해 휴가계획서를 작성해야 한다.
 ② 같은 업무를 수행하고 있는 박 과장 또는 김 대리와 같은 날에는 휴가를 쓸 수 없다.
 ③ 김 대리는 이번 주 월요일에 휴가를 쓴다.
 ④ 이번 주에 휴가를 쓸 예정인 박 과장이 나에게 우선권을 주었다.
 ⑤ 이번 해외여행을 위해 필요한 휴가기간은 5일이다.
 ⑥ 이번 주 평일 중 하루는 공휴일이다.
 ⑦ 주말과 공휴일에는 연차휴가를 사용하지 않는다.

〈휴가계획서〉

- 부서명 : ○○팀
- 신청인 : 3명

연번	직급	성명	휴가사유	전체 휴가일수	이번 달 신청일수	남은 일수	비고
1	과장	박영찬	정기휴가	29	1	28	
2	대리	김재현	정기휴가	16	1	15	
3	팀원	G	정기휴가	15	(가)	(나)	

	(가)	(나)		(가)	(나)		(가)	(나)
①	2	8	②	3	7	③	4	6
④	5	5	⑤	6	4			

35. ○○공사는 이번에 새로 입사하게 된 신입사원 M을 대상으로 교육을 진행하고자 한다. 다음과 같은 조건에서 선행 과정과 후행 과정을 진행한다고 할 때, 20X0년 2월에 가장 빨리 모든 교육과정을 이수할 수 있는 날은 언제인가? (단, 선행 과정을 이수한 다음 날부터 후행 과정을 수강할 수 있다)

교육과정	이수조건	선행 과정	후행 과정
자기개발	1회 수강		
예산	2회 수강		
문서작성	3회 수강	커뮤니케이션	실무운영
실무운영	5회 수강	문서작성	
직업윤리	2회 수강		정보보안
정보보안	2회 수강	직업윤리	
커뮤니케이션	3회 수강	직업윤리	

※ 7개의 교육과정은 매일 교육이 실시되며, 법정 공휴일엔 실시되지 않는다. M은 자신이 원하는 요일에 여러 교육과정을 수강할 수 있지만 동일한 교육과정은 하루에 1회만 수강할 수 있다.

20X0년 2월						
일	월	화	수	목	금	토
			1	2	3	4
5	6	7	8	9	10	11
12	13	14	15	16	17	18
19	20	21	22	23	24	25
26	27	28				

① 2월 17일 ② 2월 20일 ③ 2월 23일
④ 2월 24일 ⑤ 2월 27일

[36 ~ 37] 다음 자료를 보고 이어지는 질문에 답하시오.

〈물품 공급 입찰 관련 평가 기준〉

- 입찰 예정액 : 1,000만 원(모든 비용 포함)
- 다음 각 평가 항목의 환산점수 총점이 가장 높은 업체를 우선협상 대상자로 선정
  – 서류 검토 40%, 입찰 가격 40%, 실적 건수 20%

점수(점)	100	95	90	85	80	75
가격(만 원)	550 미만	550 이상 ~ 650 미만	650 이상 ~ 750 미만	750 이상 ~ 850 미만	850 이상 ~ 1,000 미만	1,000 이상
실적(건)	15 이상	13 ~ 14	10 ~ 12	7 ~ 9	5 ~ 6	5 미만

36. 입찰에 참여한 5개 업체의 평가 결과가 다음과 같다. 우선협상 대상자로 선정될 업체는?

구분	서류 검토(점)	가격(만 원)	실적(건)
K 실업	90	730	13
F 물산	87	630	10
B 기획	89	745	12
S 산업	86	545	8
D 상사	92	775	16

① K 실업
② F 물산
③ B 기획
④ S 산업
⑤ D 상사

37. 36번의 5개 참여 업체 중 최하위를 기록한 업체가 우선협상 대상자가 되기 위하여 바뀌어야 하는 조건으로 적절한 것은? (단, 언급되지 않은 다른 조건은 모두 동일하다고 가정한다)

① 서류 검토 점수에서 3점을 더 얻는다.
② 실적 건수를 1건 더 추가한다.
③ 실적 건수를 1건 더 추가하고 서류 검토 점수에서 1점을 더 얻는다.
④ 입찰 가격을 100만 원 낮춘다.
⑤ 입찰 가격을 50만 원 낮추고 실적 건수를 1건 더 추가한다.

[38 ~ 39] 다음에 제시된 상황과 자료를 보고 이어지는 질문에 답하시오.

자원개발팀 김서울 대리는 새로운 사업을 평가하는 업무를 담당하고 있다.

〈사업별 수익체계〉

구분	초기 투자금	예상 월수익	예상 월지출	특이사항
A 사업	3,000만 원	월 300만 원	월 100만 원	초기 1년간은 예상 월수익의 50%만 얻으며, 이후엔 예상 월수익의 100%를 얻는다.
B 사업	2,000만 원	월 120만 원	월 20만 원	- 초기 1년간은 예상 월수익의 200%를 얻으며, 이후에는 예상 월수익의 100%를 얻는다. - 초기 1년간은 예상 월지출의 100%를 부담하며, 이후에는 예상 월지출의 200%를 부담한다.
C 사업	4,000만 원	월 300만 원	월 50만 원	-
D 사업	3,000만 원	월 200만 원	월 10만 원	초기 1년간은 예상 월지출의 200%를 부담하며, 이후에는 예상 월지출의 100%를 부담한다.

• 표에 나타난 수익과 비용 이외의 수익과 비용은 고려하지 않는다.
• 첫 달에는 초기 투자금만 부담하며, 이후에는 예상 월지출만 부담한다.
• 예상 월수익은 첫 달부터 매달 발생한다.
• 순수익=수익-비용=예상 월수익의 합계-(초기 투자금+예상 월지출의 합계)

38. '특이사항'은 고려하지 않을 때, A 사업이 흑자로 전환되는 시기는 언제인가?

① 11개월 차　　② 12개월 차　　③ 13개월 차
④ 14개월 차　　⑤ 15개월 차

39. '특이사항'을 고려하여 3년간 사업을 진행할 때, A ~ D 사업을 순수익이 큰 순서대로 바르게 나열한 것은?

① B, A, C, D　　② B, C, D, A　　③ C, D, B, A
④ C, A, D, B　　⑤ D, B, C, A

[40~42] 다음에 제시된 상황과 자료를 보고 이어지는 질문에 답하시오.

인사팀 대리 K는 신입사원들을 두 명씩 생산팀, 홍보팀, 영업팀, 인사팀에 배치하려고 한다.

신입사원을 배치할 때 순서는 아래와 같습니다.
1. 연수 부서와 희망 부서가 일치하면 우선 배치합니다. 이때, 희망 부서의 지망 순서와는 무관하게 연수 부서와 일치하는 부서로 배치합니다.
2. 직원 평가 점수가 높은 순서대로 1지망 부서에 배치하되, 각 부서에 2명이 초과되는 경우에는 2지망 부서, 남는 부서 순서대로 배치합니다.

구분	직원 평가 점수	연수 부서	희망 부서 (1지망)	희망 부서 (2지망)
가	4점	총무팀	영업팀	총무팀
나	3점	영업팀	총무팀	영업팀
다	1점	총무팀	영업팀	홍보팀
라	4점	홍보팀	총무팀	생산팀
마	5점	생산팀	영업팀	홍보팀
바	3점	홍보팀	생산팀	총무팀
사	3점	영업팀	생산팀	총무팀
아	2점	생산팀	총무팀	영업팀

40. 다음 중 생산팀에 배치되는 사원으로 짝지어진 것은?

① 가, 나　　② 가, 바　　③ 바, 사
④ 바, 아　　⑤ 사, 아

41. 다음 중 1지망과 2지망을 통틀어 희망 부서에 배치되지 못하는 사원은?

① 다　　② 라　　③ 마
④ 사　　⑤ 아

42. 기존의 신입사원 배치 기준에서 연수 부서 기준을 삭제하고 직원 평가 점수 기준에 따라 부서를 재배치하였다. 다음 중 영업팀에 배치되는 사원으로 짝지어진 것은?

① 가, 마
② 가, 아
③ 나, 마
④ 다, 아
⑤ 사, 마

43. 다음 〈조건〉을 따를 때, 반드시 참인 것은?

조건
- 현재, 선우, 영훈, 학년은 여가 활동으로 주민센터에서 제공하는 프로그램에 참여하기로 했다. 네 사람은 각각 최소 노래, 기타, 춤, 스피치 중 한 가지 기술을 배워야 하며 최대 세 가지 기술까지 배울 수 있다.
- 스피치를 배우는 사람은 세 명이다.
- 노래를 배우는 사람은 한 명이다.
- 기타를 배우는 사람은 두 명이다.
- 최소 두 명은 춤을 배운다.
- 영훈이가 배우는 기술을 학년이는 배우지 않는다.
- 현재가 배우는 기술은 모두 학년이도 배운다.
- 현재나 선우가 배우는 기술을 영훈이는 배우지 않는다.
- 학년이가 배우는 기술 중에 현재가 배우지만 선우는 배우지 않는 기술이 있다.

① 영훈이는 스피치를 배운다.
② 영훈이는 노래, 기타를 배운다.
③ 선우는 춤, 스피치를 배운다.
④ 현재는 노래, 기타, 춤을 배운다.
⑤ 학년이는 기타, 춤, 스피치를 배운다.

[44 ~ 46] 다음에 제시된 상황과 자료를 보고 이어지는 질문에 답하시오.

○○공사 김 대리는 자격시험장 필요 물품의 구매 수요조사를 위해 사내 홈페이지 게시판에 글을 올렸다.

안녕하세요. ○○공사 자격시험부입니다.
○○공사 자격시험부에서 202X년 시행 국가자격시험에 필요한 물품 수요조사를 진행하고자 하오니 A~E 부서 시험장 담당께서는 아래 내용을 파악하여 댓글로 알려 주시기 바랍니다. 금요일 오후 5시까지 마감하겠습니다.

가. 담당 시험장 최대 수용인원
나. 현재 부서에 남아 있는 물품(컴퓨터용 사인펜, 흑색 플러스펜, 생수 300mL, 서류 봉투)별 수량
 - 각각의 물품은 다른 시험장과 공유할 수 없으므로, 시험장별로 구매하고 사용합니다.
 - 각 시험장의 최대 수용인원을 충족할 만큼 추가 구매하여 배분할 예정입니다. 단, 서류 봉투는 수용인원 10명당 1개씩 배분합니다.

기타 문의 사항은 자격시험부 김 대리에게 연락 주시기 바랍니다. 감사합니다.

	댓글
A 부서 부장 (1시험장)	1시험장 최대 수용인원은 150명입니다. 현재 남아 있는 물품은 컴퓨터용 사인펜 110개, 흑색 플러스펜 150개, 생수 300mL 50개, 서류 봉투 11개입니다.
B 부서 부장 (2시험장)	2시험장 최대 수용인원은 180명이고, 남아 있는 물품(수량)은 컴퓨터용 사인펜(85개), 흑색 플러스펜(100개), 생수 300mL(80개), 서류 봉투(10개)입니다.
C 부서 부장 (3시험장)	3시험장의 최대 수용인원은 130명입니다. 남아 있는 물품은 컴퓨터용 사인펜 30개, 흑색 플러스펜 150개, 생수 300mL 70개, 서류 봉투 13개입니다.
D 부서 부장 (4시험장)	4시험장입니다. 최대 수용인원 200명, 컴퓨터용 사인펜 160개, 흑색 플러스펜 180개, 서류 봉투 17개, 생수 300mL 180개입니다.
E 부서 부장 (5시험장)	5시험장 최대 수용인원은 100명이며, 현재 남은 물품은 컴퓨터용 사인펜 50개, 생수 300mL 40개, 흑색 플러스펜 70개, 서류 봉투 5개입니다.

44. 자격시험부 김 대리는 각 부서에 남아 있는 물품 수량을 표로 다음과 같이 작성하였다. 그 중 수량이 잘못 기재된 부서는?

〈재고 조사표〉

(단위 : 개)

구분	컴퓨터용 사인펜	흑색 플러스펜	서류 봉투	생수 300mL
A 부서	110	150	11	50
B 부서	85	100	10	80
C 부서	30	150	13	70
D 부서	160	180	17	180
E 부서	50	70	6	40

① A 부서　　② B 부서　　③ C 부서
④ D 부서　　⑤ E 부서

45. 다음 중 김 대리가 물품 수량을 조사한 후 보고할 내용으로 옳지 않은 것은?

① 구매할 물품의 수량이 가장 많은 시험장은 2시험장입니다.
② 구매할 물품의 수량이 가장 적은 시험장은 4시험장입니다.
③ 흑색 플러스펜은 총 110개를 추가로 구매해야 합니다.
④ C 부서는 컴퓨터용 사인펜과 생수 300mL만 추가로 구매하면 됩니다.
⑤ 서류 봉투는 총 20장을 추가로 구매해야 합니다.

46. 김 대리가 조사한 물품 가격이 〈보기〉와 같을 때, 필요한 물품을 모두 구매하기 위해 지불해야 하는 총 금액은?

보기

물품 종류	단위	가격(부가세 별도)
컴퓨터용 사인펜	100개	30,000원
흑색 플러스펜	100개	45,000원
서류 봉투	10개	500원
생수 300mL	30개	12,500원

- 각 물품은 해당 단위로만 구매 가능하다.
- 부가세 10%는 별도로 추가하여 계산한다.

① 397,400원　　② 417,000원　　③ 449,500원
④ 494,450원　　⑤ 500,500원

47. ○○기업 체육대회에서 A ~ E 5명이 달리기 시합을 했다. 결과가 다음과 같을 때, E의 등수는?

- B와 D는 E보다 먼저 결승선을 통과했다.
- A와 D는 연속해서 결승선에 들어왔다.
- C와 E는 연속해서 결승선에 들어왔다.
- B와 C의 등수는 홀수이고, D의 등수는 짝수이다.

① 1등　　② 2등　　③ 3등
④ 4등　　⑤ 5등

48. 다음과 같은 〈상황〉에서 신혼부부전세임대를 분양받고자 희망하는 무주택 세대주인 A 씨가 내야 하는 임대보증금을 포함한 첫 달의 총 지불금액은 얼마인가? (단, 천원 미만은 버린다)

- 신혼부부전세임대
  신혼부부전세임대는 도심 저소득계층 신혼부부가 현 생활권에서 안정적으로 거주할 수 있도록 기존주택을 전세 계약으로 체결하여 저렴하게 재임대하는 것을 말한다.
- 입주대상자
  무주택 세대구성원인 신혼부부로서 당해 세대의 월평균소득이 전년도 도시근로자 가구당 월평균소득의 50% 이하인 자
- 임대조건
  임대보증금은 전세금의 5%이며, 월 임대료는 전세금 중 입주자가 납부하는 임대보증금을 제외한 금액에 대한 연 1.5%의 이자 해당액을 월별로 분납한 금액이 된다.

상황

- 전년도 도시근로자 가구당 월평균소득 : 3,958,439원
- A 씨의 월평균소득 : 1,250,000원
- A 씨 배우자의 월평균소득 : 700,000원
- 전세금 : 290,000,000원

① 344,000원 ② 4,132,000원 ③ 4,476,000원
④ 14,500,000원 ⑤ 14,844,000원

[49~50] 다음에 제시된 상황과 자료를 보고 이어지는 질문에 답하시오.

□□공사 인재경영실에서 근무하는 김영웅 대리는 신입사원 교육일정을 계획 중이다.

〈신입사원 교육일정 및 과정〉

1. 교육 기간 : 201X. 04. 27.(월) ~ 28.(화)
2. 교육 대상 : 신입사원 50명(2일 모두 참여)
3. 교육 장소 : 지사 ○○홀, ◆◆시청 대회의실
4. 세부 내용

교육일(장소)	교육과정	교육담당	주요 교육내용
201X. 04. 27. (지사 ○○홀)	공사에서의 첫걸음	인재경영실 내선번호 : 5432	교육과정안내 신입사원 명함 배부
	주요사업 현황	기획조정실 내선번호 : 5055	주요사업 현황 및 실적 소개
	공사의 기본규정 교육	직무전문가 갑(사내) 010-6789-6789	기본규정 및 업무절차 규정 교육
201X. 04. 28. (◆◆시청 대회의실)	비즈니스 매너	외부전문가 010-5678-5678	기초직장예절
	전자결재 교육	정보화본부 내선번호 : 2022	기안문 작성 근태현황 조회
	회계 지출의 기초과정	직무전문가 을(사내) 010-7942-7942	계약, 지출결의 등 공사 회계 기초교육

※ 교육내용에 관한 자료는 각 교육과정별 담당부서 혹은 담당자 소관이다.
※ 신입사원 교육 준비 일정과 관련하여 인재경영실에서 진행해야 하는 일은 김영웅 대리 담당이다.

〈신입사원 교육 준비 일정〉

업무	기한 및 구체적 내용
교육자료 제작	인재경영실 담당 교육자료 4월 17일까지 제작
교육자료 취합	세부 내용 참고하여 교육 준비 및 진행을 위해 각 교육 담당부서(담당자)와 업무 협조 • 4월 15일 각 교육 담당부서(담당자)에게 업무 협조 요청 • 교육 시작일(4월 27일) 최소 3일 전까지 모든 교육자료 취합 및 정리

장소 대관	장소 대관은 총무지원실에서 진행하므로 총무지원실에 장소 대관 일정 통보 • 지사 ○○홀 : 사용일 5일 전까지 예약 • ◆◆시청 대회의실 : 사용일 7일 전까지 예약
버스 대절	• 집결지에서 교육 장소까지 2일간 이동할 버스 전세 • 교육 시작일 5일 전까지 예약
도시락 예약	• 교육 양일에 필요한 신입사원 점심 도시락 사전 주문 • 4월 20일 도시락 사전 주문하기

49. 다음 중 김영웅 대리가 신입사원 교육을 준비하기 위해 해야 할 일이 아닌 것은?

① 010-6789-6789에 연락하여 업무 협조를 부탁한다.
② 신입사원의 명단을 확보하여 명함을 준비한다.
③ ◆◆시청에 연락하여 교육일정을 위해 대회의실을 대관한다.
④ 도시락 업체에 연락하여 교육기간 중 신입사원들의 점심을 주문한다.
⑤ 교육 장소까지 이동할 버스를 대절한다.

50. 김영웅 대리는 각 교육 담당부서 혹은 전문가로부터 필요한 자료를 받아볼 수 있는 날짜를 다음과 같이 정리하였다. 일정을 참고하여 신입사원 교육 준비를 최대한 빨리 진행할 때, 〈신입사원 교육 준비 일정〉은 언제 마무리될 수 있는가? (단, 교육 준비 업무는 하루에 한 가지만 처리할 수 있으며, 주말에는 일을 하지 않는다)

오늘 날짜 : 201X. 04. 15.
※ 교육자료는 한꺼번에 인계받아서 취합할 것

기획조정실	16일 교육자료 편성 예정. 편성 다음 주 수요일에 완성 예정
외부전문가	업무 협조를 요청한 당일 교육자료 완성 예정
직무전문가 갑	17일 밤에 출장에서 돌아와서 다음 출근일에 교육자료 완성 예정
정보화본부	교육 시작일로부터 일주일 전에 자료 완성 예정
직무전문가 을	

① 4/17 ② 4/20 ③ 4/23
④ 4/26 ⑤ 4/30

4회 기출예상문제

문항수 : 50 문항
문항시간 : 60 분

▶ 정답과 해설 35쪽

01. 다음 중 문장의 띄어쓰기 수정 표시가 잘못된 것은?

① 이아이는착하디착한나의동생이야. → 이∨아이는∨착하디∨착한∨나의∨동생이야.
② 수학은하면할수록더어려워지는것같아. → 수학은∨하면∨할수록∨더∨어려워지는∨것∨같아.
③ 세영은학원에다닌지사흘만에그만두었다. → 세영은∨학원에∨다닌∨지∨사흘∨만에∨그만두었다.
④ 나는나대로무척이나힘든날들을보냈다. → 나는∨나대로∨무척이나∨힘든∨날들을∨보냈다.
⑤ 구름낀하늘을보면마음이우울해진다. → 구름∨낀∨하늘을∨보면∨마음이∨우울해진다.

02. ○○공사 홍보실에서는 사원들이 각종 보고서나 공문서를 작성할 때 어려워하는 우리말 사용 용례를 다음과 같이 안내하였다. 이에 따라 작성한 사원들의 예시문으로 바르지 않은 것은?

◇ 문장에서 어떨 때는 붙여 쓰고 어떨 때는 띄어 쓰는 말이 적지 않다. '데'가 대표적이다.
가. 먼저 의미를 살펴봐야 한다. '데'가 '곳'이나 '장소', '일'이나 '것'이라는 뜻을 나타낼 때에는 의존명사로 띄어 쓴다.
나. '데'가 '경우'의 뜻을 나타낼 때도 의존명사로 띄어 쓴다.
다. '데'가 어미일 때는 붙여 쓴다.
라. '~ㄴ데'는 연결어미이므로 붙여 쓴다.
마. 뜻으로 구별이 잘 안 될 때는 '데' 뒤에 격조사 '에'를 붙여 보는 방법도 있다.

① 김 부장 : 김선재 사원, 지금 편의점에 가는 데 뭐 사다 줄까요?
② 이 과장 : 이지수 씨, 그 추운 데서 하루 종일 고생이 참 많네요.
③ 박 사원 : 정수철 과장님, 지금 굉장히 추운데 그렇게 입고 괜찮으세요?
④ 정 대리 : 이번 과제는 환경의 소중함을 깨닫게 하는 데 목적이 있어요.
⑤ 오 사원 : 그 협력사에 가는 데에는 대중교통이 가장 편해요.

[03 ~ 05] 다음 빈칸에 들어갈 가장 적합한 단어를 고르시오.

03.
| 임차 - 세입자의 관계는 임대 - ( )의 관계와 같다. |

① 주인　　　　　② 중개사　　　　　③ 회계사
④ 계약자　　　　⑤ 거래인

04.
| 장미꽃 - 식물의 관계는 호랑이 - ( )의 관계와 같다. |

① 동물　　　　　② 식물　　　　　③ 조류
④ 인간　　　　　⑤ 사자

05.
| 치밀 - 세밀의 관계는 전부 - ( )의 관계와 같다. |

① 개체　　　　　② 전체　　　　　③ 일부
④ 부분　　　　　⑤ 개별

[06 ~ 07] 다음에 제시된 상황과 자료를 보고 이어지는 질문에 답하시오.

A 씨는 업무용 차량 보험사 선정을 위한 경쟁 입찰 공고문을 작성하였다.

[1] 건명 : 20XX년 한국토지주택공사 업무용 차량 자동차보험 입찰
[2] 입찰에 부치는 사항
　가. 보험계약기간 : 20XX. 10. 1. 24 : 00 ~ 10. 11. 24 : 00
　　　계약기간은 입찰진행일정 및 계약체결에 따라 변동 가능
　나. 예비가격기초금액 : ₩ 92,530,000 (부가가치세 면세)
[3] 입찰참가자격 : 아래 각호의 요건을 모두 충족하는 업체
　보험업법의 허가를 받아 보험업을 영위하는 국내보험회사 본사 또는 기타 특별법에 의거 보험업을 영위하는 자로서 손해보험협회에 등록된 손해보험회사 본사, 입찰공고일 기준 직전 분기 공시자료상 RBC(지급여력비율)가 100% 이상인 업체
[4] 입찰방법 : 제한경쟁입찰(보험료 경쟁입찰), 총액입찰, 전체입찰
　(1) 입찰진행일정
　　가. 접수 일시 : 20XX. 3. 1. (금) 22 : 00 ~ 3. 6. (수) 10 : 00
　　나. 접수 장소 : 국가종합전자조달시스템 홈페이지(https : //www.g2b.go.kr)
　　다. 입찰서 개찰 : 20XX. 3. 11. (수) 11 : 00(재무처 계약부 입찰집행관 PC)
　(2) 낙찰 결정 방법 : 최저가 낙찰제
　　가. 입찰집행 후 예정가격 이하 최저가격으로 입찰한 자를 낙찰자로 결정하며, 동일가격 입찰자가 2인 이상일 경우에는 추첨에 의하여 결정합니다.
　　나. 1순위 낙찰자라 할지라도 계약서류 확인 과정에서 입찰참가자격이 없는 업체일 경우 최종낙찰자 결정에서 제외됩니다.
　(3) 입찰보증금 납부 및 귀속
　　가. 본 입찰에서 입찰보증금의 납부는 면제하되 입찰보증금 지급 각서를 당사에서 제공하는 서식에 따라 입찰 장소에서 직접 제출하여야 합니다.
　　나. 낙찰자가 정당한 이유 없이 소정 기일 내에 계약을 체결하지 아니할 경우 입찰보증금(입찰금액의 5% 이상)은 우리공사에 귀속되며, 국가계약법 시행령 제76조에 의거 조치됩니다.
　(4) 기타 사항
　　가. 본 입찰은 전자입찰로 진행되므로 별도의 입찰참가신청서는 접수하지 않습니다.
　　나. 본 입찰의 부수예비가격은 국가종합전자조달(G2B)시스템의 예비가격 작성 프로그램을 이용하여 예비가격기초금액의 90 ~ 100%의 범위 안에서 서로 다른 15개(기초금액 대비 상위 8개, 하위 7개)로 작성되며, 예정가격은 입찰참가자 전원이 추첨한 결과 다빈도 순으로 4개의 예비가격을 산술평균한 금액으로 합니다.

다. 입찰 참여 업체는 우리공사 계약사무규칙, 물품구매입찰유의서, 기타 입찰에 필요한 모든 사항(전자입찰특별조건, 물품구매계약일반조건, 청렴계약입찰특별유의서, 국가를 당사자로 하는 계약에 관한 법령 등) 등을 완전히 숙지하고 입찰에 참여하여야 합니다.

(5) 문의처
　가. 입찰에 관한 사항 : 한국토지주택공사 전자계약시스템 / 고객센터 / 자료실
　나. 전자입찰이용에 관한 사항 : 조달청 콜센터(https : //www.g2b.go.kr)

20XX년 2월 12일
한국토지주택공사 사장

06. 위 공고문에 대한 이해로 적절한 것을 모두 고르면?

> ㉠ 본 건에 입찰하는 모든 업체는 입찰보증금을 입찰 장소에서 직접 제출하여야 한다.
> ㉡ 3월 6일 오전 10시까지 공사에 방문하여 입찰 서류를 제출하여야 한다.
> ㉢ 다른 조건은 모두 충족할 때, 보험업법의 허가를 받아 보험업을 영위하는 국내보험회사는 본 건의 입찰에 참가자격이 있다.
> ㉣ A사가 최저가격으로 입찰했다 하더라도 반드시 계약을 체결할 수 있는 것은 아니다.

① ㉠, ㉡　　　　② ㉠, ㉢　　　　③ ㉠, ㉣
④ ㉡, ㉢　　　　⑤ ㉢, ㉣

07. A 씨는 〈보기〉와 같은 상사의 지시에 따라 공고문을 작성하였다. 다음 ㉠ ~ ㉢ 중 A 씨가 공고에 반영하지 못한 내용은?

> **보기**
>
> 업무용 차량의 자동차보험을 가입해야 하는데, 보험사는 경쟁입찰 방식으로 진행할 예정이에요. 공고문은 A 씨가 작성해 보도록 해요. ㉠자격 조건이 되지 않거나 허위 서류를 제출한 업체가 낙찰되는 경우가 있기 때문에, 이러한 경우에는 낙찰을 취소할 수 있다는 것을 반드시 밝혀 두어야 해요. ㉡입찰 접수를 받는 홈페이지에 대한 문의가 자주 들어오니, 접수 받는 곳을 정확히 쓰고 홈페이지 주소도 함께 써 두도록 해요. ㉢예비가격기초금액에 관한 것은 낙찰자를 선정하는 데에 중요한 기준이 되니까 반드시 기재하고, 또 예정가격을 선정하는 방법도 제시해 주어야 해요. ㉣부당한 방식으로 입찰에 참가하거나 입찰 이전에 업체들 간에 담합이 있을 수도 있으니, 이 경우에는 입찰 전체를 취소하거나 연기할 수 있다는 점도 밝혀 두어야 해요. ㉤공고문에 우리공사의 계약 규정을 다 써 둘 수는 없으니 입찰자들이 공사계약 규정을 꼭 확인해야 한다고 쓰고 그 규정을 확인하는 방법도 써 두어야 해요.

① ㉠ ② ㉡ ③ ㉢
④ ㉣ ⑤ ㉤

08. 다음 자료를 참고할 때, 한국토지주택공사의 상생결제시스템에 대한 이해로 옳지 않은 것은?

〈한국토지주택공사 상생결제시스템〉

공사는 지난해 협력중소기업의 결제환경 개선을 위한 하도급 대금 지급 보장 관련 상생결제시스템을 적극 도입, 구축하였습니다. 이후 공사는 공기업으로서 공정거래 상생 문화 조성 등 사회적 책임 이행을 위하여, 다음과 같이 동 시스템을 확대 운영하고자 하오니 계약 입찰 참여 기업 등 관련 기업들의 많은 협조 부탁드립니다.

- 중략 -

• 상생결제시스템 주요 개념
 2차 이하의 중소기업에 대한 대금 지급을 보장하고 결제일 이전에 대기업 수준의 낮은 금융 비용으로 결제 대금을 현금화할 수 있도록 하는 결제시스템

• 세부추진안
 (적용기준확대) 추정금액 : 50억 원 이상의 하도급이 있는 계약의 건으로 적용대상 기준 확대

구분	기존	변경
금액 기준	추정금액 100억 원 이상	추정금액 50억 원 이상
계약 종류	하도급이 있는 공사 계약의 건	하도급이 있는 전 계약

※ 시행기준일 : 20X9. 1. 1.(계약체결일) 기준

- 상생결제시스템(또는 하도급지킴이)을 활용한 거래 기업에 대하여 공사 동반성장 고유목적 사업 참여 시 가점 부여
- 사업 지원기업의 산정 및 평가 시 가점 부여

 ※ 단, 공사의 계약 체결 후 동 시스템 이용을 위하여 당사 협약은행과 사전약정을 맺으셔야 하며, 기타 문의 사항은 경영관리처 동반성장부 또는 재무처 계약부로 연락 바랍니다.

① 상생결제시스템은 2차 이하의 중소기업에 대한 대금 지급을 보장하기 위한 제도이다.
② 하도급이 있는 전 계약의 금액이 40억 원에 달하는 A사는 상생결제시스템 이용 대상이 아니다.
③ 상생결제시스템을 이용하기 위해 B사는 공사의 협약은행과 사전약정을 맺었다.
④ C사는 공사의 동반성장 고유목적 사업에 가점을 얻기 위해 상생결제시스템을 이용할 예정이다.
⑤ 20X8년에 70억 원의 계약을 체결한 D사는 대금 결제 시 변경된 상생결제시스템의 적용을 받을 수 있다.

[09 ~ 10] 다음에 제시된 상황과 자료를 보고 이어지는 질문에 답하시오.

직원 H는 공공기관과 협력업체 간 거래 기준에 관한 자료를 열람하고 있다.

〈공공기관의 협력업체와의 모범 거래모델〉

1. 사업계획, 입찰단계부터 '저가 계약'을 유발하는 관행 차단
   ① 공공기관이 계약금액의 기초가 되는 원가(cost) 산정을 위한 시장가격 조사 시 거래빈도, 조건, 품목별 특성 등을 고려하여 적정가격(예 최빈 가격, 평균 가격 등)을 적용토록 함.
      ※ 통상, 물가협회·물가정보·응용통계연구원 등에서 각각 조사·발표하는 시장가격, 발주기관이 조사한 거래실례가격 등 활용(현재 이들 가격 중 최저가격을 적용한 원가계산이 관행화되어 있음)
   ② 공공기관이 입찰참가 업체의 적격성을 심사할 때 적용하는 내부기준에서 품질·기술력에 관한 배점을 최대한 높이고 가격에 관한 배점을 축소
      ※ 단지 '낮은 가격'으로 투찰하는 업체보다는 품질, 기술력에 강점이 있는 업체가 낙찰될 가능성을 높이려는 취지

2. 계약체결 과정에서 공정한 거래조건 설정
   ① 협력업체의 권익을 침해할 소지가 있는 다음과 같은 거래조건들이 계약내용(또는 각종 특약 등)에 포함되지 않도록 함.
      • 협력업체와의 계약내용에서 제외되어야 할 거래조건
      (1) 설계변경, 공사기간 연장, 납품기일 지연 등으로 인해 추가로 발생하거나 공공기관이 당초 예정에 없던 사항을 요구하는 과정에서 발생하는 비용을 협력업체에게 일괄 부담시키는 약정
         – 또는, 협력업체는 그런 비용을 공공기관에게 지급해 달라고 청구할 수 없다는 내용의 약정
      (2) 공공기관이 협력업체에게 제공하기로 한 자재, 장비, 시설 등의 인도가 지연되거나, 그 수량이 부족한 경우, 그 성능이 미달되는 경우 등 협력업체의 책임 없는 사유에 따라 추가로 발생하는 비용을 협력업체에게 부담시키는 약정
         – 또는, 공공기관이 협력업체에게 제공한 자재, 장비, 시설 등이 협력업체의 책임 없는 사유로 멸실, 훼손된 경우에도 협력업체에게 그에 대한 책임, 또는 그에 따른 비용을 부담시키는 약정
      (3) 공정의 특성, 작업환경 등 제반 여건을 고려하지 않고 관리비 등 간접비의 금액이나 총 계약금액에서 간접비가 차지하는 비중을 일률적으로 제한하는 약정
      (4) 협력업체의 이윤을 별도 항목으로 계상하지 않고 직접공사비의 각 공종단가에 포함시킨다는 내용의 약정
      (5) 공공기관이 부담해야 할 행정절차, 민원해결, 환경관리 등에 관한 책임이나 그에 소요되는 비용을 협력업체에게 부담시키는 약정

(6) 천재지변, 매장 문화재 발견 등 계약시점에서 공공기관과 협력업체가 예측할 수 없는 사항에 관한 책임이나 비용을 협력업체에게 부담시키는 약정
(7) 사업 수행 또는 그 준비 과정에서 협력업체가 취득한 정보·자료·물건 등의 소유·사용에 관한 권리를 부당하게 공공기관에게 귀속시키는 약정
(8) 공공기관의 손해배상 책임을 관계법령 등에 규정된 기준에 비해 과도하게 경감해 주거나 협력업체의 손해배상 책임, 하자담보 책임 등을 과도하게 가중하여 정한 약정
(9) 공공기관의 계약상 의무 위반에 대한 협력업체의 이의제기, 분쟁조정신청, 손해배상청구 등을 제한하거나 계약내용 해석에 당사자 간 이견이 있는 경우 공공기관의 해석에 따르도록 하는 약정
(10) 계약해제·해지사유 등을 정함에 있어 공공기관에 대해서는 민법, 국가계약법 등 관련법령에 따라 보장되는 수준보다 넓게 정하고, 협력업체에 대해서는 그 수준보다 좁게 정하는 약정
(11) 협력업체가 계약상 의무의 이행을 지체한 경우 국가계약·지방계약법령 등에서 정한 수준 이상으로 지체상금을 부과하는 약정 등
② 사업 수행기간을 정할 때에는 (사전) 준비기간, (사후) 정리기간, 휴일 등을 협력업체에게 충분히 보장해 주도록 함.

09. 위 자료를 이해한 내용으로 가장 적절한 것은?

① 협력업체와 모범적인 거래를 하기 위해서는 거래 비용을 최소화하여야 한다.
② 업체 간의 형평성을 위하여 간접비를 일정 금액으로 통일하여야 한다.
③ 공공기관의 손해배상 책임은 가중하고, 협력업체의 손해배상 책임은 경감하여야 한다.
④ 계약내용을 해석할 때 당사자 간에 이견이 있는 경우 공공성을 띠는 기관의 해석에 따르는 것이 원칙이다.
⑤ 협력업체의 귀책으로 업무가 지연된 경우 협력업체는 국가계약·지방계약법령에 따라 손해배상액을 지불해야 한다.

10. 위 자료를 참고하여 기존의 거래 방식을 개선하고자 할 때, 개선 내용이 적절하지 않은 것은?

①
원가 산정	가격 1	가격 2	가격 3	현행	개선안
제품 X	875,000원	780,000원	874,000원	780,000원	843,000원

②
구분	심사분야	배점	심사항목
입찰참가업체 심사기준 현행	수행능력	40점	(전문성) 시공실적, 배치기술자 등 공사 수행능력 (역량) 공공공사 시공평가 점수 등
	입찰금액	60점	
입찰참가업체 심사기준 개선안	전문성	40점	시공실적, 배치기술자 등 공사 수행능력
	역량	30점	공공공사 시공평가 점수 등
	입찰금액	30점	

③ '우리 공사는 사업계획서에 명시된 사항을 변경하거나 새로이 추가할 것을 요구할 수 있으며, 변경 시 발생하는 비용은 부담하지 않는다.' → '우리 공사는 사업계획서에 명시된 사항을 변경하거나 새로이 추가할 것을 요구할 수 있으며 이로 인하여 발생하는 비용은 협력업체가 일괄 부담하지 않는다.'

④ '사업 수행 과정에서 협력업체가 개발한 기술 또는 취득한 제품 등에 대한 소유 및 사용권은 우리 공사에 귀속된다.' → '사업 수행 과정에서 협력업체가 개발한 기술 또는 취득한 제품 등에 대한 소유 및 사용권은 사업 종료 이후 우리 공사에 양도된다.'

⑤
사업 수행기간 현행	사업 수행기간 개선안
사업 수행기간 : 20X9. 03. 02. ~ 09. 01. (6개월) [기후여건에 따른 휴일] 미세먼지 경보발령, 우천(일 강우량 10mm 이상) 등	사전 준비기간 : 20X9. 01. 02. ~ 02. 28. 사업 수행기간 : 20X9. 03. 02. ~ 08. 01. 사후 정리기간 : 20X9. 08. 02. ~ 10. 01. [공휴일] 일요일+명절+국경일 [기후여건에 따른 휴일] 미세먼지 경보발령, 우천(일 강우량 10mm 이상) 등

11. 다음 중 밑줄 친 ㉠에 대한 정보로 옳지 않은 것은?

> 한국토지주택공사(이하 LH공사)는 30일 한국지역난방공사와 ㉠ 쿠웨이트 압둘라 스마트시티 지역냉방사업 협력을 위한 업무 협약을 체결하였다고 밝혔다. 사업협력 분야는 쿠웨이트 압둘라 스마트시티 등 지역냉방사업 분야에서의 정보교환, 경험 및 기술제공, 국내 기업과 기자재의 쿠웨이트 진출 지원 등이다.
> 중동지역은 무더운 날씨로 인해 전체 에너지 생산량의 대부분을 에어컨 등의 냉방용품을 가동하는 용도로 사용하고 있는데, 개별냉방 대신 지역냉방 도입 시 전체 에너지 사용량의 약 30%를 절감할 수 있는 것으로 알려져 있다.
> 국내외 첨단에너지사업 선도기관인 한국지역난방공사와 국내외 신도시 개발 전문기관인 LH공사는 협업을 통해 쿠웨이트에 동반 진출함으로써 압둘라 스마트시티의 지역냉방 조기 도입 및 활성화에 기여하고, 국내 일자리 창출과 관련기업의 쿠웨이트 진출기회 제공 등 다양한 사회적 가치를 실현할 것으로 기대된다. 양 기관은 쿠웨이트뿐 아니라 중동지역에 지역냉방 기술을 적극 홍보하고 지속가능한 발전에 적극 앞장설 계획이다.
> 압둘라 신도시는 쿠웨이트 수도인 쿠웨이트시에서 서쪽으로 약 30km 떨어져 있다. 쿠웨이트가 추진하는 9개 신도시 중 입지가 가장 뛰어나다. 면적은 64.4km²로 경기도 분당 신도시 3배 규모이며 2만 5,000 ~ 4만 세대가 입주한다. 상업지역 이외에는 미국 서부 '비버리 힐즈' 같은 최고급 주택단지도 지을 계획이다. 석유 일변도 산업구조에서 벗어나 금융·무역·관광 허브로 도약하려는 쿠웨이트가 밀어붙이는 전략 신도시다.
> 한국지역난방공사 사장은 "압둘라 스마트시티 개발 사업에 공사가 보유한 우수한 지역냉방 기술력을 제공하고 LH공사와 협력해 압둘라 신도시 지역냉방사업을 성공적으로 추진하여 해외 지역냉방사업을 확대해 나가겠다. 아울러 이번 협약을 계기로 양 기관은 해외 사업의 상호 협력을 강화해 일자리 창출 등 공공기관의 사회적 가치 실현을 위해 노력하겠다."라고 밝혔다.

① 해외 지역냉방사업을 확대하기 위한 것이다.
② 국내 관련 기업의 일자리 창출에 기여할 것이다.
③ 중동지역에 지역냉방 기술을 홍보하기 위한 것이다.
④ 압둘라 스마트시티에 지역냉방 기술력을 제공하기 위한 것이다.
⑤ 개별냉방의 효율성을 증대시켜 지속가능한 발전을 추진하기 위한 것이다.

12. 다음 10년 분양전환 공공임대주택의 분양전환 기준을 바르게 이해한 사람은?

구분	분양전환 기준
분양전환대상자	「공공주택 특별법 시행령」 제55조에 의거 입주일 이후부터 분양전환 당시까지 당해 임대주택에 거주한 무주택자 임차인
분양전환시기	최초 입주지정기간 종료일이 속하는 월의 다음 달 1일부터 10년 이후
분양전환 가격산정기준	분양하기로 결정한 날을 기준으로 2인의 감정평가업자가 평가한 당해 주택의 감정평가금액의 산술평균금액으로 산정하되 감정평가업자선정은 「공공주택 특별법 시행규칙」 별표7의 '공공건설임대주택 분양전환가격의 산정기준 제2호 나목'을 적용함.
분양전환 시 수선범위	장기수선계획 수립대상 중 수선주기가 도래한 항목(단, 장기수선(특별수선)충당금 범위 내)

① 갑 : 입주일 이후부터 분양전환 당시까지 당해 임대주택에 거주하지 않았더라면 분양전환을 받을 수 없어.
② 을 : 최초 입주지정기간 종료일이 속하는 월의 1일부터 10년 이후에 분양전환을 받을 수 있어.
③ 병 : 분양전환 가격은 1인의 감정평가업자가 평가한 당해 주택의 감정평가금액의 산술평균금액으로 산정하는구나.
④ 정 : 감정평가업자의 선정은 「공공주택 특별법 시행령」 제55조에 의거하는군.
⑤ 무 : 장기수선계획 수립대상 중 수선주기가 도래한 항목은 금액에 상관없이 분양전환 시 수선이 가능하네.

13. 다음 제시된 문단에 이어질 수 있도록 (가) ~ (라)를 문맥에 따라 바르게 배열한 것은?

> 정부 주도의 주택 보급이 활성화되던 1970년대에서 1990년대는 '벽돌의 시대'였다. 그러나 이후 구조와 건축 재료의 발달로 벽돌은 저렴한 저층 건축 재료로 낙인찍혔다. 최근 개성 넘치는 새로운 옷으로 다시 주목받고 있는 벽돌의 매력과 미래를 가늠해 보자.
>
> (가) 1980 ~ 90년대 이후 아파트 시장의 활황으로 대형 건설업자들이 콘크리트로 아파트를 수없이 짓고 있을 때 소규모 주택 시장의 집장사들은 공동주택에 '빌라'라는 이름을 붙이며 콘크리트 내력벽 위에 화강석을 건식으로 붙인 저품질 주택을 양산했고, 자연스레 대중은 붉은 벽돌집은 싸구려 집이라는 인식을 갖게 되었다. 기술의 발달과 재료의 다양화 역시 벽돌을 관심에서 멀어지게 만든 원인 중 하나였다. 어떤 건축가들은 물성을 드러내는 재료로서 노출 콘크리트를 진지하게 탐구하기 시작했으며, 어떤 건축가들은 건물의 '스킨'이라 하여 건물 외벽을 금속 패널로 치장하는 데 몰두하기도 했다. 이 사이에 벽돌건축은 점차 건축가들의 관심에서도 멀어져 갔다.
>
> (나) 최근엔 벽돌이 구조재가 아닌 치장재로 새롭게 주목받기 시작하며 다양한 색깔과 독특한 쌓기 방식으로 건물의 외벽에서 개성을 드러내고 있다. 이런 변화가 생긴 것은 크게 두 가지 이유인데, 첫째로 건축 기술의 발달로 벽돌이 건물의 힘을 받는 구조체로부터 독립해 외장재로 자유로워졌으며, 둘째로 벽돌을 활용한 다양한 쌓기 방법이 개발되고 철물의 개발로 높이 쌓는 것이 가능해지면서 고층 건물의 외부를 벽돌로 장식하여 얻어지는 시각적 독특함이 눈길을 끌 수 있게 되었기 때문이다.
>
> (다) 그러나 건축에서 무엇보다 가장 중요한 것은 자연스럽고 친숙한 이미지와 느낌이다. 벽돌은 흙을 구워서 만든다. 그리고 천연 재료라는 이미지와 더불어 가지런한 줄눈은 안정감을 준다. 게다가 한국처럼 다습하며 기온 변화가 심한 곳에선 건축 재료의 오염이 빈번한 편인데 벽돌은 다른 건축 재료에 비해 변형이나 오염에 대한 문제가 상대적으로 적다. 이것이 많은 사람들이 벽돌 외벽을 선호하게 된 이유가 되었다.
>
> (라) 일제강점기 근대건축이 들어오면서 우리 생활에 벽돌이 본격적으로 들어오기 시작했다. 당시 신재료였던 벽돌은 '근대성'의 상징이었다. 광복 후 전란으로 폐허가 된 서울을 신속하게 복구하는 데에도 재활용이 가능한 재료로서 벽돌만큼 쉽게 구할 수 있는 것이 없었다. 1970년대 이후 소규모 주택을 공급하는 '집장사'들이 만드는 '불란서 2층 양옥집'이 유행했을 때에도 대부분이 붉은 벽돌집이었다. 이후에 '집'하면 자연스레 '붉은 벽돌집'을 떠올릴 정도로 많은 벽돌집이 지어졌다.

① (가)-(나)-(라)-(다)   ② (가)-(라)-(나)-(다)   ③ (나)-(다)-(라)-(가)
④ (라)-(가)-(나)-(다)   ⑤ (라)-(가)-(다)-(나)

[14 ~ 16] 다음 글을 읽고 이어지는 질문에 답하시오.

 2014년 페이스북의 오큘러스 인수 발표 이후 가상현실(VR)과 3D 기술에 대한 사용자와 시장의 기대가 본격적으로 증가하며 'VR'이라는 용어가 조금씩 사람들의 입에 오르내리기 시작했다. 그 이후 현재, VR 기술은 아직 완전히 대중화되지는 못했지만 엔터테인먼트 부문은 물론 유통, 제조, 디자인 및 설계, 의료, 안전교육 등 다양한 산업 분야에서 충분히 가능성을 인정받으며 자리잡기 시작했다. ㉠ 또한 VR은 뉴스나 다큐멘터리 같은 저널리즘 영역에서도 그 활용이 시도되고 있지만, 허구와 현실의 경계를 모호하게 한다는 비판 또한 존재한다.
 ㉡ 실내 공간 부문은 어떨까. 3D 공간데이터 플랫폼 어반베이스는 실내 공간, 그중에서도 사람들이 살고 있는 혹은 살고 싶은 주거공간을 VR과 AR을 통해 꾸미고 즐길 수 있도록 관련 서비스를 제공하고 있다. '어반베이스(Urbanbase)'라는 홈디자이닝 VR 서비스를 개발하기 전에 주목했던 사회적인 현상은 크게 두 가지가 있었는데, 하나는 '공간에 대한 대중의 인식과 요구의 변화'이고 다른 하나는 '실내 공간정보의 비대칭성'이었다.
 사람들은 왜 집이라는 공간에 큰 애착을 갖기 시작했을까? ㉢ 가장 큰 이유로는 소득 증가에 따른 라이프스타일의 변화로 볼 수 있다. 국민소득이 3만 달러가 되는 시대에는 개성화, 다양화, 차별화가 두드러지기 마련이다. 사람들은 자신의 공간을 아이덴티티를 표현하는 하나의 수단으로 생각하기 때문에 옷이나 액세서리로 몸을 치장하듯 집도 자신의 취향에 맞게 가꾸기 시작했다. 향후 5년 이내 20조 원 가까이 성장할 것으로 예상되는 홈디자이닝 시장 규모가 이를 증명해 준다.
 1인 가구 및 소형 가구의 증가 또한 집에 대한 인식을 바꾸는 데 한 몫 했다. 싱글족에게 집은 휴식의 공간이자 취미나 여가를 즐길 수 있는 공간이기 때문에 그들에게는 집을 꾸미고자 하는 욕구가 누구보다 크다. 이들은 전체적인 컨셉 아래 가구나 생활용품, 작은 소품까지 하나하나 골라 배치하는 반전문가 수준의 셀프 인테리어를 선보인다. ㉣ 건축이나 인테리어가 특정 계층이나 전문가들의 전유물이 아니라 대중 속으로 파고든 것이다.
 주거공간과 VR 기술을 결합하게 된 배경으로는 '실내 공간정보의 비대칭성' 또한 들 수 있다. 실내 공간 정보는 제한적이고 소비자가 직접 방문을 해야만 경험을 할 수 있기 때문에 '공급자와 소비자 간의 정보가 비대칭적'이라는 문제가 항상 제기되어 왔다. ㉤ 그러나 실내 공간을 3차원으로 재현한다면 입체 도면을 통해 현장의 사실성을 높이는 동시에 부동산 시장의 골칫거리인 '허위 매물'을 미리 검증할 수 있다.
 시장이 커지면서 업계는 소비자 편익을 더 강화하기 위해 정교화된 서비스에 대해 고민하기 시작했다. 그 접점에 VR이라는 기술에 대한 요구가 있었을 것이다. 사람들이 자신만의 공간을 창조하는 데 VR을 활용한다면 마치 게임하듯이 홈디자이닝을 즐길 수 있고, 효율적인 의사결정을 내리는 데 도움이 될 것이다.

14. 윗글에서 밑줄 친 ㉠～㉤ 중 문맥상 적절하지 않은 문장은?

① ㉠
② ㉡
③ ㉢
④ ㉣
⑤ ㉤

15. 다음 중 윗글에서 소개된 '어반베이스(Urbanbase)'의 의미를 파악한 내용으로 적절하지 않은 것은?

① 실내 공간데이터는 가상현실, 증강현실 등의 기술과 융합하면 경쟁력 있는 부가가치를 창출할 잠재력이 있다.
② VR 기술을 이용하여 실제 경험하지 않고도 재난상황에 대한 안전교육 등을 진행할 수 있다.
③ 어반베이스는 2D 공간 도면이 3D로 변환되어 사람들이 아이덴티티를 표현하는 하나의 수단으로 생각하는 홈디자이닝에 활용되는 기술을 의미한다.
④ 어반베이스 기술은 가구, 가전, 생활소품, 건자재 등의 산업 분야에서 유용하게 활용될 수 있다.
⑤ 어반베이스는 궁극적으로 '공간에 대한 대중의 인식과 요구의 변화'에 부응하고 '실내 공간정보의 비대칭성'을 해결하여 증강현실과 가상현실의 발전을 목표로 한다.

16. 다음 중 일상생활에 '어반베이스(Urbanbase)'가 활용된 사례로 볼 수 없는 것은?

① 화재상황 시 대피경로를 미리 체험해 볼 수 있다.
② 영화관 좌석 선택 시 미리 체험해 보고 원하는 자리를 선택할 수 있다.
③ 감지기와 보안시설 설치 시 최적의 위치를 미리 시뮬레이션해 볼 수 있다.
④ 어디서든 원하는 시간에 가전제품의 전원을 켜고 끌 수 있다.
⑤ 입주 전에 가상으로 미리 가구배치를 해 볼 수 있다.

[17 ~ 18] 다음에 제시된 상황과 글을 읽고 이어지는 질문에 답하시오.

K 은행의 오 대리는 중소기업 지원상품에 대한 안내문을 작성하였다.

(가) '수출·기술 강소기업 육성자금 대출'은 글로벌 기술경쟁력을 가진 중소·중견기업 육성을 위한 상품입니다. K 은행은 '수출·기술 강소 500개 기업'을 선정하여 해외기술인증규격 획득자금, 특허, 유망기술 보유 기업의 기술개발 및 상품화 자금 등 경상적인 영업활동에 필요한 운전자금 및 시설자금을 지원합니다. 특히 영업점장 전결권 확대, 금리 감면 등의 우대조건이 부여되어 있어 글로벌 강소기업 육성 지원에 큰 도움이 되고 있습니다.

(나) '산업단지별 분양자금 대출'은 민간분양 산업단지 입주기업을 지원하는 상품입니다. 특정 업종에 밀집되어 있는 지역 산업단지 특성에 맞는 특례를 제공할 예정이며, 해외 청산 투자자금 환율 우대, 기업부동산 자문서비스 등을 제공하여 해외투자 기업이 국내 복귀 시 필요한 자금 및 서비스를 지원하는 해외U턴 기업대출도 개발할 예정입니다.

(다) '창업섬김대출'은 전년도에 실시한 '창업지원사업'의 계속 사업으로 보증기관과 협력하여 소상공인, 기술 혁신형 벤처기업, 전문 인력 및 경력자 창업으로 분류하여 지원하는 상품입니다. 대출금리 우대 등 금융비용 절감 혜택은 물론, 창업컨설팅 등 특화 서비스를 지원하고 있으며 상품의 총 공급 규모는 1조 원입니다.

(라) '청년전용창업대출'은 정부의 청년창업지원사업에 적극 동참하고 사회적으로 심각한 청년실업 문제를 해결하기 위해 K 은행, 중소기업진흥공단, 신용보증재단이 연계하여 개발한 상품입니다. 성원에 힘입어 총 약 800억 원의 대출펀드를 조기에 소진하였고, '청년드림대출'은 은행권 청년창업재단설립에 동참하여 창업초기 기업, 벤처·우수기술 기업 등에 대한 보증 및 직간접 투자를 통해 일자리 창출에 기여하고 있습니다. '새싹기업대출'은 문화콘텐츠, 신성장동력 부문에서의 기술력 우수 창업기업에 대한 여신우선지원으로 미래성장 기반을 확보하였으며, '시니어전용창업대출'은 40 ~ 50대를 위한 창업 전용 상품으로 전 연령층의 활발한 창업 활동 붐업(Boom-up)을 유도하는 등 다양한 상품을 개발하였습니다. 이 밖에도 재창업 희망 중소기업을 위한 '재창업지원대출' 등 다양하고 폭넓은 창업지원상품을 개발하고 있습니다.

17. 오 대리가 처음 작성한 글의 개요가 다음과 같을 때, 개요의 순서에 맞게 (가)~(라)를 순서대로 바르게 재배열한 것은?

〈중소기업 지원상품 소개〉
Ⅰ 일자리 창출 등 사회적 이슈 해결을 위한 상품 개발
Ⅱ 창업기업 지원상품 개발
Ⅲ 지역 산업단지 특성화
Ⅳ 글로벌 경쟁력 보유 기업을 위한 상품 개발

① (가)-(다)-(나)-(라)
② (라)-(나)-(다)-(가)
③ (라)-(다)-(가)-(나)
④ (라)-(다)-(나)-(가)
⑤ (다)-(라)-(나)-(가)

18. 다음 중 K 은행에서 이미 개발하여 대출 업무를 수행하였거나 수행 중에 있는 대출의 종류가 아닌 것은?

① 청년드림대출
② 창업섬김대출
③ 수출·기술 강소기업 육성자금 대출
④ 산업단지별 분양자금 대출
⑤ 새싹기업대출

19. 다음 글을 읽고 사원들이 나눈 대화에서, 빈칸에 들어갈 문장으로 알맞은 것은?

> 인공지능(AI)은 1956년에 처음 등장한 단어로, 기계가 경험을 통해 학습하고 새로운 입력 내용에 따라 기존 지식을 조합하여 사람과 같은 방식으로 과제를 수행할 수 있도록 하는 것을 의미한다. 체스를 두는 컴퓨터에서부터 직접 운전을 하는 자동차 등 많은 분야와 관련이 있으며, 대량의 데이터를 처리하고 데이터에서 패턴을 인식함으로써 특정한 과제를 수행하도록 컴퓨터를 훈련시킬 수 있다.
>
> 표 사원 : 인공지능이 발전을 거듭할수록 일자리에 미칠 영향력에 대한 대중의 우려가 커지고 있어.
> 정 사원 : 그럴 만해. 우리나라 전체 일자리의 43%가 인공지능으로 대체될 가능성이 높은 고위험군이라 하더라고.
> 강 사원 : 하지만 요즘은 인구 감소의 문제와 맞물리면서 노동력의 부족에 대한 걱정이 이만저만이 아니어서 인공지능 기술이 생산성 향상에 필연적이라는 의견도 만만치 않아.
> 유 사원 : (   )

① 또한 인공지능의 발전이 오히려 새로운 일자리를 창출하는 경우도 많이 있다고 해.
② 맞아. 실제로 이러한 인구 감소 문제를 안고 있는 국가들은 인구 증대 방안이 매우 시급한 실정이야.
③ 실제로 과거엔 사무직, 생산직처럼 단순 반복적 직무만 로봇이 대체할 것이라 예상했지만, 지금은 전문직도 안전하지 않다는 인식이 점차 많아지고 있어.
④ 그래서 요즘에는 AI로봇 전문가, 생명정보 분석가, 의료정보 분석가, 닥터 셰프 등과 같은 인공지능이 대체하기 어려운 직업들이 향후 유망 직업으로 꼽히고 있어.
⑤ 그럼에도 인간 생활의 편리성 향상과 과학의 발전을 위해 인공지능 발전을 더욱 지원해야 해.

20. 다음은 '실수요 중심의 시장형성을 통한 주택시장의 안정적 관리방안'에 대한 글이다. 다음 글을 참고하여 추진할 수 있는 정책 방향이 아닌 것은?

> □ 주택시장 정상화 및 서민·중산층의 주거안정을 일관되게 추진
>   • 실수요자 중심의 거래를 활성화하고 서민·중산층 내 집 마련과 공공임대 확대 등 주거비 부담 경감을 위한 정책적 노력을 강화
>   – 특히, 서민·중산층 주거안정을 위해 공공임대를 역대 정부 중 최대 수준으로 공급하고, 뉴스테이·행복주택 공급, 주거급여 확대 등 추진
> □ 저금리 등으로 인한 과도한 투자수요가 주택시장에 유입되는 것을 차단
>   • 일부 지역 및 유형의 청약시장에 국지적 과열현상이 나타나고 있는 점을 감안하여, 선별적·단계적인 지역 맞춤형 처방을 강구
>   • 실수요자의 내 집 마련 기회를 확대하고, 금융지원도 차질 없이 지속
> □ 주택시장의 수급 불균형을 예방하고, 일부 국지적 과열 현상이 발생한 지역은 선제 관리하여 주택경기의 지속적인 안정을 도모
>   • 「8.25 가계부채 관리방안」을 체계적으로 추진하여 공급과잉이 우려되는 지역에서 적정 수준의 주택공급을 유도
>   • 일부 과열현상의 확산을 방지하여 장래 주택경기 조정 과정에서 가계와 경제 전반에 부담이 되지 않도록 관리
> □ 청약시장 불법행위를 근절하여 실수요자에 대한 지원·보호를 강화하고, 정비사업의 투명성을 높여 분쟁과 사회적 비용을 절감

① 주택시장 정상화 등의 기존 정책을 일관되게 추진할 것이다.
② 실수요자 중심의 주택시장이 형성되도록 유도할 것이다.
③ 주택시장의 안정적인 관리가 유지되도록 방안을 강구할 것이다.
④ 세제개편을 통해 공정하고 공평한 거래가 이루어지도록 지원할 것이다.
⑤ 주택시장의 투명성을 제고하는 정책이 추진될 것이다.

[21 ~ 22] 다음에 제시된 상황과 자료를 보고 이어지는 질문에 답하시오.

> 상규 씨는 전세 계약을 하기 위해 다음과 같은 표준임대차계약서의 중요 확인사항을 살펴 보고 있다.

〈계약체결 시 꼭 확인하세요〉

【대항력 및 ⊙우선변제권 확보】
① 임차인이 주택의 인도와 주민등록을 마친 때에는 그다음 날부터 제3자에게 임차권을 주장할 수 있고, 계약서에 확정일자까지 받으면 후순위권리자나 그 밖의 채권자에 우선하여 권한을 받을 수 있습니다.
　- 임차인은 최대한 신속히 주민등록과 확정일자를 받아야 하고, 주택의 점유와 주민등록은 임대차기간 중 계속 유지하고 있어야 합니다.
② 등기사항증명서, 미납국세, 다가구주택 확정일자 현황 등을 반드시 확인하여 선순위 담보권자가 있는지, 있다면 금액이 얼마인지를 확인하고 계약 체결여부를 결정하여야 ⓒ계약금을 지킬 수 있습니다.
　※ 미납국세와 확정일자 현황은 임대인의 동의를 받아 임차인이 관할 세무서 또는 관할 주민센터·등기소에서 확인하거나, 임대인이 직접 납세증명원이나 확정일자 현황을 발급받아 확인시켜 줄 수 있습니다.

〈계약기간 중 꼭 확인하세요〉

【차임증액청구】
계약기간 중이나 ⓒ묵시적 갱신 시 임·보증금을 증액하는 경우에는 5%를 초과하지 못하고, 계약 체결 또는 약정한 차임 등의 차증액이 있은 후 1년 이내에는 하지 못합니다.

【묵시적 갱신 등】
① 임대인은 임대차기간이 끝나기 6개월부터 1개월 전까지, 임차인은 1개월 전까지 각 상대방에게 기간을 종료하겠다거나 조건을 변경하여 재계약을 하겠다는 취지의 통지를 하지 않으면 종전 임대차와 동일한 조건으로 자동 갱신됩니다.
② 제1항에 따라 갱신된 임대차의 존속기간은 2년입니다. 이 경우 임차인은 언제든지 계약을 ㉣해제할 수 있지만 임대인은 계약서 제7조의 사유 또는 임차인과의 합의가 있어야만 가능합니다.

〈계약종료 시 꼭 확인하세요〉

【임차권등기명령 신청】
임대차가 종료된 후에도 보증금이 반환되지 아니한 경우 임차인은 임대인의 동의 없이 임차주택 소재지 관할 법원에서 임차권등기명령을 받아 등기부에 등재된 것을 확인하고 이사해야 우선순위를 유지할 수 있습니다. 이때 임차인은 임차권등기명령 관련 비용을 임대인에게 ㉤제청할 수 있습니다.

21. 위의 주요 확인사항을 근거로 할 때, 다음 질의응답 내용 중 적절하지 않은 것은?

Q. 임대차 계약 만료일이 20일 남았는데 집 주인이 아직 별 얘기가 없네요. 계약이 자동 갱신된 것으로 봐도 될까요?
A. ① 네, 맞습니다. 1개월도 안 남았다면 이미 묵시적 갱신에 동의한 것으로 간주합니다. 묵시적 갱신이므로 계약 조건도 종전 임대차와 동일하며 이때 갱신된 조건은 2년간 유지될 수 있습니다.
Q. 임대인이 주택담보대출을 얻고 상환을 못 하게 되면 세입자도 보증금을 잃게 되나요?
A. ② 그런 경우를 대비해서 계약체결 직후 주민등록을 하고 확정일자를 받으셔야 합니다. 확정일자를 받지 않은 상태에서는 후순위권리자나 채권자에 우선하여 권한을 주장할 수 없을 가능성이 있습니다.
Q. 임대차 계약만 체결되고 나면 실거주를 안 하거나 주민등록을 이전해도 큰 상관은 없겠죠?
A. ③ 임대차 계약만으로는 우선변제권을 확보할 수 없습니다. 세입자 보증금에 대한 변제권을 계약기간 내 계속 유지하기 위해서 주택 점유와 주민등록을 유지하시는 게 좋습니다.
Q. 계약기간 중에 차임증액청구를 하는 데도 일정한 제한이 있나요?
A. ④ 임·보증금을 증액한다면 5%를 초과하지 못하고, 계약체결 또는 약정한 차임 등의 차증액이 한번 있었다면 1년 이내에는 하지 못합니다. 임대인이 임대차기간이 끝나기 6개월부터 1개월 전까지 또는 임차인이 1개월 전까지 각 상대방에게 기간을 종료하겠다거나 조건을 변경하여 재계약을 하겠다는 취지의 통지를 하지 않은 경우에도 동일한 제한이 가해집니다.
Q. 계약기간이 종료되어도 임대인이 보증금을 반환해 주지 않을 경우 어떻게 해야 하나요?
A. ⑤ 보증금을 받으실 때까지는 변제권을 위해 섣불리 주택 점유를 포기하거나 먼저 이사를 하지 않으셔야 합니다. 또한 임차인은 임차권등기명령을 받는 데 소요된 비용을 임대인으로부터 추후 받을 수 있습니다.

22. 윗글의 밑줄 친 ㉠ ~ ㉤ 중 어법이나 의미상 오류가 없는 표현은?

① ㉠   ② ㉡   ③ ㉢
④ ㉣   ⑤ ㉤

[23 ~ 24] 다음 글을 읽고 이어지는 질문에 답하시오.

　우리가 갈등을 두려워하는 것은 아마 우리가 갈등 이전이나 갈등을 겪는 동안 느끼는 감정들은 선명하고 강렬하게 기억하는 반면 갈등이 해결된 후의 것은 그에 비해 아주 미미하게 기억하기 때문일 것이다. 심한 갈등이 진행되는 동안 겪는 감정은 대개 우리에게 스트레스를 주고 위협적인 것들이다. 하지만 갈등이 해결된 후에는 마침내 해결했다는 것에서나 혹은 우리의 관계가 그러한 어려움을 이겨냈다는 것에서 오는 만족감을 느낄 수 있다. 이처럼 갈등은 긍정적인 결과를 가져올 수 있다.

　갈등이 주는 또 다른 이점은 현재의 집단이 더 나은 결정을 하도록 돕는다는 것이다. 연구자들은 어떤 집단에서 갈등이 없다는 것은 그 집단이 건강하지 못하다는 것을 보여 준다고 주장한다. 왜냐하면 이렇게 될 경우 (　　　㉠　　　) 이른바 '집단사고(Groupthink)'가 나타나는 결과를 초래하기 때문이다. 오히려 갈등을 효과적으로 관리하기만 하면 보다 나은 결정을 하는 데 도움이 된다는 인식을 공유할 때 그 집단은 더욱 나은 성과를 산출할 수 있다. 갈등이 포함된 업무는 구성원을 이전보다 더 가깝게 묶어 주고, 구성원들이 집단의 구조를 정의하는 것을 도와주며 그 집단이 협조적인 관계가 되는 것을 촉진한다.

　또한 갈등은 사람들이 자신의 감정을 어딘가에 쏟아 꺼내 놓을 수 있도록 도와준다. 그곳은 개방된 공간이며 사람들이 그러한 감정을 충분히 감당하고 처리할 수 있는 공간이다. 감정을 숨기는 것은 종종 현명한 일이 아니다. 특히 강한 감정일 경우에는 더욱 그러하다. 하지만 이렇게 감정을 숨기는 일들은 발생하기 마련이고 결국 그것은 갈등이 충돌할 때에야 비로소 표출된다. 누군가 감정을 표현해야 비로소 그것을 다룰 수 있게 되는데 이를 통해 구성원들은 서로가 느끼는 실망감, 조바심, 두려움들에 대해 반응하는 방법을 알아 가게 된다.

　앞서 언급한 바와 같이 갈등은 또 하나의 이점을 가지고 있는데, 그것은 바로 그들의 관계에 대한 신뢰를 증진한다는 점이다. 예를 들어 대부분 커플은 결혼하기 전에 많은 시간을 함께 보낼 것이다. 하지만 그들이 아무리 서로를 잘 안다고 하더라도 실제적인 어려움이 닥쳤을 때 상대방이 어떻게 행동할 것인가에 대해서는 확신이 없다. 그들 사이에 있었던 첫 번째 심각한 논쟁은 분명 큰 사건이라고 할 수 있다. 하지만 그것을 잘 해결했을 때 따라오는 신뢰감이 훨씬 더 중요하다. 두 사람 모두 그들의 관계가 얼마나 깊고 견고해졌는지 확실하게 느낄 것이다. 갈등은 이러한 감정이 표출되는 것을 돕는다. 이와 비슷한 일이 여러분의 직장, 삶의 공동체, 여러분이 속한 조직 혹은 가족 간에도 나타날 수 있다.

　갈등은 사람들의 진실한 만남을 촉진한다. 예를 들어 어떤 관계에서 권력이 낮은 위치에 있는 사람은 항상 결정에 따르기만 하는 것에 싫증을 느끼고 관계를 변화시키기 위해 갈등을 사용할 수 있다. 이 경우 갈등은 한 개인에게 힘을 부여한다. 또는 여러분이 직장과 전공을 선택할 때 한 친구가 강하게 자신의 의견을 피력한다면, 그것은 여러분과 그 친구 사이의 독특한 차이점을 경험하게 하는 기회를 제공한다. 만약 여러분이 스스로의 결정에 대해서 신중하게 생각하고 친구도 그러했다면 많은 허울들을 벗고 진실하게 그와 대면할 수 있다. 그때 여러분은 다른 누구의 생각이나 입장을 대변하는 것이 아닌 현재 자신을 온전히 드러내게 된다. 여러분의 친구도 그러할 것이다.

물론 이런 일들은 항상 일어나는 것이 아니다. 사람들은 이따금 진정한 자신을 뒤로 숨기고 다른 것을 앞에 내세워 갈등에 반응하기도 한다. 하지만 갈등은 대부분 사람들에게 진실한 대인 간의 만남을 갖도록 도와준다.

요컨대 서구의 관점에서 갈등은 친한 관계뿐만 아니라 직장, 동네, 가족, 클럽 혹은 다른 조직에서도 긍정적인 역할을 할 수 있다. 우리가 앞서 언급한 바와 같이, 사람들이 고유함을 유지하는 한 여러분은 그들과의 의사소통에서 갈등을 제거할 수 없다. 또한 억지로 시도할 필요도 없다. 왜냐하면 그것이 본질적으로 '나쁜' 것은 아니기 때문이다. 사실 갈등이 좋은지 나쁜지는 전적으로 그것을 어떻게 다루느냐에 달려 있다.

23. 윗글의 제목으로 적절한 것은?

① 인간관계에서 발생하는 여러 가지 갈등의 유형
② 갈등 해결을 위한 바람직한 의사소통 방법
③ 갈등이 개인에게 미치는 긍정적인 영향
④ 관계 발전을 위한 갈등 활용법
⑤ 갈등에 대한 부정적인 인식으로부터의 해방

24. 다음 중 윗글의 빈칸 ㉠에 들어갈 내용으로 적절한 것은?

① 집단의 모든 구성원이 동의하는 의견만을 채택하는
② 어떠한 대안에 대한 탐색이나 논의 없이 바로 결정되는
③ 구성원들의 개별적인 의견을 총합하여 결정하는
④ 대안을 결정함에 있어 집단의 이익이 최우선적으로 고려되는
⑤ 이분법적 사고로 다양함을 차단하는

25. 다음 안내문을 참고하여 보도자료를 작성할 때, 보도자료의 제목으로 적절하지 않은 것은?

〈2020년도 공동주택 노후 난방배관 개체지원 안내〉

한국토지주택공사는 난방품질 개선과 에너지이용효율 향상을 위해 공동주택 노후 난방배관 개체지원을 시행합니다.

- 지원대상 : 한국토지주택공사와 계약된 고객(공동주택)으로서 장기수선계획에 의한 난방배관 개체 공사 예정 단지
    ※ 지역난방 열공급 개시 1년 이상 경과하고, 2020년도에 착공하여 준공하는 단지에 한함. 단, 임대주택은 지원대상에서 제외
- 지원범위 : 공동주택 2차측 공용 난방배관(횡주관 / 입상관), 보온재 및 *부속기기
    * 부속기기 : 밸브류(차압밸브, 차압유량조절밸브 등), 기수분리기(혹은 공기변), 압력게이지, 온도게이지 등
- 지원금 : 난방배관 개체 실공사비의 30%(세대당 40만 원 한도)
- 선정방법 : 개체지원 신청서 접수 순서를 우선순위로 하되, 제출 서류요건을 충족한 단지에 한하여 심의위원회에서 확정
- 신청접수 : 한국토지주택공사 홈페이지(www.lh.or.kr)
    고객행복마당 ⇨ 홍보마당 ⇨ 지원제도 ⇨ 난방배관 개체지원 ⇨ 신청하기
- 신청서류 : 개체지원신청서, 입주자대표회의 회의록(난방배관 개체 의결), 장기수선계획서, 난방배관 공사 설계내역서(설계업체 면허 포함)
    ※ 설계내역서 : 엔지니어링사업자(설비)로 신고된 업체 또는 기계설비공사업 면허소지 업체의 설계에 한함.
    − 지원금 신청서류는 지원 단지에 개별 안내 예정
- 신청기간 : 2019년 10월 1일 09 : 00 ~ 10월 15일 18 : 00
- 발표일 : 2019년 11월 중 예정(개별공문 안내)
- 유의사항 : 지원 단지에 선정 후, 신청 취소 시 공문을 송부해야 하며 해당 단지는 향후 2년간 지원대상에서 제외됩니다.
- ☞ 문의처 : 한국토지주택공사 고객서비스처 고객설비효율화부 055) 8018−○○○○, XXXX

① 한국토지주택공사, 난방품질 개선을 위해 공동주택 노후 난방배관 개체지원
② 한국토지주택공사, 세대당 40만 원 한도의 공동주택 노후 난방배관 지원사업 시행
③ 한국토지주택공사, 임대주택을 포함한 공동주택의 노후 난방배관 개체지원사업 시행
④ 한국토지주택공사 홈페이지에서 공동주택 노후 난방배관 개체지원을 위한 신청접수 시작
⑤ 10월 1일부터 15일간 공동주택 노후 난방배관 개체지원을 위한 신청접수 진행

26. 다음 〈조건〉을 참고할 때, 김 씨가 면세점에서 가방을 구입하고 남은 금액은 얼마인가?

조건

- 김 씨는 600만 원으로 면세점에서 가방을 최대한 많이 구입할 예정이다.
- 김 씨는 무게(g)당 가격이 저렴한 것부터 순서대로 구입하며, 남은 금액으로 더 이상 구입할 수 없을 때 쇼핑을 끝낸다.
  ※ 단, 바로 다음 순서의 상품을 구입하려고 하는데 남은 금액을 초과한다면, 그다음 순서의 상품으로 넘어간다.
- 김 씨는 D 브랜드를 선호하지 않아 이 브랜드의 가방은 구입하지 않는다.
- 가격 = 정가 × $\left(1 - \dfrac{\text{면세 할인율}}{100}\right)$
- 면세점에서 판매 중인 가방의 정보는 아래의 표와 같다.

브랜드	품목	무게	정가	면세 할인율
A	A001	36g	60만 원	10%
B	B002	68g	160만 원	15%
C	C003	252g	280만 원	10%
D	D004	300g	320만 원	25%
E	E005	560g	350만 원	20%

① 11만 원 ② 12만 원 ③ 13만 원
④ 14만 원 ⑤ 15만 원

[27 ~ 28] 다음에 제시된 상황과 자료를 보고 이어지는 질문에 답하시오.

○○공사에서는 이번 신입사원 집체교육에서 진행할 소양 교육 프로그램을 새로 선정하려고 한다.

구분	가격	난이도	수업 만족도	교육 효과	소요시간
요가	100만 원	보통	보통	높음	2시간
댄스 스포츠	90만 원	낮음	보통	낮음	2시간
요리	150만 원	보통	매우 높음	보통	2시간 30분
캘리그래피	150만 원	높음	보통	낮음	2시간
코딩	120만 원	매우 높음	높음	높음	3시간

⟨순위-점수 환산표⟩

순위	1	2	3	4	5
점수	5	4	3	2	1

• 5개의 기준에 따라 5개의 프로그램 간 순위를 매기고 ⟨순위-점수 환산표⟩에 의한 점수를 부여함.
• 가격은 저렴할수록, 난이도는 낮을수록, 수업 만족도와 교육 효과는 높을수록, 소요시간은 짧을수록 높은 순위를 부여함.
• 2개 이상의 프로그램의 순위가 동일할 경우, 그다음 순위의 프로그램은 순위가 동일한 프로그램 수만큼 순위가 밀려남(예 A, B, C가 모두 1위일 경우 그다음 순위 D는 4위).
• 각 기준에 따른 점수의 합이 가장 높은 프로그램을 선택함.
• 점수의 합이 가장 높은 프로그램이 2개 이상일 경우, 교육 효과가 더 높은 프로그램을 선택함.

27. 위 자료에 따라 점수를 환산하였을 때, 다음 중 ○○공사가 선정할 프로그램은?

　① 요가　　　　　② 댄스 스포츠　　　　③ 요리
　④ 캘리그래피　　⑤ 코딩

28. ○○공사는 일부 프로그램의 가격 및 소요시간이 변동되었다는 사실을 알게 되어 새로이 점수를 환산하려고 한다. 변동된 가격 및 소요시간이 〈보기〉와 같을 때, 다음 중 ○○기업이 선정할 프로그램은?

보기

프로그램	요가	댄스 스포츠	요리	캘리그래피	코딩
가격	120만 원	100만 원	150만 원	150만 원	120만 원
소요시간	3시간	2시간 30분	2시간	2시간 30분	3시간

　① 요가　　　　　② 댄스 스포츠　　　　③ 요리
　④ 캘리그래피　　⑤ 코딩

[29 ~ 30] 다음에 제시된 상황과 자료를 보고 이어지는 질문에 답하시오.

A 씨는 공공임대주택을 신청하기 위해 공공임대사업 공고문을 확인하고 있다.

〈공공임대사업에 대한 임대조건 및 공급대상〉

공공임대사업	임대조건	공급대상
5년 임대주택	보증금＋임대료(시세의 80%)	무주택세대 구성원
10년 임대주택	보증금＋임대료(시세의 80%)	무주택세대 구성원
분납임대주택	분납금＋임대료(시세의 90%)	주택소유 무관
영구임대주택	보증금＋임대료(시세의 30%)	무주택세대주
국민임대주택	보증금＋임대료(시세의 60%)	무주택세대주
장기전세주택	보증금(시세의 80%)	무주택세대주

〈영구임대주택 대상 조건〉

- 기초생활수급자
- 일본군 위안부 피해자
- 북한이탈주민
- 청약저축 가입자
- 유공자 또는 그 유족
- 보호대상 한부모 가족
- 장애인등록증이 교부된 자

29. 다음 중 신청한 주택 유형의 공급대상이 아닌 사람은?

① 국민임대주택을 신청한 A 씨는 현재 소유 중인 주택이 없으며 거주지에 세대주로 등록되어 있다.
② 분납임대주택을 신청한 B 씨는 무주택자이며 현 거주지의 세대주가 아니다.
③ 영구임대주택을 신청한 C 씨는 본인 명의로 소유하고 있는 주택이 없으나 청약저축에 가입한 세대주이다.
④ 분납임대주택을 신청한 D 씨는 유주택세대 구성원이다.
⑤ 영구임대주택을 신청한 E 씨는 소유한 주택에 거주하고 있는 국가유공자이다.

30. 다음 중 월별 납부액이 가장 적은 사람은 누구인가? (단, 보증금은 임대기간(월)으로 나누어 분납하고, 임대료는 매월 내는 월세로 가정한다)

신청자	공공임대사업	보증금 시세	임대료 시세	임대기간
① 갑	5년 임대주택	4억 원	5만 원	5년
② 을	영구임대주택	2억 원	10만 원	50년
③ 병	국민임대주택	4,500만 원	25만 원	10년
④ 정	장기전세주택	4억 6,000만 원	–	20년
⑤ 무	10년 임대주택	5,000만 원	30만 원	10년

31. A, B, C, D 4명의 학생은 같은 기숙사 내의 방 4개를 나란히 사용하고 있다. 각 학생들은 종로, 잠실, 왕십리, 송파 중 한 곳에 집을 두고 있으며, 아래의 진술이 모두 참이라고 할 때, 다음 중 옳은 것은? (단, 방 4개는 일렬로 배치되어 있으며 왼쪽부터 첫 번째 방이다)

- C는 잠실에 집을 둔 학생의 왼쪽에 있다.
- B는 D의 옆방에 있다.
- B는 세 번째 방에 살고 있지 않다.
- 송파에 집을 둔 학생은 C와 방 1개를 사이에 두고 있다.
- 종로에 집을 둔 학생은 두 번째 방에 살고 있지 않다.
- 두 번째 방에 살고 있는 학생은 C이다.

① D는 네 번째 방을 사용하고 있다.
② 왕십리에 집을 둔 학생은 C이다.
③ A는 세 번째 방을 사용하고 있다.
④ A ~ D는 순서대로 각각 종로, 송파, 잠실, 왕십리에 집을 두고 있다.
⑤ B는 두 번째 방을 사용하고 있다.

[32 ~ 33] 다음에 제시된 상황과 자료를 보고 이어지는 질문에 답하시오.

○○기업에 근무하는 최 과장은 신입사원들의 입문교육 후 부서배치를 위해 평가 자료를 확인하고 있다.

〈신입사원 평가 점수〉

구분	1차 평가	2차 평가	3차 평가	1지망 부서	2지망 부서
강재연	9	7	4	재무회계팀	영업관리팀
노상철	8	7	6	총무인사팀	경영기획팀
박민재	4	7	6	전산관리팀	홍보마케팅팀
심재민	9	5	7	홍보마케팅팀	재무회계팀
이제용	8	8	4	경영기획팀	총무인사팀
강경수	8	5	7	총무인사팀	영업관리팀
추신수	9	6	5	재무회계팀	전산관리팀

※ 각 평가는 10점 만점이다.

〈부서별 결원 현황〉

(단위 : 명)

부서	결원 수	부서	결원 수
경영기획팀	1	영업관리팀	2
총무인사팀	1	전산관리팀	2
재무회계팀	1	홍보마케팅팀	1

32. 위의 신입사원들 중 다음 〈기준〉에 의거하여 핵심인재로 선정될 사원은?

기준

- 1차, 2차, 3차 평가 점수를 3 : 3 : 4 비율로 환산하여 총점 100점 만점으로 계산한다.
- 환산점수 총점이 가장 높은 한 사람이 핵심인재로 선정된다.
- 1 ~ 3차 평가에서 환산 전 4점 이하를 받은 적이 있는 사람은 선정 대상에서 제외한다.

① 노상철　　　　② 심재민　　　　③ 강경수
④ 추신수　　　　⑤ 강재연

33. 다음 중 〈기준〉에 의거하여 각 부서와 그에 배치된 사원이 올바르게 짝지어진 것은?

> **기준**
> - 1차, 2차, 3차 평가 점수를 3:3:4 비율로 환산한 환산점수 총점의 합계가 높은 순으로 1지망 부서에 배치된다.
> - 4점 이하 점수의 존재 여부는 부서 배치 시 고려되지 않는다.
> - 1지망 부서에 배치되지 못했을 경우, 1지망 부서에 배치되지 못한 사람들 중 환산점수 총점 순서대로 2지망 부서를 배치 받는다.
> - 2지망 부서 배치 이후에도 부서 배치가 되지 않은 경우, 결원된 부서로 자동 배치된다.

① 홍보마케팅팀 - 심재민, 전산관리팀 - 추신수
② 경영기획팀 - 이제용, 영업관리팀 - 강재연
③ 총무인사팀 - 노상철, 홍보마케팅팀 - 박민재
④ 총무인사팀 - 이제용, 영업관리팀 - 강경수
⑤ 재무회계팀 - 심재민, 총무인사팀 - 노상철

34. 다음 결론이 반드시 참이 되게 하는 전제로 적절한 것은?

> [전제] • _____.
> • 어떤 경감은 본청 소속이 아니다.
>
> [결론] 30대 중 본청 소속이 아닌 사람이 있다.

① 경감은 모두 30대이다.
② 모든 경감은 30대가 아니다.
③ 어떤 경감은 본청 소속이다.
④ 경감은 모두 본청 소속이 아니다.
⑤ 어떤 경감은 30대이다.

[35 ~ 36] 다음에 제시된 상황과 자료를 보고 이어지는 질문에 답하시오.

사내 제습기에 대한 관리를 맡게 된 H 씨는 다음의 사용설명서를 읽고 있다.

<서비스 신청 전 확인사항>

증상	확인사항	조치방법
전원 버튼을 눌러도 작동하지 않아요.	• 물통이 올바르게 들어가 있습니까? • 물통의 물이 만수로 되어 있지 않습니까? • 희망 습도가 실내 습도보다 높게 설정되어 있지 않습니까?	• 물통을 다시 바르게 넣어 주세요. • 물통의 물을 버려 주세요. • 희망 습도를 확인하세요.
제습이 잘 되지 않아요.	• 방의 온도 및 습도가 낮아져 있지 않습니까? • 공기 흡입구나 공기 토출구가 막혀 있지 않습니까? • 압축기는 정지되어 있고 송풍팬만 동작합니까?	• 희망/현재 습도를 확인하세요. • 겨울철 건조한 곳에서는 제습량이 적어집니다. • 장애물을 치워 주세요. • 냉각기에 생긴 성에를 제거하는 운전 중입니다. 잠시 기다리시면 성에 제거가 끝나고 압축기가 다시 동작하여 정상적인 제습운전이 됩니다.
제습운전을 해도 좀처럼 습도가 내려가지 않아요.	• 문이나 창문이 열려 있지 않습니까? • 방이 너무 넓지 않습니까? • 가습기 등 수증기가 나오는 물건이 있지 않습니까?	• 문이나 창문을 닫아 주세요. • 적당한 제습 가능 면적에 맞춰 사용하세요. • 다른 기구와 같이 사용하지 마세요.
동작과 정지를 반복해요.	실내온도가 너무 낮거나(18℃ 이하), 높지(32℃ 이상) 않습니까?	실내온도가 낮거나 높으면 제품 보호를 위해 동작과 정지를 반복합니다.

〈고장수리 안내〉

피해유형	보상기준	
	품질 보증 기간 이내	품질 보증 기간 이후 (제품 구입 후 약 1년)
정상적인 사용상태에서 발생한 성능, 기능성 하자		
1) 하자 발생 시	무상	유상
2) 수리 불가능 시	교환 또는 환불	유상
3) 교환 불가능 시	환불	유상
4) 동일 하자에 대해 2회까지 고장 발생 시	무상	유상
5) 동일 하자에 대해 3회까지 고장 발생 시	교환 또는 환불	유상
6) 여러 부위의 고장으로 4회 수리 후 5회째 발생 시	교환 또는 환불	유상
교환한 제품이 1개월 이내에 중요한 수리를 요하는 불량 발생 시	환불	
기간 내 수리할 부품을 보유하고 있지 않을 경우		
1) 정상적인 사용상태에서 성능, 기능상의 하자로 인해	교환 또는 환불	정액감가상각한 잔여금에 구입가의 5%를 가산하여 환급
2) 소비자의 고의, 과실로 인한 고장 발생 시	유상수리금액 징수 후 교환	

35. H 씨는 ㉠ 제습기의 제습이 잘 되지 않아 제품설명서를 확인한 뒤 희망 습도를 더 낮게 설정한 후 ㉡ 문제없이 사용하던 중 갑자기 제습기가 동작을 멈췄다. 이후 전원 버튼을 재차 눌러도 제습기가 동작하지 않았다. 이와 같이 제습기에서 발생한 문제 ㉠과 ㉡에 대한 원인을 바르게 연결한 것은?

	㉠	㉡
①	실내 온도가 너무 높아서	물통에 물이 가득 차서
②	실내 온도가 너무 높아서	물통이 바르게 들어가 있지 않아서
③	실내 습도보다 희망 습도가 낮아서	물통이 물이 가득 차서
④	실내 습도보다 희망 습도가 높아서	물통에 물이 가득 차서
⑤	실내 습도보다 희망 습도가 높아서	물통이 바르게 들어가 있지 않아서

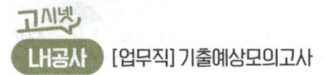

36. 다음은 제습기 A/S 센터에 근무하는 B가 작성한 작업일지이다. B가 작성한 사항 중 규정에 따른 처리가 아닌 것은?

	제품 구매일	고장 신고일	증상	처리결과
①	2022. 05. 23.	2022. 11. 01.	모터 고장	무상수리
②	2022. 01. 16.	2022. 08. 29.	물통 누수	부품 무상수리
③	2022. 12. 07.	2023. 04. 21.	고객이 실수로 제품을 높은 곳에서 떨어뜨려 공기 흡입구 파손(부품 보유하고 있지 않음)	무상수리
④	2022. 06. 01.	2023. 07. 16.	압축기 고장으로 제습이 되지 않음. (동일 증상 2회 수리-2022. 08. 13., 2023. 05. 02.)	유상수리
⑤	2022. 08. 04.	2023. 05. 11.	팬이 헛돌면서 제습이 전혀 안됨. (동일 증상 1회 수리-2023. 02. 20.)	무상수리

37. 다음의 명제들이 모두 참일 때, 반드시 참이 되는 명제는?

- 비가 그치면 눈이 내린다.
- 눈이 내리면 하늘은 점차 어두워진다.
- 하늘이 점차 어두워지면 달이 보인다.
- 달이 보이면 가로등에 불이 들어온다.

① 달이 보이면 비가 그친다.
② 눈이 내리면 비가 그친다.
③ 가로등에 불이 들어오지 않으면 비가 그치지 않는다.
④ 하늘이 점차 어두워지면 눈이 내린다.
⑤ 가로등에 불이 들어오면 눈이 내린다.

[38 ~ 39] 다음에 제시된 상황과 자료를 보고 이어지는 질문에 답하시오.

AA 연구원에서 근무하는 김빛나 대리는 다음과 같은 연구직 채용공고를 게시하였다.

〈202X년도 AA 연구원 연구직 채용공고〉

1. 모집분야 및 채용인원

직종	직급	모집분야	채용 인원	응시자격
연구직	부연구위원급 이상	경제학, 경영학, 통계학, 에너지자원 관련 분야	4명	모집분야 박사학위 소지자(내년도 상반기 취득예정자 포함)
연구직	전문연구원	경제학, 경영학, 통계학, 에너지자원 관련 분야, 국제협상 및 국제관계 관련 분야	6명	모집분야 석사학위 소지자(내년도 2월 취득예정자 포함)

2. 임용기간 및 조건 : 1년 근무 후 평가를 통해 정규직 임용(본원의 운영규칙 적용)

3. 전형방법
   - 부연구위원급 이상
     1차 시험 : 서류전형(블라인드 심사) / 2차 시험 : 세미나(논문 또는 연구 발표) / 면접
   - 전문연구원

전형	시행방법
1. 서류	블라인드 입사지원서 심사
2. 직업기초능력 및 직무수행능력 평가	○○시험을 통한 직업기초능력 평가
3. 논술	논술 시험을 통한 직무수행능력 평가
4. 블라인드 면접	모집분야 관련 주제 세미나
5. 신원조사	신원조사, 신체검사, 비위면직자 조회

4. 응시 제출서류
   - 모든 제출서류에 학교명을 삭제하여 각 1부씩 온라인 접수 시 첨부
   - 부연구위원 : 응시원서 및 자기소개서, 박사논문 요약문과 전문, 최근 4년 이내 연구실적목록(학위논문 제외), 박사학위증 또는 졸업(예정) 증명서
   - 전문연구원 : 응시원서 및 자기소개서, 석사논문 요약문과 전문, 공인어학성적 증명서, 최종학력 성적 증명서
   - 공통 적용사항 : 취업지원대상자 증명서 등 가점 관련 증명서, 재직/경력증명서는 해당자의 경우 제출

5. 응시원서 접수 기간 및 제출방법 : 202X. 11. 1. ~ 202X. 11. 30. 본원 홈페이지 온라인 접수

6. 기타사항
   - 국가유공자 등 예우 및 지원에 관한 법률, 장애인 고용촉진 및 직업재활법 해당자는 법령에 의하여 우대함.
   - 비수도권 지역 인재, 기초생활수급자, 연구원 소재지 지역 인재의 경우 서류전형 단계에서 가점 부여함. 단, 가점 등 우대혜택이 중복되는 경우 가점이 제일 높은 항목 한 개만 적용함.

38. 김빛나 대리는 모집분야별 지원자들을 검토 중이다. 채용공고 내용을 바탕으로 적절하게 지원한 사람을 모두 고르면?

   - 박○○ : 경제학 박사학위를 202X년 8월에 취득하며, 부연구위원에 지원한다. 박사학위 논문을 연구실적으로 제출하였다.
   - 김◇◇ : 학사 과정에서 경영학과 통계학을 전공하였다. 학사졸업 후 경제개발 관련 연구소에서 5년 동안 근무했다. 이 경력을 살려 전문연구원에 지원했다.
   - 정◎◎ : 연구원 소재지에 거주하며 기초생활수급자이다. 가점을 받기 위해 이 두 가지 부분에 대한 관련 증명서를 제출하였다.
   - 류□□ : 에너지관리학 석사학위를 소지하고 있으며, 최종학력 성적 증명서에 출신학교를 삭제한 뒤 전문연구원에 지원하였다.
   - 채△△ : 201X년 2월 국제관계학 박사학위를 받았다. 학위증명서와 각종 연구실적 목록을 준비하여 부연구위원 채용에 지원하였다.

① 박○○, 김◇◇   ② 박○○, 정◎◎   ③ 정◎◎, 류□□
④ 정◎◎, 채△△   ⑤ 류□□, 채△△

39. 〈보기〉의 내용은 국제협상 및 국제관계 연구직 채용자에게 요구되는 필요지식이다. 이에 해당하는 연구원을 선발하기 위해 지원 서류를 심사하는 과정에서 김빛나 대리가 떠올릴 수 있는 생각으로 적절하지 않은 것은?

> **보기**
> - 에너지 국제협력 또는 개발 선행연구에 대한 지식, 관련 분야
> - 사업성 분석 및 경영전략에 대한 이해
> - 고객 데이터 수집·관리 및 분석, 처리 방법에 대한 이해
> - 영어 등 외국어 구사 및 활용능력

① 국제협상 및 국제관계 분야의 연구원을 채용하는 것이지만, 에너지 자원에 대한 관심도와 직무 수행과 관련된 데이터 처리능력에 대한 지식을 확인하며 심사해야 한다.
② 국제협상 및 국제관계 분야 연구직으로 채용되었더라도 사업과 경영전략에 대한 이해 능력에 두각을 보이면 근무 평가 이후 업무 분야를 변경할 수 있음을 고려하여 채용한다.
③ 논술, 면접 전형에서 에너지자원 문제의 동향을 얼마나 이해하고 있는지 확인한다.
④ 공인어학성적 증명서를 통해 영어 등 외국어 구사 및 활용 능력을 일차적으로 검증하고, 면접 과정에서 외국어 활용 능력을 확인해 본다.
⑤ 석사논문의 내용을 통해 에너지 국제협력 문제에 대한 이해가 충분한지를 살펴본다.

[40 ~ 42] 다음에 제시된 상황과 자료를 보고 이어지는 질문에 답하시오.

P 부장 부부는 해외여행을 가기 위해 소지한 신용카드 혜택 내역과 비용 지출 계획을 비교하고 있다.

〈신용카드별 혜택 내역〉

갑 카드	국내	• 국제선 항공권 8% 할인 • K 여행사 여행 패키지 이용 시 3% 할인 • 인천공항 식당 10% 할인 • 인천공항 주차요금 30% 할인 • 공항 청사 내 S, T 카페 10%, Y, Z 카페 15% 할인
	해외	• JR, HR 등의 해외 철도 이용 시 교통요금 15% 할인 • 미국, 일본, 홍콩에서 H사 렌터카 이용 시 13% 할인 • 국제 가맹 호텔인 SW 호텔 숙박료 5% 할인
을 카드	국내	• 국제선 항공권 5% 할인 • K 여행사 여행 패키지 이용 시 5% 할인 • 도서 구매 시 10% 할인 • 인천공항 주차요금 50% 할인
	해외	• JR, HR 등의 해외 철도 이용 시 교통요금 15% 할인 • 국제 가맹 호텔인 SW 호텔 숙박료 5% 할인
병 카드	국내	• 국제선 항공권 10% 할인 • K 여행사 여행 패키지 이용 시 6% 할인
	해외	• 미국, 일본에서 H사 렌터카 이용 시 15% 할인 • 국제 가맹 호텔인 SW 호텔 숙박료 7% 할인

※ 카드 해외 사용 시 $의 원화 환산 시 환율은 모두 1,100원을 적용하며, 해외 사용에 따른 추가 수수료 등은 고려하지 않는다.
※ 언급되지 않은 사항과 카드별 혜택 사항이 없는 것은 모두 현금으로 지출한 것으로 가정한다.

〈P 부장 부부의 다음 달 여행 예정 관련 비용 산출 내역〉

9박 10일 미국 패키지 여행
- K 여행사 패키지 상품 550만 원/2인, 인천공항 주차요금 10만 원
- JR 철도 이용요금 $120/2인
- 공항 청사 내 S 카페 식사 2만 원/2인, 도서 구매 3만 원/2인

※ P 부장 부부는 갑, 을, 병 3장의 카드를 모두 소지하고 있다고 가정한다.

40. 다음 중 3개 카드에 공통으로 적용되는 혜택 사항을 모두 나열한 것은?

① K 여행사 패키지 할인, 인천공항 주차요금 할인
② K 여행사 패키지 할인, SW 호텔 숙박료 할인
③ 국제선 항공권 할인, SW 호텔 숙박료 할인
④ 국제선 항공권 할인, K 여행사 패키지 할인, SW 호텔 숙박료 할인
⑤ 인천공항 주차요금 할인, 렌터카 비용 할인

41. P 부장 부부가 다음 달 여행을 위해 갑 ~ 병 카드 중 원화 환산 기준 혜택받을 수 있는 금액이 가장 큰 신용카드를 선택한다고 할 때, 사용할 신용카드와 혜택 적용 금액을 바르게 연결한 것은?

① 갑 카드, 347,800원
② 을 카드, 333,000원
③ 을 카드, 347,800원
④ 병 카드, 333,000원
⑤ 병 카드, 347,800원

42. 다음 중 각 신용카드의 혜택을 비교한 내용으로 올바른 것은?

① 해외에서 SW 호텔을 이용할 경우에는 병 카드의 혜택이 가장 크다.
② 해외여행 시 인천공항에서는 갑 카드의 혜택 금액이 가장 크다.
③ 미국에서 H사의 렌터카를 이용할 경우 세 종류의 카드 모두 할인 혜택을 제공한다.
④ 공항 내에서 이용할 수 있는 카드 혜택으로 보면 을 카드가 갑 카드보다 유리하다.
⑤ 국제선 항공권을 예약할 경우 을 카드의 혜택이 가장 크다.

[43 ~ 44] 다음에 제시된 상황과 자료를 보고 이어지는 질문에 답하시오.

▲▲전자의 임 대리는 견적서 작성을 위해 보증기간 연장 프로그램에 관한 내부 규정을 확인하고 있다.

〈▲▲전자 보증기간 연장 프로그램(Warranty Extension)〉

- 비용
  - 1년 연장 시 제품 가격(순수 제품 가격의 판매가)의 5%
- 계약
  - 제품 판매와 별도의 계약
  - 규정 보증기한(18개월)이 지난 경우 연장이 되지 않음.
- 조건
  - 장비나 현장의 환경조건, 노화 정도를 사전 점검해야 함.
  - 규정 보증기한+연장 기간이 3년을 초과할 경우에는 반드시 3년이 된 시기에 ▲▲ 전자 엔지니어에 의해 유지보수를 받아야만 함.
  - 보증기한 연장은 최대 +3년까지만 가능, 재계약 불가

43. 다음 중 ▲▲전자의 보증기간 연장 프로그램에 대한 설명으로 옳지 않은 것은?

① 제품 판매 시 설치비용을 추가로 받은 경우, 보증기간 연장 시 비용은 설치비용을 제한 후의 가격에서 1년에 5%를 적용한다.

② 보증기간 연장을 적용했을 경우 제품의 최대 보증기간은 54개월이다.

③ 3년 전 판매 완료했고, 그 기간 내 한 번도 보증기간을 연장하지 않은 제품은 현시점에서 보증기간 연장이 불가능하다.

④ 20X1년도 1월 1일에 제품을 구매한 고객이 1년의 보증기간 연장을 구매할 경우, 고객의 보증기간이 끝나는 시기는 20X2년 12월 31일이다.

⑤ 2년 이상의 보증기간 연장을 구매한 고객은 반드시 중간에 ▲▲전자 엔지니어를 통해 유지보수를 받아야만 한다.

44. 다음은 ▲▲전자의 상반기 판매내역을 정리한 엑셀 파일이다. 임 대리는 주요 고객인 A 일렉트릭과 C 공업사에게 1년의 추가적인 보증기한 연장을 요청받고 견적서를 작성 중이다. 두 고객에게 제출할 견적서의 총 금액은?

고객사	제품	판매가(원)	제품분류	판매월일	판매사원
A 일렉트릭	고압 차단기	12,000,000	제품	201X-01-08	임 대리
B 전자	저압 차단기	5,500,000	제품	201X-01-14	신 차장
E 전자	고장 수리	1,500,000	용역/서비스	201X-02-10	신 차장
C 공업사	고압 차단기	12,000,000	제품	201X-02-21	임 대리
Y 기술	스위치	1,000,000	제품	201X-03-02	임 대리
N 기술	설치 및 시운전	500,000	용역/서비스	201X-03-12	임 대리
U 공업사	저압 차단기	5,500,000	제품	201X-04-20	장 과장

① 110만 원　　② 120만 원　　③ 130만 원
④ 140만 원　　⑤ 150만 원

45. 다음은 유진이가 관람하려는 영화가 상영을 시작하는 시각을 나타낸 것이다. 유진이의 일정을 참고했을 때, 유진이가 선택할 수 있는 영화 시작 시각으로 옳은 것은? (단, 이동시간은 고려하지 않는다)

월	9 : 00, 11 : 20, 13 : 40, 16 : 30, 18 : 20, 20 : 40
화	9 : 00, 11 : 20, 13 : 40, 16 : 30, 18 : 20, 20 : 40
수	9 : 00, 11 : 20, 13 : 40, 16 : 30, 18 : 20, 20 : 40
목	9 : 00, 11 : 20, 13 : 40, 16 : 30, 18 : 20, 20 : 40
금	10 : 00, 12 : 30, 17 : 00, 19 : 20, 21 : 40
토	10 : 00, 12 : 30, 17 : 00, 19 : 20, 21 : 40
일	9 : 00, 11 : 20, 14 : 40, 17 : 00, 18 : 20, 20 : 40

〈유진이의 일정〉
- 주중 근무시간은 오전 9시 ~ 오후 6시 30분이다(주말에는 근무하지 않는다).
- 화요일, 목요일, 토요일에는 독일어 학원에서 오후 7시 ~ 9시까지 수업을 듣는다.
- 금요일 퇴근 후에는 다양한 행사에 참여하여 다른 일정을 잡기가 어렵다.
- 일요일은 휴식을 위해 오후 5시 이후에는 집에 머무른다.

① 수요일 – 20 : 40 ② 화요일 – 20 : 40 ③ 금요일 – 19 : 20
④ 일요일 – 17 : 00 ⑤ 토요일 – 19 : 20

46. ○○공사는 신입사원들을 5개 팀으로 나누고 각 팀에 과제를 부여하였다. 〈표 1〉은 기존에 진행하고 있는 팀별 과제 현황이고, 나머지 8개(A ~ H)의 새로운 과제를 〈표 2〉의 지침에 따라 배분하려고 한다. 다음 중 어떤 지침이 추가되어야 각 팀에 배분되는 과제가 명확해지는가?

〈표 1〉 기존 팀별 과제 현황

팀	사랑	우정	소망	희망	끈기
과제 수(개)	1	3	2	0	2

〈표 2〉 새로운 과제 배분 지침

지침번호	내용
1	모든 팀은 최소한 1개의 새로운 과제를 맡아야 함.
2	기존에 진행하던 과제를 포함하여 4개의 과제를 수행하는 팀은 1개이며, 나머지 팀에게는 과제의 수가 균등해지도록 배분함.
3	과제 A, C는 한 팀에서 맡아야 함.
4	과제 B, D, E는 한 팀에서 맡아야 함.
5	과제 H는 소망팀 또는 끈기팀에서 맡아야 함.

① 과제 F는 우정팀이 맡아야 함. ② 과제 G는 소망팀이 맡아야 함.
③ 과제 H는 끈기팀이 맡아야 함. ④ 과제 A는 사랑팀이 맡아야 함.
⑤ 과제 B는 우정팀이 맡아야 함.

[47 ~ 48] 다음에 제시된 상황과 자료를 보고 이어지는 질문에 답하시오.

A 고등학교의 채영은 선생님은 수학여행 일정 및 수학여행 안내 책자 제작 계획을 작성 중이다.

〈수학여행 일정〉

1. 수학여행 기간 : 201X. 03. 18.(월) ~ 201X. 03. 19.(화)
2. 대상 학생 : A 고등학교 2학년 1 ~ 10반 학생 200명
3. 세부 일정

날짜	시간	장소	주요 내용
201X. 03. 18.	오전	수학여행 장소로 이동	오전 8시 A 고등학교 집합 및 이동
	오후	합천 해인사	팔만대장경의 역사 탐구
	저녁	경주 황성공원 축구장	반 대항 축구 대결을 통해 단합 도모
201X. 03. 19.	오전	경주 불국사	신라의 불교문화 탐구
	오후	경주 석굴암	석굴암의 보존 원리 및 의의를 탐구
	저녁	A 고등학교로 이동	A 고등학교로 이동

※ 멀미하는 학생은 상비약을 사전에 구비 요망
※ 일교차가 심하므로 여벌의 옷 구비 요망
※ 인솔교사는 각 반 담임선생님 및 2학년 담당 교과목 선생님으로 총 15명

〈수학여행 안내 책자 제작 계획〉

항목	내용
안내 책자 제작	인쇄업체는 평일에만 영업하므로 14일(목)까지 작성
책자 작성 교사 명단	• 사회 교과 : 김영희(2-1), 박철수(3-5) 선생님 • 역사 교과 : 이승한(1-2), 최세영(2-3) 선생님 • 과학 교과 : 정동수(2-6) 선생님 ※ 괄호는 (학년-반) 담임선생님임.
안내 책자 제작 권고사항	• 해인사, 불국사, 석굴암 세 파트로 나눠서 작성 • 파트의 마지막 부분에 퀴즈 넣기 • 시각 자료 첨부하기

47. 다음 중 채영은 선생님이 작성한 자료를 본 A 고등학교 동료 선생님의 반응으로 적절하지 않은 것은?

① 이번 수학여행은 1박 2일이라서 인솔 스트레스를 덜 받겠어.
② 3월 날씨는 예측할 수가 없으니 우리 반 학생들에게 따뜻한 외투를 챙기라고 해야지.
③ 박철수 선생님은 3학년 업무도 많으실 텐데, 이번 안내 책자 제작에 또 참여하시네. 정말 열정이 넘치시는 선생님이야.
④ 수학여행 시즌이 되면 사회, 역사 교과목 선생님들만 고생이야. 수학이나 과학 교과목 선생님들도 안내 책자에 참여할 수 있으면 좋을 텐데.
⑤ 경주 황성공원에서 친목과 단합을 도모하기 위한 다양한 활동이 마련되면 좋겠는걸. 축구를 좋아하지 않는 학생들은 아쉬워할 수도 있겠어.

48. 이번 수학여행에는 반 대항 축구 대결이 계획되어 있다. 규칙이 다음과 같을 때, 승패가 잘못 기록된 것은?

⟨A 고등학교 수학여행 반 대항 축구 대결 규칙⟩

경기 시간	남자 : 전후반 각각 15분, 여자 : 전후반 각각 10분
1승 1패 발생 시	득실 차를 고려하고, 득실 차가 0이면 여자 경기에서 이긴 반이 승리
두 경기에서 무승부 발생 시	여자 학생끼리 멀리차기 진행
멀리차기 규칙	중간 볼 지점에 공을 두고 대표 선수 1명이 공을 찬다. 날아간 공이 첫 번째로 땅바닥에 닿은 지점과 중간 볼 지점 간에 거리가 더 먼 팀이 승리
매너 점수	남자 경기든 여자 경기든 1명이라도 퇴장당하면 그 반은 패배 처리

①	2학년 1반 VS 2학년 2반	남자 경기 – 4 : 1 여자 경기 – 2 : 3	2학년 1반 승리
②	2학년 3반 VS 2학년 4반	멀리차기 결과 15m : 25m	2학년 4반 승리
③	2학년 5반 VS 2학년 6반	남자 경기 – 1 : 0 여자 경기 – 1 : 2	2학년 5반 승리
④	2학년 7반 VS 2학년 8반	남자 경기 – 5 : 0 여자 경기 – 1 : 0 (7반 1명 퇴장)	2학년 8반 승리
⑤	2학년 9반 VS 2학년 10반	남자 경기 – 0 : 0 여자 경기 – 3 : 2	2학년 9반 승리

[49~50] 다음에 제시된 상황과 자료를 보고 이어지는 질문에 답하시오.

A 대리는 다음 달로 예정된 회사 야유회 일정을 계획 중이다.

〈야유회 일정〉

1. 날짜 : 202X. 09. 21. ~ 22.
2. 장소 : XX리조트
3. 야유회 일정

시간		일정	비고
09. 21.	09:00 ~ 09:30	인원체크 후 야유회 출발	
	09:30 ~ 12:00	XX리조트 도착	버스에서 간단한 아침 제공
	12:00 ~ 13:00	점심식사 및 휴식	리조트 내 식당
	13:00 ~ 16:00	자유코스 등산	왕복 3시간 이내
	16:00 ~ 16:30	인원체크 후 기념 촬영	
	16:30 ~ 19:00	저녁식사 및 휴식	지역 소고기 맛집
	19:00 ~ 21:00	레크리에이션	레크리에이션 강사 초빙
09. 22.	08:00 ~ 09:30	기상 후 아침식사	리조트 내 식당
	10:00	리조트 체크아웃	
	10:00 ~ 10:40	양떼목장 이동	
	10:40 ~ 12:00	양떼목장 관광	
	12:00	일정 완료	
	12:00 ~ 14:30	회사 이동	버스 내에서 기념품과 간단한 점심 제공

〈야유회 준비 과정〉

업무	기한 및 구체적 내용
일정 팸플릿 제작	인턴 K가 9월 20일까지 40부 제작 담당
양떼목장 예약	성인 40명(단체 30명 이상 시 10% 할인 진행)
리조트 대관	자사 리조트 이용 예정이므로 지원팀과 업무 협조 필요(9월 20일까지 확정 요함)
버스 대절	9월 20일부터 21일까지 양일간 이동할 버스 대절(40인승 이상, 9월 13일까지 예약 요함)
식사 예약	9월 21일 아침, 9월 22일 점심 샌드위치 사전 주문(9월 21일 09시까지 회사 정문 앞 배달 가능한 곳으로)

49. A 대리는 다음의 준비 과정을 고려하여 〈야유회 일정〉의 일부 내용을 수정하고자 한다. 수정될 내용으로 옳은 것은?

오늘 날짜 : 202X. 09. 19.	
일정 팸플릿 제작	내일까지 인턴 K가 완료할 것임.
양떼목장 예약	22일 오전에 다른 예약이 차 있어 해당일 예약이 어렵다는 답변을 19일 오전에 받았음.
지원팀 B의 협조	자사 리조트 대관 가능하다는 답변을 19일 오후에 받았음.
샌드위치 예약	9월 21일 아침에 샌드위치 40개 배달은 가능하지만 22일 점심에 먹을 샌드위치는 미리 구비하여 두면 상할 수 있으니 21일 아침 것만 주문하기로 하였음.

① 자사 리조트 대관이 어려우므로 다른 숙소를 알아봐야겠다.
② 일정 팸플릿 제작에 차질이 생겼으니 일정표는 직원들의 개인 메시지로 전송해야겠다.
③ 샌드위치 배달이 어려우므로 21일 아침은 김밥으로 대체해야겠다.
④ 21일 오후에 양떼목장 예약이 가능한지 알아보고, 가능하다면 등산과 일정을 교체하는게 낫겠다.
⑤ 22일 아침은 전날 밤에 결정해야겠다.

50. A 대리는 야유회에 필요한 예산안을 짜기 위해 다음 자료를 참고하였다. 야유회에 필요한 총 예산은? (단, 자료에 제시된 항목 외의 비용은 고려하지 않는다)

구분			금액	비고
식대	21일 아침	샌드위치 40개	1개당 3,000원	
	22일 점심	김밥 40줄과 꿀떡 80개	김밥 1줄당 2,000원 꿀떡 40개당 20,000원	꿀떡 나누어 담을 종이컵 1세트(세트당 40개) 3,000원
	리조트 식당		1인당 5,000원	양일간 총 2회 식사
	지역 소고기 맛집		1인분 30,000원	총 60인 분 주문
교통비 (1일 기준)	버스 대절		1대당 300,000원	• 하루에 1대 대절 • 교육일 양일 모두 대절
장소 대관	리조트		방 1개당 50,000원	4인 1실
강사 초빙	김○○		300,000원	

① 3,843,000원　　② 3,844,000원　　③ 3,845,000원
④ 3,846,000원　　⑤ 3,847,000원

5회 기출예상문제

직무능력

문항수 : 50 문항
문항시간 : 60 분

▶ 정답과 해설 45쪽

01. 다음 중 어법상 올바르며 의미가 정확한 문장은?

① 그 업체와 계약을 실시하기는 여간 어렵다.
② 현재의 환경 정책은 앞으로 손질이 불가피할 전망입니다.
③ 김 과장은 관련 부서 담당자와 협력업체 실무자를 방문했다.
④ 홍보팀은 이번 국제 박람회에서 신제품의 기능과 판매를 할 예정이다.
⑤ 안정적인 사업 운용이 가능했던 까닭은 시장의 수요 변화를 정확하게 예측했기 때문이다.

02. 다음 밑줄 친 ㉠~㉤ 중 맞춤법이 잘못된 것은?

재난이 닥쳐오면 약자들이 가장 먼저, 제일 많이 고통 받는다. 그중엔 아이들이 있다. 5년 전 9월, 세 살 알란 쿠르디는 터키 남서부 해변에서 엎드려 숨진 ㉠채 발견됐다. 내전을 피해 배를 타고 지중해를 건너 그리스로 향하던 중이었다. 고향으로 돌아가 쿠르디를 땅에 묻은 아버지는 다시는 그 땅을 떠나지 않겠다고 했다. 그로부터 4년 뒤 미국과 멕시코 접경의 리우그란데 강에선 25세 아빠와 23개월 된 딸의 시신이 떠올랐다. 엘살바도르에서 아메리칸 드림을 꿈꾸던 가족은 국경 검문검색을 피해 강을 건너다 변을 당했다.

수개월째 일상과도 같아진 코로나19도 아이들의 숨통을 ㉡죄어 온다. 국제 아동구호 NGO 세이브더칠드런이 지난 10일 공개한 보고서를 보면, 전 세계 37개국 2만 5,000명의 아동과 보호자를 대상으로 조사한 결과 아이들이 가정 폭력을 신고한 가정 가운데 19%는 코로나19로 인해 수입이 줄어든 것으로 나타났다. 일자리를 잃은 어른들의 고통이 아이들에게 폭력이라는 흔적을 더한 것이다. 비대면 수업을 한다지만 아예 컴퓨터가 없거나, 인터넷을 사용할 수 없는 경우 혹은 원격 수업을 들을 공간 자체가 존재하지 않는 환경에 처한 아이들도 많다. 그렇다보니 국내외를 ㉢막론하고 비대면 수업으로 학력의 빈부격차가 발생하고 있다는 조사결과가 나오기 시작했다.

작가 브래디 미카코는 영국 최악의 빈곤 지역 무료 탁아소에서의 경험을 묘사했다. 유일한 보호자인 엄마가 시간이 지나도 오지 않자 자신을 포기할까 불안해서 모래만 발로 차며 소리도 없이 울던 아이에게 선생님이 말한다. "울지 마. 울지 말고 화를 내. ㉣번번히 우는 건 포기했다는 뜻이야. 그러니까 우리는 항상 화를 내지 않으면 안 돼."

울지도 못하는, 울어도 울음소리가 세상 밖으로 들리지 않는 아이들이 수없이 많다. ㉤가려진 아이들에게 귀 기울이고 지켜봐야 하는 건 마술 지팡이가 아니라 우리의 공동체여야 하지 않을까.

① ㉠　　　　　　　　② ㉡　　　　　　　　③ ㉢
④ ㉣　　　　　　　　⑤ ㉤

03. 제시된 단어의 유의어를 고르면?

문외한(門外漢)

① 태두(泰斗)　　　② 대가(大家)　　　③ 소인(素人)
④ 전문가(專門家)　⑤ 소외(疏外)

04. 제시된 단어의 유의어가 아닌 것을 고르면?

채우다

① 메우다　　　② 충원하다　　　③ 충족시키다
④ 끼우다　　　⑤ 보완하다

05. 다음 두 단어 쌍의 관계가 같아지도록 빈칸 안에 들어갈 알맞은 단어를 고르면?

편향 : 중도 = (　　) : (　　)

① 승인 : 허가　　　② 매립 : 매몰　　　③ 순종 : 거역
④ 맞은편 : 건너편　⑤ 중로 : 도중

[06 ~ 07] 다음에 제시된 상황과 자료를 보고 이어지는 질문에 답하시오.

M 주임은 주택 청약 자격과 관련된 자료를 보고 있다.

□ 공급대상
　무주택세대구성원으로서 소득·자산기준을 충족한 자

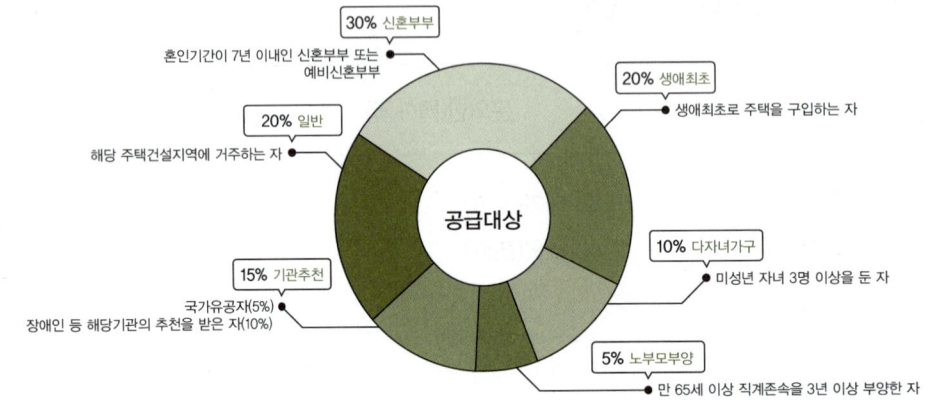

□ 공급대상별 청약 자격

공급유형	공급대상	입주자 저축	기본 청약 자격
일반 공급	1순위	가입 12개월 경과, 12회 이상 납부 (수도권 외는 6개월 경과, 6회 이상) ※ 단, 투기과열지구 및 청약과열지역은 24개월 경과, 24회 이상 납부	해당 주택건설지역에 거주하는 무주택세대구성원 ※ (60m² 이하 주택) 소득 및 자산기준을 만족하는 분 ※ 투기과열지구 및 청약과열지역은 세대주만 청약 가능하며, 과거 5년 내 세대구성원의 당첨사실이 없어야 함.
	2순위	가입한 자	해당 주택건설지역에 거주하는 무주택세대구성원 ※ (60m² 이하 주택) 소득 및 자산기준을 만족하는 분
특별 공급	기관추천	가입 6개월 경과, 6회 이상 납부 ※ 단, 국가유공자, 장애인, 철거민 등은 불필요	해당 기관에서 입주대상자로 확정하여 우리 공사로 통보한 분
	신혼부부	신혼부부	• (1순위) 혼인기간 7년 이내에 출산(임신)한 신혼부부, 6세 이하 한부모가족 • (2순위) 그 외 신혼부부, 예비신혼부부(입주 전까지 혼인사실 증명이 가능한 분) • 소득·자산기준을 만족하는 분

생애최초	입주자저축 1순위자 중 선납금 포함 600만 원 이상 납부한 분		• 최초로 주택을 구입하는 무주택세대구성원 ※ 투기과열지구 및 청약과열지역은 세대주만 청약가능하며, 과거 5년 내 세대구성원의 당첨사실이 없어야 함. • 혼인 중이거나 자녀(등본 상 미혼 자녀에 한함)가 있는 분 • 근로자 또는 자영업자 또는 과거 1년 내 소득세를 납부했으며, 5년 이상 소득세를 납부한 분 • 소득·자산기준을 만족하는 분
다자녀가구	가입 6개월 경과, 6회 이상 납부		• 미성년(태아 포함)인 자녀가 3명 이상인 무주택세대구성원 • 소득·자산기준을 만족하는 분
노부모부양	입주자 저축 1순위 또는 2순위인 자		• 투기과열지구 및 청약과열지역은 세대주만 청약가능하며, 과거 5년 내 세대구성원의 당첨사실이 없어야 함. • 만 65세 이상 직계존속을 3년 이상 부양한 분

☐ 소득기준
- 전년도 도시 근로자 가구원수별 가구당 월평균소득 기준 이하인 자
- 노부모부양, 다자녀가구, 신혼부부(맞벌이 부부에 한함)의 경우 월평균소득 120% 기준 적용
- 생애최초, 신혼부부(배우자 소득이 없는 경우), 일반공급(공공주택 중 전용면적 $60m^2$ 이하)의 경우 월평균소득 100% 기준 적용
- 202X년도 적용 소득기준(단위 : 원)

공급유형	구분	3인 이하	4인	5인	6인
$60m^2$ 이하 일반공급, 생애최초, 신혼부부 (배우자소득이 없는 경우)	도시근로자 가구당 월평균소득액의 100%	5,554,983	6,226,342	6,938,354	7,594,083
노부모부양, 다자녀, 신혼부부(배우자가 소득이 있는 경우 근로소득 또는 사업소득을 말함)	도시근로자 가구당 월평균소득액의 120%	6,665,980	7,471,610	8,326,025	9,112,900

☐ 자산기준
- 보유 부동산(건물+토지), 자동차 가액이 기준금액 이하인 자
- 부동산 : 215,500천 원 이하(202X년도 적용 기준)
- 자동차 : 27,640천 원 이하(202X년도 적용 기준)

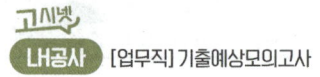

06. 다음 중 M 주임이 위 자료를 이해한 내용으로 적절하지 않은 것은?

① 무주택세대구성원을 대상으로 하는 제도이며 소득과 자산의 기준을 충족해야 한다.
② 공급대상 중 가장 비중이 높은 것은 신혼부부인데, 이때 신혼부부는 혼인기간이 7년 이내인 신혼부부이며 예비신혼부부는 포함되지 않는다.
③ 공급유형은 일반공급과 특별공급으로 나뉘며 공급유형에 따라 공급대상이 달라진다.
④ 소득기준은 전년도 도시근로자 가구원수별 가구당 월평균소득 기준을 따르며 공급유형에 따라 달라진다.
⑤ 소득기준과 자산기준은 다르게 적용되는데, 자산기준은 보유 부동산과 자동차 가액이 기준이 된다.

07. 다음 중 청약 자격을 충족하지 못하는 사례를 모두 고르면? (단, 제시된 자격 기준 외의 모든 자격은 충족하는 것으로 본다)

㉠ A는 무주택세대주이며 3인 이하의 가족으로 월평균소득이 5,000,000원이다.
㉡ B와 C는 결혼한 지 5년 된 부부로 자녀는 없다. B만 소득이 있으며 월평균소득은 4,500,000원이다.
㉢ 입주자 저축 2순위인 D는 노부모를 부양하고 있으며 부양한 지는 5년 이상이 되었다. 3년 전에 부인이 청약과열지구에 당첨이 되었는데 가지 못하여 이번에 다시 신청하게 되었다.
㉣ E는 미성년 자녀가 2명이 있으며 혼인기간이 6년째가 되었다. 부부 모두 소득이 있으며 월평균소득은 9,000,000원이다.
㉤ F는 입주자 저축 1순위자로 최초로 주택을 구입하려는 무주택세대구성원이다. 배우자는 없지만 자녀가 한 명 있으며 과거 1년 내 소득세를 납부하였고 5년 이상 소득세를 납부하였다.

① ㉠, ㉡
② ㉡, ㉢
③ ㉢, ㉣
④ ㉣, ㉤
⑤ ㉢, ㉣, ㉤

08. 다음 안내문에 대한 이해로 적절하지 않은 것은?

〈쾌적한 도시·행복한 주거를 위한 국민신고 포상제도 안내문〉

- 시행목적
  - ○○공사에서 관리하는 열수송관에 누수(漏水) 및 스팀이 발생된 경우, 조기에 발견하여 신속하게 복구함으로써 국민 불안·우려를 해소하고 지역난방 사용자들께 안정적인 지역난방 공급을 하기 위해 누수를 최초로 발견하여 신고한 국민께 포상금을 지급합니다.
- 신고범위
  - ○○공사 사용자 기계실 전단 차단밸브까지(재산한계점)
    ※ ○○공사 관할 열수송관 시설물에 한정
- 신고대상
  - 누수 및 스팀(도로 빗물받이, 맨홀 등에서 나오는 스팀 포함)
- 포상금 지급대상
  - 누수 및 스팀을 발견하고 그 사실을 최초로 신고한 자(중복신고 시, 최초로 신고한 국민에게만 포상금 지급)

  [포상금 지급 제외대상]
  ▶ ○○공사 임직원 및 누수현장 관할 소속 공무원
  ▶ ○○공사에서 발주한 공사 또는 용역을 수행 중인 자(계약상대자 등)
  ▶ 지역난방 열수송관 및 시설물을 손괴하고 신고한 자
  ▶ 각종 열수송관공사 중 발생한 누수 및 스팀

- 포상금 지급방법
  - 신고 건 중 ○○공사 시설물에 의한 누수(스팀)임을 확인한 후, 온누리상품권(10만 원) 지급(해당지사 방문, 수령증 작성)
- 신고 접수방법
  - ○○공사 고객센터(1688-2488), 해당 지역 관할 사업소

① 열수송관에 발생한 누수 및 스팀을 조기에 발견하여 신속하게 복구함으로써 사용자의 불안을 해소하고 안정적인 지역난방을 공급하기 위해 시행하는 제도이다.
② ○○공사가 관할하는 열수송관 시설물에 한정한 사용자의 기계실 전단 차단밸브까지가 신고범위에 해당한다.
③ 중복신고는 가능하나 포상금은 최초로 신고한 국민에게만 지급된다.
④ 최초 신고자가 ○○공사에서 발주한 공사의 용역을 수행 중인 자라면 그는 ○○공사 임직원에는 해당하지 않으므로 포상금 지급 대상에 포함된다.
⑤ 각종 열수송관공사 중 발생한 누수 및 스팀은 포상금 지급대상에서 제외된다.

[09 ~ 10] 다음에 제시된 상황과 자료를 읽고 이어지는 질문에 답하시오.

> 홍보실의 정민철 대리는 다음과 같은 보도자료를 작성하였다.

　LH(사장 변○○)는 'LH 참여 자율주택정비사업 공모' 접수를 오는 27일부터 시작하고, 이를 통해 자율주택정비사업 공공지원을 본격적으로 추진한다고 밝혔다.

　지난 2018년 처음 도입된 자율주택정비사업은 단독주택·다세대주택·연립주택의 소유자 2인 이상이 주민합의체를 구성해 사업을 추진하는 소규모 정비사업으로, 원도심 내 노후 저층주거지 재생을 위한 핵심 정책이다. 다만 낙후된 저층주거지의 특성상 수익성 확보가 어렵고 사업과정에서 전문적인 지식이 요구되는 등 제약이 있어, LH가 공동사업시행자로 참여하며 다양한 방법으로 주민들을 지원하고 원도심 내 공공임대주택 공급을 확대하기 위해 국토교통부와 함께 'LH 참여 자율주택정비사업 공모'를 실시한다.

　공모 대상은 도시재생 뉴딜사업지 또는 노후 주거지역 내 노후주택이며, 해당지역 주민합의체나 민간사업자가 7월 27일부터 8월 28일까지 이메일(seal21@lh.or.kr)로 공모신청서 등을 제출하면 된다. 이후 사업여건 조사, 정량평가, 매입심의 등 선정절차와 주민협의를 거쳐 자율주택 정비사업 후보지로 선정되면 LH와 공동으로 사업을 추진하게 된다.

　LH는 공동사업시행자로서 △사업비 융자 확대 △주택매입 확약 △주거 내몰림 방지 등 공공지원을 제공한다. LH와 함께 사업을 시행하면 사업비 융자한도가 기존 50%에서 90%로 상향되며, 금리도 1.5%에서 1.2%로 인하된다. LH가 기업신용을 담보로 HUG(주택도시보증공사)로부터 저금리·고한도 융자를 받은 뒤 동일조건으로 주민에게 재융자하는 구조다. 또한 신축되는 주택의 일반분양분(최대 100%, 매입조건 충족 시)에 대해 사전에 매입 여부를 확약해 미분양 리스크를 해소하고, 안정적인 사업 추진을 돕는다. LH는 매입한 주택을 공공임대주택으로 저렴하게 공급해 지역 맞춤형 재생사업에 활용할 계획이다.

　주거 내몰림 방지 대책으로는 이주비 융자, 재입주 지원 등이 제공된다. 사업대상 주택에 집주인이 거주 중인 경우 건설기간 동안의 월세 비용을 1.2% 금리로 융자받을 수 있으며, 세입자가 있는 경우 세입자에게 반환할 임차보증금을 융자받을 수 있다. 또한 공공임대주택 입주요건을 갖춘 원주민은 사업 종료 뒤 신축되는 자율주택에 재입주할 수 있도록 지원해 주민 재정착을 도울 계획이다.

　이외에도 LH는 이번 공모에서 민간사업자 협업 사업구조를 도입해 지역경제 활성화에 기여하고, 주민 주도 사업의 전문성과 추진력을 보완할 계획이다. 기타 자세한 공모일정 및 내용, 신청방법 등은 LH 홈페이지에 게시된 공고문에서 확인할 수 있다.

　박△△ LH 도시정비사업처장은 "이번 공모를 계기로 도시재생 뉴딜사업지를 포함한 전국 저층 노후주거지의 주거환경 개선을 위해 공공기여를 강화할 계획이다. 찾아가는 사업설명회 등 다양한 홍보를 통해 주민·지자체의 참여와 관심을 높여 나가겠다."라고 말했다.

〈LH 참여 사업공모 개요〉

구분	세부 내용
공모대상	노후·불량 주거지역 내 개량 및 신축이 필요한 노후주택
공모자격	① 뉴딜사업지 내 자율주택 사업추진이 부진한 73곳의 주민합의체 ② 사업대상 토지의 전부 또는 일부를 매입한 민간 사업자
신청기간	202X. 07. 27.(월) ~ 202X. 08. 28.(금) 12:00까지
신청방법	• 공모신청서 등을 작성하여 전자메일(seal21@lh.or.kr)로 신청·접수 • 제출서류 : 공모신청서, 주민합의체 동의서, 개인정보 이용동의서 등
기타사항	• 공모 가이드라인 및 관련 양식은 LH 홈페이지 참조 • 기타 문의전화 055-922-4259

09. 다음 중 보도자료의 내용과 일치하지 않는 것은?

① 자율주택정비사업은 단독주택·다세대주택·연립주택의 소유자 2인 이상이 주민합의체를 구성해 사업을 추진하는 소규모 정비사업으로, 원도심 내 노후 저층주거지 재생을 위해 실시하는 핵심 정책이다.
② 공모 대상은 도시재생 뉴딜사업지 또는 노후 주거지역 내 노후주택이며, 해당지역 주민합의체나 민간사업자가 7월 27일부터 8월 28일까지 이메일(seal21@lh.or.kr)로 공모신청서 등을 제출하면 된다.
③ LH는 주사업시행자, 민간사업자는 부사업시행자가 된다. LH는 사업비 융자 확대, 주택매입 확약, 주거 내몰림 방지 등 공공지원을 제공한다. LH와 함께 사업을 시행하면 사업비 융자한도가 기존 50%에서 90%로 상향된다.
④ 주거 내몰림 방지 대책으로는 이주비 융자, 재입주 지원 등이 제공된다. 사업대상 주택에 집주인이 거주 중인 경우 건설기간 동안의 월세 비용을 1.2% 금리로 융자받을 수 있다.
⑤ 공모신청서 및 가이드라인은 LH 홈페이지에서 확인할 수 있으며 제출서류로는 공모신청서, 주민합의체 동의서, 개인정보 이용동의서 등이 있다.

10. 정민철 대리가 위 보도자료의 제목을 지으려 할 때 가장 적절한 것은?

① LH, 자율주택정비사업 공공지원 본격 추진
② LH, 노후 저층주거지 재생 위한 자율주택정비사업 올해 도입
③ LH, 주거 내몰림 방지 대책 내놓아
④ LH, 주민·지자체 참여 '찾아가는 사업설명회' 개최
⑤ LH, 공동주택 설계 공모…오는 27일부터 접수

[11 ~ 12] 다음에 제시된 상황과 자료를 보고 이어지는 질문에 답하시오.

B 기업에 재직 중인 박 차장은 다음 공고문을 검토 중이다.

〈중소기업 기술개발 촉진사업 공고〉

1. 지원목적 : 협력 중소기업의 신기술인증 · 지적재산권 · 해외규격인증 취득 지원을 통한 경쟁력 강화
2. 신청기간 : 20X3년 10월 3일(목) ~ 10월 18일(금)
3. 신청자격 : 공사 2차 이하 협력 중소기업
4. 지원내용

구분	지원내용	기업별 지원한도
신기술 인증 취득	신기술인증(NEP · NET · 전력신기술) 취득을 위한 시험, 컨설팅 및 인증심사비용 지원	5백만 원 (총 비용의 75%)
지적재산권 취득	지적재산권(특허, 실용신안 등) 취득을 위한 진단지도 및 인증심사비용 지원	(국내) 1.5백만 원 (국외) 5백만 원 (총 비용의 75%)
해외규격 인증 취득	• 해외규격인증(ANSI, ASME, CE, PED) 취득을 위한 진단지도 및 인증심사비용 지원 • ISO14000 또는 ISO9001 중 선택 ※ ISO9001 신청 시 우리공사에서 컨설팅 지원	(국내) 연간 3백만 원 (국외) 연간 7백만 원 (총 비용의 75%)

5. 성과공유 : 지원사업 종료 후 1년간 인증 관련 매출 발생 시, 지원금의 일부를 중소기업에게 재환원(세부 추진계획 별도 안내 예정)
6. 지원 신청 및 접수
   • 신청 / 접수기간 : 20X3년 10월 3일(목) ~ 10월 25일(금)
   • 신청방법 : 대 · 중소기업 · 농어업협력재단 주관 상생누리 홈페이지에서 신청
   • 제출서류
     ① 참가신청 공문 1부
     ② 기업 및 주요 제품 소개자료 1부(사업자등록증 포함)
     ③ 인증 활용계획서 1부
     ④ 20X2년도 재무제표(세무사 또는 회계사무소 발급분, 기타 공인기관 인증분) 1부
     ⑤ 공사와 거래실적 증빙자료(계약서, 공사의 원도급사와 계약한 하도급계약서도 가능)
7. 지원 대상기업 선정
   • 재무상태, 공사업무와의 연관성(공사와의 거래 실적, 성과공유계약 실적) 등을 종합적으로 고려하여 선정(요청 시 심사기준 열람 가능)
     ※ 동점 시 공사업무와의 연관성이 높은 기업 선정

8. 선정 제외 사항
   - 동일 건으로 타 기관으로부터 중복 지원을 받았거나 예정인 경우
   - 타사 명의사용 또는 타사와 공동 참가한 경우
   - 허위 서류 제출 및 증빙자료가 미비한 경우
   - 부채비율이 1,000% 이상인 경우(창업 2년 미만인 업체는 예외)

9. 지원금 신청 및 지급
   - 신청기간 : 인증 취득 후 30일 이내
   - 신청방법 : 이메일 및 우편 송부
   - 제출서류
     ① 지원금 지급 신청 공문 1부
     ② 기술개발 촉진 사업 결과보고서 1부
     ③ 신기술인증, 지적재산권, 국제표준화기구 인증 취득 증빙자료 1부
     ④ 비용지출 증빙자료(계약서, 세금계산서, 송금영수증 등) 사본 각 1부
     ⑤ 법인명의 지원금 입금계좌 통장사본 각 1부
     ⑥ 기업 소개 자료(중소기업확인서, 사업자등록증) 각 1부
   - 지원금 지급 : 지원금 신청 후 분기별 지급
   ※ 공사 내부사정에 의해 변경될 수 있음.

10. 지원제한 및 결정취소
    - 향후 구매전망이 없는 품목인 경우
    - 자체 설계변경으로 인한 재인증 시험이 필요한 경우
    - 신청금액을 포함한 최근 1년 이내 지원금 누계가 지원한도를 초과하는 경우
    - 지원통보 후 1년 이내(해외규격은 2년 이내)에 인증서를 받지 못한 경우(단, 시험일정 등 불가피한 사정으로 기한 만료 전 사유서를 제출한 경우는 예외)
    - 타 기관으로부터 인증비용을 지원받은 사실이 발견된 경우
    - 공인기관 이외의 시험기관에서 인증시험을 시행한 경우

11. 다음 중 박 차장이 위 사업 공고문을 이해한 내용으로 옳은 것은?

① 지원 신청 및 접수는 홈페이지와 이메일 또는 우편으로 가능하다.
② 지원금은 신청 후 30일 이내에 지급된다.
③ 국외에서 지적재산권을 취득 시 900만 원의 비용이 발생하였다면 총 675만 원을 지원받을 수 있다.
④ 지원 신청 시 지원금 수령 계좌 정보를 서면 제출하여야 한다.
⑤ 해외규격인증 취득 시 공사에서 직접 컨설팅을 지원받을 수도 있다.

12. 공고문의 내용을 따를 때, 다음 중 지원금을 받을 수 없는 기업을 모두 고른 것은?

- 지난해 창업한 A 기업은 현재 부채비율이 1,200%로 재무 상태가 안정적이지 않다.
- B 기업은 새로 개발한 기술에 대하여 CFDA 인증을 획득할 예정이다.
- C 기업은 해외규격인증 취득 지원을 승인받았으나 18개월이 지난 현 시점까지 인증서를 제출하지 못하였다.
- D 기업은 F 기업과 합작하여 지적재산권 취득 지원 신청을 할 예정이다.

① A, B 기업 ② A, C 기업 ③ B, C 기업
④ B, D 기업 ⑤ C, D 기업

[13 ~ 14] 다음 글을 읽고 이어지는 질문에 답하시오.

편의점은 도시 문화의 산물이다. 도시인, 특히 젊은이들의 인간관계 감각과 잘 맞아떨어진다. 구멍가게의 경우 단순히 물건을 사고파는 장소가 아니라 주민들이 교류하는 사랑방이요, 이런저런 소식이나 소문들이 모여들고 퍼져나가는 허브 역할을 한다. 주인이 늘 지키고 앉아 있다가 들어오는 손님들을 예외 없이 '맞이'한다. (A) 무엇을 살 것인지 확실하게 정하고 들어가야 한다. (B) 편의점의 경우 점원은 출입할 때 간단한 인사만 건넬 뿐 손님이 말을 걸기 전에는 입을 열지도 않을뿐더러 시선도 건네지 않는다. 그 '무관심'의 배려가 손님의 기분을 홀가분하게 만들어 준다. (C) 특별히 살 물건이 없어도 부담 없이 들어가 둘러볼 수 있고, 더운 여름날 에어컨 바람을 쐬며 잡지들을 한없이 들춰보아도 별로 눈치 보이지 않는다. 그런 점에서 편의점은 인간관계의 번거로움을 꺼려하는 도시인들에게 잘 어울리는 상업 공간이다. 대형 할인점이 백화점보다 매력적인 것 중에 한 가지도 점원이 '귀찮게' 굴지 않는다는 점이 아닐까.
 (D) 주인과 고객 사이에 인간관계가 형성되지 않는 편의점은 역설적으로 고객에 대한 정보를 매우 상세하게 입수한다. 소비자들은 잘 모르지만, 일부 편의점에서 점원들은 물건 값을 계산할 때마다 구매자의 성별과 연령대를 계산기에 붙어 있는 버튼으로 입력한다. 그 정보는 곧바로 본사에 송출된다. 또 한 가지로 편의점 천장에 붙어 있는 CCTV가 있는데, 그 용도는 도난 방지만이 아니다. 연령대와 성별에 따라서 어느 제품 코너에 오래 머물러 있는지를 모니터링하려는 목적도 있다. 녹화된 화면은 주기적으로 본사로 보내져 분석된다. 어떤 편의점에서는 삼각김밥 진열대에 초소형 카메라를 설치해 손님들의 구매 형태를 기록한다. 먼저 살 물건의 종류를 정한 뒤에 선택하는지, 이것저것 보며 살펴 가면서 고르는지, 유통 기한까지 확인하는지, 한 번에 평균 몇 개를 구입하는지 등을 통계 처리하는 것이다. 이와 같이 정교하게 파악된 자료는 본사의 영업 전략에 활용된다. 편의점이 급성장해 온 이면에는 이렇듯 치밀한 정보 시스템이 있다.

13. 윗글을 바탕으로 판단할 수 있는 내용으로 적절하지 않은 것은?

① 도시인들은 복잡한 인간관계를 좋아하지 않는다.
② 편의점 천장에 있는 CCTV는 그 용도가 다양하다.
③ 편의점 본사는 일부 지점에서 받은 정보를 활용하여 영업 전략을 수립한다.
④ 구멍가게는 편의점과 마찬가지로 손님들에게 '무관심'의 배려를 제공하는 공간이다.
⑤ 편의점에는 소비자의 정보를 입수하기 위한 장치들이 치밀하게 설치되어 있다.

14. 윗글의 (A) ~ (D)에 들어갈 접속어로 가장 적절한 것은?

	(A)	(B)	(C)	(D)
①	따라서	그러나	그래서	그런데
②	따라서	그런데	그리고	또한
③	그러므로	하지만	그러므로	또한
④	예를 들어	따라서	그래서	하지만
⑤	예를 들어	그래서	따라서	그런데

15. 다음 글의 빈칸 ㉠에 들어갈 문장으로 가장 적절한 것은?

(㉠) 도시의 과밀화는 상대적으로 거주공간이 부족하게 되는 결과를 낳았다. 이에 따라 최대한 많은 가구를 수용하기 위해 한정된 공간에 많은 집들이 근접하여 있고, 그것도 부족하여 상하 좌우로 이웃집이 위치해 있다. 그러나 이러한 물리적 이웃이 모두 마음을 줄 수 있는 이웃은 아니다. 전통적인 이웃 형태와 비교하면 더 가까운 위치에, 더 많은 이웃을 갖게 되었지만 사실상 도시의 거주자들은 이사를 자주 하기 때문에 이웃을 깊게 사귈 시간적 여유가 없다. 그뿐만 아니라 폐쇄적인 아파트의 형태와 바쁜 도시 생활로 한가로이 이웃과 대화할 시간을 만들기도 어렵다.

① 현대 도시 생활의 특징은 주거 공간의 밀집화 현상이다.
② 현대 도시 생활의 특징은 가구의 고립화 현상이다.
③ 현대 도시 생활의 특징은 도시화로 인한 활동의 분주함에 있다.
④ 현대 도시 생활의 특징은 이기주의적 경향이 두드러진 점이다.
⑤ 현대 도시 생활의 특징은 전통적 이웃 형태와의 결별이다.

16. 다음 자료에 대한 이해로 가장 적절한 것은?

〈국토 균형발전 연구과제 공모 안내〉

1. 과제 공모 방법
    가. 참여대상
        • 국내외 대학(전문대 포함) 및 대학원(석/박사과정) 재학생으로 국토 균형발전 관련 논문 작성이 가능한 자(전공 제한 없음, 공동연구 가능)
        • 국토 균형발전 관련 분야 종사자 및 관심 있는 자(학력제한 없음)
    나. 주요 공모과제 : 국토 균형발전 관련 자유주제
    다. 공모 방법
        • 온라인 : 홈페이지 공모 게시
        • 오프라인 : 유관기관에 공문 발송
    라. 신청방법 : 이메일을 통해 신청서 접수

2. 과제 운영 일정

단계	일시 및 기간	참고 사항
과제 공고	202X. 04. 01.(수)	연구 과제 홍보 및 공고
사전 설명회	1차 : 202X. 04. 10.(금) 17시 2차 : 202X. 04. 15.(수) 15시	과제 세부사항 설명
아이디어 제안서 제출(참가신청)	202X. 04. 02.(목) ~ 04. 30.(목) 18시까지	양식에 맞춰 아이디어 제안서 작성 후 제출
1차 선정	202X. 05. 07.(목)	서면 평가 후 선정
최종 발표 평가	202X. 05. 12.(화) ※ 서면심사를 통과한 제안서는 반드시 발표심사를 받아야 함(발표심사 불참 시 포기하는 것으로 간주).	평가 시간 추후 안내
최종 선정	202X. 05. 14.(목)	발표 평가 후 선정(최종 2팀)
과제 수행	202X. 05. 15.(금) ~ 07. 31.(금)	과제 수행 중 중간 점검, 결과 평가 등 상세 일정 추후 안내

① 국토 균형발전 연구과제 공모에 참여한 모든 이들은 최소 2번 이상의 심사를 받게 된다.
② 자유주제이므로 제한 없이 모든 주제와 관련하여 아이디어 제안서 제출이 가능하다.
③ 제시된 자료의 연구과제는 국토 균형발전 관련 전공의 대학/대학원 재학생만 신청가능하다.
④ 참여 신청은 온라인과 오프라인 두 가지 방법으로 가능하다.
⑤ 최종 선정된 두 팀은 과제 수행을 약 80여 일간 진행한다.

17. 다음 보도자료를 바르게 이해한 것은?

보도자료 	제공일	20X9. 06. 24.(월)
	자료 제공 (연락처)	홍보실 최홍보 과장 (031-XXX-XXXX)
	자료 문의 (연락처)	감사실 김감사 차장 (031-XXX-XXXX)

**한국토지주택공사, 지역 음악축제와 함께하는
청렴나눔활동으로 청렴문화 확산에 앞장서
- 지역사회 청렴생태계 조성을 위해 20X9 파크콘서트 현장에서 활동 전개 -**

한국토지주택공사는 지난 22일(토) 성남시 분당구에 위치한 중앙공원 야외공연장에서 열린 20X9 파크콘서트 현장에서 '지역주민과 함께하는 청렴캠페인'을 실시했다고 24일(월) 밝혔다. 이번 캠페인은 국민권익위원회 주관 부패방지시책평가에서 7년 연속 1등급 기관으로 선정된 한국토지주택공사가 지역사회에 청렴문화를 전파하고 지역주민과 함께 청렴생태계를 조성하기 위한 취지로 시행했다. 한국토지주택공사는 지역사회 문화 진흥기여 및 사회적 책임 이행을 위한 기업메세나의 일환으로 성남문화재단이 주최하는 파크콘서트를 지난 20X2년부터 지속 후원 중이며, 동 행사는 성남시를 대표하는 지역 음악축제로 자리매김했다. 도심 속 공원에서 국내 대표 뮤지션들의 공연을 만끽할 수 있는 '20X9 파크콘서트'는 오는 7월 6일까지 매주 토요일에 열린다. 공사 관계자는 "우리 공사는 파크콘서트 행사의 지속 후원과 더불어 청렴문화를 지역사회 전체에 전파하고 확산시켜 나가는데 선도적인 역할을 수행하겠다."라고 밝히며, "앞으로도 청렴이 기본이 되는 깨끗하고 공정한 사회구현을 위해 지역주민들과 지속적으로 협력하겠다."라고 청렴실천 의지를 강력히 표명했다. 한국토지주택공사는 청렴생태계 조성을 위한 그간의 노력을 인정받아 지난 20일 발표된 기획재정부의 상임감사에 대한 직무수행실적 평가결과 "우수" 등급을 받은 바 있다.

① 보도자료에 대한 문의는 홍보실의 최홍보 과장을 통해 할 수 있다.
② 24일 열린 20X9 파크콘서트 현장에서 '지역주민과 함께하는 청렴캠페인'이 실시되었다.
③ 파크콘서트는 성남문화재단이 주최하며 보도자료가 나간 시점까지 한국토지주택공사가 7년째 지속 후원 중이다.
④ 20X9 파크콘서트는 보도자료가 나간 이후로 2번 더 열릴 예정이다.
⑤ 이번 행사는 한국토지주택공사가 지역사회에 청렴문화를 전파시키는 선도적인 역할을 수행했음을 자축하는 취지로 진행되었다.

[18 ~ 19] 다음 글을 읽고 이어지는 질문에 답하시오.

(가) 한편 경제학적으로 인구고령화는 생산가능인구가 줄어듦에 따라 노동 공급의 하락을 유발한다. ㉠ 또한 비중이 늘어난 고령층의 평균소비성향에 따라 소비지출행태가 변화할 수 있으며 총 저축과 투자에도 영향을 미칠 수 있다. 최근에 통계청이 발표한 우리나라의 장래인구추계에 따르면 2015년 기준 65세 이상 고령층 인구는 12.8%에서 2035년 28.7%, 2065년에는 42.5%로 인구의 절반 수준에 근접할 것으로 예상된다.

(나) 이에 따라 15세 이상 64세 이하의 생산가능인구는 2016년을 정점으로 연평균 30만 명 이상씩 급감하여 2065년에는 2015년의 55.1% 수준인 2,062만 명 수준에 이를 것으로 예상되며 총 인구 대비 비중은 2015년 73.4%에서 2035년 60%, 2065년에는 47.9%로 인구의 절반 이하로 줄어들 전망이다. ㉡ 연령대별로는 생산가능인구 중 25 ~ 49세의 비중이 2015년 52.8%에서 2065년 49.2%로 감소하는 가운데 50 ~ 64세 비중이 29.1%에서 36%로 증가할 것으로 예상된다.

(다) 인구고령화는 인구학적으로 출산율과 사망률이 동시에 낮아지면서 고연령층이 인구에서 차지하는 비중이 상대적으로 높아지는 현상으로 설명된다. 이와 함께 인구가 감소하는 현상도 수반된다. ㉢ 일반적으로 사망률은 연간 총사망자 수를 해당 연도의 연앙인구로 나눈 수치를 1,000분비로 나타낸 비율이다. 우리나라의 통계청이 2006, 2011, 2016년에 발표한 인구추계의 중위값을 보면 대체로 2030년대를 정점으로 인구가 감소하는 것으로 예상된다. 다만 5년마다 고위 및 저위 시나리오 범위 내에서 조정되고 있으나 대체로 중위 시나리오를 기준으로 소폭의 상향조정이 관찰된다. ㉣ 이는 예측의 오차에 주로 기인하지만 또한 외국인근로자 유입, 인구추계가 발표될 때마다 이에 대응한 인구대책의 효과 등이 반영되었기 때문인 것으로 보인다.

(라) 이와 같이 생산가능인구가 감소하는 가운데 저축과 투자가 줄어들게 되면 장기적으로 경제성장이 둔화될 가능성이 있다. 나아가 생산가능인구의 감소로 세입기반이 축소되는 가운데 연금, 의료비 등에 대한 공공지출이 늘어나면서 재정이 악화되어 가족, 육아지원 등에 소요되는 예산의 균등한 집행이 어려워지고, 젊은 세대가 고령인구를 부양해야 하는 세대 간 부담의 이전이 확대되는 결과를 가져올 수 있다. ㉤ 이와 같은 인구구조 변화에 따른 문제점을 고려할 때 고령화의 원인과 특징을 전반적으로 이해하고 근본적인 대응방안을 마련할 필요가 있다.

18. 윗글의 (가) ~ (라)를 문맥에 맞게 순서대로 바르게 나열한 것은?

① (나)-(가)-(라)-(다) ② (나)-(다)-(가)-(라) ③ (다)-(가)-(나)-(라)
④ (다)-(가)-(라)-(나) ⑤ (라)-(다)-(가)-(나)

19. 윗글의 밑줄 친 ㉠ ~ ㉤ 중 내용의 흐름상 가장 불필요한 문장은?

① ㉠ ② ㉡ ③ ㉢
④ ㉣ ⑤ ㉤

20. 다음 글의 내용과 일치하지 않는 것은?

> 노년의 건강을 좌우하는 요소로 전문가들은 흔히 '신진대사(新陳代謝)'를 꼽는다. 신진대사는 외부에서 섭취한 영양물질을 몸 안에서 분해하여 생체 성분이나 생명 활동에 필요한 물질이나 에너지를 생성하고 필요하지 않은 물질을 몸 밖으로 내보내는 작용을 말한다.
>
> 신진대사가 원활해야 신체는 건강을 유지하게 되는데, 만약 그렇지 못하면 이른바 성인병으로 불리는 대사증후군으로 고생하게 된다. 대사증후군이 있을 경우 복부비만은 물론 혈당과 중성지방 그리고 콜레스테롤 수치들이 높게 형성되면서 모든 질병의 원인을 제공하게 된다.
>
> 그런데 최근 들어 노인 건강 분야에서 대사증후군만큼이나 중요한 요소로 거동장애를 꼽는 전문가들이 많아지고 있다. 거동장애란 말 그대로 몸을 자유롭게 움직일 수 있는 능력에 문제가 생긴다는 뜻이다. 거동이 불편하면 우선 운동량이 감소하면서 근력과 관절에 이상이 발생한다. 또한 근력과 관절에 문제가 생기니 대부분 앉거나 누워서 지내게 되고, 그러다 보니 노화 진행 속도가 급격히 빨라지는 악순환이 생긴다는 것이 전문가들의 주장이다.
>
> 이에 대해 대한노인의학회의 관계자는 "노인이 자유롭게 거동할 수 있는 능력은 보통 근육의 양과 뼈의 강도 등에 따라 결정되는데, 예전에는 이런 근육과 뼈의 상태가 노인이 앓는 질환과는 별개의 것으로 생각했다."라고 밝히며 "그러나 '거동장애증후군'이란 새로운 주장이 등장하면서 노인의 근육과 뼈에서 발생하는 문제를 통합적 질병으로 보는 시각이 생겨나기 시작했다."라고 말했다.
>
> 실제로 미 질병예방통제센터(CDC)가 1,757명의 노인을 대상으로 2년간 조사한 결과에 따르면 거동장애증후군 환자의 사망률이 건강한 사람에 비해 11.3배나 높았고 거동장애증후군을 막 앓기 시작한 초기 환자의 사망률도 8.7배나 높은 것으로 드러났다. 이 같은 결과에 대해 CDC의 관계자는 "거동장애증후군 환자들은 주로 나이가 많고 비만이며 근육량이 적고 골밀도가 낮다는 공통점을 갖고 있었다."라고 설명하며 "거동장애는 신진대사와 함께 노인의 건강을 파악하는 지표가 될 것"이라고 강조했다.

① 노인의 건강을 파악하는 중요한 기준으로 운동량과 거동장애를 꼽을 수 있다.
② 대사증후군과 거동장애를 앓는 사람의 공통점으로 비만을 꼽을 수 있다.
③ 거동장애를 앓게 되면 그렇지 않은 사람보다 노화가 더 빨리 진행된다.
④ 신진대사가 원활하지 못할 경우 대사증후군을 앓게 될 확률이 커지게 된다.
⑤ 예전에는 노인들의 근육과 뼈의 상태를 노인이 앓는 질환과는 별개의 것으로 보았다.

[21 ~ 23] 다음 글을 읽고 이어지는 질문에 답하시오.

도서관에 있는 책은 옆면에 각각의 이름표를 달고 있다. 숫자와 문자가 혼합되어 언뜻 복잡해 보이지만 원리를 알면 놀라움 그 자체다. 먼저 각 책장에는 앞자리가 비슷한 책이 한데 모여 있지만 그 의미는 엄연한 차이가 ⓐ난다. 특히 맨 앞자리 숫자는 지구상의 모든 자료를 0에서 9까지 10개의 '주류'로 나눈 것이다. (ㄱ)이들은 인류의 역사와 비슷한 구조를 갖추고 있다.

000은 태초의 인간과 자연이 혼돈에서 출발한다는 의미에서 특정 학문이나 주제에 속하지 않는 분야를 모았다. 100은 혼돈에서 질서를 찾기 위한 이성의 노력을 담은 철학을, 200에서는 유한한 인간이 절대적인 신을 숭배한다는 뜻에서 종교를 담았다. 300에는 인간이 가족과 사회, 국가를 형성하는 데 필요한 사회학을, 400에는 사회가 서로 소통하기 위해 필요한 언어학을 모았다. 500에는 상황에 필요한 과학적 지식인 자연과학을 담고, 600에는 지식이 기술로 발전된 기술과학을 담았다. 생활수준이 높아지면서 예술(700)이 나타나고 정신을 풍요롭게 하는 문학(800)도 나타난다. 마지막으로 900에는 이 모든 것을 기록한 역사를 모았다.

이렇게 책을 나누는 방법은 1876년 미국의 멜빌 듀이(Malvil Dewey)가 개발한 듀이십진분류법(DDC)이라고 한다. 듀이는 미국 애미스트칼리지의 도서관에서 일하면서 불편하게 느낀 점을 고쳐 새로운 분류법을 만들었다. 십진분류법이라는 말은 주류를 10개로 나눈 것처럼 세부 분류도 다시 30개의 숫자로 분류하는 방식을 뜻한다. 현재 이 방법은 세계에서 가장 널리 쓰이고 있다. (ㄴ)미국에서 가장 많이 쓰는 의회도서관분류법(LCC)은 자료를 A부터 Z까지 21개의 알파벳으로 분류한다.

우리나라의 대학 도서관에서는 DDC를 많이 쓴다. 하지만 한글로 된 책이 많은 공공도서관에서는 DDC를 우리나라의 특징에 맞게 고친 한국십진분류법(KDC)을 사용한다. 세계 각국에서 쓰는 DDC는 언어학을 400에 두지만 우리나라에서 개발한 KDC는 언어를 뒤로 700에 놓았으며, 400에는 자연과학을 두었다. 또한 종교(200)에서 불교의 비중을 높이고, 문학(800)에서 한국 소설이나 시와 같은 분류 항목도 늘렸다. (ㄷ)공공도서관에서 쉽게 볼 수 있는 KDC의 원리에 대해 자세히 알아보자.

책의 이름표이자 주소와도 같은 청구기호는 숫자와 문자를 조합해 만든다. 청구기호에는 이 책이 어떤 책인지 미리 알 수 있는 비밀이 담겨 있다. 예를 들어 415번의 책은 어떤 책일까? (ㄹ)맨 앞자리가 4인 걸 보면 자연과학 분야의 책이라는 걸 알 수 있다. 400번 대에서 둘째 자리가 1인 것은 수학이다. 수학은 자연과학 중에서 으뜸가는 학문이라는 뜻에서 1번을 차지한다. 세 번째 자리는 수학의 세부 분류를 뜻하는데, 기하학은 함수, 대수학, 확률과 통계, 해석학에 이어 5번에 해당한다. (ㅁ)즉, 도서관에서 415번 대의 책장에 꽂힌 책은 제목을 보지 않아도 기하학과 관련된 책이라는 것을 알 수 있다.

세 자리 숫자 다음에 나타나는 소수점 아래 숫자는 더 구체적인 분류를 나타낸다. KDC 분류표에서는 소수점 뒷자리를 분류하는 방법이 자세하게 나타난다. 학문이 끝없이 발전하고 새로운 분야가 계속 나타나기 때문에 분류표도 7~8년에 한 번씩 개정을 한다.

21. 윗글의 내용과 일치하지 않는 것은?

   ① 우리나라 공공도서관의 모든 책의 청구기호 맨 앞자리는 0부터 9까지 10개로 되어 있다.
   ② 책을 분류하는 방법은 멜빌 듀이가 개발했기 때문에 듀이십진분류법(DDC)이라고 한다.
   ③ 한글로 된 책이 많은 우리나라 공공도서관에서는 듀이십진분류법(DDC)을 변형한 한국십진분류법(KDC)을 쓰고 있다.
   ④ 우리나라의 대학 도서관과 미국에서는 의회도서관분류법(LCC)이 가장 많이 쓰이는데, 이것은 자료를 A부터 Z까지 21개의 알파벳으로 분류한다.
   ⑤ KDC 분류표는 7～8년마다 개정을 한다.

22. 다음 (ㄱ)～(ㄹ) 중 본문의 내용에 적합하지 않은 문장은?

   ① (ㄱ)   ② (ㄴ)   ③ (ㄷ)
   ④ (ㄹ)   ⑤ (ㅁ)

23. 다음 밑줄 친 부분 중 ⓐ의 문맥상 의미와 가장 가까운 것은?

   ① 이제야 광고 효과가 <u>나기</u> 시작했다.
   ② 신문에 합격자 발표가 <u>나지</u> 않아 걱정이다.
   ③ 따뜻한 남쪽 지방에서 겨울을 <u>나고</u> 돌아왔다.
   ④ 언덕 쪽으로 길이 <u>나면</u> 읍내로 가는 시간이 줄어든다.
   ⑤ 옷에 구멍이 <u>나면</u> 수선해야 한다.

[24 ~ 25] 다음에 제시된 상황과 자료를 보고 이어지는 질문에 답하시오.

손 사원은 팀원들과 통합공시 점검결과 관련 문서를 보고 있다.

20X9년도 통합공시 점검결과 발표

- 기획재정부는 3. 31.(화) 10 : 30 정부서울청사에서 「공공기관운영위원회」를 개최하여 「20X9년도 공공기관 통합공시 점검결과 및 후속조치」를 의결하였다.
- 기획재정부는 공공기관 경영정보공개시스템(알리오)에 공개되는 공공기관 공시 데이터의 신뢰성을 제고하기 위해 매년 상·하반기 2회에 나누어 점검을 실시하였다.
  ※ (상반기) 직원평균보수, 신규채용 및 유연근무현황, 요약 재무상태표 등
  　(하반기) 임직원 수, 임직원채용정보, 수입지출 현황, 납세정보 현황 등
- 331개 공공기관의 18개 항목을 점검한 결과, 공시오류(벌점)가 작년보다 감소(20X8년 8.5점 → 20X9년 7.7점)하였으며, 불성실공시기관*도 4개 기관으로 작년보다 감소(20X8년 7개 → 20X9년 4개)하였다.
  * 벌점 40점 초과, 2년 연속 벌점 20점을 초과하면서 전년 대비 벌점이 증가한 기관

〈연도별 통합공시 점검결과〉

구분	20X5년	20X6년	20X7년	20X8년	20X9년
전체 기관수(개)	311	319	329	335	331
우수공시기관(개)	16	18	22	35	22
불성실공시기관(개)	8	3	3	7	4
평균벌점(점)	10.8	9.5	7.4	8.5	7.7

  ○ 이는 신규지정 공공기관에 대한 1) 맞춤형 교육 실시, 2) 찾아가는 현장 컨설팅, 3) 우수공시기관에 대한 인센티브 제공* 등 정부와 공공기관이 함께 공시품질 제고를 위해 노력한 결과이다.
    * 3년 연속 무벌점 기관은 다음 연도 공시 점검 ⊙ 사면
- 공기업·준정부기관에 대한 점검결과는 기획재정부가 시행하는 공기업·준정부기관 경영실적 평가에 ⓒ 수록된다.
  ○ 우수 및 불성실공시기관에 대해서는 공공기관 알리오 홈페이지에 그 지정 사실을 ⓒ 게시하고, 최근 3년간(20X7 ~ 20X9년) 지속적으로 무벌점을 달성한 9개 기관은 차년도 통합공시 점검에서 제외한다.
    – 불성실공시기관에 대해서는 개선계획서 제출 등 후속조치를 ⓔ 청구할 계획이다.
  ○ 기타공공기관 점검결과는 '경영실적 평가'에 반영하도록 주무부처에 통보할 예정이다.

□ 기획재정부는 국민이 원하는 정보를 보다 정확하고도 신속 편리하게 볼 수 있도록 공공기관 경영정보 통합공시제도를 개선해 나갈 계획이다.
  ○ 공시항목·공시기준·방법 등을 개선하여 공공기관이 경영정보를 보다 정확하게 공시할 수 있도록 하고, 경영정보 공시가 미흡한 공공기관에 대해 현장 컨설팅을 실시하는 등 점검을 강화하여 공시 품질을 지속적으로 ⑩재고해 나갈 예정이다.

24. 다음 중 위 자료를 바르게 이해한 팀원을 모두 고른 것은?

윤 사원 : 기획재정부는 공공기관 공시 데이터의 신뢰성 제고를 위해 매년 2회에 걸쳐 허위사실 공시 여부 등을 점검하는군.
하 사원 : 맞아. 상반기에는 직원평균보수, 신규채용 및 수입지출 현황 등을 점검하고 하반기에는 임직원 수, 납세정보 현황 등을 점검해.
정 사원 : 20X8년 대비 20X9년에 공시오류는 1점 이상 감소한 반면, 불성실공시기관은 3개 기관이 늘어났군.
손 사원 : 우수공시기관은 해마다 꾸준히 증가하고 불성실공시기관은 감소하는 추세를 보이는군.
백 사원 : 3년 연속 무벌점을 기록한 9개 기관은 다음 연도 공시 점검에서 제외된대.

① 윤 사원, 정 사원
② 윤 사원, 백 사원
③ 하 사원, 손 사원
④ 윤 사원, 하 사원, 백 사원
⑤ 하 사원, 손 사원, 백 사원

25. 위 자료의 밑줄 친 ㉠ ~ ㉤을 문맥상 올바른 단어로 고칠 때, 적절하지 않은 것은?

① ㉠ → 면제
② ㉡ → 반영
③ ㉢ → 개시
④ ㉣ → 요청
⑤ ㉤ → 제고

[26 ~ 28] 다음 제시된 상황과 자료를 읽고 이어지는 질문에 답하시오.

박 주임은 공공주택 에너지 공급인증서(REC) 구매 입찰 공고문을 확인하고 있다.

〈공공주택 에너지 공급인증서(REC) 구매 입찰 공고〉

[1] 입찰 공고 개요
- 공고명 : 공공주택 에너지 공급인증서(REC) 구매 입찰
- 품목 및 수량

구분	입찰 공고량	비고
REC단독계약 (단기)	92,000REC	1) 육지 REC 2) 20X7년 7월 이후 생산분 3) 공고마감일(20X9. 11. 25.) 현재 거래 가능한 REC에 한함.

- 계약기간 : 계약일로부터 소유권 이전 완료까지(14일)
  ※ 계약기간 내 거래대금청구 및 거래수수료 납부 등 완료하여야 함.
- 상한가격 : 52,900원/REC 이하   • 자격제한 : 10,000REC 이상을 보유한 사업자

[2] 입찰 참여 방법
- 입찰 공고 및 서류접수 기간 : 20X9년 11월 11일(월) ~ 11월 25일(월) 15 : 00
- 서류 접수방법 : 이메일 접수(현장접수 및 우편접수 불가)
  - (이메일 주소) XXX@OOO.com
  - (이메일 제목) ○○○발전소 입찰서류 제출(단기입찰)
  - (접수확인) 담당자가 정상접수 확인메일 발송예정(법정공휴일 제외)
    ▶ 평가 시, △△공사 이메일에 도달한 시간을 기준
    ▶ 접수마감일 15 : 00까지 서류제출을 완료하지 않은 입찰자는 평가대상에서 제외
    ▶ 입찰 마감 당일에는 신청건수의 폭증으로 시스템 과부하가 예상되므로 가급적 마감일 전까지 제출 완료 요청
- 입찰결과 발표 : 20X9년 11월 27일(수) 15 : 00(예정)
  - △△공사 홈페이지 공지사항 : https : //www.kdhc.co.kr
  - 입찰결과 발표 후 14일 이내 공급인증서 매매계약 체결
- 제출서류 : 암호화된 스캔파일(PDF) 제출(선정 후 원본제출) (붙임1 참조)
  - 파일 1개로 통합하여 PDF 전자파일로 제출 권장
  - 제출 전 첨부파일 오류, 출력가능여부 등 유효성을 반드시 확인 바람.
  - 제출하는 파일(PDF, ZIP 등)은 암호(비밀번호)를 반드시 설정
- 제출서류 비밀번호 제출 : 별도 지정한 기간 내에 제출
  - 입찰참여서의 보안 및 입찰 투명성을 위해 암호화된 파일만 접수받음.

– 해당 파일의 비밀번호는 아래의 기간 내에 반드시 제출하여 주시기 바라며, 서류접수 기간 내에 제출하지 않도록 반드시 유념하시기 바랍니다.
  ▶ (제출기간) 20X9년 11월 25일(월) 15:00 ~ 16:00(1시간)
  ▶ (이메일 주소) XXX@OOO.com
  ▶ (이메일 제목) ○○○발전소 입찰서류 제출(단기입찰) 비밀번호

[3] 계약상대자 선정기준
- 상한가격 이하로 10,000REC 이상의 REC 판매를 제안한 입찰자 중 최저가격을 제시한 사업자 순으로, 입찰 공고량에 도달할 때까지의 사업자를 계약상대방으로 결정합니다.
- 최저가격을 제출한 자가 2인 이상일 경우 희망공급량이 많은 사업자를, 희망공급량도 동일할 경우 추첨을 통해 계약상대방을 결정합니다.
  ※ 추첨일시 별도 통보
- 최후순위 사업자의 희망공급량이 다른 사업자의 희망공급량과 합산하여 입찰 공고량을 초과하는 경우에는 초과하는 수량은 구매하지 아니합니다.
- 입찰 공급량에 도달할 때까지의 입찰자를 계약상대자로 결정하나, 입찰 공급량에 미달한 경우 나머지 물량에 대하여는 우리공사 내부방침에 따릅니다.
- 최종 계약상대자는 우리공사 홈페이지에 공고하고, 결정된 입찰자는 반드시 입찰참여서의 제시한 금액과 낙찰공고에 명시된 수량으로 계약을 체결하여야 합니다.
- 계약상대자가 계약체결을 포기할 경우 공사는 차순위자와 계약을 체결할 수 있습니다.

[4] 입찰의 무효
- 본 구매 건은 우리공사 입찰규정을 준용하고 있습니다. 따라서 우리공사 물품구매 입찰유의서 제12조(입찰의 무효)에 해당되는 사항은 무효로 처리됩니다.

[5] 계약체결 및 이행
  가. 계약체결의 준수(입찰보증금)
    - 입찰에 참여하고자 하는 자는 입찰보증금 지급각서를 제출하고 아래의 상황이 발생하는 경우 입찰보증금을 현금으로 납부하여야 합니다.
      ① 낙찰자가 계약을 포기한 경우 및 14일 이내 계약 미체결(단, 구매자의 귀책사유인 경우 예외)
      ② 입찰자가 계약을 포기한 경우
      ③ 기타 계약 무효화 사항(입찰 참여자격 미준수, 허위 서류 제출 등)
    - 입찰보증금은 입찰자 '입찰참여서'의 희망공급량에 입찰단가를 곱한 금액의 100분의 5 상당한 금액(부가가치세 별도)으로 합니다.

  ※ (예시) 희망공급량 20,000REC, 입찰단가 60,000원/REC
     20,000(REC)×60,000(원/REC)×0.05×1.1(부가세)=66(백만 원)

나. 계약 이행의 준수(계약보증금, 지체상금)
- 「국가를 당사자로 하는 계약에 관한 법률 시행령」제50조의 규정에 정한 바에 따라 동법 시행령 제37조 제2항에 규정된 현금 또는 보증서 등으로 계약보증금을 납부해야 합니다.
- 계약보증금은 계약 공급량에 계약단가를 곱한 금액의 100분의 10에 상당한 금액(부가가치세 별도)으로 합니다.

※ (예시) 계약 공급량 20,000REC, 계약단가 60,000원/REC
20,000(REC)×60,000(원/REC)×0.1×1.1(부가세)=132(백만 원)

- 계약체결일로부터 14일 이내 계약한 REC 물량을 인도하지 못한 경우, 매 지체일수마다 「국가를 당사자로 하는 계약에 관한 법률 시행규칙」제75조 제2호 지체상금률을 미인도된 공급인증서 물량에 계약단가를 곱하여 지체상금을 납부해야 합니다.

※ (예시) 미인도 수량 20,000REC, 계약단가 60,000원/REC, 지체일수 5일
$20,000(REC) \times 60,000(원/REC) \times \frac{0.75}{1,000} \times 5(일) ≒ 450(만 원)$

(이하 생략)

26. 다음 ㉠~㉢ 중 공고문을 이해한 내용으로 적절한 것을 모두 고르면?

㉠ 특정일 이후 생산된 거래 가능한 10,000REC 이상을 보유한 사업자만 입찰에 참여할 수 있다.
㉡ 11월 25일 15:00 이전까지 암호화된 파일과 비밀번호를 제출하여야 한다.
㉢ 계약상대자 선정 시 최저가격을 제출한 자가 2인 이상일 경우 추첨을 통해 결정한다.
㉣ 최종 계약상대자는 홈페이지를 통해 공개되며, 해당 계약상대자가 계약을 포기할 경우 차순위자와 계약이 체결될 수 있다.

① ㉠, ㉡ ② ㉠, ㉢ ③ ㉠, ㉣
④ ㉡, ㉢ ⑤ ㉢, ㉣

27. 박 주임은 다음 〈보기〉의 경우 사업자가 지불할 계약보증금과 지체상금을 구하고자 한다. 그 금액은 각각 얼마인가?

> 보기
>
> 계약 공급량 30,000REC, 계약 단가 45,000원/REC에 계약을 체결한 사업자가 14일 이내 계약 공급량의 절반을 인도하지 못하여, 8일이 지체된 이후에 미인도 수량 전체를 인도하였다.

	계약보증금	지체상금		계약보증금	지체상금
①	135백만 원	405만 원	②	135백만 원	540만 원
③	135백만 원	810만 원	④	148.5백만 원	405만 원
⑤	148.5백만 원	540만 원			

28. 박 주임이 다음 규정에 근거하여 입찰의 무효 여부를 판단할 때, 그 사유가 불충분한 경우는?

> 제12조(입찰의 무효) 시행규칙 제44조에서 무효로 규정한 입찰 및 다음 각호의 어느 하나에 해당하는 입찰은 무효로 한다.
> 1. 입찰자(법인의 경우 대표자를 말한다. 이하 같다)가 직접 입찰을 하지 아니하고 대리인을 통하여 입찰을 할 경우 제7조 제2항에 의한 대리인이 아닌 자가 한 입찰 또는 대리권이 없는 자가 한 입찰
> 2. 동일사항에 대하여 타인의 대리를 겸하거나 2인 이상을 대리한 입찰
> 3. 입찰서의 입찰금액 등 중요한 부분이 불분명하거나 정정한 후 정정날인을 누락한 입찰
> 4. 담합하거나 타인의 경쟁참가를 방해 또는 관계계약담당자의 공무집행을 방해한 자의 입찰
> 5. 입찰자의 기명날인이 없는 입찰(입찰자의 성명을 기재하지 아니하고 대리인 성명 또는 회사명을 기재한 경우 및 입찰참가신청서 제출 시 신고한 인감과 다른 인감으로 날인된 경우도 포함한다)
> 6. 입찰서에 기재한 중요부분에 착오가 있음을 이유로 개찰현장에서 입찰자가 입찰의 취소 의사를 표시하여 계약담당자가 이를 인정한 입찰
> 7. 제8조 제1항 및 제6항에 위반하여 소정의 입찰서를 사용하지 않거나 입찰서의 금액을 아라비아숫자로만 기재한 입찰 또는 전산서식에 의한 입찰서를 훼손하거나 전산표기방법과 상이하게 작성, 기재하여 전산처리가 되지 아니한 입찰

① 대리권이 없는 자가 입찰에 참여한 경우
② 입찰자의 회사명으로 날인을 하여 입찰한 경우
③ 개찰현장에서 입찰자가 입찰 취소의사를 표시한 경우
④ 입찰금액의 맨 앞자리를 정정한 후 정정날인을 누락한 경우
⑤ 입찰서에 아라비아숫자 이외의 문자로 표기한 금액을 누락한 경우

[29 ~ 30] 다음에 제시된 상황과 자료를 보고 이어지는 질문에 답하시오.

P(만 30세)는 동갑내기 친구들 5명과 함께 워터파크에 가기 위해 이용요금을 알아보고 있다. P와 친구들은 8개월 동안 매월 2만 원씩 회비를 걷어 왔으며, 회비 중 사용하고 남은 금액으로 워터파크를 이용하고, 부족한 금액만큼만 추가로 내기로 하였다(걷은 회비 60%는 이미 사용하였다).

〈워터파크 이용권〉

종류	주간권(종일)		오후권(14:30)	
	대인	소인 / 경로	대인	소인 / 경로
로시즌	40,000원	31,000원	34,000원	26,000원
미들시즌	50,000원	39,000원	42,000원	33,000원
하이시즌	60,000원	47,000원	49,000원	38,000원

〈콤보 이용권〉

종류	1일권		2일권	
	대인	소인 / 경로	대인	소인 / 경로
로시즌	62,000원	49,000원	80,000원	65,000원
미들시즌	72,000원	56,000원	88,000원	71,000원
하이시즌	84,000원	67,000원	97,000원	79,000원
비고	하루 동안 워터파크, 놀이공원 이용 가능		워터파크, 놀이공원 하루씩 이용 가능	

※ 로시즌 : 4월 21일 ~ 6월 1일 / 미들시즌 : 6월 2일 ~ 6월 29일 / 하이시즌 : 6월 30일 ~ 7월 20일
※ 경로 : 만 65세 이상 / 소인 : 만 36개월 이상 ~ 만 12세 이하, 만 36개월 미만은 무료입장
※ 이용권 요금은 실내로커 미포함 요금입니다.

〈물품 이용요금〉

종류		이용요금	대여료	보증금	비고
구명재킷		6,000원	6,000원	-	-
로커	실외	500원	-	500원	동절기 실내로커 인원 초과 시 운영
	실내	2,000원	2,000원	-	-
타월	대형	6,000원	3,000원	3,000원	-
	중형	3,000원	1,000원	2,000원	-
비치체어	미니형	14,000원	14,000원	-	-
	고급형	18,000원	18,000원	-	골드시즌 20,000원(7/21 ~ 8/15)

※ 이용요금에는 대여료와 보증금이 포함되며, 보증금은 물품 반납 시 반환됩니다.

29. P와 친구들은 6월 둘째 주 금요일에 주간권을 구입하여 워터파크에 가기로 하였다. 다음 중 옳지 않은 것은? (단, 6월 1일은 화요일이다)

① P와 친구들이 워터파크에 가는 날은 6월 11일이다.
② 회비를 추가로 걷지 않아도 워터파크 이용권을 구입하고 각자 1개씩 실내로커를 이용할 수 있다.
③ 대형타월을 1인당 1개씩 대여하여 사용 후 반납하면 18,000원을 돌려받는다.
④ 워터파크 이용권 구입 후 구명재킷과 실내로커는 1인당 1개씩, 미니형 비치체어는 2인당 1개씩 이용하면 1인당 2,000원을 추가로 내야 한다.
⑤ 주간권 대신 오후권을 구입한다면, 이용권 구매비용을 48,000원 절약할 수 있다.

30. (29와 이어짐) P는 친구들과 워터파크를 간 날로부터 3주 후 금요일에 언니 가족(30대인 언니·형부, 만 36개월, 만 57개월인 조카 각 1명)과 함께 콤보 이용권 1일권을 구매하여 워터파크와 놀이공원에 가기로 하였다. 다음 중 옳은 것은?

① P와 언니 가족의 이용권 구입비용은 338,000원이다.
② 만 36개월 조카는 이용권을 구입하지 않고 무료로 입장할 수 있다.
③ 조카 2명에게 구명재킷을 대여하여 입히려면 요금은 24,000원이 필요하다.
④ 놀이공원 방문 계획을 취소하고 워터파크 주간권만 구입할 경우, 112,000원을 절약할 수 있다.
⑤ 언니 가족과 방문하는 날에는 실외로커를 이용할 수 있으며, 보증금만 있기 때문에 대여료는 무료이다.

[31 ~ 32] 다음 제시된 상황과 자료를 읽고 이어지는 질문에 답하시오.

입찰 관련 업무를 담당하는 최 대리는 S 공사의 입찰 관련 자료를 살펴 보고 있다.

〈입찰 관련 낙찰업체 선정 기준〉

1. 1차 평가 : 책임건축사의 경력 및 실적(50점)

구분	배점	등급				
[책임건축사 경력] 책임건축사의 전문분야 신축 '건축설계' 경력기간 합산 평가	20점	20년 이상	20년 미만 18년 이상	18년 미만 16년 이상	16년 미만 14년 이상	14년 미만
		20.0	16.0	12.0	8.0	0
[책임건축사 유사용역 수행실적] 공고일 기준 최근 10년간 책임건축사 업무시설 신축 '건축설계' 수행실적	30점	4건 이상	3건 이상	2건 이상	1건 이상	1건 미만
		30.0	25.0	20.0	15.0	0

2. 2차 평가 : 유사용역 수행실적(50점)

   1) 계약회사(건축설계) 30점

구분		배점	등급				
[건축회사 유사용역 수행실적] 공고일 기준 최근 10년간 건축회사의 업무시설 신축 '건축설계' 수행실적	건수	15점	4건 이상	3건 이상	2건 이상	1건 이상	1건 미만
			15.0	12.0	9.0	6.0	0
	면적	15점	8만㎡ 이상	8만㎡ 미만 6만㎡ 이상	6만㎡ 미만 4만㎡ 이상	4만㎡ 미만 2만㎡ 이상	2만㎡ 미만
			15.0	12.0	9.0	6.0	0

   2) 협력회사(정비계획, 지하 공간 등) 20점

구분	배점	등급					비고
[정비계획 유사용역 수행실적] 도시환경정비구역 내 정비계획(변경) 실적(착수 ~ 고시완료)	10점	4건 이상	3건 이상	2건 이상	1건 이상	1건 미만	전문 분야 특수성 고려
		10.0	8.0	6.0	4.0	0	
[지하 공간 유사용역 수행실적] 지하철출입구 등 지하공공보행통로 설계 실적(착수 ~ 고시완료)	10점	4건 이상	3건 이상	2건 이상	1건 이상	1건 미만	
		10.0	8.0	6.0	4.0	0	
소계		100점					

3. 환산점수 : 해당 회사 점수 합계×20÷100
   ■ 환산점수 20점과 입찰 가격 80점을 합하여 100점 만점에 최고 득점 업체로 선정함.

31. 다음 중 제시된 낙찰업체 선정기준에 대한 설명으로 올바르지 않은 것은?

① 책임건축사와 건축회사가 모두 실적이 많을수록 낙찰될 확률이 높다.
② 책임건축사의 경력기간이 10년인 업체와 15년인 업체와의 환산점수는 8점의 차이가 난다.
③ 협력회사의 수행실적은 착수 단계에서 고시완료 단계까지 포함된 것을 인정한다.
④ 계약회사의 수행실적이 협력회사의 수행실적보다 더 중요한 판단기준이다.
⑤ 책임건축사의 경력과 수행실적 중 수행실적이 더 중요한 판단기준이다.

32. 1, 2차 평가를 거쳐 비교 대상이 된 A, B 업체의 환산점수는 순서대로 각각 몇 점인가?

구분		A 업체	B 업체
책임건축사	경력기간	18년	16년
	실적	3건	4건
계약회사	건수	3건	2건
	면적	4.5만m²	6만m²
협력회사	정비계획	4건	3건
	지하 공간	2건	3건

① 15.5점, 15.5점　　② 15.8점, 15.6점　　③ 15.3점, 15.6점
④ 15.6점, 15.8점　　⑤ 15.8점, 15.5점

[33 ~ 34] 다음에 제시된 상황과 자료를 보고 이어지는 질문에 답하시오.

K사 인재개발원에서 근무하는 정 씨는 인재개발원의 시설임대 및 운영 총괄 업무를 담당하고 있다.

〈202X년 4월 내부 교육 일정표〉

교육명	교육일정	교육장소	인원
성희롱예방교육	4월 2 ~ 7일, 4월 20 ~ 25일	대강당, 중강의실	520명
청렴교육	4월 9일	중강의실	150명
창조역량 강화과정	4월 15 ~ 20일	소강의실	80명
인턴사원교육	4월 10 ~ 12일	중강의실, 소강의실	263명
기획력 향상과정	4월 15일, 27일	대강당	300명
IT전문가 실무과정	4월 6일, 13일, 20일	IT교육실	56명

〈인재개발원 시설 이용 정보〉

가. 일반 이용 요금

(단위 : 원)

시설명		시설 수	수용인원	전일(8H)	반일(4H)	추가요금(1H)
교육시설	대강당	1	300명	1,800,000	950,000	250,000
	중강의실	3	80명	500,000	260,000	70,000
	소강의실	2	40명	250,000	130,000	35,000
	IT교육실	1	60명	700,000	370,000	100,000
숙박시설	2인실	80	2명	50,000		
	4인실	25	4명	100,000		

※ 교육시설은 전일(8H) 또는 반일(4H) 기준, 숙박시설은 1박 기준
※ 1시간당 추가요금은 18:00 이후 교육시설 사용자에게만 적용
※ 반일(4H) 사용자의 약정시간 초과 시 전일(8H) 요금 적용
※ IT교육실은 기업할인 대상 연계 시 이용료 감면 제외 시설

나. 기업할인 대상(시설 이용료의 30%를 감면)
1) 중소기업기본법에 의한 중소기업
2) 경기도 소재 기업체 및 공공기관

33. 정 씨는 내부 교육 일정과 겹치지 않는 기관에 대해 시설 사용을 수락하고 안내하고자 한다. 다음 중 정 씨가 시설 이용 신청을 수락할 기업은?

기관명	사용희망일자	사용희망시설	예상인원
① B 기업	4월 19 ~ 22일	대강당	300명
② W 기업	4월 3 ~ 4일	소강의실	70명
③ C 기업	4월 9 ~ 11일	중강의실	240명
④ P 기업	4월 15일	중강의실, 소강의실	270명
⑤ H 기업	4월 17 ~ 20일	중강의실	300명

34. 다음은 N 기업이 인재개발원 시설 이용을 위해 작성했던 신청서 내용과 실제 사용 내역이다. 정 씨가 이를 토대로 시설 이용 요금을 정산하려고 할 때, 총 금액은 얼마인가?

기관명	N 기업(본사)		주소	경기도 양평군 강상면 ○○
연수내용	신입사원연수		연수기간	202X. 05. 22. ~ 25.
사용 교육시설	사용일자	사용시간	사용개수	예상금액
대강당	5월 22일, 25일	10:00 ~ 13:00	1	1,900,000원
중강의실	5월 23일, 24일	10:00 ~ 18:00	3	3,000,000원
IT교육실	5월 22일	14:00 ~ 18:00	1	370,000원
사용 숙박시설	사용일자		사용개수	예상금액
2인실	5월 22 ~ 25일		80	12,000,000원
4인실	5월 22 ~ 25일		25	7,500,000원

〈실제 사용 내역〉

사용 교육시설	사용일자	사용시간	사용개수
대강당	5월 22일, 25일	10:00 ~ 16:00	1
중강의실	5월 23일, 24일	10:00 ~ 20:00	3
IT교육실	5월 22일	14:00 ~ 18:00	1
사용 숙박시설	사용일자		사용개수
2인실	5월 22 ~ 25일 (3박)		80
4인실	5월 22 ~ 25일 (3박)		25

① 19,117,000원　　② 19,228,000원　　③ 23,540,000원
④ 24,770,000원　　⑤ 26,326,000원

[35 ~ 36] 다음에 제시된 상황과 자료를 보고 이어지는 질문에 답하시오.

▲▲레스토랑에서는 요리사 신규 채용을 진행 중이다.

〈요리사 신규채용 공고에 따른 지원자 명단〉

번호	분야	경력	나이	거주자
지원자 1	한식, 중식	2년	25	대전
지원자 2	양식	5년	32	용인
지원자 3	일식, 중식	없음	27	대전
지원자 4	중식	6년	31	남양주
지원자 5	중식, 양식	7년	38	성남
지원자 6	한식, 일식	3년	35	대전
지원자 7	한식	10년	39	수원
지원자 8	양식	없음	29	안산
지원자 9	한식, 양식	13년	47	대전
지원자 10	일식, 양식	8년	37	대전

〈A ~ D 면접관 4명의 선발 기준〉
- A : 대전 거주자이고 한식 분야 경력의 지원자를 원한다.
- B : 경력이 전혀 없는 사람은 곤란하므로 최소 3년 이상의 경력자를 원한다.
- C : 나이가 40세 이상인 지원자를 원한다.
- D : 두 가지 분야가 가능한 사람을 원한다.

35. 면접관 4명의 의견을 모두 반영한다면, 채용될 지원자는 누구인가?

① 지원자 5　　② 지원자 6　　③ 지원자 7
④ 지원자 8　　⑤ 지원자 9

36. 면접관 4명 중 2명만 실제 면접에 참여하였다. 참여한 면접관의 선발 기준에 모두 부합하는 지원자를 전부 선발하였더니 지원자 6과 지원자 9가 채용되었다. 참여한 면접관 두 명은 누구인가?

① A, B　　　② A, C　　　③ B, C
④ B, D　　　⑤ C, D

37. 다음 중 밑줄 친 부분에 들어갈 문장으로 알맞은 것은? (단, 음료를 좋아하거나 싫어하거나 둘 중 하나이다)

- 그녀가 카페라테를 좋아한다면 커피도 좋아하고 우유도 좋아할 것이다.
- _____
- 그러므로 그녀가 커피나 우유 중 어느 한 쪽을 싫어한다면 그녀는 녹차와 홍차를 좋아할 것이다.

① 그녀가 카페라테를 좋아한다면 그녀는 녹차도 싫어하고 홍차도 싫어할 것이다.
② 그녀가 녹차도 좋아하고 홍차도 좋아한다면 그녀는 카페라테를 좋아할 것이다.
③ 그녀가 녹차도 싫어하고 홍차도 싫어한다면 그녀는 카페라테를 좋아할 것이다.
④ 그녀가 녹차를 싫어하거나 홍차를 싫어한다면 그녀는 카페라테를 좋아할 것이다.
⑤ 그녀가 우유를 좋아하고 홍차도 좋아한다면 그녀는 카페라테를 좋아할 것이다.

[38 ~ 39] 다음에 제시된 상황과 자료를 보고 이어지는 질문에 답하시오.

GH 보험사의 상품 설계팀은 보험 상품의 다각화를 위하여 반려견과 반려묘 대상의 신규 상품을 개발하여 출시하였다.

〈GH 보험사 반려견 및 반려묘 보험 상품〉

1. 상품 특징 : 반려견 및 반려묘의 질병·상해로 인한 입원, 통원 치료 등과 같은 목적으로 보호자가 전국 모든 동물병원에서 부담한 비용의 실비 보상
2. 가입 대상 : 최초 가입은 생후 91일 이후부터이며 만 8세 이하의 반려견과 반려묘만 가입 가능
   ※ 재가입의 경우 만 10세 이하의 반려견과 반려묘만 가입 가능
3. 보험가입기간 : 가입 후 3년마다 자동으로 계약갱신 가능하며 최장 20년 동안 보장
4. 보험 유형

구분	보장 내역	보험금 지급액	월 납부액
A	- 통원 의료비 보장(실속형) - 입원 의료비 보장	1일 10만 원 한도	18,000원
	3대 질환 관련 수술* 의료비 보장(기본형)	1회 100만 원 한도 (연 최대 350만 원 한도)	
B	- 통원 의료비(기본형) - 입원 의료비 보장	1일 15만 원 한도	21,000원
	모든 수술 의료비 보상(고급형)	1회 150만 원 한도 (연 최대 450만 원 한도)	
	배상 책임**(기본형)	1건 500만 원 한도	
C	- 통원 의료비 보장(기본형) - 입원 의료비 보장	1일 20만 원 한도	24,000원
	모든 수술 의료비 보장(고급형)	1회 180만 원 한도 (연 최대 600만 원 한도)	
	배상 책임(고급형)	1건 800만 원 한도	
	장례비 지원***	15만 원 한도	

* 3대 질환 관련 수술 : 반려견의 경우 구강 질환, 슬개골 및 고관절 관련 질환, 반려묘의 경우 신장 및 비뇨기 질환, 장 질환, 소화기계 질환을 대상으로 함.
** 배상 책임 : 보험에 가입한 반려견 및 반려묘가 다른 동물 및 사람의 신체에 손해를 끼쳤을 경우, 보호자가 부담해야 할 실제 손해 금액을 보장
*** 장례비 지원 : 보험에 가입한 반려견 및 반려묘가 보험가입 후에 사망한 경우(단, 자연사, 질병으로 인한 사망, 수의사가 적법하게 시행한 안락사는 지원이 가능하나 학대행위로 사망한 경우는 지원하지 않음)

※ 유의사항
- 보험금 지급을 위하여 동물병원 진료 직후 또는 등록 당일에 보험 가입된 반려견 또는 반려묘의 코 근접사진을 3장 촬영하여 GH 보험사에 제출하여야 함(제출기한 : 진료 당일 포함 3일 이내). 단, 보험가입 시 동물등록증 인증 방식으로 가입된 경우 제외함.
- 통원 및 입원(모든 수술 포함) 의료비와 반려견 및 반려묘의 배상 책임으로 발생한 사고 비용의 경우, 한도금액 내에서 실비 지급을 원칙으로 하며 책정된 정액을 지급함.
- 모든 유형의 보험에서 보험금 지급 시 해당 건 이외의 자기 부담금은 고려하지 않음.

38. 신입사원 P가 제시된 자료를 이해한 내용으로 적절한 것은?

① 생후 2개월인 반려견의 경우, 자사의 신규 보험 상품에 최초 가입이 가능하다.
② 최초 가입 시 만 2세였던 반려견이 보험기간 종료 후 노환으로 사망하더라도 매일 24,000원의 보험료를 납부했다면, 장례비용 15만 원을 지급받을 수 있다.
③ 월 납입액 21,000원 상품에 가입한 반려묘가 슬개골 및 고관절 관련 질환 수술을 받는다면, 1회 최대 100만 원의 보험금을 지급받을 수 있다.
④ 월 납입액 21,000원 상품에 가입한 반려견이 산책 중 자사의 보험 상품에 가입하지 않은 다른 반려견에게 물리는 경우, 1회 500만 원 한도에서 배상 책임으로 보험금을 지급받을 수 있다.
⑤ 동물등록증 없이 신규 보험상품에 가입한 반려묘가 피부질환으로 3월 5일부터 통원치료를 받았다면, 보호자는 3월 7일까지 반려묘의 코 근접사진 3장을 자사에 제출하여야 보험금을 지급받을 수 있다.

39. 보험금 지급 담당자인 W는 다음과 같은 고객들의 문의를 확인하고 있다. 고객 A, B에게 지급될 보험금은 각각 얼마인가?

- 고객 A : 반려묘 '야옹'이가 7월 3일자로 생후 130일이 지나서 A 유형 보험에 가입했습니다. 그런데 지난 7월 8일부터 자꾸 밥을 먹지 않아 근처 동물병원에 데리고 갔더니 제가 모르는 사이에 털뭉치 장난감의 털을 조금 삼켰다고 합니다. 병원에서는 당분간 자극적인 음식을 피하고 위장을 보호해야 하기 때문에 3일 동안 통원치료를 권유했고, 진료비와 약값으로 치료기간 동안 매일 5만 원을 지출했습니다. 보험가입 당시 동물등록증으로 가입하지 못하여 7월 9일에 '야옹이'의 코 근접사진 3장을 보험 담당자 메일로 발송하였습니다. 그리고 통원 치료 중에 동물병원에서 '야옹'이가 평소 좋아하는 사료를 할인하여 7만 원어치 구매하였는데, 보험금을 총 얼마 받을 수 있나요?
- 고객 B : 반려견 '사랑'이가 3살이 되는 날 C 유형 보험에 가입하였습니다. 우리 '사랑'이는 하얀 몰티즈인데 지난 9월 6일 강아지 유치원에 갔다가 다른 강아지 '피스'와 싸웠습니다. '사랑'이는 다치지 않았지만 '피스'를 물어서 '피스'의 복부에 상처가 났습니다. 첫 의료비로 20만 원이 청구되었고 두 번째 의료비로 30만 원이 나왔다고 합니다. '피스'의 치료비와 몸에 좋은 보양식을 10만 원어치 구입하여 위로금과 함께 보내려고 합니다. 보험금은 얼마나 받을 수 있을까요?

	고객 A	고객 B		고객 A	고객 B
①	50,000원	200,000원	②	100,000원	300,000원
③	130,000원	300,000원	④	150,000원	500,000원
⑤	220,000원	500,000원			

[40~41] ○○공사의 기획예산부서에서는 20X4년도 예산을 편성하기 위해 20X3년에 시행되었던 정책에 대한 평가를 실시하여 다음과 같은 결과를 얻었다. 이어지는 질문에 답하시오.

〈정책 평가 결과〉

(단위 : 점)

정책	계획의 충실성	계획 대비 실적	성과지표 달성도
A	96	95	76
B	93	83	81
C	94	96	82
D	98	82	75
E	95	92	79
F	95	90	85

- 정책 평가 영역과 각 영역별 기준 점수는 다음과 같다.
  - 계획의 충실성 : 기준 점수 90점
  - 계획 대비 실적 : 기준 점수 85점
  - 성과지표 달성도 : 기준 점수 80점
- 평가 점수가 해당 영역의 기준 점수 이상인 경우 '통과'로 판단하고 기준 점수 미만인 경우 '미통과'로 판단한다.
- 모든 영역이 통과로 판단된 정책에는 전년과 동일한 금액을 편성하며, 2개 영역이 통과로 판단된 정책에는 전년 대비 10% 감액, 1개 영역만 통과로 판단된 정책에는 15% 감액하여 편성한다. 다만 '계획 대비 실적' 영역이 미통과인 경우 위 기준과 상관없이 15% 감액하여 편성한다.
- 20X3년도 기획예산부서의 A~F 정책 예산은 각각 20억 원으로 총 120억 원이었다.

40. 전년도와 동일한 금액의 예산을 편성해야 하는 정책은 모두 몇 개인가?

① 2개 ② 3개 ③ 4개
④ 5개 ⑤ 6개

41. 다음 중 '성과지표 달성도' 영역에서 '통과'로 판단된 경우에도 예산을 감액해야 하는 정책은?

① A ② B ③ C
④ E ⑤ F

42. 다음 A ~ G 7개 기업의 난방비에 대한 조사 결과에 근거하여 난방비가 적은 기업부터 순서대로 나열한 것은?

(ㄱ) B 기업의 난방비와 C 기업의 난방비는 같다.
(ㄴ) A 기업의 난방비는 F 기업의 난방비와 D 기업의 난방비를 합한 것과 같다.
(ㄷ) G 기업의 난방비가 가장 낮다.
(ㄹ) E 기업의 난방비는 C 기업, A 기업, D 기업의 난방비를 모두 합한 것과 같다.
(ㅁ) B 기업의 난방비는 A 기업의 난방비와 D 기업의 난방비를 합한 것과 같다.
(ㅂ) D 기업의 난방비는 F 기업의 난방비의 3배이다.

① G < A < B = C < D < F < E
② G < D < B = C < A < F < E
③ G < A < D < B = C < E < F
④ G < F < D < B = C < A < E
⑤ G < F < D < A < B = C < E

43. 다음을 읽고 〈보기〉 중 항상 참인 내용을 모두 고른 것은?

○○사에 다니고 있는 남자사원 A가 하는 말은 모두 거짓이고, 여자사원 B가 하는 말은 모두 진실이다. 어느 날 ○○사에 A와 B의 후임으로 신입사원 C, D가 들어왔는데 둘 중 한 명이 하는 말은 모두 거짓이고 나머지 한 명이 하는 말은 모두 진실이다. 여자사원 B는 "신입사원 중 여자사원이 한 명 이상 있고, 여자사원이 하는 말은 모두 진실이다."라고 말했다.

보기

㉠ 신입사원 C가 하는 말은 모두 거짓이다.
㉡ 신입사원 D가 하는 말은 모두 진실이다.
㉢ 남자사원 A가 "신입사원 D는 남자이다."라고 말했다면, D가 하는 말은 모두 거짓이다.
㉣ 신입사원 C가 하는 말이 모두 거짓이라면, D는 여자이다.

① ㉢
② ㉣
③ ㉠, ㉡
④ ㉠, ㉣
⑤ ㉡, ㉢

[44 ~ 45] 다음 제시된 상황과 자료를 보고 이어지는 질문에 답하시오.

공인중개사 사무소에 근무하는 A 씨는 근처 원룸 월세방 거래를 담당하고 있다. A 씨는 고객들이 주로 찾는 정보들을 토대로 월세방 목록을 정리하였다.

〈B 공인중개사 사무소 원룸 월세방 목록〉

번호	보증금	월세	관리비	구조	신축	층	옵션													
							면적	거리 간	주차	E/V	에어컨	냉장고	세탁기	가스렌지	전자렌지	인덕션	책상	책장	침대	옷장	신발장	싱크대
1	500	40	5	오픈	○	3	6	3	유	유	○	○	○	○			○	○	○	○	○	○
2	200	27	3	분리		1	8	3	무	무	○	○	○	○			○		○	○		
3	500	40	5	분리	○	3	6	3	유	유	○	○	○		○		○	○		○	○	○
4	500	40	5	오픈	○	3	6	3	유	유	○	○	○	○			○	○		○	○	○
5	400	40	5	분리		3	6	3	유	무	○	○	○				○			○	○	○
6	500	33	5	오픈		3	7	1	무	무	○	○	○	○	○		○		○			○
7	300	30	3	오픈		-1	9	2	무	무	○	○	○				○					○
8	500	30	5	오픈		3	8	2	무	무	○	○	○	○			○	○	○	○		○
9	500	30	5	오픈	○	-1	6	2	유	유	○	○	○		○	○	○		○	○		○
10	300	27	3	오픈		1	7	2	무	유	○	○	○	○			○		○	○		○
11	500	30	5	오픈		5	7	2	무	유	○	○	○	○			○		○	○		○
12	500	32	3	분리		3	8	2	유	무	○	○	○	○						○	○	○
13	500	40	5	분리	○	2	6	2	유	유	○	○	○	○	○		○			○		○
14	500	35	3	분리		2	6	2	유	무	○	○	○	○			○			○		○
15	500	40	5	오픈		2	6	2	무	무	○	○	○	○							○	○
16	500	38	5	오픈		3	5	2	무	무	○	○	○			○	○	○		○	○	○
17	500	35	3	분리		2	8	1	유	무	○	○	○				○			○		○
18	500	43	5	오픈	○	1	7	2	유	무	○	○	○				○			○		○
19	500	40	5	오픈	○	2	8	2	유	무	○	○	○				○			○		○
20	300	30	5	오픈		-1	6	3	무	무	○	○	○	○			○	○	○	○	○	○

※ -1층은 반지하를 의미
※ 거리 간 점수가 높을수록 지하철의 접근성이 좋음을 의미
※ 분리형 구조는 부엌과 생활공간이 문으로 분리됨.
※ 보증금, 월세, 관리비 단위는 만 원

44. 다음 중 K 씨의 요구에 가장 적합한 방 번호는?

- 여성 직장인 K 씨
- 옵션은 많을수록 좋음.
- 책상, 침대는 반드시 있어야 함.
- 요리를 즐겨 생활공간과 분리된 주방 필요
- 안전을 중요하게 생각함.
- 소음에 민감한 편이라 거리소음 없는 2층 이상을 원함.

① 2번　　② 5번　　③ 14번
④ 17번　　⑤ 20번

45. 다음 중 H 씨의 상황에 가장 적합한 방 번호는?

- 인근 대학교 신입생 H 씨
- 졸업할 때까지 거주할 예정이며(4년), 매년 지급받는 정부지원금 1,000만 원으로 거주할 수 있어야 함.
- 지하철역과 가까운 곳 선호함.
- 부모님이 차량으로 자주 방문하실 예정임.

① 5번　　② 9번　　③ 12번
④ 14번　　⑤ 17번

[46 ~ 47] 다음에 제시된 상황과 자료를 보고 이어지는 질문에 답하시오.

○○기업의 교육부서에 근무하는 김 사원은 이번 달에 실시할 신입사원 대상 교육 프로그램을 분석하는 업무를 담당하게 되었다.

- 개발되는 교육 프로그램
  - 주제 : 사내 인트라넷을 활용하여 서류 결재, 회의 준비, 업무 공유하기
  - 대상 : 20XX년 8월 이후 ○○기업에 입사한 모든 사원
  - 일시 : 20XX년 9월 12, 13일(둘 중 택1하여 참석) 14시 ○○기업 4층 대회의실
- 교육 대상

성명	부서	성명	부서
A	회계	F	교육
B	교육	G	영업
C	회계	H	영업
D	마케팅	I	마케팅
E	마케팅	J	영업

- 부서별 신입사원 일정

부서	일정	시간
회계	부서 전체 회의	9월 12일 9시 ~ 10시, 13일 14시
교육	하반기 본사 교육 로드맵 작성	9월 12일 9시 ~ 11시, 13일 13시 ~ 15시
영업	계약 관련 외부 출장	9월 11일 출발 ~ 12일 15시 도착
마케팅	시장조사 보고서 작업	9월 10일 ~ 13일 12시 예정

※ 교육 프로그램 일정과 부서별 일정이 겹칠 경우 부서별 일정을 우선한다.

- 오프라인 교육에 참석하는 인원수에 맞춰 다과를 준비할 것
- 교육 1주일 전 해당 교육의 참석 대상에게 장소, 시간 등을 알리는 메일을 보낼 것
- 오프라인 교육을 이수하지 못한 교육 대상에게는 오프라인 교육 종료 후 온라인 교육 이수 대상임을 알릴 것

46. 위 자료를 참고할 때 김 사원이 해야 할 일로 적절하지 않은 것은?

① 9월 12일에 필요한 4인분의 다과를 준비한다.
② 9월 5일에 회계부서 사원에게 12일의 교육 일정을 알리는 메일을 보낸다.
③ 9월 6일에 영업부서 사원에게 13일의 교육 일정을 알리는 메일을 보낸다.
④ 9월 6일에 교육, 마케팅부 사원에게 13일의 교육 일정을 알리는 메일을 보낸다.
⑤ 9월 13일에 필요한 6인분의 다과를 준비한다.

47. 온라인 교육을 이수하는 데 필요한 계정을 1인당 1개씩 생성해야 할 때, 김 사원이 생성해야 하는 온라인 계정의 개수는?

① 0개　　　　　② 1개　　　　　③ 2개
④ 3개　　　　　⑤ 4개

[48 ~ 49] 다음에 제시된 상황과 자료를 보고 이어지는 질문에 답하시오.

○○자동차에 근무하는 L 씨는 부품제조 협력사를 새롭게 선정하기 위해 검토보고의견서를 작성하고 있다.

〈2024년 부품제조 협력사 선정기준〉

Ⅰ. 개요
  1. 제목 : 차체공장 협력사 변경·선정 검토보고의견
  2. 생산시간 : 07 : 00 ~ 12 : 00
  3. 협조공장 : 프레스공장, 조립공장 이상 2개소

Ⅱ. 차체공장 상황(20X3. 05. 기준)
  1. 전기사용량 : 3,375Kwh(설비 1대 기준)
  2. 전기사용료 : 월 102만 원
  3. 연료사용료 : 월 175만 원
  4. 조립공장 대비 : 약 30% 생산비용 추가 소요(설비 1대 기준)

Ⅲ. 향후 협력사 변경을 위한 검토사항
  1. 생산부품 : A 업체와 B 업체 중 선정할 것
  2. A 업체와 B 업체 선정 시 예상 비교 현황

구분	개선효과	예상 지출내역
A 업체	전기사용료 33% 절감	매년 계약금 300만 원씩 지불
B 업체	연료사용료 38% 절감	6개월마다 계약금 200만 원씩 지불

48. ○○자동차 차체공장 협력사를 A 업체로 선정하는 경우, 이익이 발생하기까지 몇 개월이 소요되는가? (단, 사용료는 20X3년 5월을 기준으로 한다)

① 5개월 ② 6개월 ③ 7개월
④ 8개월 ⑤ 9개월

49. ○○자동차 차체공장 협력사로 A 업체와 B 업체가 공동 선정되어 각각 1년씩 생산했을 때, 두 업체의 생산비용 차이는 얼마인가? (단, 생산비용은 계약금을 포함하며, 전기와 연료사용료는 20X3년 5월을 기준으로 한다)

① 2,150,400원 ② 2,620,000원 ③ 2,940,800원
④ 3,196,000원 ⑤ 3,278,000원

50. 다음 전제를 읽고 반드시 참인 결론을 모두 고르면?

[전제] • 복지가 좋은 회사는 직원들의 불만이 많지 않다.
 • 연봉이 높지 않은 회사는 직원들의 불만이 많다.
 • 복지가 좋은 회사는 직원들의 여가생활을 존중한다.

[결론] A : 복지가 좋은 회사가 연봉이 높은 것은 아니다.
 B : 직원들의 여가생활을 존중하지 않는 회사는 복지가 좋지 않다.

① A만 옳다. ② B만 옳다. ③ A, B 모두 옳다.
④ A, B 모두 옳지 않다. ⑤ 알 수 없다.

고시넷 LH 한국토지주택공사 [업무직] NCS

NH 한국토지주택공사
[업무직]

파트
2

인성검사

01 인성검사의 이해
02 인성검사 연습

01 인성검사의 이해

1 인성검사, 왜 필요한가?

채용기업은 지원자가 '직무적합성'을 지닌 사람인지를 인성검사와 NCS기반 필기시험을 통해 판단한다. 인성검사에서 말하는 인성(人性)이란 그 사람의 성품, 즉 각 개인이 가지는 사고와 태도 및 행동 특성을 의미한다. 인성은 사람의 생김새처럼 사람마다 다르기 때문에 몇 가지 유형으로 분류하고 이에 맞추어 판단한다는 것 자체가 억지스럽고 어불성설일지 모른다. 그럼에도 불구하고 기업들의 입장에서는 입사를 희망하는 사람이 어떤 성품을 가졌는지 정보가 필요하다. 그래야 해당 기업의 인재상에 적합하고 담당할 업무에 적격한 인재를 채용할 수 있기 때문이다.

지원자의 성격이 외향적인지 아니면 내향적인지, 어떤 직무와 어울리는지, 조직에서 다른 사람과 원만하게 생활할 수 있는지, 업무 수행 중 문제가 생겼을 때 어떻게 대처하고 해결할 수 있는지에 대한 전반적인 개성은 자기소개서를 통해서나 면접을 통해서도 어느 정도 파악할 수 있다. 그러나 이것들만으로 인성을 충분히 파악할 수 없기 때문에 객관화되고 정형화된 인성검사로 지원자의 성격을 판단하고 있다.

채용기업은 필기시험을 높은 점수로 통과한 지원자라 하더라도 해당 기업과 거리가 있는 성품을 가졌다면 탈락시키게 된다. 일반적으로 필기시험 통과자 중 인성검사로 탈락하는 비율이 10% 내외가 된다고 알려져 있다. 물론 인성검사를 탈락하였다 하더라도 특별히 인성에 문제가 있는 사람이 아니라면 절망할 필요는 없다. 자신을 되돌아보고 다음 기회를 대비하면 되기 때문이다. 탈락한 기업이 원하는 인재상이 아니었다면 맞는 기업을 찾으면 되고, 경쟁자가 많았기 때문이라면 자신을 다듬어 경쟁력을 높이면 될 것이다.

2 인성검사의 특징

우리나라 대다수의 채용기업은 인재개발 및 인적자원을 연구하는 한국행동과학연구소(KIRBS), 에스에이치알(SHR), 한국사회적성개발원(KSAD), 한국인재개발진흥원(KPDI) 등 전문기관에 인성검사를 의뢰하고 있다.

이 기관들의 인성검사 개발 목적은 비슷하지만 기관마다 검사 유형이나 평가 척도는 약간의 차이가 있다. 또 지원하는 기업이 어느 기관에서 개발한 검사지로 인성검사를 시행하는지는 사전에 알 수 없다. 그렇지만 공통으로 적용하는 척도와 기준에 따라 구성된 여러 형태의 인성검사지로 사전 테스트를 해 보고 자신의 인성이 어떻게 평가되는가를 미리 알아보는 것은 가능하다.

인성검사는 필기시험 당일 직무능력평가와 함께 실시하는 경우와 직무능력평가 합격자에 한하여 면접과 함께 실시하는 경우가 있다. 인성검사의 문항은 100문항 내외에서부터 최대 500문항까지 다양하다. 인성검사에 주어지는 시간은 문항 수에 비례하여 30~100분 정도가 된다.

문항 자체는 단순한 질문으로 어려울 것은 없지만 제시된 상황에서 본인의 행동을 정하는 것이 쉽지만은 않다. 문항 수가 많을 경우 이에 비례하여 시간도 길게 주어지지만 단순하고 유사하며 반복되는 질문에 방심하여 집중하지 못하고 실수하는 경우가 있으므로 컨디션 관리와 집중력 유지에 노력하여야 한다. 특히 같거나 유사한 물음에 다른 답을 하는 경우가 가장 위험하다.

3 인성검사 척도 및 구성

1 미네소타 다면적 인성검사(MMPI)

MMPI(Minnesota Multiphasic Personality Inventory)는 1943년 미국 미네소타 대학교수인 해서웨이와 매킨리가 개발한 대표적인 자기 보고형 성향 검사로서 오늘날 가장 대표적으로 사용되는 객관적 심리검사 중 하나이다. MMPI는 약 550여 개의 문항으로 구성되며 각 문항을 읽고 '예(YES)' 또는 '아니오(NO)'로 대답하게 되어 있다.

MMPI는 4개의 타당도 척도와 10개의 임상척도로 구분된다. 500개가 넘는 문항들 중 중복되는 문항들이 포함되어 있는데 내용이 똑같은 문항도 10문항 이상 포함되어 있다. 이 반복 문항들은 응시자가 얼마나 일관성 있게 검사에 임했는지를 판단하는 지표로 사용된다.

구분	척도명	약자	주요 내용
타당도 척도 (바른 태도로 임했는지, 신뢰할 수 있는 결론인지 등을 판단)	무응답 척도 (Can not say)	?	응답하지 않은 문항과 복수로 답한 문항들의 총합으로 빠진 문항을 최소한으로 줄이는 것이 중요하다.
	허구 척도 (Lie)	L	자신을 좋은 사람으로 보이게 하려고 고의적으로 정직하지 못한 답을 판단하는 척도이다. 허구 척도가 높으면 장점까지 인정받지 못하는 결과가 발생한다.
	신뢰 척도 (Frequency)	F	검사 문항에 빗나간 답을 한 경향을 평가하는 척도로 정상적인 집단의 10% 이하의 응답을 기준으로 일반적인 경향과 다른 정도를 측정한다.
	교정 척도 (Defensiveness)	K	정신적 장애가 있음에도 다른 척도에서 정상적인 면을 보이는 사람을 구별하는 척도로 허구 척도보다 높은 고차원으로 거짓 응답을 하는 경향이 나타난다.
임상척도 (정상적 행동과 그렇지 않은 행동의 종류를 구분하는 척도로, 척도마다 다른 기준으로 점수가 매겨짐)	건강염려증 (Hypochondriasis)	Hs	신체에 대한 지나친 집착이나 신경질적 혹은 병적 불안을 측정하는 척도로 이러한 건강염려증이 타인에게 어떤 영향을 미치는지도 측정한다.
	우울증 (Depression)	D	슬픔·비관 정도를 측정하는 척도로 타인과의 관계 또는 본인 상태에 대한 주관적 감정을 나타낸다.
	히스테리 (Hysteria)	Hy	갈등을 부정하는 정도를 측정하는 척도로 신체 증상을 호소하는 경우와 적대감을 부인하며 우회적인 방식으로 드러내는 경우 등이 있다.
	반사회성 (Psychopathic Deviate)	Pd	가정 및 사회에 대한 불신과 불만을 측정하는 척도로 비도덕적 혹은 반사회적 성향 등을 판단한다.
	남성-여성특성 (Masculinity-Feminity)	Mf	남녀가 보이는 흥미와 취향, 적극성과 수동성 등을 측정하는 척도로 성에 따른 유연한 사고와 융통성 등을 평가한다.

	편집증 (Paranoia)	Pa	과대 망상, 피해 망상, 의심 등 편집증에 대한 정도를 측정하는 척도로 열등감, 비사교적 행동, 타인에 대한 불만과 같은 내용을 질문한다.
	강박증 (Psychasthenia)	Pt	과대 근심, 강박관념, 죄책감, 공포, 불안감, 정리정돈 등을 측정하는 척도로 만성 불안 등을 나타낸다.
	정신분열증 (Schizophrenia)	Sc	정신적 혼란을 측정하는 척도로 자폐적 성향이나 타인과의 감정 교류, 충동 억제불능, 성적 관심, 사회적 고립 등을 평가한다.
	경조증 (Hypomania)	Ma	정신적 에너지를 측정하는 척도로 생각의 다양성 및 과장성, 행동의 불안정성, 흥분성 등을 나타낸다.
	사회적 내향성 (Social introversion)	Si	대인관계 기피, 사회적 접촉 회피, 비사회성 등의 요인을 측정하는 척도로 외향성 및 내향성을 구분한다.

2 캘리포니아 성격검사(CPI)

CPI(California Psychological Inventory)는 캘리포니아 대학의 연구팀이 개발한 성검사로 MMPI와 함께 세계에서 가장 널리 사용되고 있는 인성검사 툴이다. CPI는 다양한 인성 요인을 통해 지원자가 답변한 응답 왜곡 가능성, 조직 역량 등을 측정한다. MMPI가 주로 정서적 측면을 진단하는 특징을 보인다면, CPI는 정상적인 사람의 심리적 특성을 주로 진단한다.

CPI는 약 480개 문항으로 구성되어 있으며 다음과 같은 18개의 척도로 구분된다.

구분	척도명	주요 내용
제1군 척도 (대인관계 적절성 측정)	지배성(Do)	리더십, 통솔력, 대인관계에서의 주도권을 측정한다.
	지위능력성(Cs)	내부에 잠재되어 있는 내적 포부, 자기 확신 등을 측정한다.
	사교성(Sy)	참여 기질이 활달한 사람과 그렇지 않은 사람을 구분한다.
	사회적 자발성(Sp)	사회 안에서의 안정감, 자발성, 사교성 등을 측정한다.
	자기 수용성(Sa)	개인적 가치관, 자기 확신, 자기 수용력 등을 측정한다.
	행복감(Wb)	생활의 만족감, 행복감을 측정하며 긍정적인 사람으로 보이고자 거짓 응답하는 사람을 구분하는 용도로도 사용된다.
제2군 척도 (성격과 사회화, 책임감 측정)	책임감(Re)	법과 질서에 대한 양심, 책임감, 신뢰성 등을 측정한다.
	사회성(So)	가치 내면화 정도, 사회 이탈 행동 가능성 등을 측정한다.
	자기 통제성(Sc)	자기조절, 자기통제의 적절성, 충동 억제력 등을 측정한다.
	관용성(To)	사회적 신념, 편견과 고정관념 등에 대한 태도를 측정한다.
	호감성(Gi)	타인이 자신을 어떻게 보는지에 대한 민감도를 측정하며, 좋은 사람으로 보이고자 거짓 응답하는 사람을 구분한다.
	임의성(Cm)	사회에 보수적 태도를 보이고 생각 없이 적당히 응답한 사람을 판단하는 척도로 사용된다.

제3군 척도 (인지적, 학업적 특성 측정)	순응적 성취(Ac)	성취동기, 내면의 인식, 조직 내 성취 욕구 등을 측정한다.
	독립적 성취(Ai)	독립적 사고, 창의성, 자기실현을 위한 능력 등을 측정한다.
	지적 효율성(Le)	지적 능률, 지능과 연관이 있는 성격 특성 등을 측정한다.
제4군 척도 (제1~3군과 무관한 척도의 혼합)	심리적 예민성(Py)	타인의 감정 및 경험에 대해 공감하는 정도를 측정한다.
	융통성(Fx)	개인적 사고와 사회적 행동에 대한 유연성을 측정한다.
	여향성(Fe)	남녀 비교에 따른 흥미의 남향성 및 여향성을 측정한다.

3 SHL 직업성격검사(OPQ)

OPQ(Occupational Personality Questionnaire)는 세계적으로 많은 외국 기업에서 널리 사용하는 CEB사의 SHL 직무능력검사에 포함된 직업성격검사이다. 4개의 질문이 한 세트로 되어 있고 총 68세트 정도 출제되고 있다. 4개의 질문 안에서 '자기에게 가장 잘 맞는 것'과 '자기에게 가장 맞지 않는 것'을 1개씩 골라 '예', '아니오'로 체크하는 방식이다. 단순하게 모든 척도가 높다고 좋은 것은 아니며, 척도가 낮은 편이 좋은 경우도 있다.

기업에 따라 척도의 평가 기준은 다르다. 희망하는 기업의 특성을 연구하고, 채용 기준을 예측하는 것이 중요하다.

척도	내용	질문 예
설득력	사람을 설득하는 것을 좋아하는 경향	- 새로운 것을 사람에게 권하는 것을 잘한다. - 교섭하는 것에 걱정이 없다. - 기획하고 판매하는 것에 자신이 있다.
지도력	사람을 지도하는 것을 좋아하는 경향	- 사람을 다루는 것을 잘한다. - 팀을 아우르는 것을 잘한다. - 사람에게 지시하는 것을 잘한다.
독자성	다른 사람의 영향을 받지 않고, 스스로 생각해서 행동하는 것을 좋아하는 경향	- 모든 것을 자신의 생각대로 하는 편이다. - 주변의 평가는 신경 쓰지 않는다. - 유혹에 강한 편이다.
외향성	외향적이고 사교적인 경향	- 다른 사람의 주목을 끄는 것을 좋아한다. - 사람들이 모인 곳에서 중심이 되는 편이다. - 담소를 나눌 때 주변을 즐겁게 해 준다.
우호성	친구가 많고, 대세의 사람이 되는 것을 좋아하는 경향	- 친구와 함께 있는 것을 좋아한다. - 무엇이라도 얘기할 수 있는 친구가 많다. - 친구와 함께 무언가를 하는 것이 많다.
사회성	세상 물정에 밝고 사람 앞에서도 낯을 가리지 않는 성격	- 자신감이 있고 유쾌하게 발표할 수 있다. - 공적인 곳에서 인사하는 것을 잘한다. - 사람들 앞에서 발표하는 것이 어렵지 않다.

겸손성	사람에 대해서 겸손하게 행동하고 누구라도 똑같이 사귀는 경향	– 자신의 성과를 그다지 내세우지 않는다. – 절제를 잘하는 편이다. – 사회적인 지위에 무관심하다.
협의성	사람들에게 의견을 물으면서 일을 진행하는 경향	– 사람들의 의견을 구하며 일하는 편이다. – 타인의 의견을 묻고 일을 진행시킨다. – 친구와 상담해서 계획을 세운다.
돌봄	측은해 하는 마음이 있고, 사람을 돌봐 주는 것을 좋아하는 경향	– 개인적인 상담에 친절하게 답해 준다. – 다른 사람의 상담을 진행하는 경우가 많다. – 후배의 어려움을 돌보는 것을 좋아한다.
구체적인 사물에 대한 관심	물건을 고치거나 만드는 것을 좋아하는 경향	– 고장 난 물건을 수리하는 것이 재미있다. – 상태가 안 좋은 기계도 잘 사용한다. – 말하기보다는 행동하기를 좋아한다.
데이터에 대한 관심	데이터를 정리해서 생각하는 것을 좋아하는 경향	– 통계 등의 데이터를 분석하는 것을 좋아한다. – 표를 만들거나 정리하는 것을 좋아한다. – 숫자를 다루는 것을 좋아한다.
미적가치에 대한 관심	미적인 것이나 예술적인 것을 좋아하는 경향	– 디자인에 관심이 있다. – 미술이나 음악을 좋아한다. – 미적인 감각에 자신이 있다.
인간에 대한 관심	사람의 행동에 동기나 배경을 분석하는 것을 좋아하는 경향	– 다른 사람을 분석하는 편이다. – 타인의 행동을 보면 동기를 알 수 있다. – 다른 사람의 행동을 잘 관찰한다.
정통성	이미 있는 가치관을 소중히 여기고, 익숙한 방법으로 사물을 대하는 것을 좋아하는 경향	– 실적이 보장되는 확실한 방법을 취한다. – 낡은 가치관을 존중하는 편이다. – 보수적인 편이다.
변화 지향	변화를 추구하고, 변화를 받아들이는 것을 좋아하는 경향	– 새로운 것을 하는 것을 좋아한다. – 해외여행을 좋아한다. – 경험이 없더라도 시도해 보는 것을 좋아한다.
개념성	지식에 대한 욕구가 있고, 논리적으로 생각하는 것을 좋아하는 경향	– 개념적인 사고가 가능하다. – 분석적인 사고를 좋아한다. – 순서를 만들고 단계에 따라 생각한다.
창조성	새로운 분야에 대한 공부를 하는 것을 좋아하는 경향	– 새로운 것을 추구한다. – 독창성이 있다. – 신선한 아이디어를 낸다.
계획성	앞을 생각해서 사물을 예상하고, 계획적으로 실행하는 것을 좋아하는 경향	– 과거를 돌이켜보며 계획을 세운다. – 앞날을 예상하며 행동한다. – 실수를 돌아보며 대책을 강구하는 편이다.

치밀함	정확한 순서를 세워 진행하는 것을 좋아하는 경향	– 사소한 실수는 거의 하지 않는다. – 정확하게 요구되는 것을 좋아한다. – 사소한 것에도 주의하는 편이다.
꼼꼼함	어떤 일이든 마지막까지 꼼꼼하게 마무리 짓는 경향	– 맡은 일을 마지막까지 해결한다. – 마감 시한은 반드시 지킨다. – 시작한 일은 중간에 그만두지 않는다.
여유	평소에 릴랙스하고, 스트레스에 잘 대처하는 경향	– 감정의 회복이 빠르다. – 분별없이 함부로 행동하지 않는다. – 스트레스에 잘 대처한다.
근심·걱정	어떤 일이 잘 진행되지 않으면 불안을 느끼고, 중요한 일을 앞두면 긴장하는 경향	– 예정대로 잘되지 않으면 근심·걱정이 많다. – 신경 쓰이는 일이 있으면 불안하다. – 중요한 만남 전에는 기분이 편하지 않다.
호방함	사람들이 자신을 어떻게 생각하는지를 신경 쓰지 않는 경향	– 사람들이 자신을 어떻게 생각하는지 그다지 신경 쓰지 않는다. – 상처받아도 동요하지 않고 아무렇지 않은 태도를 취한다. – 사람들의 비판에 크게 영향받지 않는다.
억제력	감정을 표현하지 않는 경향	– 쉽게 감정적으로 되지 않는다. – 분노를 억누른다. – 격분하지 않는다.
낙관적	사물을 낙관적으로 보는 경향	– 낙관적으로 생각하고 일을 진행시킨다. – 문제가 일어나도 낙관적으로 생각한다.
비판적	비판적으로 사물을 생각하고, 이론·문장 등의 오류에 신경 쓰는 경향	– 이론의 모순을 찾아낸다. – 계획이 갖춰지지 않은 것이 신경 쓰인다. – 누구도 신경 쓰지 않는 오류를 찾아낸다.
행동력	운동을 좋아하고, 민첩하게 행동하는 경향	– 동작이 날렵하다. – 여가를 활동적으로 보낸다. – 몸을 움직이는 것을 좋아한다.
경쟁성	지는 것을 싫어하는 경향	– 승부를 겨루게 되면 지는 것을 싫어한다. – 상대를 이기는 것을 좋아한다. – 싸워 보지 않고 포기하는 것을 싫어한다.
출세 지향	출세하는 것을 중요하게 생각하고, 야심적인 목표를 향해 노력하는 경향	– 출세 지향적인 성격이다. – 곤란한 목표도 달성할 수 있다. – 실력으로 평가받는 사회가 좋다.
결단력	빠르게 판단하는 경향	– 답을 빠르게 찾아낸다. – 문제에 대한 빠른 상황 파악이 가능하다. – 위험을 감수하고도 결단을 내리는 편이다.

4 인성검사 합격 전략

1 포장하지 않은 솔직한 답변

"다른 사람을 험담한 적이 한 번도 없다.", "물건을 훔치고 싶다고 생각해 본 적이 없다."

이 질문에 당신은 '그렇다', '아니다' 중 무엇을 선택할 것인가? 채용기업이 인성검사를 실시하는 가장 큰 이유는 '이 사람이 어떤 성향을 가진 사람인가'를 효율적으로 파악하기 위해서이다.

인성검사는 도덕적 가치가 빼어나게 높은 사람을 판별하려는 것도 아니고, 성인군자를 가려내기 위함도 아니다. 인간의 보편적 성향과 상식적 사고를 고려할 때, 도덕적 질문에 지나치게 겸손한 답변을 체크하면 오히려 솔직하지 못한 것으로 간주되거나 인성을 제대로 판단하지 못해 무효 처리가 되기도 한다. 자신의 성격을 포장하여 작위적인 답변을 하지 않도록 솔직하게 임하는 것이 예기치 않은 결과를 피하는 첫 번째 전략이 된다.

2 필터링 함정을 피하고 일관성 유지

앞서 강조한 솔직함은 일관성과 연결된다. 인성검사를 구성하는 많은 척도는 여러 형태의 문장 속에 동일한 요소를 적용해 반복되기도 한다. 예컨대 '나는 매우 활동적인 사람이다'와 '나는 운동을 매우 좋아한다'라는 질문에 '그렇다'고 체크한 사람이 '휴일에는 집에서 조용히 쉬며 독서하는 것이 좋다'에도 '그렇다'고 체크한다면 일관성이 없다고 평가될 수 있다.

그러나 일관성 있는 답변에만 매달리면 '이 사람이 같은 답변만 체크하기 위해 이 부분만 신경 썼구나'하는 필터링 함정에 빠질 수도 있다. 비슷하게 보이는 문장이 무조건 같은 내용이라고 판단하여 똑같이 답하는 것도 주의해야 한다. 일관성보다 중요한 것은 솔직함이다. 솔직함이 전제되지 않은 일관성은 허위 척도 필터링에서 드러나게 되어 있다. 유사한 질문의 응답이 터무니없이 다르거나 양극단에 치우치지 않는 정도라면 약간의 차이는 크게 문제되지 않는다. 중요한 것은 솔직함과 일관성이 하나의 연장선에 있다는 점을 명심하자.

3 지원한 직무와 연관성을 고려

다양한 분야의 많은 계열사와 큰 조직을 통솔하는 대기업은 여러 사람이 조직적으로 움직이는 만큼 각 직무에 걸맞은 능력을 갖춘 인재가 필요하다. 그래서 기업은 매년 신규채용으로 입사한 신입사원들의 젊은 패기와 참신한 능력을 성장 동력으로 활용한다.

기업은 사교성 있고 활달한 사람만을 원하지 않는다. 해당 직군과 직무에 따라 필요로 하는 사원의 능력과 개성이 다르기 때문에, 지원자가 희망하는 계열사나 부서의 직무가 무엇인지 제대로 파악하여 자신의 성향과 맞는지에 대한 고민은 반드시 필요하다. 같은 질문이라도 기업이 원하는 인재상이나 부서의 직무에 따라 판단 척도가 달라질 수 있다.

4 평상심 유지와 컨디션 관리

역시 솔직함과 연결된 내용이다. 한 질문에 오래 고민하고 신경 쓰면 불필요한 생각이 개입될 소지가 크다. 이는 직관을 떠나 이성적 판단에 따라 포장할 위험이 높아진다는 뜻이기도 하다. 긴 시간 생각하지 말고 자신의 평상시 생각과 감정대로 답하는 것이 중요하며, 가능한 건너뛰지 말고 모든 질문에 답하도록 한다. 300 ~ 400개 정도 문항을 출제하는 기업이 많기 때문에, 끝까지 집중하여 임하는 것이 중요하다.

특히 적성검사와 같은 날 실시하는 경우, 적성검사를 마친 후 연이어 보기 때문에 신체적·정신적으로 피로한 상태에서 자세가 흐트러질 수도 있다. 따라서 컨디션을 유지하면서 문항당 7 ~ 10초 이상 쓰지 않도록 하고, 문항 수가 많을 때는 답안지에 바로바로 표기하자.

인성검사 연습

1 인성검사 출제유형

LH 한국토지주택공사의 인성검사는 사전 온라인검사로, AI면접과 MMPI(다면형 인성검사) 검사 방식으로 진행된다. 인성검사 결과는 면접의 참고자료로 활용된다. 인성검사는 기업이 추구하는 인재상, 핵심가치 등에 따라 적합한 인재를 찾기 위해 가치관과 태도를 측정하는 것이다. 응시자 개인의 사고와 태도·행동 특성 및 유사 질문의 반복을 통해 거짓말 척도 등으로 기업의 인재상에 적합한지를 판단하므로 특별하게 정해진 답은 없다.

2 AI면접

1 화면에 문장으로 제시되는 상황면접 질문과 가치관 및 경험을 묻는 질문에 대해 정해진 시간 내에 답한다.

예시

단정한 자세와 차림으로 구체적인 근거를 들어 논리적인 답변을 제시할 수 있어야 한다(약 20분 내외).

1. 친구와 오래 전부터 주말 여행을 기획했다. 그런데 상사가 프로젝트 때문에 주말근무를 지시한다면 어떻게 하겠는가?
2. 아이슬란드에 냉장고를 어떻게 판매할 건가?
3. 분리수거를 하지 않는 친구 때문에 불편을 겪고 있다면 어떻게 대처를 할 것인가?
4. 자기 스스로에게 만족하는가?
5. 위험부담을 감수하는 편인가?

3 MMPI 검사

1 약 550문항의 각 내용을 읽고 평소 자신의 생각 및 행동과 유사하거나 일치하면 '그렇다', 다르거나 일치하지 않으면 '아니다'에 표시한다.

2 구성된 검사지에 문항 수가 많으면 일관된 답변이 어려울 수도 있으므로 최대한 꾸밈없이 자신의 가치관과 신념을 바탕으로 솔직하게 답하도록 노력한다.

인성검사 Tip

1. 직관적으로 솔직하게 답한다.
2. 모든 문제를 신중하게 풀도록 한다.
3. 비교적 일관성을 유지할 수 있도록 한다.
4. 평소의 경험과 선호도를 자연스럽게 답한다.
5. 각 문항에 너무 골똘히 생각하거나 고민하지 않는다.
6. 지원한 분야와 나의 성격의 연관성을 미리 생각하고 분석해 본다.

4 MMPI 모의 연습

※ 인성검사는 지원자 개인의 사고와 태도·행동 특성, 직업윤리, 대인관계능력 등 인성 전반과 유사 질문의 반복을 통한 거짓말 척도 등으로 인재상과의 적합성을 판단하는 것으로, 특별하게 정해진 답이 없는 유형입니다.

[01~100] 질문에 해당된다고 생각하면 '그렇다', 해당되지 않는다면 '아니다'를 골라 기입(마크)해 주십시오. 건너뛰지 말고 모두 응답해 주십시오.

번호	질문	응답	
		그렇다	아니다
1	교통 법규를 위반했을 때 눈감아 줄만한 사람은 사귀어 둘 만하다.	Ⓨ	Ⓝ
2	지루할 때면 스릴 있는 일을 일으키고 싶어진다.	Ⓨ	Ⓝ
3	남의 물건을 함부로 다루는 사람에게는 내 물건을 빌려주고 싶지 않다.	Ⓨ	Ⓝ
4	나는 항상 진실만을 말하지는 않는다.	Ⓨ	Ⓝ
5	이따금 천박한 농담을 듣고 웃는다.	Ⓨ	Ⓝ
6	다른 사람들로부터 주목받기를 좋아한다.	Ⓨ	Ⓝ
7	많은 사람들 앞에서 이야기하는 것을 싫어한다.	Ⓨ	Ⓝ
8	어떤 사람들은 동정을 얻기 위하여 그들의 고통을 과장한다.	Ⓨ	Ⓝ
9	정직한 사람이 성공하기란 불가능하다.	Ⓨ	Ⓝ
10	나의 말이나 행동에 누군가 상처를 받는다면, 그건 상대방이 여린 탓이다.	Ⓨ	Ⓝ
11	화가 나서 물건을 파손한 적이 있다.	Ⓨ	Ⓝ
12	기회만 주어진다면, 나는 훌륭한 지도자가 될 것이다.	Ⓨ	Ⓝ
13	나는 예민하다는 말을 자주 듣는다.	Ⓨ	Ⓝ

14	한 가지 일에 정신을 집중하기가 힘들다.	Ⓨ	Ⓝ
15	모임에서 취할 때까지 술을 마시는 것을 못마땅하게 여긴다.	Ⓨ	Ⓝ
16	아무도 나를 이해하지 못하는 것 같다.	Ⓨ	Ⓝ
17	돈 내기를 하면 경기나 게임이 더 즐겁다.	Ⓨ	Ⓝ
18	나는 사람들을 강화시키는 재능을 타고났다.	Ⓨ	Ⓝ
19	수단과 방법을 가리지 않고 목표를 달성하고 싶다.	Ⓨ	Ⓝ
20	낯선 사람들을 만나면 무슨 이야기를 해야 할지 몰라 어려움을 겪는다.	Ⓨ	Ⓝ
21	곤경을 모면하기 위해 꾀병을 부린 적이 있다.	Ⓨ	Ⓝ
22	학교 선생님들은 대개 나를 공정하고 솔직하게 대해 주었다.	Ⓨ	Ⓝ
23	자동차 정비사의 일을 좋아할 것 같다.	Ⓨ	Ⓝ
24	나는 상대방이 화를 내면 더욱 화가 난다.	Ⓨ	Ⓝ
25	합창부에 가입하고 싶다.	Ⓨ	Ⓝ
26	사람들은 대개 성 문제를 지나치게 걱정한다.	Ⓨ	Ⓝ
27	다른 사람의 슬픔에 대해 공감하는 척할 때가 많다.	Ⓨ	Ⓝ
28	결정을 내리기 전에 다양한 관점에서 신중하게 생각한다.	Ⓨ	Ⓝ
29	체면 차릴 만큼은 일한다.	Ⓨ	Ⓝ
30	남녀가 함께 있으면 남자는 대개 그 여자의 섹스에 관련된 것을 생각한다.	Ⓨ	Ⓝ
31	주인이 없어 보이는 물건은 가져도 된다.	Ⓨ	Ⓝ
32	스릴을 느끼기 위해 위험한 일을 한 적이 있다.	Ⓨ	Ⓝ
33	현재 직면한 국제 문제에 대한 해결 방법을 알고 있다.	Ⓨ	Ⓝ
34	나는 기분이 쉽게 변한다.	Ⓨ	Ⓝ
35	현기증이 난 적이 전혀 없다.	Ⓨ	Ⓝ
36	나는 스트레스를 받으면 몸에 이상이 온다.	Ⓨ	Ⓝ
37	엄격한 규율과 규칙에 따라 일하기가 어렵다.	Ⓨ	Ⓝ
38	남이 나에게 친절을 베풀면 대개 숨겨진 이유가 무엇인지를 생각해본다.	Ⓨ	Ⓝ
39	학교에서 무엇을 배울 때 느린 편이었다.	Ⓨ	Ⓝ
40	우리 가족은 항상 가깝게 지낸다.	Ⓨ	Ⓝ
41	나는 자주 무력감을 느낀다.	Ⓨ	Ⓝ
42	영화에서 사람을 죽이는 장면을 보면 짜릿하다.	Ⓨ	Ⓝ
43	불을 보면 매혹된다.	Ⓨ	Ⓝ

44	소변을 보거나 참는 데 별 어려움을 겪은 적이 없다.	Y	N
45	나도 든든한 배경이 있었다면 지금보다 훨씬 나은 위치에 있었을 것이다.	Y	N
46	과연 행복한 사람이 있을지 의문이다.	Y	N
47	때때로 나의 업적을 자랑하고 싶어진다.	Y	N
48	나는 터질 듯한 분노를 종종 느낀다.	Y	N
49	거액을 사기 칠 수 있을 정도로 똑똑한 사람이라면, 그 돈을 가져도 좋다.	Y	N
50	선거 때 잘 알지 못하는 사람에게 투표한 적이 있다.	Y	N
51	사교적인 모임에 나가는 것을 싫어한다.	Y	N
52	지나치게 생각해서 기회를 놓치는 편이다.	Y	N
53	활발한 사람으로 통한다.	Y	N
54	꾸준히 하는 일이 적성에 맞는다.	Y	N
55	돌다리도 두드려 보고 건넌다.	Y	N
56	지는 것을 싫어하는 편이다.	Y	N
57	적극적으로 행동하는 타입이다.	Y	N
58	이웃에서 나는 소리가 신경 쓰인다.	Y	N
59	나도 모르게 끙끙 앓고 고민하는 편이다.	Y	N
60	비교적 금방 마음이 바뀌는 편이다.	Y	N
61	휴식시간 정도는 혼자 있고 싶다.	Y	N
62	자신만만한 영업맨 타입이다.	Y	N
63	잘 흥분하는 편이라고 생각한다.	Y	N
64	한 번도 거짓말을 한 적이 없다.	Y	N
65	밤길에는 뒤에서 걸어오는 사람이 신경 쓰인다.	Y	N
66	실패하면 내 책임이라고 생각한다.	Y	N
67	남의 의견에 좌우되어서 쉽게 의견이 바뀐다.	Y	N
68	개성적인 편이라고 생각한다.	Y	N
69	나는 항상 활기차게 일하는 사람이다.	Y	N
70	다양한 문화를 인정하는 것은 중요하다.	Y	N
71	인상이 좋다는 말을 자주 듣는다.	Y	N
72	나와 다른 관점이 있다는 것을 인정한다.	Y	N
73	일에 우선순위를 잘 파악하여 행동하는 편이다.	Y	N

74	사무실에서 조사하는 것보다 현장에서 파악하는 것을 선호한다.	Ⓨ	Ⓝ
75	약속 장소에 가기 위한 가장 빠른 교통수단을 미리 알아보고 출발한다.	Ⓨ	Ⓝ
76	친절하다는 말을 종종 듣는다.	Ⓨ	Ⓝ
77	팀으로 일하는 것이 좋다.	Ⓨ	Ⓝ
78	돈 관리를 잘하는 편이어서 적자가 나는 법이 없다.	Ⓨ	Ⓝ
79	내 감정이나 행동의 근본적인 이유를 찾기 위해서 노력한다.	Ⓨ	Ⓝ
80	호기심이 풍부한 편이다.	Ⓨ	Ⓝ
81	나는 좀 어려운 과제도 내가 할 수 있다는 긍정적인 생각을 많이 한다.	Ⓨ	Ⓝ
82	절대 새치기는 하지 않는다.	Ⓨ	Ⓝ
83	일단 일을 맡게 되면 책임지고 해낸다.	Ⓨ	Ⓝ
84	나는 신뢰감을 주는 편이다.	Ⓨ	Ⓝ
85	자료를 찾는 시간에 사람을 만나 물어보는 방식이 더 잘 맞는다.	Ⓨ	Ⓝ
86	새로운 일을 직접 기획해보고 기획안을 만드는 것을 좋아한다.	Ⓨ	Ⓝ
87	상냥하다는 말을 많이 듣는다.	Ⓨ	Ⓝ
88	무책임한 사람을 보면 짜증이 난다.	Ⓨ	Ⓝ
89	나는 항상 솔직하고 정직하다.	Ⓨ	Ⓝ
90	권위적인 방식으로 나를 대하면 반항한다.	Ⓨ	Ⓝ
91	안정적인 직장보다 창의적인 직장을 원한다.	Ⓨ	Ⓝ
92	쉽게 화가 난다.	Ⓨ	Ⓝ
93	냉철한 사고력이 요구되는 일이 편하다.	Ⓨ	Ⓝ
94	계획을 세울 때 세부일정까지 구체적으로 짜는 편이다.	Ⓨ	Ⓝ
95	주로 남의 의견을 듣는 편이다.	Ⓨ	Ⓝ
96	업무를 통한 정보 교환을 중심으로 상호작용이 활발한 조직을 좋아한다.	Ⓨ	Ⓝ
97	안정감보다 아슬아슬한 스릴이 더 좋다.	Ⓨ	Ⓝ
98	게임에 내기를 걸지 않으면 승부욕이 생기지 않는다.	Ⓨ	Ⓝ
99	나는 참 괜찮은 사람이다.	Ⓨ	Ⓝ
100	내가 왜 이러는지 모를 때가 자주 있다.	Ⓨ	Ⓝ

고시넷 LH 한국토지주택공사 [업무직] NCS

LH 한국토지주택공사
[업무직]

파트
3

면접가이드

01 NCS 면접의 이해
02 NCS 구조화 면접 기법
03 면접 최신 기출 주제

NCS 면접의 이해

※ 능력중심 채용에서는 타당도가 높은 구조화 면접을 적용한다.

1 면접이란?

일을 하는 데 필요한 능력(직무역량, 직무지식, 인재상 등)을 지원자가 보유하고 있는지를 다양한 면접기법을 활용하여 확인하는 절차이다. 자신의 환경, 성취, 관심사, 경험 등에 대해 이야기하여 본인이 적합하다는 것을 보여 줄 기회를 제공하고, 면접관은 평가에 필요한 정보를 수집하고 평가하는 것이다.

- 지원자의 태도, 적성, 능력에 대한 정보를 심층적으로 파악하기 위한 선발 방법
- 선발의 최종 의사결정에 주로 사용되는 선발 방법
- 전 세계적으로 선발에서 가장 많이 사용되는 핵심적이고 중요한 방법

2 면접의 특징

서류전형이나 인적성검사에서 드러나지 않는 것들을 볼 수 있는 기회를 제공한다.

- 직무수행과 관련된 다양한 지원자 행동에 대한 관찰이 가능하다.
- 면접관이 알고자 하는 정보를 심층적으로 파악할 수 있다.
- 서류상의 미비한 사항과 의심스러운 부분을 확인할 수 있다.
- 커뮤니케이션, 대인관계행동 등 행동·언어적 정보도 얻을 수 있다.

3 면접의 평가요소

1 인재적합도

해당 기관이나 기업별 인재상에 대한 인성 평가

2 조직적합도

조직에 대한 이해와 관련 상황에 대한 평가

3 직무적합도

직무에 대한 지식과 기술, 태도에 대한 평가

4 면접의 유형

구조화된 정도에 따른 분류

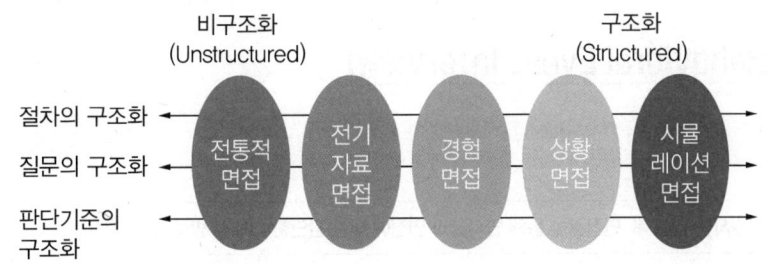

1 구조화 면접(Structured Interview)

사전에 계획을 세워 질문의 내용과 방법, 지원자의 답변 유형에 따른 추가 질문과 그에 대한 평가역량이 정해져 있는 면접 방식(표준화 면접)

- 표준화된 질문이나 평가요소가 면접 전 확정되며, 지원자는 편성된 조나 면접관에 영향을 받지 않고 동일한 질문과 시간을 부여받을 수 있음.
- 조직 또는 직무별로 주요하게 도출된 역량을 기반으로 평가요소가 구성되어, 조직 또는 직무에서 필요한 역량을 가진 지원자를 선발할 수 있음.
- 표준화된 형식을 사용하는 특성 때문에 비구조화 면접에 비해 신뢰성과 타당성, 객관성이 높음.

2 비구조화 면접(Unstructured Interview)

면접 계획을 세울 때 면접 목적만 명시하고 내용이나 방법은 면접관에게 전적으로 일임하는 방식(비표준화 면접)

- 표준화된 질문이나 평가요소 없이 면접이 진행되며, 편성된 조나 면접관에 따라 지원자에게 주어지는 질문이나 시간이 다름.
- 면접관의 주관적인 판단에 따라 평가가 이루어져 평가 오류가 빈번히 일어남.
- 상황 대처나 언변이 뛰어난 지원자에게 유리한 면접이 될 수 있음.

NCS 구조화 면접 기법

※ 능력중심 채용에서는 타당도가 높은 구조화 면접을 적용한다.

1 경험면접(Behavioral Event Interview)

면접 프로세스

- **안내**: 지원자는 입실 후, 면접관을 통해 인사말과 면접에 대한 간단한 안내를 받음.
- **질문**: 지원자는 면접관에게 평가요소(직업기초능력, 직무수행능력 등)와 관련된 주요 질문을 받게 되며, 질문에서 의도하는 평가요소를 고려하여 응답할 수 있도록 함.
- **세부질문**:
  - 지원자가 응답한 내용을 토대로 해당 평가기준들을 충족시키는지 파악하기 위한 세부질문이 이루어짐.
  - 구체적인 행동·생각 등에 대해 응답할수록 높은 점수를 얻을 수 있음.

- **방식**
  해당 역량의 발휘가 요구되는 일반적인 상황을 제시하고, 그러한 상황에서 어떻게 행동했었는지(과거경험)를 이야기하도록 함.
- **판단기준**
  해당 역량의 수준, 경험 자체의 구체성, 진실성 등
- **특징**
  추상적인 생각이나 의견 제시가 아닌 과거 경험 및 행동 중심의 질의가 이루어지므로 지원자는 사전에 본인의 과거 경험 및 사례를 정리하여 면접에 대비할 수 있음.
- **예시**

지원분야		지원자		면접관	(인)
경영자원관리 조직이 보유한 인적자원을 효율적으로 활용하여, 조직 내 유·무형 자산 및 재무자원을 효율적으로 관리한다.					
주질문					
A. 어떤 과제를 처리할 때 기존에 팀이 사용했던 방식의 문제점을 찾아내 이를 보완하여 과제를 더욱 효율적으로 처리했던 경험에 대해 이야기해 주시기 바랍니다.					
세부질문					
[상황 및 과제] 사례와 관련해 당시 상황에 대해 이야기해 주시기 바랍니다. [역할] 당시 지원자께서 맡았던 역할은 무엇이었습니까? [행동] 사례와 관련해 구성원들의 설득을 이끌어 내기 위해 어떤 노력을 하였습니까? [결과] 결과는 어땠습니까?					

기대행동	평점
업무진행에 있어 한정된 자원을 효율적으로 활용한다.	① - ② - ③ - ④ - ⑤
구성원들의 능력과 성향을 파악해 효율적으로 업무를 배분한다.	① - ② - ③ - ④ - ⑤
효과적 인적/물적 자원관리를 통해 맡은 일을 무리 없이 잘 마무리한다.	① - ② - ③ - ④ - ⑤

척도해설

1 : 행동증거가 거의 드러나지 않음	2 : 행동증거가 미약하게 드러남	3 : 행동증거가 어느 정도 드러남	4 : 행동증거가 명확하게 드러남	5 : 뛰어난 수준의 행동증거가 드러남

관찰기록 :

총평 :

※ 실제 적용되는 평가지는 기업/기관마다 다름.

2 상황면접(Situational Interview)

면접 프로세스

안내
- 지원자는 입실 후, 면접관을 통해 인사말과 면접에 대한 간단한 안내를 받음.

질문
- 지원자는 상황질문지를 검토하거나 면접관을 통해 상황 및 질문을 제공받음.
- 면접관의 질문이나 질문지의 의도를 파악하여 응답할 수 있도록 함.

세부질문
- 지원자가 응답한 내용을 토대로 해당 평가기준들을 충족시키는지 파악하기 위한 세부질문이 이루어짐.
- 구체적인 행동·생각 등에 대해 응답할수록 높은 점수를 얻을 수 있음.

- **방식**
  직무 수행 시 접할 수 있는 상황들을 제시하고, 그러한 상황에서 어떻게 행동할 것인지(행동의도)를 이야기하도록 함.
- **판단기준**
  해당 상황에 맞는 해당 역량의 구체적 행동지표
- **특징**
  지원자의 가치관, 태도, 사고방식 등의 요소를 평가하는 데 용이함.

- 예시

지원분야		지원자		면접관	(인)

유관부서협업
타 부서의 업무협조요청 등에 적극적으로 협력하고 갈등 상황이 발생하지 않도록 이해관계를 조율하며 관련 부서의 협업을 효과적으로 이끌어 낸다.
주질문
당신은 생산관리팀의 팀원으로, 2개월 뒤에 제품 A를 출시하기 위해 생산팀의 생산 계획을 수립한 상황입니다. 그러나 원가가 곧 실적으로 이어지는 구매팀에서는 최대한 원가를 줄여 전반적 단가를 낮추려고 원가절감을 위한 제안을 하였으나, 연구개발팀에서는 구매팀이 제안한 방식으로 제품을 생산할 경우 대부분이 구매팀의 실적으로 산정될 것이므로 제대로 확인도 해보지 않은 채 적합하지 않은 방식이라고 판단하고 있습니다. 당신은 어떻게 하겠습니까?
세부질문
[상황 및 과제] 이 상황의 핵심적인 이슈는 무엇이라고 생각합니까? [역할] 당신의 역할을 더 잘 수행하기 위해서는 어떤 점을 고려해야 하겠습니까? 왜 그렇게 생각합니까? [행동] 당면한 과제를 해결하기 위해서 구체적으로 어떤 조치를 취하겠습니까? 그 이유는 무엇입니까? [결과] 그 결과는 어떻게 될 것이라고 생각합니까? 그 이유는 무엇입니까?

척도해설

1 : 행동증거가 거의 드러나지 않음	2 : 행동증거가 미약하게 드러남	3 : 행동증거가 어느 정도 드러남	4 : 행동증거가 명확하게 드러남	5 : 뛰어난 수준의 행동증거가 드러남

관찰기록 :
총평 :

※ 실제 적용되는 평가지는 기업/기관마다 다름.

3 발표면접(Presentation)

면접 프로세스

안내
- 입실 후 지원자는 면접관으로부터 인사말과 발표면접에 대해 간략히 안내받음.
- 면접 전 지원자는 과제 검토 및 발표 준비시간을 가짐.

발표
- 지원자들이 과제 주제와 관련하여 정해진 시간 동안 발표를 실시함.
- 면접관은 발표내용 중 평가요소와 관련해 나타난 가점 및 감점요소들을 평가하게 됨.

질문응답
- 발표 종료 후 면접관은 정해진 시간 동안 지원자의 발표내용과 관련해 구체적인 내용을 확인하기 위한 질문을 함.
- 지원자는 면접관의 질문의도를 정확히 파악하여 적절히 응답할 수 있도록 함.
- 응답 시 명확하고 자신있게 전달할 수 있도록 함.

- 방식
  지원자가 특정 주제와 관련된 자료(신문기사, 그래프 등)를 검토하고, 그에 대한 자신의 생각을 면접관 앞에서 발표하며, 추가 질의응답이 이루어짐.
- 판단기준
  지원자의 사고력, 논리력, 문제해결능력 등
- 특징
  과제를 부여한 후, 지원자들이 과제를 수행하는 과정과 결과를 관찰·평가함. 과제수행의 결과뿐 아니라 과제수행 과정에서의 행동을 모두 평가함.

4 토론면접(Group Discussion)

면접 프로세스

안내
- 입실 후, 지원자들은 면접관으로부터 토론 면접의 전반적인 과정에 대해 안내받음.
- 지원자는 정해진 자리에 착석함.

토론
- 지원자들이 과제 주제와 관련하여 정해진 시간 동안 토론을 실시함(시간은 기관별 상이).
- 지원자들은 면접 전 과제 검토 및 토론 준비시간을 가짐.
- 토론이 진행되는 동안, 지원자들은 다른 토론자들의 발언을 경청하여 적절히 본인의 의사를 전달할 수 있도록 함. 더불어 적극적인 태도로 토론면접에 임하는 것도 중요함.

마무리 (5분 이내)
- 면접 종료 전, 지원자들은 토론을 통해 도출한 결론에 대해 첨언하고 적절히 마무리 지음.
- 본인의 의견을 전달하는 것과 동시에 다른 토론자를 배려하는 모습도 중요함.

- 방식
  상호갈등적 요소를 가진 과제 또는 공통의 과제를 해결하는 내용의 토론 과제(신문기사, 그래프 등)를 제시하고, 그 과정에서의 개인 간의 상호작용 행동을 관찰함.
- 판단기준
  팀워크, 갈등 조정, 의사소통능력 등
- 특징
  면접에서 최종안을 도출하는 것도 중요하나 주장의 옳고 그름이 아닌 결론을 도출하는 과정과 말하는 자세 등도 중요함.

5 역할연기면접(Role Play Interview)

- 방식
  기업 내 발생 가능한 상황에서 부딪히게 되는 문제와 역할을 가상적으로 설정하여 특정 역할을 맡은 사람과 상호작용하고 문제를 해결해 나가도록 함.
- 판단기준
  대처능력, 대인관계능력, 의사소통능력 등
- 특징
  실제 상황과 유사한 가상 상황에서 지원자의 성격이나 대처 행동 등을 관찰할 수 있음.

6 집단면접(Group Activity)

- 방식
  지원자들이 팀(집단)으로 협력하여 정해진 시간 안에 활동 또는 게임을 하며 면접관들은 지원자들의 행동을 관찰함.
- 판단기준
  대인관계능력, 팀워크, 창의성 등
- 특징
  기존 면접보다 오랜 시간 관찰을 하여 지원자들의 평소 습관이나 행동들을 관찰하려는 데 목적이 있음.

면접 최신 기출 주제

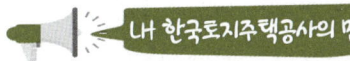 LH 한국토지주택공사의 면접

2023년 상반기 기준 LH한국토지주택공사의 면접전형은 대면면접으로 진행되었으며 다대다 방식으로 진행되었다. 지원자가 제출한 자기소개서, 사전온라인검사 결과지 등을 활용하여 인터뷰 형식으로 진행되며, 직무수행에 필요한 기초역량 및 인성을 평가한다. 이때, 면접전형의 평가점수(가산점 제외)가 만점의 40% 미만 시 과락으로 불합격 처리된다.

이와 별도로 면접 참고자료로 2020년부터 도입된 AI 면접이 실시되었으며, 실기전형이 있는 직렬은 실기전형 점수에 면접전형 점수를 합산하여 합격자를 선정하였다. AI 면접에서는 업무태도, 직업윤리 등의 인성검증 질문을 중심으로 진행되었다.

1 2024 면접 실제 기출 주제

1. 1분 동안 자기소개를 해 보시오.
2. 내가 부족해서 다른 팀원들한테 도움을 요청했던 경험을 말해 보시오.
3. 다른 사람이 실수한 것을 대신 해결해준 경험을 말해 보시오.
4. 최근에 가장 힘들었던 경험은 무엇인가?
5. 살면서 실패한 경험이 있는가? 이를 어떻게 극복하였는가?
6. 갈등해결 시 본인만의 방법은 무엇이 있는지 사례를 들어 말해 보시오.
7. 우리 회사 직원으로서 갖추어야 할 가장 중요한 가치 하나, 가장 피해야 할 가치 하나를 말해 보시오.
8. 평소에 계획을 어떻게 세우는 편인지 말해 보시오.
9. 자신이 경험한 것 중 가장 자랑스러운 일은 무엇인지 말해 보시오.
10. 다른 사람이 새로운 환경에 적응할 수 있도록 도움을 줬던 경험이 있는가?
11. 기한을 준수하는 것이 중요한가? 꼼꼼하게 일을 하는 것이 중요한가?
12. 최근에 새로운 것에 도전한 경험이 있는가?
13. 의사소통에 문제가 생기면 어떻게 해결할 것인지 말해 보시오.
14. 자신만의 장점이 무엇이고 어떻게 직무에 기여할 수 있는지 말해 보시오.
15. 상사와의 갈등을 어떻게 해결할 것인지 말해 보시오.
16. 살아오면서 일을 잘 수행하기 위해 실천하는 자신만의 루틴(습관)이 있는지 말해 보시오.

2 2023 면접 실제 기출 주제

1. 문제를 해결해 본 경험을 말해 보시오.
2. 민원 응대 경험이 있다고 하였는데, 구체적으로 무엇인가?
3. 협업을 통해 성과를 이룬 경험을 말해 보시오.
4. 직무 수행에 있어 본인만이 가진 강점이 무엇인가?
5. ESG 중 '환경'과 관련된 것을 설명해 보시오.
6. LH에서 진행하는 사업 중 가장 인상 깊었던 것을 말해 보시오.
7. 팀원으로서 가장 중요하게 여기는 것은 무엇인가?
8. 본인이 생각하는 LH의 개선이 필요한 부분은 무엇인가?
9. 본인이 가장 열정을 가지고 임했던 일을 말해 보시오.
10. 본인이 가장 존경하는 인물은 누구인가? 또한 해당 인물과 닮고자 노력한 점이 있다면?
11. 신입 사원으로서 중요한 자세가 무엇이라고 생각하는가?
12. 열심히 노력하였으나 성과를 얻지 못한 경험을 말해 보시오.
13. 악성 민원인이 찾아온다면 어떻게 대처하겠는가?

3 2020 면접 실제 기출 주제

1. 1분 동안 자기소개를 해 보시오.
2. 지원자가 지원한 직렬에서 구체적으로 하고 싶은 업무가 있다면?
3. 지원자의 장점과 단점은 무엇이라고 생각하는가?
4. LH공사의 도시개발계획사업에 대해 아는 대로 말해 보시오.
5. 업무를 통해 받는 스트레스를 해소하는 방법이 있다면?
6. 전에 다녔던 직장에서 얻은 것이 있다면?
7. 자신의 원칙을 지킨 경험에 대해 말해 보시오.
8. 잦은 외근과 출장이 반복된다면 어떻게 하겠는가?
9. 평소 주변 사람들에게 어떤 성격이라는 말을 많이 듣는가?

10. 공기업은 사익과 공익 중 어느 쪽을 더 추구해야 한다고 생각하는가?
11. 전화 대응을 할 때의 자세에 대해 말해 보시오.
12. 업무 중 상사에게 부당한 지시를 받으면 어떻게 대응할 것인가?
13. 업무 중 같은 부서의 동료와의 마찰이 발생한다면 어떻게 대응할 것인가
14. (면접을 마치면서) 마지막으로 하고 싶은 말이 있다면?

4 2019 면접 실제 기출 주제

1. 낙후된 건물을 활용할 수 있는 방안을 제시해 보시오.
2. LH공사에서 진행하는 재개발 사업에 대해 어떻게 생각하는지 말해 보시오.
3. 도시재생센터에서 하는 일을 아는 대로 말해 보시오.
4. LH공사를 부정적인 시각으로 말해 보시오.
5. 임대주택에서 자주 발생하는 하자 관련 문제를 어떻게 처리할 것인지 말해 보시오.
6. 택지 개발에 따른 지역주민과의 갈등 문제를 해결할 방안을 제시해 보시오.
7. 1분 동안 자기소개를 해 보시오.
8. 나의 창의적인 발상으로 성과를 달성한 경험이 있다면 구체적으로 말해 보시오.
9. 자신이 실패를 한 경험을 구체적으로 말해 보시오.
10. 조직의 의견과 나의 의견이 다르다면 어떻게 대처할 것인가?
11. 급한 회사 업무와 교통신호 준수 중 어느 것을 선택할 것인가?
12. 본인을 한 단어로 표현하자면?
13. 가장 자신이 있었던, 그리고 가장 어려웠던 전공과목은?

5 2018 면접 실제 기출 주제

1. LH가 가장 관심을 가지고 있는 사업은 무엇이라고 생각하는가?
2. 아파트와 주택의 차이를 말해 보시오.
3. 현재 LH가 진행하고 있는 사업 중 좋은 사례와 나쁜 사례를 하나씩 들어 보시오.
4. 본인이 LH의 사업을 진행하고 싶은 지역을 선택하자면?
5. LH가 저소득층을 지원할 방안에 대해 말해 보시오.
6. 전국에 있는 빈집을 활용할 수 있는 방안을 제시해 보시오.
7. 지원자의 직업관과 지원 동기에 대해 말해 보시오.
8. 최근 가장 감명깊게 본 영화나 책은?
9. 본인을 한 단어로 표현하면?
10. 국가를 위해 헌신한 경험이 있다면 말해 보시오.
11. 청렴이란 무엇이라고 생각하는가?
12. 공기업과 사기업의 차이를 말해 보시오.
13. 함께 일하기 껄끄러운 유형의 사람이 있는가?

LH 한국토지주택공사

1회 기출예상문제

감독관 확인란

성명표기란

수험번호

수험생 유의사항

※ 답안은 반드시 컴퓨터용 사인펜으로 보기와 같이 바르게 표기해야 합니다.
〈보기〉 ① ② ③ ●
※ 성명표기란 위 칸에는 성명을 한글로 쓰고 아래 칸에는 성명을 정확하게 표기하여야 합니다.
※ 수험번호/월일 위 칸에는 숫자를 쓰고 아래 칸에는 숫자와 일치하게 표기하십시오.
※ 월일은 반드시 본인 주민등록번호의 생년을 제외한 월 두 자리, 일 두 자리를 표기하십시오.
〈예〉 1994년 1월 12일 → 0112

문번	답란	문번	답란	문번	답란	문번	답란
1	① ② ③ ④ ⑤	16	① ② ③ ④ ⑤	31	① ② ③ ④ ⑤	46	① ② ③ ④ ⑤
2	① ② ③ ④ ⑤	17	① ② ③ ④ ⑤	32	① ② ③ ④ ⑤	47	① ② ③ ④ ⑤
3	① ② ③ ④ ⑤	18	① ② ③ ④ ⑤	33	① ② ③ ④ ⑤	48	① ② ③ ④ ⑤
4	① ② ③ ④ ⑤	19	① ② ③ ④ ⑤	34	① ② ③ ④ ⑤	49	① ② ③ ④ ⑤
5	① ② ③ ④ ⑤	20	① ② ③ ④ ⑤	35	① ② ③ ④ ⑤	50	① ② ③ ④ ⑤
6	① ② ③ ④ ⑤	21	① ② ③ ④ ⑤	36	① ② ③ ④ ⑤		
7	① ② ③ ④ ⑤	22	① ② ③ ④ ⑤	37	① ② ③ ④ ⑤		
8	① ② ③ ④ ⑤	23	① ② ③ ④ ⑤	38	① ② ③ ④ ⑤		
9	① ② ③ ④ ⑤	24	① ② ③ ④ ⑤	39	① ② ③ ④ ⑤		
10	① ② ③ ④ ⑤	25	① ② ③ ④ ⑤	40	① ② ③ ④ ⑤		
11	① ② ③ ④ ⑤	26	① ② ③ ④ ⑤	41	① ② ③ ④ ⑤		
12	① ② ③ ④ ⑤	27	① ② ③ ④ ⑤	42	① ② ③ ④ ⑤		
13	① ② ③ ④ ⑤	28	① ② ③ ④ ⑤	43	① ② ③ ④ ⑤		
14	① ② ③ ④ ⑤	29	① ② ③ ④ ⑤	44	① ② ③ ④ ⑤		
15	① ② ③ ④ ⑤	30	① ② ③ ④ ⑤	45	① ② ③ ④ ⑤		

잘라서 활용하세요.

LH 한국토지주택공사

2회 기출예상문제

LH 한국토지주택공사

3회 기출예상문제

NH 한국토지주택공사

5회 기출예상문제

LH 한국토지주택공사

기출예상문제_연습용

대기업·금융

저마다의 일생에는,
특히 그 일생이 동터 오르는 여명기에는
모든 것을 결정짓는 한 순간이 있다.
그 순간을 다시 찾아내는 것은 어렵다.
그것은 다른 수많은 순간들의 퇴적 속에
깊이 묻혀있다.

- 장 그르니에, 섬 LES ILES

NCS 직업기초능력평가

2025
고시넷
공기업

최신
LH 업무직
기출 유형

새롭게 바뀐
필기시험
출제영역

LH 한국토지주택공사
7급 업무직원 NCS
기출예상모의고사

정답과 해설

스마트폰에서 검색  고시넷

고시넷 공기업
모듈형/피듈형
NCS 베스트셀러

350여 공공기관
및 출제사
최신 출제유형

NCS 완전정복 초록이 시리즈

산인공 모듈형 + 응용모듈형
필수이론, 기출문제 유형

고시넷 NCS
초록이 ① 통합기본서

고시넷 NCS
초록이 ② 통합문제집

NCS 직업기초능력평가

2025
고시넷
공기업

최신
LH 업무직
기출 유형

새롭게 바뀐
필기시험
출제영역

LH 한국토지주택공사
7급 업무직원 NCS
기출예상모의고사

정답과 해설

정답과 해설

1회 기출예상문제

▶ 문제 16쪽

01	③	02	①	03	①	04	②	05	④
06	③	07	①	08	④	09	②	10	④
11	⑤	12	③	13	⑤	14	③	15	④
16	②	17	④	18	①	19	②	20	⑤
21	⑤	22	①	23	④	24	②	25	③
26	④	27	③	28	③	29	③	30	⑤
31	③	32	⑤	33	⑤	34	③	35	⑤
36	④	37	③	38	③	39	③	40	③
41	②	42	②	43	④	44	①	45	③
46	⑤	47	②	48	①	49	④	50	⑤

01 문서이해능력 세부 내용 이해하기

|정답| ③

|해설| 인프라 부족 문제를 해결하기 위해 스마트기술을 활용하는 것은 아시아와 중남미 등 신흥국이다. 유럽 등 선진국에서는 도시의 성장과 발전이 아닌 도시 시설물의 노후화, 도심지역의 쇠퇴를 극복하기 위해 ICT·빅데이터 등 신기술을 활용한다.

|오답풀이|

① 스마트시티에서는 스마트 신호등과 같은 기술을 통해 교통체증 없이 목적지에 도착할 수 있으므로 통근시간이 단축될 것이다.

②, ④ 신규로 인프라를 건설하거나 인력과 같은 자원을 추가하는 것은 기존 도시관리 방식이다. 이를 통해 각국 개별 도시들의 문제를 해결하기에는 한계가 있으며, 스마트기술 활용을 통해 기존의 방식을 활용하지 않고도 도시의 효율성을 높일 수 있다.

⑤ '도시 플랫폼'은 다양한 혁신기술을 도시 인프라와 결합해 구현하고 융·복합할 수 있는 공간이기 때문에 다양한 기술과 역량을 가지고 유연하게 대처 가능한 민간투자자가 중요한 역할을 할 수 있다.

02 문서이해능력 글의 의도 파악하기

|정답| ①

|해설| 제시된 글은 그린리모델링 및 녹색 건축을 적용한 도시재생의 필요성과 그린리모델링을 포함한 녹색건축의 적용에 참고할 수 있는 가이드라인을 마련하였다는 것을 홍보하기 위한 보도자료이다. 따라서 제시된 자료를 바탕으로 홍보하고자 하는 사항으로는 ①이 적절하다.

03 문서이해능력 약관의 수정할 내용 파악하기

|정답| ①

|해설| 은행의 입장에서는 '대출금'에 대한 이자가 수익 창출원이 되는 것이므로 대출금으로 인정되는 항목을 늘리는 것이 수익성 개선을 위한 방안이라고 볼 수 있다. 따라서 대출금으로 인정되는 범위를 엄격히 하는 것은 대출금액의 증가로 이어지는 것이 아니기 때문에 적절하지 않다.

|오답풀이|

② 수시 인출 가능 금액을 줄이면 은행의 단기 현금 유출을 줄이는 효과가 있다.

③ 대출자의 부담을 늘리면 은행의 비용을 절감할 수 있어 은행의 수익성 개선에 기여할 수 있다.

④ 지급되지 아니한 대출금을 분할 지불하면 보유한 현금의 양이 한 번에 빠지는 것을 방지하여 은행의 유동성 위기 해결에 도움이 될 수 있다.

⑤ 담보주택에 대한 근저당권의 설정액 최저 한도를 상향 조정하면 설정액을 높이는 효과를 가져와 이것은 채권자 입장에서 담보가액의 증가로 인한 회계상의 손익구조 개선에 도움이 될 수 있다.

04 문서이해능력 세부 내용 이해하기

|정답| ②

|해설| 제41조 제5항에 의하여 부도임대주택의 매입절차는 대통령령으로 정한다.

|오답풀이|

① 제41조 제2항에서 확인할 수 있다.

③ 제43조 제1항에서 확인할 수 있다.

④ 제43조 제2항에서 확인할 수 있다.
⑤ 제44조 제1항과 제2항에서 확인할 수 있다.

05 문서이해능력 글쓴이의 주장 파악하기

|정답| ④

|해설| 글쓴이는 전반적으로 '환경친화적 토지 이용 및 공급체계'의 구축을 주장하며 향후 토지 개발 시 환경적 측면 위주로 고려할 것을 제안하고 있다. 두 번째 문단의 "경제적 효율성 위주의 토지이용 및 공급체계를 탈피한 '환경친화적 토지 이용 및 공급체계'의 구축이 요구된다"라는 문장이 그 근거이다. 따라서 토지이용의 경제적 효율성을 강조한다는 ④는 글쓴이의 주장과 일치하지 않는다.

06 문서이해능력 세부 내용 이해하기

|정답| ③

|해설| 제시된 글은 중국의 난징, 이탈리아, 로스앤젤레스, 항저우시 등을 예로 들어 각종 센서와 상호작용하여 얻은 데이터를 통해 문제를 해결해 나가는 스마트시티의 사례를 소개하고 있다.

|오답풀이|
① 5G 통신 네트워크를 통한 그린시티 구축은 제시된 글과 연관이 없다.
② 제시된 예시는 현대 도시의 트렌드 변화가 아닌 구체적인 스마트시티의 구현 사례와 관련된다.
④ 세 번째 문단에 도로 관련 내용이 제시되어 있기는 하지만 전체를 포괄하는 설명으로 볼 수 없다.
⑤ 인공지능을 통해 범죄자를 찾을 수 있다는 내용의 사례가 제시되어 있지만 이는 글의 주제가 아니다.

07 문서이해능력 자료를 바탕으로 추론하기

|정답| ①

|해설| 제시된 글과 〈보기〉 모두 빅데이터를 활용한 다양한 도시문제 해결 및 개선 사례를 보여주고 있다. 같은 내용을 이야기하고 있기 때문에 빅데이터가 도시 문제 해결 방안이 되고 있음을 부연하고 있다는 설명이 적절하다.

|오답풀이|
② 어반 사이언스와 어반 인포메틱스라는 학문에 대해 언급하고 있으나 학문의 뒷받침에 대한 필요성을 지적하는 글은 아니다.
③ 〈보기〉는 빅데이터를 활용한 도시의 예로 뉴욕시의 사례를 들고 있으나, 제시된 글의 새로운 도시 사례를 제시하려는 것은 아니다.
④ 〈보기〉는 와이파이나 GPS 위치 추적기 등을 통해 얻은 정보로 자연재해의 영향력을 예측할 수 있다고 했을 뿐 자연재해를 막을 수 있다고 하지는 않았다.
⑤ 빅데이터를 활용한 도시 문제 해결의 한계점은 제시되지 않았다.

08 문서이해능력 세부 내용 이해하기

|정답| ④

|해설| 지속적인 바이어 관리는 상담이 실제 수출로 이어질 수 있도록 전시회 이후에 ○○공사 측에서 수행하고자 하는 활동이므로, 전시회에서 이루어진 활동은 아니다.

09 문서작성능력 문서 오류 수정하기

|정답| ②

|해설| 제시된 글은 사내 공지사항이 아닌 보도자료이며, 보도자료는 사실에 입각하여 공사의 장점과 우수성, 긍정적인 역할 등을 외부에 적극 홍보할 수 있다.

|오답풀이|
① 날짜는 숫자로 표기하고, 연월일을 표기하는 아라비아 숫자 뒤에는 모두 온점을 찍어야 한다.
③ '일체'는 '모두 다', '전부'의 의미이며, '일절'은 '전혀(~아니다)'의 의미이므로 모든 비용을 지불하였다는 내용에서는 '일체'가 올바른 표현이다.
④ 첫 번째 문단과 두 번째 문단의 하위 항목이 서로 바뀌어야 한다.
⑤ '우리나라가 말레이시아로'를 '우리나라의 말레이시아에 대한'으로 수정해야 한다.

10 문서이해능력 자료 해석의 적절성 파악하기

|정답| ④

|해설| 창조 계층이 많은 B 시는 창조 환경 구축이 미비하기 때문에 창조 환경의 마련을 우선시하고 있다. 즉, 창의적 연구에 종사하는 전문 인력이 많고 대기업 부설 연구 기관이 많아 자본도 많이 투입되지만, 이러한 연구 기관들이 지역 산업체와의 교류가 부족해 경제적 부(富)가 지역으로 환류되지 못하는 실정이다. 따라서 창조 계층과 산업 환경 간에 네트워크가 이미 잘 구축되어 있다는 평가는 적절하지 않다.

|오답풀이|
① A 시가 공장을 미술관으로 개조하고 보행자 전용의 아름다운 현수교를 세워 관광객을 유치하고 고용도 창출하고 있다는 점에서 적절하다.
② A 시의 여러 변화가 A 시의 시장에 의해 주도되고 있다는 점에서 적절하다.
③ B 시에는 창의적 연구에 종사하는 전문 인력이 많다는 점에서 창조 환경의 요소 중 개인의 자질이 우수하다고 볼 수 있다.
⑤ 제조업의 퇴조에 의해 경제 침체가 발생하였다는 점에서 A 시는 제조업의 비중이 큰 도시라는 특성을, 그리고 특화된 연구 단지를 계획하고 있는 B 시는 창조 계층과 연구 기관이 풍부한 특성을 반영하여 창조 도시에 접근하고 있다는 점에서 적절하다.

11 문서이해능력 세부 내용 이해하기

|정답| ⑤

|해설| 제로에너지빌딩 인증을 받은 건축물은 용적률과 층수제한 완화 등의 건축기준 완화, 설치보조금 지원, 소득세 감면 등 정부의 지원혜택을 받을 수 있다고 설명하고 있으나, 이에 따라 기업들이 경쟁적으로 제로에너지빌딩을 건설하고 있다는 내용은 제시되어 있지 않다.

|오답풀이|
① 2050 탄소중립을 위해 줄여야 하는 온실가스 배출량의 87%가 에너지소비에 의한 것이며, 이 중 건물 부문이 약 18 ~ 20%를 차지한다는 자료를 제시하고 있다. 이 수치를 바탕으로 건물 부문에 대한 에너지 효율화 정책인 제로에너지빌딩 정책을 통한 건물 부문의 탄소 중립이 중요하다고 설명하고 있다.
② 정부에서 건물 부문의 온실가스 감축과 에너지 절약을 위해 2030년까지의 신축 건물의 제로에너지화를 목표로 하는 로드맵인 제로에너지빌딩 의무화 로드맵을 수립하고 단계적으로 추진하고 있다고 설명하고 있다.
③ 제로에너지빌딩 인증제도는 에너지 사용량을 최소화하는 설비들을 설치하여 에너지를 자급자족하는 건축물에 대해 정부가 그 사실을 인증하는 제도이다.
④ 우리나라는 ICT 강국으로서 건축물에 기술을 융합하면 더 큰 시너지를 창출할 수 있다고 설명하고 있다. 그에 관한 예시로 가전기기에 센서를 부착하여 에너지 사용량과 소비패턴을 수집하고, 그 에너지데이터를 활용하여 전력수요관리, 통합모니터링 등의 새로운 에너지신산업을 창출하는 것을 들었다.

12 문서작성능력 글의 제목 파악하기

|정답| ③

|해설| 첫 번째 문단에서는 표준적 생애주기라는 논점과 청년 주거문제를 언급하고 있다. 두 번째 문단에서는 청년 주거 및 분가 현황이 시사하고 있는 바를 설명하고 있으며, 세 번째 문단에서는 부모동거 청년과 독립분가 청년의 차이를 언급하고 있다. 이를 통해 청년의 주거문제와 주거지원 방안에 대한 고찰을 제기하고 있는 글임을 알 수 있다.

13 문서작성능력 빈칸에 들어갈 내용 파악하기

|정답| ⑤

|해설| 제시된 글에서는 부모동거 청년과 독립분가 청년을 구분하여 설명하였으며, 결국 두 계층 모두에 대한 지원 방안이 필요함을 시사하고 있다. 또한 〈보기〉에서도 자격 기준에 따른 지원 정책의 사각지대가 형성되고 있음을 우려하였으며, 사회적 배려층을 고려한 폭넓은 지원이 제공되어야 한다는 점을 강조하고 있다. 따라서 전반적으로 혜택이 돌아가야 한다는 '보편적 주거지원 확대'를 핵심 방안으로 보고 있는 필자의 의견을 ㉠에 반영해야 한다.

14 문서이해능력 세부 내용 이해하기

| 정답 | ③

| 해설 | Q4.의 답변에 따르면 서울시 및 공공기관 사업의 경우는 사업비의 50%를, 그 밖의 사업의 경우 사업비의 70%를 지원받는다. 따라서 서울시 및 공공기관 사업에 대하여 사업비의 50 ~ 70%를 지원받을 수 있다는 설명은 적절하지 않다.

| 오답풀이 |
① Q3.에 대한 답변을 통해 접수 기한이 7월 10일 ~ 7월 27일이고 이후 1차 선정이 진행됨을 알 수 있다. 따라서 둘 사이에는 2주 이상의 시간이 소요된다.
② Q4.의 답변을 통해 지원비 상향은 지원시설의 연면적을 기준으로 함을 알 수 있다.
④ Q8.의 답변을 통해 국가온실가스감축 목표달성 등을 위한 그린리모델링은 유지관리용 시설 개선과 구별됨을 알 수 있다.
⑤ Q7.의 답변을 통해 준공 후 15년 이상 된 전국 모든 국공립 어린이집, 보건소, 의료시설은 모두 지원대상이 됨을 알 수 있다.

15 문서이해능력 사업비 지원 사례 파악하기

| 정답 | ④

| 해설 | 신청일인 7월 10일부터 7월 27일 사이에 신청서를 제출하였으며, 준공한 지 15년이 넘은 국공립 의료시설이므로 사업비 지원 대상에 해당한다.

| 오답풀이 |
① 준공한 지 15년이 넘지 않았으므로 지원 대상이 아니다.
② 국공립 어린이집이 아닌 사립 어린이집이므로 지원 대상이 아니다.
③ 접수 신청 마감일인 7월 27일을 지나 신청했으므로 지원 대상이 아니다.
⑤ 주민센터는 지원 대상이 아니다.

16 문서이해능력 문의에 답변하기

| 정답 | ②

| 해설 | 전화 문의를 할 수 있는 연락처는 제시되어 있지 않다.

| 오답풀이 |
① 'Q3. 접수 기한 및 방법은?'에 제시된 내용으로 답변할 수 있다.
③ 'Q7. 지자체소유의 공공건축물이 아닌 경우에도 지원이 가능한지?'에 제시된 내용으로 답변할 수 있다.
④ 'Q4. 건물당 지원 상한액은?'에 제시된 내용으로 답변할 수 있다.
⑤ 'Q6. 현재 운영 중인 시설의 공사진행은?'에 제시된 내용으로 답변할 수 있다.

17 문서이해능력 기사문 내용 이해하기

| 정답 | ④

| 해설 | '주거사다리사업을 연계해, 해당 입주민이 지상 층으로 이주할 수 있도록 조치하였다'를 통해 주거사다리사업이란 지하 층의 집을 지상 층으로 이주할 수 있도록 돕는 사업임을 알 수 있다.

| 오답풀이 |
① 제시된 글에서 비 피해 민원현황 중 누수가 25건으로 가장 많았고, 누수 피해 복구 중 외벽 방수공사가 있으므로 적절한 반응이다.
② 윗집의 누수로 아래층에 피해를 준 경우 윗집에 대한 누수공사를 진행한 후 아래층에 대한 보수공사를 진행하였으므로 적절한 반응이다.
③ 연대 입주민 김길동 씨의 사례를 통해 알 수 있는 내용이다.
⑤ 마지막 문단에서 연대가 남은 9가구에 대한 비 피해복구 지원을 계속할 예정이고, 내년 장마 기간에 동일한 피해가 발생하지 않도록 활동할 것임을 알 수 있다.

18 문서작성능력 빈칸에 들어갈 문장 파악하기

| 정답 | ①

| 해설 | 빈칸 앞의 문장에서 내년 장마에 대한 지속적인 관리와 입주민들과의 소통과 교류의 과정을 거친다 하였으므로, 그 목적으로는 비 피해 예방 활동에 입주민 스스로가 적극적으로 참여할 수 있도록 장려하는 것이 가장 적절하다.

19 문서이해능력 　문단의 중심 내용 파악하기

|정답| ②

|해설| 제시된 글을 세 문단으로 나누면, 다섯째 줄의 '~더욱 뜻깊습니다.'까지를 첫 번째 문단으로, 열셋째 줄의 '~다양화하고 있습니다.'까지를 두 번째 문단으로, 그리고 나머지를 세 번째 문단으로 구분할 수 있다.
첫 번째 문단에서는 A 기업이 세계적인 기업 순위 내에 들었다는 사실과 세계적인 신용평가사로부터의 긍정적인 평가 결과 등 세계적인 성과를 거둔 기업이라는 내용으로부터 '글로벌 기업'이 핵심 메시지임을 알 수 있다.
두 번째 문단에서는 A 기업의 다양한 사업모델과 미래 에너지 전환을 주도하는 신산업의 내용으로부터 '에너지 신산업을 통한 새로운 미래'라는 메시지를 파악할 수 있다.
세 번째 문단에서는 지역사회 발전과 중소기업과의 동반 성장을 통해 '상생하는 에너지 세상'을 만들고자 하는 점이 핵심 메시지이다.

20 문서작성능력 　홍보자료 작성 요령 파악하기

|정답| ⑤

|해설| 보도자료의 제목으로는 읽는 이가 제목만 보고도 전체 내용이나 취지, 성격을 알 수 있도록 내용을 최대한 포괄하면서 가능한 20자 이내로 압축해 표현하는 것이 바람직하다. 따라서 긴 제목을 통해 많은 내용을 담으려고 하기보다는 여러 키워드를 포괄하는 상위 핵심 어구를 통해 홍보 효과를 높일 수 있다.

|오답풀이|
① 통계수치를 내세우면 신뢰도가 높아져 글의 가치를 제고할 수 있다.

21 문서이해능력 　내용을 바탕으로 추론하기

|정답| ⑤

|해설| ㉠ 선분양제도는 착공과 동시에 입주자 모집이 가능하기 때문에 주택공급 사업자는 공사비 등의 사업비용 대부분을 분양받은 사람의 분양대금을 통해 조달할 수 있다. 반면 후분양제의 경우는 입주자의 모집 시기가 사업 후반부로 늦춰지므로 선분양제도처럼 공사비 등을 분양대금으로 조달할 수 없다. 따라서 후분양제의 경우 대부분의 사업비를 대출을 통해 조달하거나 사업자의 자기자금을 활용하여야 한다는 점을 추론할 수 있다.
㉡ 선분양제는 착공과 동시에 입주자를 모집하기 때문에 완성된 주택을 보고 구매할 수 없다. 따라서 모델하우스 등을 통한 간접적인 품질 확인 후 주택구매를 하게 되므로 초기의 설계나 품질과 다르게 건설된 주택을 소유할 위험이 있다. 그러나 후분양제는 전체 공정의 80%에 달한 시점에서 입주자를 모집하므로 비교적 완성에 가까운 실물을 확인하고 주택을 구매할 수 있어 추후 발생할 수 있는 하자 리스크를 감소시킬 수 있다는 점을 추론할 수 있다.
㉢ 선분양제도에서 수요자들은 분양가와 준공 후 매매가의 시세차익을 향유할 수 있다. 그러나 후분양제도에서는 시세차익을 기대하기 어렵고, 주택 공급자가 공사비 등을 대출을 통해 조달해야 하므로 이러한 금융비용이 소비자에게 전가되어 분양가가 상승할 가능성이 있음을 추론할 수 있다.
㉣ 선분양제도에서의 문제점이었던 준공 전 매매대금 지급에 따른 매매위험 증가와 분양 시장 내 분양권 투기 심화 등을 해소하기 위해 등장한 것이 후분양제도이므로 이러한 문제점을 해소할 수 있는 긍정적인 면이 있지만 주택공급 감소, 주택가격 상승, 중소건설사 도태 가능성 등의 문제점이 발생할 수 있음을 추론할 수 있다.

22 문서이해능력 　글에서 언급된 내용 파악하기

|정답| ①

|해설| 선분양제도의 문제점을 해소하기 위해 후분양제도의 도입이 추진되었지만 여러 문제들로 인해 현재까지 대부분의 주택공급은 선분양제도를 통해 이루어지고 있다는 내용이 제시되었을 뿐 후분양제도의 성과에 대해서는 언급되지 않았다.

|오답풀이|
② 첫 번째 문단을 보면 1980년대 중반 이후, 주거안정화 정책의 일환으로 주택을 대량 공급하고자 선분양제도를 도입했다는 내용이 제시되어 있다.
③ 세 번째 문단을 보면 정부가 후분양 사업장에 대해 기금 지원, 공공택지 우선공급 등의 인센티브 부여 등의 후분양 사업 지원책을 마련하였음을 알 수 있다.

④ 세 번째 문단을 보면 선분양제도는 분양시장 내 분양권 투기 심화, 소비자 주택 선택권 제약, 준공 전 매매대금 지급에 따른 매매위험 증가 등과 같은 사회적 차원의 부작용이 나타났음을 알 수 있다.

⑤ 네 번째 문단에서 후분양제도는 아파트의 경우 전체 동의 골조공사가 완성된 때, 그 외의 경우에는 조적공사가 완료된 때 입주자를 모집한다고 제시되어 있다.

23 문서이해능력 내용을 바탕으로 추론하기

| 정답 | ③

| 해설 | 세 번째 문단에서 탄소배출권 거래중개인은 판매자와 구매자가 확보되면 협상을 체결하기 위해 적절한 매매 가격 산정이나 배출권 이전 및 발행의 보증 문제 등에 대해 조율한다고 하였다. 따라서 공식적으로 정해진 탄소배출권 가격을 정확히 파악하고 전달해야 한다는 추론은 적절하지 않다.

| 오답풀이 |

① 정책, 경제의 흐름에 따라 구매자와 판매자의 변동이 있을 수 있으므로 이를 파악하는 것이 중요하다.

② 온실가스 저감을 통해 탄소배출권을 확보할 수 있으므로 판매자에게 조언하거나 직접 관여할 경우 저감 기술에 대한 이해가 필요하다.

④ 탄소배출권 시장의 판매자(공급)와 구매자(수요)를 중개해야 하므로 관련 지식을 가지고 있어야 한다.

⑤ 구매 계약을 책임지고 체결하는 사람이므로 계약서 작성과 보증 등에 관한 법적 절차를 알아야 한다.

24 문서이해능력 세부 내용 파악하기

| 정답 | ②

| 해설 | 제시된 글은 오트라는 인물이 박물관 부흥을 위해 벽화 등의 예술을 발전시킴에 따라 타 지역과의 인적 교류가 확대되어 버팔로 지역 전체의 도시 재생을 이끌어내게 되었음을 보여 주는 사례이다. 따라서 밑줄 친 부분의 '문화 효과'는 '공공 예술을 통한 도시 재생'을 의미한다.

25 문서이해능력 임대인 부담 비용 파악하기

| 정답 | ③

| 해설 | ㉠ 어린 아이들이 거실에서 뛰어 논 것은 목적물의 비정상적인 사용으로 보기 어려우므로 임대인이 비용을 부담해야 한다.

㉢ 임차인이 비용을 부담해야 할 하등의 이유가 없는 경우이므로 임대인이 비용을 부담해야 한다.

㉤ 임차인의 사용, 수익에 영향을 미치는 경우라고 볼 수 있으므로 임대인이 비용을 부담해야 한다.

| 오답풀이 |

㉡ 세 번째 문단의 '특약에서 수선의무의 범위를 명시하고 있는 등의 특별한 사정이 없는 한'이라는 문구에 의해, 당연히 임대인이 비용을 부담해야 하는 사안임에도 불구하고 특약에서 명시한 바에 따라 임차인이 비용을 부담해야 한다.

㉣ 임차인이 통보의무를 다하지 않아 더 큰 비용이 발생하게 된 경우로 임대인에게만 수선의무를 강제할 수는 없는 경우이다. 통보의무를 다하지 않은 경우에 대한 처리에 관해서는 제시된 글에 구체적으로 명시되지 않았으나, 비용이 증가하였으므로 반드시 임대인이 수선의무를 져야 하는 경우는 아니라고 보는 것이 타당하다.

26 문제처리능력 자료 분석하기

| 정답 | ④

| 해설 | 제시된 공고의 취지는 주택담보대출 원리금 상환에 어려움을 겪는 한계차주에 대한 지원이므로 금융권 대출의 규모가 아닌 해당 주택을 담보로 한 금융권 대출이 있는지 여부가 판단 기준이 된다.

| 오답풀이 |

①, ②, ③, ⑤ 일정 규모 이하의 주택 소유, 일정 수준 이상의 주변 단지와 지역의 규모, 해당 주택 소유 기간, 주민등록상 거주 기간, 세대의 소득 등은 모두 대상자(대상주택) 판단 기준이 된다.

27 문제처리능력 자료를 바탕으로 우선순위 정하기

| 정답 | ③

| 해설 | 제시된 계산식에 따라 3명의 우선순위를 다음과 같이 판단할 수 있다.

- 매도희망가격비율
  A = 2.2 ÷ 2 × 100 = 110(%) → 100%
  B = 2.2 ÷ 2.4 × 100 ≒ 91.7(%)
  C = 100%
- 채무비율
  A = 1.9 ÷ 2 × 100 = 95(%)
  B = 100%
  C = 2.7 ÷ 3 × 100 = 90(%)

이에 따라 매도희망가격비율이 가장 낮은 B가 1순위가 되며, A와 C는 매도희망가격비율이 동일하므로 채무비율을 확인해 보아야 한다. 채무비율은 높은 순으로 우선순위가 부여되므로 A가 C보다 높은 순위가 된다.
따라서 B > A > C의 순위로 결정된다.

28 문제처리능력 규정 사항 이해하기

| 정답 | ③

| 해설 | 제12조 제2항에서는 소유자 또는 세대주가 아닌 입주자도 위임장을 첨부하여 신고할 경우 의결권을 행사할 수 있다고 규정하고 있다.

| 오답풀이 |

① 공동주택의 전용부분에 설치된 배관과 배선은 입주자의 '전용부분'에 해당하지만, 그 이외에 2세대 이상이 함께 사용하는 배관과 배선은 공용부분의 범위에 속한다.
② 공동주택단지 내 도로와 안내표지판은 부대시설이므로 전용부분이 아닌 공용부분의 범위에 속한다.
④ 주거공용부분은 해당 동의 입주자가 공동으로 사용하는 시설이므로 타 동의 입주자에게는 주거공용부분으로 판단할 수 없다.
⑤ 2세대 이상이 1세대의 주택을 공유하는 경우에는 1인을 선임하여 의결권을 한 개로 정해야 한다.

29 문제처리능력 선정조건 이해하기

| 정답 | ④

| 해설 | 사업지구 내 본인 소유 주택에 거주하였으나 공람공고일 이전에 주택을 매도하였으므로 이주대책 대상자에 선정될 수 없다.

| 오답풀이 |

① 사업지구 내 본인 소유 주택이 있고, 질병으로 인한 요양에 해당하므로, 실제로 거주하지는 않았더라도 계속하여 거주한 것으로 인정된다.
② 사업지구 내 본인 소유 주택이 있고, 당해 사업지구 내 타인이 소유하고 있는 건축물에 거주한 것에 해당한다.
③ 사업지구 내 본인 소유 주택이 있고, 징집으로 인한 입영에 해당하므로, 실제로 거주하지는 않았더라도 계속하여 거주한 것으로 인정된다.
⑤ 사업지구 내 본인 소유 주택이 있고, 공무에 해당하므로 실제로 거주하지는 않았더라도 계속하여 거주한 것으로 인정된다.

30 문제처리능력 자료 분석하기

| 정답 | ⑤

| 해설 | 조합원 1인당 평균이익이 8천만 원일 경우 '600만 원×조합원 수+7천만 원을 초과하는 금액의 30%×조합원 수'의 부담금 산출 공식에 의해 1인당 600+(1,000×0.3) = 900(만 원)의 부담금이 발생하게 된다.

| 오답풀이 |

① 재건축부담금을 구하는 계산식에서 정상적인 주택가격 상승분을 공제하고 있음을 알 수 있다.
③ 부과율 및 부담금 계산식에서 최대 부과요율은 50%임을 알 수 있다.
④ 조합원 수가 많으면 전체 환수금은 많아지지만, 조합원 1인당 환수금 부담액은 동일하다.

31 문서이해능력 공고문 이해하기

| 정답 | ③

| 해설 | 입주 후 1년이 아닌 '공고일'로부터 1년 이내에 주민등록표등본에 세대로 등재되어 있어야 한다.

| 오답풀이 |
① '무주택세대구성원 또는 혼인으로 구성될 세대가 소유하고 있는 모든'이라고 명시되어 있다.
② 전체가액 중 해당지분가액만을 소유한 것으로 보므로 3천만 원의 자산을 보유한 것으로 인정된다.
④ 조사대상자의 의무에 해당하며 제출하지 않을 시 계약이 불가능하다고 명시되어 있다.
⑤ 부채금액만큼 자산보유액에서 공제하므로 부채가 클 경우 신청 자격이 주어질 수 있다.

32 문서이해능력 공고문 이해하기

| 정답 | ⑤

| 해설 | 임대보증금은 지불해야 하는 부채에 해당되므로 이는 총자산에서 공제 대상이 된다. 따라서 입주 신청 전에 받아도 관계가 없으므로 공고문의 내용을 적절하게 판단한 것으로 볼 수 없다.

| 오답풀이 |
① 토지는 건물과 함께 부동산 가치를 따져보아야 하는 총자산 판단 기준 항목이다.
② "입주자모집 공고일 현재 '총자산보유기준'을 충족하여야 합니다"라고 설명되어 있다.
③ 3억 8천만 원에 부채가 없을 경우 총자산보유기준을 충족하지 못하게 된다.
④ 장애인사용 자동차는 자동차가액 산정 대상에서 제외된다고 설명되어 있다.

33 문서이해능력 안내문 이해하기

| 정답 | ⑤

| 해설 | '소득확인 대상자 중 임신 중인 자가 있는 경우 병원에서 발행한 임신확인서 추가 첨부'를 통해 확인할 수 있다.

| 오답풀이 |
① 공통적으로 제출해야 하는 서류는 재학증명서, 주민등록등본이다.
② 장애인등록증을 첨부해야 하는 대상은 2, 3순위 중 장애인가구이다.
③ 신청자가 배우자와 사별 또는 이혼한 경우 모두 혼인관계증명서를 제출해야 한다.
④ 기혼자의 경우, 세대 분리된 배우자의 등본을 추가 첨부해야 한다.

34 문제처리능력 신청 서류 여부 파악하기

| 정답 | ③

| 해설 | 부모가 이혼했을 시, 부 또는 모의 혼인관계증명서를 제출해야 한다. 따라서 둘 중 누구의 혼인관계증명서도 제출하지 않은 대학생 C는 청년전세임대주택 전세금을 받을 수 없다.

35 문제처리능력 평가기준 이해하기

| 정답 | ③

| 해설 | ㉠ 제3조 제1항을 보면 '환경영향평가서 등의 작성대행 용역을 발주하려고 하는 발주청은 법 제54조 및 영 제68조에 따라 환경영향평가업을 등록한 자가 참가하도록 하여야 하며, 다른 법률에서 정하는 업의 면허·허가·등록·신고 등의 요건을 추가하여 참가자격을 제한하여서는 아니된다'라고 규정하고 있다.
㉣ 제6조 제2항에서 '발주청은 업무여유도 평가를 위해 참여업체로부터 제출받은 평가자료의 오류나 누락사항에 대한 의견을 수렴하여야 한다'고 했고, 제3항에서 '다만, 법에 환경영향평가기술자의 근무경력 등에 관한 기록의 관리 등을 위한 정보화시스템이 구축된 이후에는 동 시스템을 통해 확인한다'고 규정하고 있다.

| 오답풀이 |
㉡ 제4조 제2항에서 '발주청은 관계법령 등에서 규정하는 사항에 따라 필요하다고 인정하는 경우 별표의 평가요소별 배점을 ±20퍼센트 범위 내에서 조정할 수 있다'고 했으므로 평가요소별 배점을 조정하는 것은 가능하다.
㉢ 제5조 제2항에서 '발주청은 공고된 세부평가기준을 변경하거나 당해 용역의 특성을 고려하여 일시적으로 기준을 변경할 경우에도 제1항과 동일한 절차를 거쳐야 한다'고 했으므로 ㉢의 경우에도 홈페이지를 통해 일반에 공개하여 의견수렴 과정을 거쳐야 한다.

36 문제처리능력 지시사항 파악하기

|정답| ④

|해설| 제5조 제3항에서 '특별시, 광역시, 특별자치시, 도, 특별자치도에서 정한 세부평가기준을 소속 자치단체가 그대로 준용하는 경우에는 제1항의 절차를 생략할 수 있다'고 하였으므로 경상남도에서 정한 세부평가기준을 준용하는 경우에는 홈페이지 공개, 의견수렴, 협회통보 등의 절차를 생략할 수 있다.

37 문제처리능력 회의 날짜 정하기

|정답| ③

|해설| B 국가 바이어와의 업무 미팅 이전에 C 국가 바이어와의 업무 미팅을 위한 사전 회의를 진행할 수 없다. 이에 따라 8월 18일 이후에 회의 진행이 가능한 날을 달력으로 나타내면 다음과 같다.

일	월	화	수	목	금	토
						1̶
2̶	3	4	5	6	7	8̶
9̶	1̶0̶	11	12	13	14	1̶5̶
1̶6̶	17	1̶8̶	(19)	2̶0̶	2̶1̶	2̶2̶
2̶3̶	2̶4̶	25	26	27	28	2̶9̶
3̶0̶	31					

따라서 8월 19일에만 C 국가 바이어와의 업무미팅을 위한 사전 회의가 진행될 수 있다.

38 문제처리능력 안내문 파악하기

|정답| ③

|해설| 최종 결과물 제출용 이메일 주소는 향후 별도 공지될 예정이다.

|오답풀이|

① 공공 빅데이터에 관심 있는 국민 누구나 참여 가능하며 '일반국민'과 '데이터 관련 분석 전문가' 전형으로 나누어 응모할 수 있다. '일반국민' 전형에는 학생, 일반국민 등이 개인 또는 팀 형태로 참가할 수 있다.

② 과제 수행계획서는 접수 신청 시 제출서류에 해당하므로 주요일정에 따라 9월 19일까지 제출해야하며, 과제 수행 결과물은 주요일정에 따라 10월 15일까지 제출해야 한다.

④ 분석내용에는 과제 제안, 데이터 처리, 결과해석 및 시사점 도출이 포함된다.

⑤ 제출내용을 통해 보고서는 한글문서 또는 pdf 변환파일로 제출해야 함을 알 수 있다.

39 문제처리능력 자료 읽고 점수 산출하기

|정답| ③

|해설| 1차 심사 결과와 2차 심사 결과를 각각 계산해 보면 다음과 같다.

1차 심사(100)						
구분	창의성 (25)	실현 가능성 (25)	적합성 (20)	파급성 (10)	완성도 (20)	총점 (100)
A	20	15	16	6	17	74
B	18	20	18	8	18	82
C	22	16	18	9	16	81

2차 심사(100)			
구분	현장평가단 (50)	심사위원 (50)	심사 비율이 반영된 총점 (100)
A	36	42	$(36 \times 0.3 + 42 \times 0.7) \times 2$ $= 80.4$
B	35	40	$(35 \times 0.3 + 40 \times 0.7) \times 2$ $= 77$
C	40	38	$(40 \times 0.3 + 38 \times 0.7) \times 2$ $= 77.2$

가중치를 반영한 최종 점수 합산 결과는 다음과 같다.

• A : $74 \times 0.4 + 80.4 \times 0.6 = 77.84$(점)
• B : $82 \times 0.4 + 77 \times 0.6 = 79$(점)
• C : $81 \times 0.4 + 77.2 \times 0.6 = 78.72$(점)

따라서 총점이 가장 높은 팀은 B, 낮은 팀은 A이다.

40 문제처리능력 이자의 차이 파악하기

|정답| ③

|해설| A 씨 부부 합산 연소득이 4천만 원 초과 6천만 원

이하이고, 임차보증금이 1.5억 원을 초과하므로, A 씨 부부에게 적용되는 대출 금리는 연 이율 2.1%이다. 또한 대출 한도는 2.1(억 원)×0.8=1.68(억 원)이다. 따라서 A씨 부부가 연간 지불해야 하는 이자는 총 1.68(억 원)×0.021 =352.8(만 원)이다.

B 씨 부부 합산 연소득은 3,900만원으로 2천만 원 초과 4천만 원 이하이고 임차보증금이 1.5억 원을 초과하므로 연 1.8%의 대출금리가 적용된다. 또한 B 씨 부부는 5천만 원의 예금을 제한 나머지 1억 1,250만 원을 대출받고자 한다. 따라서 B씨 부부가 연간 지불해야 하는 이자는 총 1.125(억 원) ×0.018=202.5(만 원)이다.

그러므로 두 부부가 매달 지불하는 이자의 차이는
$$\frac{3{,}528{,}000 - 2{,}025{,}000}{12} = \frac{1{,}503{,}000}{12} = 125{,}250(원)$$
이다.

41 문제처리능력 근무시간 구하기

|정답| ②

|해설| 직원 D의 7일부터 9일까지의 근무시간을 구하면 다음과 같다.

- 7일 : 9시부터 18시까지, 점심시간 1시간 제외→ 총 8시간
- 8일 : 9시 56분부터 19시 10분까지, 점심시간 1시간 제외 → 총 8시간 14분
- 9일 : 정규 출근 시간인 9시부터 20시 15분까지, 점심시간 1시간 제외→ 총 10시간 15분

따라서 총 근무시간은 26시간 29분이다.

42 문제처리능력 초과근무수당 구하기

|정답| ②

|해설| 각 직원별로 초과근무수당을 구하면 다음과 같다.

- 직원 A : 10,000원
  - 7일 : 7시 20분 퇴근, 7시 이후 20분 추가근무이므로 초과근무수당 없음.
  - 8일 : 지각이므로 당일 초과근무수당 없음.
  - 9일 : 8시 퇴근, 7시 이후 1시간 추가근무이므로 초과근무수당은 5,000×2=10,000(원)이다.
- 직원 B : 25,000원
  - 7일 : 정시 출퇴근으로 초과근무당 없음.
  - 8일 : 8시 10분 퇴근, 7시 이후 1시간 10분 추가근무이므로 초과근무수당은 5,000×2=10,000(원)이다.
  - 9일 : 8시 34분 퇴근, 7시 이후 1시간 34분 추가근무이므로 초과근무수당은 5,000×3=15,000(원)이다.
- 직원 C : 10,000원
  - 7일 : 7시 이전 퇴근으로 초과근무수당 없음.
  - 8일 : 8시 01분 퇴근, 7시 이후 1시간 01분 추가근무이므로 초과근무수당은 5,000×2=10,000(원)이다.
  - 9일 : 정시 출퇴근으로 초과근무수당 없음.
- 직원 D : 10,000원
  - 7일 : 정시 출퇴근으로 초과근무수당 없음.
  - 8일 : 지각이므로 당일 초과근무수당 없음.
  - 9일 : 8시 15분 퇴근, 7시 이후 1시간 15분 추가근무이므로 초과근무수당은 5,000×2=10,000(원)이다.
- 직원 E : 0원
  - 7일 : 지각이므로 초과근무수당 없음.
  - 8일 : 지각이므로 초과근무수당 없음.
  - 9일 : 7시 이전 퇴근으로 초과근무수당 없음.

따라서 초과근무수당이 가장 많은 직원은 B이다.

43 문제처리능력 자료를 바탕으로 추론하기

|정답| ④

|해설| 영아 할인은 성인 1명당 1명에 한해 무료가 적용되므로 영아 3명 모두 만 2세 미만이라 하여도 2명까지만 할인 적용이 된다.

|오답풀이|

① 부부 둘 다 만 65세 이상이므로 20% 경로 할인을 받을 수 있다.
② 2급 장애인의 동반 보호자는 1인까지 20% 동급 할인을 받을 수 있다.
③ 학생증을 지참하지 않아 학생 할인을 받지 못하므로 10% 일반 단체 할인만 받을 수 있다.
⑤ 15인 이상인 경우 일반 단체 할인이 적용되어 10% 할인을 받을 수 있다.

44 문제처리능력 자료를 참고하여 경비 산출하기

| 정답 | ①

| 해설 | 전원 2박 숙박인 점에 주의하여 인원별로 요금을 계산해 보면 다음과 같다.
- 64세 교수 : 3,500,000원
- 60세 이하 교수 2명 : 935,000×2=1,870,000(원)
- 4학년 학생 5명 : 420,000×5×0.8=1,680,000(원)
- 3학년 학생 10명 : (370,000×9+770,000×1)×0.8 =3,280,000(원)
- 2학년 학생 5명 : 370,000×5×0.8=1,480,000(원)
- 1학년 학생 3명 : 370,000×3=1,110,000(원)
- 조교 2명 : 770,000×0.8(장애인 동반 보호자 1인 동급 할인)+420,000=1,036,000(원)

요금의 총합은 13,956,000원인데 15인 이상이므로 10% 일반 단체 할인이 적용되어 13,956,000×0.9=12,560,400 (원)이 된다.

45 문제처리능력 조건을 바탕으로 휴가지 정하기

| 정답 | ③

| 해설 | 총점을 표로 정리하면 다음과 같다.

구분	필리핀 +1	베트남 +1	태국 +1	제주도	괌
맛	2	5+2	3	4	2
1인 교통비	4	6	7	8+2	2
분위기	3	2	5+5	1	4
거리	3	4	2	5	1
방문횟수	4	3	2	1	5+3
총점	17	23	25	21	17

따라서 태국이 최종 휴가지로 결정된다.

46 문제처리능력 조건을 바탕으로 휴가지 정하기

| 정답 | ⑤

| 해설 | 최 이사의 요구사항이었던 분위기가 가장 좋은 곳인 태국을 제외하고, 팀장을 제외한 주임과 사원의 요구사항만 반영한 총점은 다음과 같다.

구분	필리핀 +1	베트남 +1	제주도	괌
맛	2	5+2	4	2
1인 교통비	4	6	8+2	2
분위기	3	2	1	4
거리	3	4	5	1
방문횟수	4	3	1	5
총점	17	23	21	14

따라서 총점이 가장 낮은 휴가지는 괌이다.

47 문제처리능력 조건을 바탕으로 연차휴가비 계산하기

| 정답 | ②

| 해설 | 직원의 직책을 기준으로 총 연차일 수에서 남은 연차일수를 제해서 사용한 연차일 수를 산출하고, 이를 바탕으로 연차휴가비를 구하면 다음과 같다. 이때 전년도에 사용하지 않은 연차는 동일한 직책에 한하여 다음 연도로 계속 이월되므로, 각 직원별 총 연차일 수는 현재 직책에서 1년에 받는 연차일 수에 각 직원별 근무연수를 곱한 값과 같다.

(단위 : 일, 만 원)

이름	직책/연차	총 연차일 수	남은 연차일 수	사용 연차일 수	연차 휴가비
박○○	부장/1년	25	2	23	115
임○○	대리/6년	90	11	79	158
최○○	대리/3년	45	1	44	88
조○○	부장/5년	125	100	25	125
방○○	대리/3년	45	2	43	86

따라서 연차휴가비를 가장 많이 지급받은 직원은 임○○ 대리이다.

48 문제처리능력 조건을 바탕으로 연차휴가비 계산하기

| 정답 | ①

| 해설 | 각 직원별 직책과 연차를 기준으로 총 연차일 수와 남은 연차일 수를 구하면 다음과 같다.

(단위 : 일)

이름	직책/연차	총 연차일 수	남은 연차일 수	사용 연차일 수
김○○	주임/2년	20	10	10
이○○	과장/1년	20	13	7
박○○	부장/1년	25	2	23
최○○	대리/3년	45	1	44
정○○	주임/3년	30	0	30
황○○	과장/2년	40	15	25
조○○	부장/5년	125	100	25
임○○	대리/6년	90	11	79
방○○	대리/3년	45	2	43
송○○	과장/1년	20	0	20

따라서 연차를 두 번째로 많이 소진한 직원은 총 44일을 소진한 최○○ 대리, 두 번째로 적게 소진한 직원은 총 10일을 소진한 김○○ 주임이다. 대리인 최○○의 연차휴가비는 44×2=88(만 원), 주임인 김○○의 연차휴가비는 10×1=10(만 원)이므로 두 직원의 연차휴가비의 합은 98만 원이다.

49 문제처리능력 조건을 바탕으로 비품 구매하기

| 정답 | ④

| 해설 | 각 팀별 A4용지의 최소 수량은 5묶음이며, 이를 충족하지 못한 팀은 영업팀과 홍보팀이다. 디자인팀은 최소 수량의 2배인 10묶음을 넘는 12묶음을 보유하고 있으며, A4용지를 빌려주고 난 후에도 최소 수량의 2배 이상을 보유하고 있어야 하므로 다른 팀에게 최대 2묶음을 빌려줄 수 있다. 이때 디자인팀에게 A4용지를 빌리는 팀은 영업팀과 홍보팀 중 보유 수량이 더 적은 영업팀이 된다. 따라서 A4용지의 경우 기획팀은 2묶음, 영업팀은 3묶음, 홍보팀은 2묶음을 구매하며, 디자인팀은 A4용지를 추가로 구매하지 않는다.

| 오답풀이 |

① 기획팀은 A4용지는 2묶음을 구매하며, 가위는 정해진 최소 수량 없이 팀의 결정에 따라 구매하므로 필요 수량 3개를 채우기 위해 2개를 추가로 구매한다.
② 영업팀은 추가로 필요로 하는 A4용지 5묶음 중 2묶음을 디자인팀에게 빌리게 되므로 3묶음을 추가로 구매한다.

가위는 필요 수량 2개를 채우기 위해 2개를 추가로 구매한다.
③ 홍보팀은 디자인팀에게 A4용지를 빌릴 수 없으므로 A4용지 2묶음을 구매하며, 가위는 별도로 구매하지 않는다.
⑤ 공용 물품인 수첩은 문구류에 해당하므로 구매팀에서 각 팀에서 요청한 총수량의 2배수만큼 구매한다. 따라서 총 (15+20+8+12)×2=110(개)를 구매한다.

50 문제처리능력 조건을 바탕으로 비품 구매하기

| 정답 | ⑤

| 해설 | 팀별 물품인 파일철은 팀별로 최소 수량 20개의 4배인 80개까지 보유할 수 있으므로, 기획팀이 현재 보유 중인 파일철 10개에서 최대 보유 수량인 80개를 채우기 위해서는 추가로 70개를 구매해야 한다.

| 오답풀이 |

① 배너 거치대는 구매 요청을 하는 팀이 두 팀 이상인 경우에 한하여 추가로 구매하나, 배너 거치대 구매를 요청한 팀이 홍보팀뿐이므로 구매하지 않는다.
② 문구류는 팀에서 요청하는 수량의 2배수로 구매하므로, 인사팀이 요청한 볼펜 20개의 2배인 40개를 구매한다.
③ 노트북은 인사팀, 영업팀, 기획팀 총 세 팀에서 구매를 요청하였으므로 구매 요건을 충족한다. 인사팀에서 20대, 영업팀에서 3대, 기획팀에서 6대로 총 29대를 요청하고 있으며, 현재 보유 중인 노트북 30대 중 3개월 계약직 직원 15명에게 이미 노트북을 지급한 상황이므로 남은 노트북 수는 15대이다. 따라서 추가로 구매해야 하는 노트북의 수는 총 29-15=14(대)이다.
④ 노트북을 추가로 14대를 구매하게 되므로 노트북 구매 후 보유하게 되는 노트북의 수는 44대이다. 이에 따라 보유하는 모니터의 수는 사내 보유 노트북 수의 $\frac{1}{2}$인 22대가 되어야 하므로, 추가로 구매해야 하는 모니터의 수는 총 22-15=7(대)이다.

2회 기출예상문제

▶ 문제 70쪽

01	④	02	②	03	⑤	04	①	05	①
06	③	07	④	08	⑤	09	④	10	④
11	③	12	②	13	①	14	③	15	①
16	⑤	17	④	18	⑤	19	④	20	③
21	⑤	22	②	23	①	24	③	25	③
26	④	27	④	28	②	29	④	30	①
31	④	32	⑤	33	④	34	④	35	④
36	①	37	③	38	②	39	①	40	④
41	④	42	②	43	②	44	①	45	④
46	②	47	①	48	①	49	①	50	④

01 문서작성능력 맞춤법에 맞게 쓰기

| 정답 | ④

| 해설 | '묘사되다'는 '어떤 대상이나 사물, 현상 따위가 언어로 서술되거나 그림으로 그려져 표현되다'의 의미를 가진 동사로 '묘사되+어'로 활용될 때는 축약되어 '묘사돼'로 쓸 수 있다.

| 오답풀이 |

① 항성, 행성, 위성, 혜성, 성단, 성운, 성간 물질, 인공위성 등 우주에 존재하는 모든 물체를 의미하는 단어로 '천체'가 옳은 표기이다.

② 황금과 같이 광택이 나는 누런빛을 의미하는 단어로 '금빛'이 옳은 표기이다.

③ 산의 비탈이 끝나는 아랫부분을 의미하는 단어로 '산기슭'이 옳은 표기이다.

⑤ '눕다'는 '몸을 바닥 따위에 대고 수평 상태가 되게 하다'의 의미를 가진 동사로 '눕+었다'로 활용될 때는 ㅂ불규칙 활용이 적용되어 'ㅂ → 우'로 바뀌므로 '누웠다'가 옳은 표기이다.

02 문서작성능력 맞춤법에 맞게 쓰기

| 정답 | ②

| 해설 | 의존 명사 '시'는 '사용 시'와 같이 앞말과 띄어 적어야 한다. 다만 '비상시(非常時), 유사시(有事時), 평상시(平常時), 필요시(必要時)'와 같이 합성어로 인정된 경우는 '시'를 앞말과 띄어 적지 않는다.

03 문서작성능력 단어관계 파악하기

| 정답 | ⑤

| 해설 | '고의'는 '일부러 하는 생각이나 태도'를, '과실'은 '부주의나 태만 따위에서 비롯된 잘못이나 허물'을 뜻하므로 두 단어는 반의관계이다.
'좌천(左遷)'은 '낮은 관직이나 지위로 떨어지거나 외직으로 전근됨'을 뜻하는 것으로 이와 반의관계인 단어는 '전보다 더 좋은 자리나 직위로 옮김'을 뜻하는 '영전(榮轉)'이다.

04 문서작성능력 단어관계 파악하기

| 정답 | ①

| 해설 | 지구 온난화와 환경 문제는 포함관계이다. 선택지 중 '하위어 : 상위어'의 관계인 것은 ①이다.

| 오답풀이 |

② '계절 : 봄'은 '상위어 : 하위어'의 관계이다.

05 문서작성능력 단어관계 파악하기

| 정답 | ①

| 해설 | 지구 온난화와 침수는 인과관계이다. 선택지 중 인과관계인 것은 ①이다.

| 오답풀이 |

② '빵 : 밀가루'는 재료-결과물 관계이다.

④ '버스 : 지하철'은 동위관계이다.

06 문서이해능력 세부 내용 이해하기

| 정답 | ③

| 해설 | 제시된 자료를 통해 공동주택 품질점검단이 각 시·도별로 존재하고 있음은 알 수 있으나, 이들이 시민단체인지, 각 시·도별 지방자치단체 소속 기관인지 여부는 알 수 없다.

| 오답풀이 |
① 20X3년 1월 30일까지의 조사 결과 복합공사의 일정 조정 등의 사유로 보수가 지연된 사례가 있다는 내용을 통해 20X3년 1월 기준으로 하자 보수가 아직 완료되지 않은 곳이 있음을 추론할 수 있다.
② 하자 문제의 주요 원인 중 하나로 코로나19 및 자재 수급난으로 인해 선행 공정관리가 미흡하여 발생한 마감공사의 부실이 있다고 설명하고 있다.
④ 개선방안에서 입주자를 대상으로 실시하는 주거서비스 만족도 조사에서 하자 처리 관련 조사를 추가하여, 하자 처리가 미흡하다는 평가를 받은 건설사는 공공지원민간 임대주택 사업에서 퇴출시킬 예정이라는 점을 통해 추론할 수 있다.
⑤ 개선 방안에서 임대리츠의 대주주인 ▲▲공사의 품질관리 전담인력을 2인에서 3인으로 증원한다는 내용을 통해 ▲▲공사가 임대리츠의 품질관리 전담인력을 보유하고 있으며, 이를 통해 임대리츠의 품질관리를 담당하고 있음을 추론할 수 있다.

07 문서이해능력 세부 내용 이해하기

| 정답 | ④

| 해설 | 임차인이 하자 처리 진행 상황에 대해 모바일로 정보를 제공하도록 하는 부분은 거주 단계가 아닌 입주 단계에서의 개선사항에 해당한다.

08 문서이해능력 세부 내용 이해하기

| 정답 | ⑤

| 해설 | 제시된 자료에 지역축제 안전사고 예방과 긴급상황 발생에 대비하여 합동상황실을 설치·운영하는 계획을 수립해야 한다고 제시되어 있으나, 합동상황실에 비치하여야 하는 것 등의 구체적인 내용에 대해서는 제시되어 있지 않다.
| 오답풀이 |
① 통신 두절에 대비하여 안전관리요원 무전기, 확성기 등을 비치하여 비상연락체계를 구축한다고 제시되어 있다.
② 긴급상황 발생에 대비한 비상연락체계에는 지자체, 소방서, 경찰서, 유관기관과 함께 민간자원봉사자도 포함한다고 제시되어 있다.
③ 안전사고 발생에 대비하여 초동단계, 응급 구호단계, 비상단계별로 나누어 조치계획을 마련한다고 제시되어 있다.
④ 지역축제 안전관리계획을 수립할 때에는 개최지를 관할하는 지방자치단체, 소방서 및 경찰서 등 안전관리 유관기관의 의견을 미리 들어야 한다고 제시되어 있다.

09 문서이해능력 세부 내용 이해하기

| 정답 | ④

| 해설 | 제시된 안전관리 매뉴얼에서 지역축제 진행은 대부분 야외에서 이루어진다고 설명하고 있으며 야생화체험축제라는 이름을 통해 축제가 주로 실내보다는 실외에서 진행될 예정임을 추론할 수 있다. 긴급상황 발생 시 비상구 위치를 안내하는 영상을 재생하는 것은 실내에서 축제를 진행하는 경우의 유의사항에 해당하므로 (가)에 들어갈 내용으로 적절하지 않다.
| 오답풀이 |
① 〈지역축제 행사장 위치 선정〉 두 번째 항목의 내용에 따라 적절하다.
② 〈지역축제 행사장 위치 선정〉 네 번째 항목의 내용에 따라 적절하다.
③ 〈지역축제의 안전관리계획 수립〉 네 번째 항목의 내용에 따라 적절하다.
⑤ 〈개최 시기(시간) 검토〉 두 번째 항목의 내용에 따라 적절하다.

10 문서이해능력 세부 내용 이해하기

| 정답 | ④

| 해설 | 제시된 자료에서 자원 선순환에 대한 인식 전환을 목표로 하는 것은 B 기업의 분리배출함에 대한 설명이다. 한국데이터산업진흥원의 데이터 바우처 지원 사업은 B 기업이 수집한 재활용품 데이터가 시장에서 활용되도록 지원하는 사업이다.
| 오답풀이 |
① A 시티에는 자율주행 때 발생할 수 있는 다양한 상황

에서의 차량 대응력을 실험할 수 있도록 실제 5대 도로 환경과 35종의 시설 등이 배치되어 있다.
② 소비자가 B 기업의 사물인터넷 분리배출함에 투명 페트병을 넣으면 B 기업의 '오늘의 분리수거' 앱에 점수가 적립된다. 즉, B 기업의 앱에 점수가 적립되는 대상은 투명 페트병으로 정해져 있음을 추론할 수 있다.
③ 분리배출에 참여하는 소비자는 기업으로부터 점수를 받고, 기업은 이러한 데이터를 마케팅에 활용한다는 내용을 통해 추론할 수 있다.
⑤ 새싹 기업과 재정적 약소 기업이 중·장기 연구개발을 수행하고, 창업 공간 등으로도 활용할 수 있도록 혁신성장지원센터를 구축할 방침이라고 제시되어 있다.

11 문서이해능력 세부 내용 이해하기

| 정답 | ③

| 해설 | A 시티에 대한 심사평에서 '성공할 때까지 시험을 반복해 성과를 이뤄내는 과정'이라는 내용을 통해 A 시티가 성과를 이루기까지 많은 시험의 반복이 있었다는 점을 유추할 수 있으나, B 기업이 성과를 이루기까지의 과정에 대한 내용은 제시되어 있지 않다.

| 오답풀이 |
① A 시티에는 자율주행 중 발생할 수 있는 다양한 운전 환경을 실험하기 위해 다섯 종류의 도로 환경과 35종류의 시설과 주차장, 주차 빌딩이 배치되어 있다.
② A 시티에는 세계 최초로 5세대 이동통신망 등이 설치되었으며, B 기업은 분리배출함에 사물인터넷(IoT) 기술을 활용하였다.
④ 자료에서 '우리나라 첫 자율주행 실험단지'라는 표현을 통해 해외에는 이미 자율주행 실험단지가 조성되어 있음을 추론할 수 있다.
⑤ B 기업의 앱을 통해 수집된 데이터는 데이터 이용권(바우처) 지원 사업을 통해 마케팅 데이터로 가공되어 다른 기업에게 제공된다.

12 문서이해능력 세부 내용 이해하기

| 정답 | ②

| 해설 | 서○○ 맘카페 운영자는 B 기업의 분리배출함을 이달의 한국판뉴딜로 선정하면서 쓰레기 배출 데이터를 마케팅 데이터로 가공했다는 점이 흥미로웠다고 평가하였으나, 그 마케팅 데이터를 활용한 성공사례에 대해서는 언급하고 있지 않다.

13 문서이해능력 글의 전개 방식 파악하기

| 정답 | ①

| 해설 | 제시된 글에서는 우선 ESG의 개념을 정의한 다음 기업 소비자의 인식 변화, 핵심 이해관계자의 요구 증대와 감시 확대 등으로 ESG와 관련된 기업 환경의 변화를 제시하며 ESG 경영의 중요성을 강조하고 있다.

14 문서작성능력 문맥에 어울리지 않는 단어 찾기

| 정답 | ③

| 해설 | '조장하다'는 바람직하지 않은 일을 더욱 부추긴다는 의미로, 문맥상 좋은 일에 힘쓰도록 북돋아 주다는 의미의 '장려하다'가 들어가는 것이 적절하다.

15 문서이해능력 글의 관점 파악하기

| 정답 | ①

| 해설 | (가) ~ (라)의 내용을 경쟁에 대한 관점으로 분석해 보면 다음과 같다.
(가) 시장경제에서 경쟁의 역할에 주목하면서 경쟁적 시장은 자원의 효율적 이용에 기여하는 행위가 장려되도록 경제적 동기를 부여한다는 것을 통해 경쟁의 긍정적 측면을 설명하고 있다.
(나) 개인의 능력이 결정적인 역할을 하는 직위의 경우 능력이 조금만 더 있어도 커다란 가치를 얻게 되는데, 이는 정상적인 경쟁시장에서보다 더 큰 보상이 주어지는 것이며 이를 통해 경쟁이 제 역할을 하지 못하고 있음을 설명하고 있다.
(다) 내가 얻는 만큼 상대가 잃고, 상대가 얻는 만큼 내가 잃는 게임인 만큼 치열한 대립과 경쟁을 불러일으킨다는 내용으로 마지막 문장 '경쟁이란 상대의 이익을 빼앗는 과정이다'를 통해 경쟁의 역기능을 설명하고 있다.

(라) 공유자원의 이용을 개인의 자율에 맡길 경우 서로 각자의 이익만을 극대화하려 함에 따라 자원이 남용되거나 고갈되는 현상이 일어난다는 내용으로 서로 자기 이익만을 위해 경쟁하다 보면 결국 공유자원은 파멸된다는 이론이다. 주민들의 이기적인 행동으로 마을의 공유지가 폐허가 됐다는 것을 통해 경쟁의 역기능을 설명하고 있다.

즉, (가)는 경쟁의 원리가 사회·경제적 규범으로 제 기능을 발휘하고 있는 시장경제에서의 경쟁의 긍정적 측면을 강조하고 있는 반면, (나), (다), (라)는 경쟁이 제 기능을 발휘하지 못하고 있는 사례들을 나열하여 경쟁의 역기능을 강조하고 있다.

16 문서이해능력 글의 내용 파악하기

|정답| ⑤

|해설| (라)는 공유 재산의 가치와 가능성을 긍정적으로 평가하는 것이 아니라 어느 마을의 일화를 소개하면서 공유재산과 가치는 함께 사는 타자에 대한 고려 없이는 자신 또한 이익을 얻을 수 없다는 부정적인 평가를 하고 있다.

|오답풀이|
③ (나)는 기업에서 높은 급료를 지급하여 인력을 끌어 들이는 경우를 (라)는 마을 공동의 땅을 사례로 들어 필자의 관점을 드러내고 있다.

17 문서이해능력 세부 내용 이해하기

|정답| ④

|해설| 마지막 문단을 통해 정부가 제로에너지건축 보급확산 방안을 발표한 것은 올해가 아닌 지난해 6월임을 알 수 있다.

|오답풀이|
① 첫 번째 문단에서 건축물이 전체 에너지 소비 중 20% 이상을 차지한다고 하였다.
② 두 번째 문단에서 패시브 전략이란 단열, 창호, 출입구 등을 기밀하게 막아 에너지 유출을 줄이는 일을 비롯해 열을 뺏기지 않도록 하는 것이라고 하였다.
③ 다섯 번째 문단에서 에너지 기술의 단가를 낮추면 민간부문의 에너지 친화적 제품·기술 사용이 확대되고, 에너지 기술·역량이 축적된다고 한다고 하였다.

⑤ 네 번째 문단에서 도시 전체가 친환경 모델로 만들어진 영국의 '베드제드'를 제로에너지 도시의 롤모델로 제시하고 있다.

18 문서이해능력 글을 바탕으로 추론하기

|정답| ⑤

|해설| 에너지교육, 에너지절약 습관을 체험할 수 있도록 입주자 선정 기준을 마련하면 에너지 공동체 도시 조성이 충분히 가능하다고 하였으므로 적절한 반응이다.

|오답풀이|
① 첫 번째 문단에서 한국토지주택공사는 국내 유일의 주택도시 전문기관이라 하였으므로 적절하지 않은 반응이다.
② 세 번째 문단에서 새로운 주택이나 도시를 건설할 경우, 처음부터 저에너지로 만드는 것이 효율적이라 하였으므로 적절하지 않은 반응이다.
③ 네 번째 문단에서 베드제드는 영국의 런던 남부에 위치한 도시의 이름이라 하였으므로 적절하지 않은 반응이다.
④ 세 번째 문단에서 10 ~ 20만 m^2 규모의 작은 도시 하나를 에너지 특화형으로 만들 계획이라고 하였으므로 적절하지 않은 반응이다.

19 문서작성능력 문맥에 맞지 않는 문장 파악하기

|정답| ④

|해설| 다섯 번째 문단에서는 '에너지 친화적 건축'을 통해 민간 산업을 육성하고, 저에너지 민간 건축물을 유도함으로써 우리 사회에 그린라이프를 안착시키려는 LH의 목표에 관하여 설명하고 있다. 반면 ㉣의 경우 제조업 공장을 대상으로 진행되는 환경부의 녹색전환 지원 사업에 관한 내용이므로 문맥상 적절하지 않다.

20 문서작성능력 글의 흐름에 맞게 문단 배열하기

|정답| ③

|해설| 먼저 1980년대 배경에 대해 설명하는 (나)가 나온다. 다음으로 (나)에 제시된 주택난을 해결하는 제도인

선분양제도가 언급되는 (가)가 이어지며, '그러나 이 제도는'으로 시작하며 제도의 문제점을 설명하는 (라)가 이어진다. 이어 문제점을 해결하기 위한 정부의 대책을 설명하는 (다)로 마무리되는 것이 적절하다. 따라서 (나)-(가)-(라)-(다) 순이 적절하다.

21 문서이해능력 | 세부 내용 이해하기

| 정답 | ⑤

| 해설 | 후분양제는 계약 후 분양대금을 납부하는 시간이 짧아 소비자가 짧은 기간 안에 자금을 마련해야 한다는 부담이 있으나, 선분양제는 분양을 받고 2 ~ 3년에 걸쳐 납부하므로 자금을 마련할 기간이 비교적 길다.

22 문서작성능력 | 글의 제목 파악하기

| 정답 | ③

| 해설 | 제시된 글은 도시공원의 역할과 중요성에 관해 설명하고 있으며 현재 도시공원의 문제점에 대해 언급하고 있다. 또한 도시공원의 문제점을 개선하여 모두가 동등하게 이용할 수 있게 해야 한다는 점을 강조하고 있다. 따라서 이 글의 제목으로 가장 적절한 것은 ③이다.

23 문서이해능력 | 빈칸에 들어갈 단어 파악하기

| 정답 | ①

| 해설 | 문맥의 흐름상 개체 수가 줄어들고 있다는 ㉠에는 '주행성'이, ㉡, ㉢, ㉣, ㉤에는 모두 '야행성'이 들어가야 한다.

24 문서이해능력 | 세부 내용 이해하기

| 정답 | ③

| 해설 | 제시된 글에서 나타나고 있는 야행성화의 원인은 인간의 침범이다. 따라서 개체 간 생존경쟁에서 밀리는 종들의 야행성화가 반복될 것이라는 추론은 옳지 않다.

| 오답풀이 |
① 야생동물들의 야행성화로 인해 야생의 먹이사슬 구조가 변화하고, 생존경쟁에서 일부 종이 소멸하면서 생태계가 파괴되고 있다고 언급하고 있다.
② 도시 개발이 늘어나고 동물들의 자연생태계가 급속히 파괴되면서 동물들은 사람들을 피해 낮 활동을 줄여나가면서 삶의 패턴을 야행성화하고 있다고 언급하고 있다.
④ 하이킹 등 동물들의 영역에 대한 인간의 침범은 코요테의 식사 시간을 변화시켰고, 그 결과 급속한 야행성화가 진행되고 있다고 언급하고 있다.
⑤ 이전부터 야행성이었던 동물들은 더욱 심각하게 야행성화돼 인간과의 관계를 단절시키고 있다고 언급하고 있다.

25 문서이해능력 | 세부 내용 이해하기

| 정답 | ③

| 해설 | 사슴, 딩고, 코요테는 모두 인간의 위협으로부터 스스로를 보호하기 위해 주행성에서 야행성화되고 있는 동물들이다. 그러나 다람쥐와 새는 자신의 천적인 딩고가 야행성화됨에 따라 주간 활동이 증가한 동물들이다.

26 문제처리능력 | 자료 이해하기

| 정답 | ④

| 해설 | 4-④에서 주거용 오피스텔의 필지별 허용률은 건축물 지상층 연면적의 30% 이하로 하되, 지구여건을 감안하여 10% 이내에서 조정할 수 있다는 내용을 통해 공공주택지구 내 수요에 따라 주거용 오피스텔의 필지별 허용률을 탄력적으로 적용할 수 있다고 추론할 수 있다.

| 오답풀이 |
① 제시된 자료는 공공주택지구 내에 오피스텔을 계획하는 경우에 한해 적용하는 가이드라인이라고 규정하고 있다.
② 제시된 자료는 주거용 오피스텔의 계획기준을 규정하고 있다.
③ 4-④에서 필지 내 허용용도를 주용도와 부용도로 구분할 경우 주거용 오피스텔은 부용도에 포함해야 한다는 내용은 있으나, 주용도와 부용도의 개념에 대한 설명은 제시되어 있지 않다.
⑤ 3-①에 따라 공공주택지구에 반영하는 오피스텔은 업무를 전용으로 하는 오피스텔과 주거를 목적으로 하는 오피스텔의 두 가지 목적으로 분류된다.

27 문제처리능력 자료를 바탕으로 계산하기

| 정답 | ④

| 해설 | 제시된 공공주택지구의 사업지구 면적은 $1,100 \times 850 = 935,000(m^2)$로, 4-②에 따라 30만 m^2 이상 ~ 150만 m^2 미만의 중규모에 해당하는 기준을 적용한다. 이에 따라 주거용 오피스텔의 반영기준은 총주택수의 20% 이내로 규정하고 있으므로, 해당 공공주택지구에 건축될 수 있는 주거용 오피스텔은 최대 $53,000 \times 0.2 = 10,600$(호)이다.

28 문제처리능력 자료를 바탕으로 판단하기

| 정답 | ②

| 해설 | ⓒ 4-⑤에서 주거용 오피스텔은 전용면적 $40m^2$ 이하 규모를 원칙으로 하되, 학교 등의 교육시설이 양호한 지역이라면 전체 주거용 오피스텔 계획호수 중 20% 이내를 전용면적 $40m^2$ 초과 ~ $120m^2$ 이하 규모로 계획할 수 있다고 규정하고 있다. 따라서 전체 계획호수가 230호라고 하였으므로 그 20%인 $230 \times 0.2 = 46$(호)까지만 $40m^2$를 초과하는 규모로 계획할 수 있다.

| 오답풀이 |

㉠ 4-④에서 필지별 허용률은 지상층 연면적의 30% 이하로 하되, 지구여건을 감안하여 10% 이내에서 조정할 수 있다고 하였으므로, 이를 적용할 경우 필지별 허용률을 지상층 연면적의 최대 40%까지 적용할 수 있다. 따라서 지상층 연면적이 $3,000m^2$인 경우 필지별 허용면적은 최대 $3,000 \times 0.4 = 1,200(m^2)$이다.

㉢ 주거용 오피스텔이 해당 지역의 학교 시설 계획에 반영되지 않기 위해서는 4-⑥-가에 따라 해당 오피스텔이 전용면적 $40m^2$ 이하일 것을 요구한다. 4-⑤에 따라 학교 및 교육시설이 양호한 지역인 경우에도 주거용 오피스텔의 최소 80%는 전용면적 $40m^2$ 이하의 규모를 원칙으로 하므로, 이를 통해 전용면적 $40m^2$ 이하 규모에서 산정된 가구당 인구수는 해당 부분의 학교 시설 계획에는 반영되지 않는다는 것을 알 수 있다.

㉣ 평균 공급면적 $70m^2$ 수준으로 가구수가 산정된 주거용 오피스텔은 전용면적이 $40m^2$ 초과 ~ $60m^2$ 이하인 오피스텔이다. 이때 전용면적이 $40m^2$를 초과하는 오피스텔은 5-②에 따라 관련법에 따른 교육환경평가 및 관할 교육청 협의를 이행해야 한다고 규정하고 있다.

29 문제처리능력 자료를 바탕으로 비용 계산하기

| 정답 | ④

| 해설 | 개점 직후 1년간 발생하는 비용은 초기투자비용과 1년 동안 매월 발생하는 비용의 합이므로 매장 D의 경우 1년 동안 발생하는 전체 비용은 $7,000 + (620 \times 12) = 14,440$(만 원)이다.

30 문제처리능력 자료를 바탕으로 비용 계산하기

| 정답 | ①

| 해설 | 매장 B를 개설할 경우 2년간 발생하는 전체 수익은 $1,080 \times 24 = 25,920$(만 원), 2년간 발생하는 전체 비용은 $7,200 + (480 \times 24) = 18,720$(만 원)이다. 따라서 매장 B의 개점 직후 2년간 발생하는 순수익은 $25,920 - 18,720 = 7,200$(만 원)이다.

31 문제처리능력 자료를 바탕으로 물품관리대장표 작성하기

| 정답 | ④

| 해설 | 인사팀이 보유한 배지의 수는 1개가 아닌 4개이므로 옳지 않다.

32 문제처리능력 자료를 바탕으로 물품 구매하기

| 정답 | ⑤

| 해설 |
• 경영팀 : 신입사원 수가 2명이므로 배지는 2개, 회사 다이어리는 4개가 필요한데, 이미 배지 2개와 회사 다이어리 5개를 보유하고 있으므로 추가로 물품을 구매하지 않아도 된다.
• 회계팀 : 신입사원 수가 2명이므로 배지는 2개, 회사 다이어리는 4개가 필요한데, 이미 배지 3개와 회사 다이어리 8개를 보유하고 있으므로 추가로 물품을 구매하지 않아도 된다.
• 개발팀 : 신입사원 수가 5명이므로 배지는 5개, 회사 다이어리는 10개가 필요한데, 보유하고 있는 배지는 2개이므로 3개의 배지를 추가로 구매해야 한다.
• 마케팅팀 : 신입사원 수가 2명이므로 배지는 2개, 회사 다이어리는 4개가 필요한데, 보유하고 있는 회사 다이어

리는 3개이므로 1개의 회사 다이어리를 추가로 구매해야 한다.
- 인사팀 : 신입사원 수가 1명이므로 배지는 1개, 회사 다이어리는 2개가 필요한데, 이미 배지는 4개, 회사 다이어리는 2개가 있으므로 추가로 물품을 구매하지 않아도 된다.

따라서 개발팀과 마케팅팀이 물품을 추가로 구매해야 한다.

33 문제처리능력 자료를 바탕으로 업체 선정하기

| 정답 | ④

| 해설 | 각 건설사의 평가기준별 점수를 계산하면 다음과 같다.

구분	공사단가	예상기간	계약금	평판	업체규모	총점
A 건설사	1	4	1	3	5	14
B 건설사	2	5	2	4	3	16
C 건설사	5	4	4	1	1	15
D 건설사	4	1	5	5	5	20
E 건설사	3	4	4	3	3	17

따라서 총점이 가장 높은 D 건설사를 선정한다.

34 문제처리능력 자료를 바탕으로 업체 선정하기

| 정답 | ④

| 해설 | 변경사항을 반영하여 각 건설사의 평가기준별 점수를 계산하면 다음과 같다.

구분	공사단가	예상기간	계약금	평판	업체규모	총점
A 건설사	1	8	1	9	5	24
B 건설사	2	10	2	12	3	29
C 건설사	5	8	4	3	1	21
D 건설사	4	2	5	15	5	31
E 건설사	3	8	4	9	3	27

따라서 총점이 가장 높은 D 건설사를 선정한다.

35 문제처리능력 자료를 바탕으로 업체 선정하기

| 정답 | ④

| 해설 | 변경사항의 새로운 기준인 각 건설사별 계약금비율을 구하면 다음과 같다.

- A 건설사 : $\frac{20}{200} \times 100 = 10(\%)$
- B 건설사 : $\frac{18}{180} \times 100 = 10(\%)$
- C 건설사 : $\frac{15}{150} \times 100 = 10(\%)$
- D 건설사 : $\frac{10}{160} \times 100 = 6.25(\%)$
- E 건설사 : $\frac{15}{170} \times 100 ≒ 8.8(\%)$

이를 반영하여 각 건설사의 평가기준별 점수를 계산하면 다음과 같다.

구분	계약금비율	예상기간	평판	업체규모	총점
A 건설사	3	4	3	4	14
B 건설사	3	5	4	2	14
C 건설사	3	4	1	0	8
D 건설사	5	1	5	4	15
E 건설사	4	4	3	2	13

따라서 총점이 가장 높은 D 건설사가 선정된다.

36 문제처리능력 자료를 바탕으로 조별 근무 배정하기

| 정답 | ①

| 해설 | 각 직원별 근무 희망사항에 따라 직원들을 각 조별로 배정하면 다음과 같다.
- 직원 A : 금요일 주간 근무를 희망하지 않으므로 3조에 배정하지 않는다.
- 직원 B, C : 월요일과 수요일에는 주간 근무를 희망하므로 1조에 배정한다.
- 직원 E : 수요일 심야 근무를 희망하지 않으므로 2조에 배정하지 않는다.
- 직원 D, F : 월요일과 수요일 심야 근무를 희망하므로 2조에 배정한다.

따라서 직원 B, C는 1조, 직원 D, F는 2조에 배치되며, 직원 A는 3조에 배치되지 않으므로 4조에 배치된다. 각 조에는 최소 1명 이상의 직원이 배치되어야 하므로 직원 E는 남은 자리인 3조에 배치된다.

37 문제처리능력 | 자료를 바탕으로 조별 근무 배정하기

| 정답 | ③

| 해설 | 변경된 직원별 희망사항에 따라 직원들을 각 조별 배정을 조정할 때, 직원 D는 수요일 근무를 희망하지 않으므로 수요일에 근무를 하지 않는 3조에 배정한다.

| 오답풀이 |
① 직원 A는 화요일 야간 근무가 있는 2조에 배정한다.
② 직원 B는 조정 없이 1조에 배정한다.
④ 직원 E는 수요일 야간 근무가 있는 4조에 배정한다.
⑤ 직원 F는 조정 없이 2조에 배정한다.

38 문제처리능력 | 자료를 바탕으로 판단하기

| 정답 | ②

| 해설 | 해당 계약은 용역에 해당한다. 부가세 10%를 포함해도 1억 원을 넘지 않으므로, 특정한 경우 사유서를 제출 후 수의계약을 진행할 수 있다.

| 오답풀이 |
① 5천만 원 초과 ~ 1.5억 원 이하이므로 부서장에게 받아야 한다. (나) 센터는 원장 직속 기관이므로 원장에게 받는다.
③ 2억 원 미만이므로 지역제한 경쟁입찰로 진행할 수 있다.
④ 3천만 원을 초과하는 용역이므로 견적서는 2개 이상이 필수적으로 필요하다.
⑤ 수의 계약의 경우 사유서 제출 후 가능하다.

39 문제처리능력 | 자료를 바탕으로 판단하기

| 정답 | ①

| 해설 | 2천만 원 초과 ~ 3천만 원 이하의 수의계약이므로 최종 결재선은 부원장이지만, (가) 센터는 원장 직속 기관이므로 원장에게 받는다.

| 오답풀이 |
② 3천만 원 초과 ~ 5천만 원 이하의 용역이므로 최종 결재선은 센터장이다.
③ 2.2천만 원을 초과한 인쇄 시 수의계약이 불가능하고, 1천만 원 초과 ~ 3천만 원 이하의 인쇄이므로 최종 결재선은 센터장이다.
④ 1천만 원 초과 ~ 3천만 원 이하의 물품이므로, 최종 결재선은 센터장이다.
⑤ 3천만 원 초과 ~ 5천만 원 이하의 용역이므로, 최종 결재선은 센터장이다.

40 사고력 | 명제 판단하기

| 정답 | ③

| 해설 | 첫 번째 전제가 성립하므로 그 대우인 '사람을 사귀는 것이 어렵지 않은 사람은 성격이 외향적이다'도 성립하며, 두 번째 전제도 성립하므로 그 대우인 '말하는 것을 싫어하지 않는 사람은 외국어를 쉽게 배운다'도 성립한다. 따라서 '외향적인 성격은 외국어를 쉽게 배운다'라는 결론이 성립하기 위해서는 '외향적인 성격은 말하는 것을 싫어하지 않는다'라는 전제가 필요하다.

41 사고력 | 명제 판단하기

| 정답 | ④

| 해설 | 제시된 명제를 p : '음악을 감상한다', q : '졸리다', r : '책을 읽는다', s : '자전거를 탄다', t : '커피를 마신다'로 정리하면 다음과 같다.
- $p \rightarrow \sim q(q \rightarrow \sim p)$
- $\sim q \rightarrow r(\sim r \rightarrow q)$
- $s \rightarrow \sim t(t \rightarrow \sim s)$
- $\sim t \rightarrow \sim r(r \rightarrow t)$
- $t \rightarrow \sim q(q \rightarrow \sim t)$

ⓒ은 t→~p, ⓜ은 q→s로 나타낼 수 있는데, 이는 제시된 명제를 통해 참·거짓을 알 수 없는 명제이다.

| 오답풀이 |
㉠ 삼단논법에 의해 s→~t→~r→q→~p가 성립되어 s→~p는 참이다.

ⓒ 삼단논법에 의해 ~t→~r→q가 성립되어 ~t→q는 참이다.
ⓔ 삼단논법에 의해 r→t→~q가 성립되어 r→~q는 참이다.

42 문제처리능력 자료를 바탕으로 판단하기

|정답| ②

|해설| 제시된 자료에 따르면 신용 평가 등급은 사업비 대출 보증 시공자의 요건에서만 고려된다.

|오답풀이|
① 심사 평점표의 종합 평점이 70점 미만인 경우가 보증 금지 요건이므로 A의 종합 평점은 보증 자격 요건을 충족한다.
③ 보증 금지 요건의 세 번째 내용에 제시되어 있다.
④ 보증한도는 10억 원의 60%인 6억 원이고 따라서 최대 보증료는 $600,000,000 \times 0.0035 \times \frac{60}{365} ≒ 345,205$(원)이다.
⑤ A의 건립 세대 규모는 165세대로 보증 금지 요건인 150세대 미만인 사업장에 해당하지 않는다.

43 문제처리능력 자료를 바탕으로 보증료 계산하기

|정답| ②

|해설| 조합별 보증료를 계산하면 다음과 같다.
- A : $20,000,000,000 \times \frac{0.45}{100} \times \frac{200}{365}$
  ≒ 49,320,000(원)
- B : $20,000,000,000 \times \frac{0.2}{100} \times \frac{365}{365}$
  = 40,000,000(원)
- C : $30,000,000,000 \times \frac{0.35}{100} \times \frac{150}{365}$
  ≒ 43,150,000(원)

따라서 A-C-B의 순서대로 보증료가 높다.

44 문제처리능력 자료를 바탕으로 절감비용 계산하기

|정답| ①

|해설| (ㄷ)을 포함하여 추가 절감을 받는 조합의 경우를 살펴보면 다음과 같다.
- (ㄱ)+(ㄷ)+(ㅁ) : (58,000+26,000+34,000)×1.2
  =141,600(천 원)
- (ㄴ)+(ㄷ)+(ㅅ) : (55,000+26,000+23,000)×1.2
  =124,800(천 원)
- (ㄷ)+(ㄹ)+(ㅂ) : (26,000+50,000+46,000)×1.15
  =140,300(천원)
- (ㄷ)+(ㅂ)+(ㅅ) : (26,000+46,000+23,000)×1.15
  =109,250(천 원)

추가 절감을 받지 않는 조합 중 (ㄷ)을 포함하여 절감 효과가 가장 큰 경우를 살펴보면 다음과 같다.
- (ㄱ)+(ㄴ)+(ㄷ) : 58,000+55,000+26,000
  =139,000(천 원)

따라서 (ㄱ)+(ㄷ)+(ㅁ) 조합으로 실천하였을 때 에너지 절감량이 가장 크다.

45 문제처리능력 자료를 바탕으로 절감비용 계산하기

|정답| ④

|해설|
- 지난달 절감 비용((ㄴ)+(ㄷ)+(ㅂ)) : 55,000+26,000+46,000=127,000(천 원)
- 이번 달 절감 비용((ㄱ)+(ㄹ)+(ㅁ)) : (58,000+50,000+34,000)×1.15=163,300(천 원)

따라서 163,300-127,000=36,300(천 원) 차이가 난다.

46 사고력 조건을 바탕으로 추론하기

|정답| ②

|해설| 마지막 조건과 여섯 번째 조건에 따라 예림은 시사토론과 수영을 수강하며, 영준은 반드시 영어회화를 수강해야 한다. 다섯 번째 조건에 따라 희은과 찬빈도 시사토론을 수강하는데, 네 번째와 일곱 번째 조건을 고려할 때 영준이 시사토론을 수강하지 않으면 은희와 유민이 시사토론을 수강하게 되어 시사토론의 수강인원이 4명을 넘게 된다. 따라서 영준은 영어회화와 시사토론을 수강하고, 은희와 유

민은 영어회화와 수영을 수강한다. 이때, 시사토론과 수영의 수강인원이 이미 찼기 때문에 해진은 최소 하나 이상을 수강해야 한다는 조건에 따라 영어회화만 수강한다. 이를 정리한 수강 현황은 다음과 같다.

구분	영어회화(4명)	시사토론(4명)	수영(3명)
해진	○	×	×
예림	×	○	○
희은	×	○	×
찬빈	×	○	×
은희	○	×	○
영준	○	○	×
유민	○	×	○

47 문제처리능력 | 자료를 바탕으로 판단하기

|정답| ①

|해설| '산림공원 내 시설 확장' 계획을 보면 주차장, 도로 확장, 공용 편의시설, 건축물 시공이 가능해야 한다. 이 조건에 맞는 건설사는 병, 정이다. '한지체험박물관'의 조건에 맞는 건설사는 건축물 시공, 도로확장이 가능한 을, 병, 정이다. '도시 외곽 체육시설'의 수상스포츠 및 자연 암벽장 시공이 가능한 건설사는 정이다. 따라서 참여하지 않는 건설사는 갑이다.

48 문제처리능력 | 자료를 바탕으로 우선순위 판단하기

|정답| ①

|해설| 각 시설별 가장 적절한 부지는 다음과 같다.
- 산림공원 내 시설 확장 : 산림 공원 내에 위치하는 것이 좋다. 또 동쪽에 있는 대나무 숲을 최대한 보존하기를 원하므로 동쪽에 대나무 숲이 있어야 한다. 따라서 B 부지가 가장 적합하다.
- 한지체험박물관 : 산림공원 및 대나무 숲과 인접해야 하며 주민들이 쉽게 접근할 수 있도록 주거지역에 인접한 것이 좋다. 또한 청소년의 접근성, 박물관 혹은 기념관과 프로그램 연계, 물품 공수를 위해서는 근처에 중학교, 기념관, 한지 공장이 있어야 한다. 따라서 D 부지가 가장 적합하다.
- 도시 외곽 체육시설 : 도시 외곽에 위치하며 수상 스포츠 시공을 필요로 하므로 강 등의 물이 가깝고 자연 암벽장을 시공할 수 있는 곳이어야 한다. 따라서 E 부지가 가장 적합하다.

따라서 건설 계획에서 우선순위가 가장 낮은 부지는 A, C 부지이다.

49 문제처리능력 | 자료를 바탕으로 입주자 선정하기

|정답| ①

|해설| 먼저 입주자격에 따르면 20X1년 5월 13일 이후 혼인한 신혼부부가 대상자이므로 B, E 부부는 배제한다. 나머지 3쌍의 점수를 계산하면 다음과 같다.

구분	소득	거주기간	납입 횟수	총점
A 부부	2	3	1	6
C 부부	1	3	2	6
D 부부	1	2	2	5

A, C 부부가 동점이므로 '2. 입주자 선정방법 2)'에 따라 가중평균한다.
- A 부부 : $(2 \times 3)+(3 \times 5)+(1 \times 2)=23$
- C 부부 : $(1 \times 3)+(3 \times 5)+(2 \times 2)=22$

따라서 입주자로 선정될 신혼부부는 A 부부이다.

50 사고력 | 조건을 바탕으로 팀 추론하기

|정답| ④

|해설| 제시된 조건은 모두 거짓이므로 각 신입사원이 배정받은 팀이 아닌 곳을 표에 정리하면 다음과 같다.

구분	영업팀	홍보팀	재무팀	개발팀	설계팀
김정식			×		
김병연	×	×			×
허초희		×			×
백기행	×		×	×	×
정지용	×		×		

따라서 배정받은 팀을 정확하게 알 수 있는 신입사원은 홍보팀에 배정된 백기행이다.

3회 기출예상문제

▶ 문제 110쪽

01	③	02	③	03	②	04	②	05	③
06	②	07	⑤	08	③	09	⑤	10	②
11	②	12	⑤	13	⑤	14	③	15	③
16	②	17	③	18	④	19	②	20	③
21	②	22	③	23	②	24	②	25	②
26	②	27	③	28	③	29	③	30	①
31	②	32	⑤	33	①	34	①	35	①
36	④	37	④	38	⑤	39	⑤	40	⑤
41	⑤	42	①	43	⑤	44	⑤	45	③
46	④	47	④	48	⑤	49	③	50	③

01 문서작성능력 맞춤법에 맞게 쓰기

| 정답 | ③

| 해설 | ⓒ '드러나는'이 옳은 표현이다.
ⓔ '오랫동안'이 옳은 표현이다.
ⓜ '(으)로서'는 신분, 자격, 지위, 관계 따위를 나타내는 조사이며, '(으)로써'는 수단, 방법, 도구를 나타낼 때 쓰이는 조사이다. 해당 문장에서 생태자원은 방법이나 도구가 아니라 신분, 자격의 의미이므로 '생태자원으로서의'가 옳은 표현이다.

| 오답풀이 |
㉠ '개펄'은 '갯벌'과 같은 말로 표준어이다.
ⓛ 어간의 끝음절 '하'의 'ㅏ'가 줄고 'ㅎ'이 다음 음절의 첫소리와 어울려 거센소리로 될 적에는 거센소리로 적는다. 따라서 '연상하게'는 '연상케'로 적을 수 있다.

02 문서작성능력 맞춤법에 맞게 쓰기

| 정답 | ③

| 해설 | '거'는 '것'을 구어적으로 표현하는 의존 명사로 '좋을 거 같다'와 같이 띄어 써야 한다.

| 오답풀이 |
① '해보니까'는 본용언과 보조 용언의 구성으로 띄어 쓰는 것이 원칙이나 붙여 쓰는 것도 허용된다.
② '들이'의 '들'은 명사의 뒤에 붙어 '복수'의 뜻을 나타내는 접사 '들'이 아니라 열거한 사물 모두를 가리키는 의존 명사 '들'이므로 앞말과 띄어 써야 한다.
④ 의존 명사 '등'은 앞말과 띄어 써야 한다.
⑤ '보란 듯이'의 '듯'은 의존 명사이므로 앞말과 띄어 써야 한다.

03 문서작성능력 단어관계 파악하기

| 정답 | ②

| 해설 | '절약'과 '절감'은 각각 '함부로 쓰지 아니하고 꼭 필요한 데에만 써서 아낌'과 '아끼어 줄임'의 의미이므로 서로 유의관계이다. '요구나 필요에 따라 물품 따위를 제공함'의 의미를 지니는 '공급'과 유의관계인 단어는 '무엇을 내주거나 갖다 바침'의 의미를 지니는 '제공'이다.

| 오답풀이 |
① 제시 : 검사나 검열 따위를 위하여 물품을 내어 보임.
④ 수급 : 수요와 공급을 아울러 이르는 말

04 문서작성능력 단어관계 파악하기

| 정답 | ②

| 해설 | 닭을 먹여 기르는 양계와 돼지를 먹여 기르는 양돈은 모두 가축이나 짐승을 먹여 기르는 사육이라는 동일 범주에 속한다. 따라서 화장품 범주에 속하는 립스틱과 매니큐어를 고르면 된다.

05 문서작성능력 단어관계 파악하기

| 정답 | ③

| 해설 | '글을 쓰다'의 '쓰다'는 '머릿속의 생각을 종이 혹은 이와 유사한 대상 따위에 글로 나타내다'의 의미이지만 '애를 쓰다'의 '쓰다'는 '힘이나 노력 따위를 들이다'의 의미로 서로

동음이의어 관계에 있다. 나머지 선택지의 밑줄 친 두 단어는 모두 다의어이므로 두 단어의 관계가 다른 것은 ③이다.

06 문서이해능력 | 세부 내용 이해하기

| 정답 | ②

| 해설 | '전년도 시니어사원은 신청 불가'이므로 작년에 시니어사원으로 근무한 사람은 이번 연도에 지원할 수 없다.

07 문서이해능력 | 공고문에 근거하여 추론하기

| 정답 | ⑤

| 해설 | '지역별 신청자를 대상으로 건강상태, 교원경력기간, 참여적극성 등을 종합 심사하여 고득점자 순으로 결정'한다고 하였다.

| 오답풀이 |

① '입사포기, 중도퇴사 등 대비하여 일정 비율의 예비 합격자 선발'을 통해 300명보다 더 많은 수의 합격자를 선발함을 알 수 있다.

② 제출해야 할 서류로는 관련 자격증 사본 1부와 경력증명서 1부를 모두 제출해야 한다.

③ 담당하는 업무는 LH 임대주택 입주민 초등학생, 중학생 자녀의 방과후 1:1 학습을 지도하는 것이다.

④ 근무시간은 일 4시간으로, 총 6개월 동안 주 3일 근무하게 된다.

08 문서이해능력 | 세부 내용 이해하기

| 정답 | ③

| 해설 | ㄴ. 작년에 시니어사원으로 근무한 사람은 지원할 수 없지만, 꿈높이 선생님 근무자는 제외한다.

ㄹ. 모든 서류는 공고일인 202X년 4월 30일 이후 발급한 것만을 인정한다.

| 오답풀이 |

ㄱ. 현직교사로 일하고 있는 사람은 신청 대상이 아니다. 교원자격증을 소지한 퇴직교사만 지원할 수 있다.

ㄷ. 최종 합격자로 선발된 근무자들은 중도퇴사, 입사포기를 할 수 있고 이를 대비해 예비 합격자를 선발한다.

ㅁ. 돌봄사원의 채용업무는 업무협약에 따라 한국노인인력개발원에서 담당하며 지원신청서는 한국노인인력개발원에서 지정한 접수처에서 접수할 수 있다.

09 문서이해능력 | 세부 내용 이해하기

| 정답 | ⑤

| 해설 | 이번 소셜본드는 주택임대사업을 영위하는 기업이 발행한 세계 최초의 서민주택 관련 소셜본드로 그 의미가 크다고 하였으므로 국내 최초의 서민주택 관련 소셜본드이기도 함을 알 수 있다.

| 오답풀이 |

① LH는 인증과 동시에 HSBC 증권을 주관사로 선정하고 신속하게 해외투자자를 물색한 결과 소셜본드를 발행할 수 있었다.

② 제시된 자료로 알 수 있는 것은 7월 31일 발행한 소셜본드로 조달한 자금의 활용계획이며 올 4분기에 발행하는 소셜본드로 조달한 자금의 활용계획은 나와 있지 않다.

③ LH는 공공기관 최초로 사회적 가치 영향평가 제도를 도입하는 등 사회적 가치실현에 가장 앞서가는 모습을 보여 왔다. 따라서 다른 공기업으로부터 영향을 받아 사회적 가치실현을 위한 제도를 도입했다는 것은 옳지 않다.

④ "최근 미국금리 상승으로 스위스 프랑이 금리 측면에서 더 메리트가 있어 일부 불확실성에도 불구하고 스위스 프랑으로 발행을 추진했다."라는 것으로 보아 불확실성으로 인한 단점보다는 금리 측면에서의 유리함이 더 컸음을 짐작할 수 있다.

10 문서이해능력 | 글의 중심 내용 이해하기

| 정답 | ②

| 해설 | 첫 문단과 두 번째 문단에 따르면 LH가 발행한 소셜본드는 국내 최초이자 스위스 프랑으로 발행된 세계 최초의 소셜본드로 이는 사회적 가치실현사업에 투자할 자금을 마련하기 위해 발행되는 것이다. 또한 마지막 문단에

따르면 소셜본드로 조달한 자금 전액은 임대주택건설에 활용할 계획이라는 것이 명시되어 있다.

| 오답풀이 |
① 세 번째 문단 마지막 줄과 마지막 문단에 관한 내용만이 요약되어 있으며 핵심 내용인 소셜본드 발행이 생략되어 있다.
③ 소셜본드의 불확실성 방향은 지엽적인 내용에 불과하다.
④ 스위스 프랑으로 발행된 것과, 주택임대사업을 영위하는 기업이 서민주택 관련 소셜본드를 발행한 것이 세계 최초라고 나와있다.
⑤ ESG 평가사 전문의견을 득한 것이 세계 최초라는 언급은 없다.

11 문서이해능력 세부 내용 이해하기

| 정답 | ②

| 해설 | 유의사항에 수상작과 아이디어의 저작권은 한국토지주택공사에 귀속되지만 저작권, 표절 시비 등 모든 법적 책임은 응모자에게 있다고 나와 있다.

12 문서이해능력 세부 내용 이해하기

| 정답 | ⑤

| 해설 | '2차 PPT 발표(8분 분량, 파워포인트만 사용)' 조건에 부합하므로 E는 심사에서 제외되지 않는다.

| 오답풀이 |
① '개인 또는 팀(최대 3명)' 조건에 부합되지 않으므로 심사 대상으로 적절하지 않다.
② '전국 2년제 이상 대학 및 대학원 재학생 또는 휴학생' 조건에 부합되지 않으므로 심사 대상으로 적절하지 않다.
③ '대학교 부지 경계선으로부터 500㎡' 조건에 부합되지 않으므로 심사 대상으로 적절하지 않다.
④ '제출작품'의 조건에 부합되지 않으므로 심사 대상으로 적절하지 않다.

13 문서이해능력 세부 내용 이해하기

| 정답 | ⑤

| 해설 | 제3조 제3호을 보면 "출·퇴근이 가능한 지역"이라 함은 통상 대중교통 수단으로 출·퇴근이 가능한 거리에 위치한 지역을 말하며, 해당기관장이 주택자금 대부심의위원회의 심의를 거쳐 설정·운영한다고 하였다.

| 오답풀이 |
① 제6조 제1항을 보면 유주택 직원이 전보발령으로 인하여 출·퇴근이 불가능한 지역으로 배치될 경우에는 주택임차 시에만 대부가 가능하며, 동 대부금을 주택매입자금으로 사용할 수 없다고 하였다.
② 제3조 제2호를 보면 주택자금 대부금은 출·퇴근이 가능한 지역 내 주택 매입 또는 주택임차에 소요되는 자금을 보조하기 위하여 대부하는 금액이다. 따라서 서울에 있는 본사에 근무하는 자가 제주도에 있는 주택을 구입하기 위해 주택자금 대부금을 신청할 수는 없다.
③ 제6조 제1항을 보면 주택자금 대부대상자는 "공단에 재직 중인 자"로, 수습기간 중인 자는 제외한다고 하였다.
④ 제6조 제2항을 보면 제1항에 의한 대부대상자 중 이미 퇴직급여충당적립금 대부지침에 의거해 주택자금을 대부받은 자는 제8조에서 정한 대부금액에서 신청일 현재 상환치 않은 대부잔액을 제외한 금액의 한도 내에서 대부받을 수 있다고 하였으므로 적절하지 않다.

14 문서작성능력 글의 흐름에 맞게 문단 배열하기

| 정답 | ③

| 해설 | (라)에서 '습관'의 사전적 의미에 대해 말하고 있으므로 가장 먼저 와야 된다. 다음으로 이러한 습관이 사유방식, 생활, 학습, 언어, 행위 등에서 드러난다고 말하고 있는 (가)가 온다. 이후 (가)에서 언급한 습관의 형식에 대해 구체적으로 얘기하고 있는 (나)와 (마)가 와야 한다. 이때, (나)는 최상위 단계의 습관을, (마)는 가장 기본적인 습관과 상위 단계의 습관을 설명하고 있으므로 (마)-(나) 순서가 적절하다. 마지막으로 좋은 습관을 길러야 하는 이유에 대해 말하고 있는 (다)가 온다. 따라서 (라)-(가)-(마)-(나)-(다) 순이 적절하다.

15 문서작성능력 문단 삽입하기

| 정답 | ③

| 해설 | 〈보기〉는 무엇이 '좋은 습관'인지에 대해 말하고 있다. 따라서 앞부분에서 좋은 습관에 대한 언급이 있었음을 추론할 수 있다. (다)에서 좋은 습관을 기르는 것에 대해 말하고 있으므로 〈보기〉는 (다) 뒤에 들어가는 것이 가장 알맞다.

16 문서작성능력 표현상의 오류 파악하기

| 정답 | ②

| 해설 | '~ 하여금 ~ 하게'는 사동의 의미로 '공사가 토지를 매입하게 한다'는 뜻을 나타내기에 올바른 표현이다.

| 오답풀이 |
① '공공시설용지·주택건설용지 또는 산업시설용지로 매각할 수 있거나 개발할 수 있는 토지'의 의미가 되어야 하므로 '매입'을 '매각'으로 수정하여야 한다.
③ 용지 조성, 지목 변경, 토지 분할 등은 '매입'한 토지의 '매각'을 촉진하기 위한 행위로 볼 수 있다.
④ '보존'은 '잘 보호하고 간수하여 남김'의 의미이므로, '온전하게 보호하여 유지함'의 의미인 '보전'이 올바른 표현이다.
⑤ 토지의 매각을 위하여 한국자산관리공사에 공사가 보유한 토지 등 자산의 매각을 위탁하거나 직접 한국자산관리공사에 매각을 할 수 있다는 의미이므로 '매입'을 '매각'으로 수정하여야 한다.

17 문서작성능력 단어의 사전적 의미 파악하기

| 정답 | ③

| 해설 | 지목(地目)은 토지의 주된 사용목적에 따라 토지의 종류를 구분·표시하는 명칭으로, 토지등기부에 등기할 사항 중 하나이다.

18 문서이해능력 세부 내용 이해하기

| 정답 | ④

| 해설 | 제14조에 따라 공사는 매입한 토지의 매각을 촉진하기 위하여 필요한 경우에는 용지 조성, 지목 변경, 토지 분할 및 합병 등의 조치를 할 수 있으며, 매입한 토지를 매각할 때까지 임대할 수도 있다.

| 오답풀이 |
① 제14조 제2항에 따라 수목은 정착물에 해당하므로 토지 매입 시 함께 매입할 수 있다.
② 제12조 제4항에 따라 기획재정부장관이 국토교통부장관에게 요청한 경우, 특정 기업의 부채 상황을 위한 토지 매입을 우선 처리하여야 한다.
③ 제13조에 따라 매도인이 원할 경우, 토지매입대금의 일부를 공사채로 지급할 수 있다.
⑤ 제16조 제2항에 따라 공급가격결정방법 등도 포함하여 공급기준을 정하고 공급을 시행하여야 한다.

19 문서이해능력 배점항목표 이해하기

| 정답 | ②

| 해설 | 취업은 4대보험(국민연금, 건강보험, 고용보험, 산재보험)에 가입한 사업장의 사업주와 「근로기준법」에 따른 근로계약을 체결하고 임금을 목적으로 근로를 제공하는 것을 말한다. 사업자등록증의 발급은 창업을 판단할 때 해당된다.

| 오답풀이 |
① 배점항목표 제3호에 따라 부양가족이란 신청자 본인을 제외한 무주택세대구성원을 말한다.
③ 배점항목표 제4호에 따라 신청인 명의의 청약저축 또는 주택청약종합저축 납입 회차만을 인정한다.
④ 배점항목표 제5호에 따라 보장시설 거주자는 전용입식부엌, 전용수세식화장실을 모두 구비한 것으로 본다.
⑤ 배점항목표 제6호에 따라 주거급여 수급자의 경우 임차료는 주거급여액 차감 후 금액을 의미한다.

20 문서이해능력 배점항목표 이해하기

| 정답 | ③

| 해설 | '65세 이상 직계존속을 부양하는 경우(신청인과 동일한 세대별 주민등록표상에 세대원으로 등재된 경우를 말하며, 배우자의 직계존속을 포함)'에 따라 별도의 가점을 받을 수 있게 된다.

| 오답풀이 |
① 만 65세 미만이므로 별도의 가점을 받을 수 없다.
②, ④ 미성년자 자녀가 아니므로 별도의 가점을 받을 수 없다.
⑤ 별도의 가점을 받을 수 있는 사항으로 언급되지 않았다.

21 문서이해능력 세부 내용 이해하기

| 정답 | ②

| 해설 | 규모 측면에 있어서 고층 건축물과 기타 규모의 건축물을 구분하여 관리하고 있으나, 규모에 따라 성능방식과 사양방식을 달리 적용한다는 내용은 언급되어 있지 않다.

| 오답풀이 |
① 우리나라는 사양방식을 채택하고 있다.
③ 해외에서는 사양방식을 기본으로 하되 필요에 따라 일부 층이나 특정 공간에서 성능방식을 채택할 수 있도록 규정하고 있다.
④ 피난규정과 방화규정은 엄격히 구분되지 않고 있는데, 이는 피난이 건축물의 화재상황을 염두에 두고 검토되며 대피 관련 규정의 상당부분을 화재상황으로 상정하고 있기 때문이다.
⑤ 건축물에서의 피난 관련 사항은 건축허가 요건을 이루는 중요한 규정이다.

22 문서작성능력 기사문의 제목 파악하기

| 정답 | ⑤

| 해설 | 제시된 기사문은 한국토지주택공사와 국토교통부가 함께 진행하는 그린리모델링 이자지원사업에 대한 소개로, '기존 건축물이 단열 등 에너지성능이 떨어져 여름에는 더 덥고, 겨울에는 더 추웠는데 그린리모델링을 통해 쾌적하고 살기 좋은 집이 됐다'를 통해 그린리모델링을 거치면 더 따뜻하고, 더 시원한 거주 공간을 구축할 수 있음을 알 수 있다. 따라서 제시된 기사문의 제목으로는 '그린리모델링으로 더 따뜻하고 더 시원하게'가 가장 적절하다.

23 문서이해능력 세부 내용 이해하기

| 정답 | ②

| 해설 | 신규입사자의 검진대상자 등록은 당사자가 아닌 담당부서에서 개별적으로 진행하므로 안내문에 제시하지 않아도 된다.

| 오답풀이 |
① 출생연도와 연령에 따라 암종별 검진주기가 다르므로 정보를 추가하는 것이 바람직하다.
③ 2차 건강검진에 해당하는 검진대상이나 검진비용 등의 정보를 알 수 없으므로 관련된 설명을 추가하는 것이 좋다.
④ 수검자가 병원에 직접 예약해야 하므로 정보를 추가하는 것이 좋다.
⑤ 두 건강검진의 검사항목이 다를 것이므로 관련 정보를 추가하는 것은 바람직하다.

24 문서이해능력 세부 내용 이해하기

| 정답 | ②

| 해설 | 검진결과 안내시기에 대한 정보는 찾을 수 없다.

| 오답풀이 |
① 암검진 비용은 생애전환기 대상자이거나 자궁경부암 검진이 아니라면 공단에서 90%, 수검자가 10% 부담한다고 안내되어 있다.
③ 고혈압 약을 제외한 나머지 약은 복용하지 않도록 안내되어 있다.
④ 「건강검진 실시기준」 제15조(검진비용의 환수) 제4항에 따라 공사 등은 이미 일반 건강검진을 받은 수검자가 당해에 중복하여 일반 검진을 받은 사실을 확인한 경우에는 해당 검진비용의 전부 또는 일부를 수검자로부터 환수할 수 있다고 안내되어 있다.

⑤ 생애전환기 건강검진 대상은 만 40세와 만 66세 전원이라고 안내되어 있다.

25 문서이해능력 글의 주제와 맞는 내용 찾기

| 정답 | ②

| 해설 | 글의 주제는 지적장애인 시설의 특성에 맞는 응급상황 발생에 대한 대응지침이 마련되어야 한다는 것이다.

| 오답풀이 |
③ 응급상황 발생 시의 체계화된 기준이 마련되어 있지 않은 상황에서 장애인 시설 담당자 나름의 판단에 의한 행동이 미흡했다고 단정하기는 어렵다.

26 문제처리능력 조건에 맞는 장소 고르기

| 정답 | ②

| 해설 | 각 구분에 따른 점수를 산출하면 다음과 같다.

구분	이동거리	수용가능인원	대관료	평점	빔 프로젝터 사용가능 여부	총점
A	4	2	4	2	1	13
B	3	3	5	3	1	15
C	5	1	2	4	1	13
D	1	5	3	3	0	12
E	2	4	1	5	0	12

따라서 가장 높은 점수를 받은 B를 대여하게 된다.

27 사고력 명제 판단하기

| 정답 | ③

| 해설 | 제시된 명제를 P : 'A 거래처에 발주', Q : 'B 거래처에 발주', R : 'C 거래처에 발주', S : 'D 거래처에 발주'로 정리하면 다음과 같다.

• P→~Q(Q→~P)
• ~R→S(~S→R)
• S→Q(~Q→~S)

세 번째 명제의 대우와 두 번째 명제의 대우의 삼단논법에 의해 ~Q→~S→R이 성립한다. 따라서 ③은 거짓이다.

| 오답풀이 |
① 삼단논법에 의해 P→~Q→~S→R이 성립되어 A 거래처에 발주했다면, C 거래처에도 발주했다는 참이다.
② 삼단논법에 의해 P→~Q→~S가 성립되어 A 거래처에 발주했다면, D 거래처에 발주하지 않았다는 참이다.
④ 삼단논법에 의해 ~R→S→Q→~P가 성립되어 C 거래처에 발주하지 않았다면, A 거래처에도 발주하지 않았다는 참이다.
⑤ 삼단논법에 의해 S→Q→~P가 성립되어 D 거래처에 발주했다면, A 거래처에는 발주하지 않았다는 참이다.

28 문제처리능력 출장비 계산하기

| 정답 | ③

| 해설 | 〈출장복명서〉에 따르면 한석봉 씨는 5급이므로 〈출장비 정산 기준〉에서 '4급 이하 팀원'의 기준에 따라 출장비를 계산한다.
식비의 경우 실비를 기준으로 하되 1일 한도가 존재하므로 12일과 13일의 식비를 각각 계산해야 한다.
10월 12일 : 12,000+10,000+7,000=29,000(원), 10월 13일 : 13,000+10,000=23,000(원)으로 각각 1일 한도인 30,000원 이하이다. 따라서 식비는 29,000+23,000=52,000(원)을 정산받을 수 있다. 숙박비의 경우 70,000원 한도의 실비로 정산하므로 실제 사용한 80,000원 중 70,000원만 정산받을 수 있다. 또한 업무용 차량 이용 시 교통비는 별도로 지급하지 않으며 일비는 $\frac{1}{2}$을 지급한다고 하였으므로 이틀간의 일비는 $20,000 \times \frac{1}{2} \times 2 = 20,000$(원)이다.
따라서 한석봉 씨가 정산받을 출장비는 52,000+70,000+20,000=142,000(원)이다.

29 문제처리능력 교통비 계산하기

| 정답 | ③

| 해설 | 교통비 중 자동차임은 직급에 상관없이 실비를 기준으로 하며 연료비와 통행료를 지급한다. 이몽룡 팀장이 사용한 연료비는 650(km)×1,500(원/L)÷10(km/L)=97,500(원)이다. 따라서 이몽룡 팀장이 정산받을 출장비는 통행료 20,000원을 포함하여 총 117,500원이다.

30 문제처리능력 자료에 근거하여 선정하기

| 정답 | ①

| 해설 | C사는 적격심사 점수가 50점 미만이므로 선발에서 제외되며, F사 또한 재무제표 부채비율이 1,000% 이상이므로 선발에서 제외된다. B사도 전년도 재무제표 부채비율이 1,000% 이상이나 공고일 기준 창업 3년 미만인 중소기업이므로 B사는 선정 제외 대상이 아니다. E사는 공고일 기준 2년 이내 타기업으로부터 해당사업을 지원받았으므로 선발에서 제외된다. 따라서 지원대상으로 선정되는 기업은 A, B, D사이다.

31 문제처리능력 자료에 근거하여 계산하기

| 정답 | ②

| 해설 |
- A 기업의 이행강제금 : 100×0.65×300,000×0.5×6=58,500,000(원)
- C 기업의 이행강제금 : 60×0.65×300,000×0.5×12=70,200,000(원)
- ∴ 58,500,000+70,200,000=128,700,000(원)

32 문제처리능력 자료에 근거하여 판단하기

| 정답 | ⑤

| 해설 | 각 사무실의 가로, 세로 길이를 모두 추론하면 다음 그림과 같다.

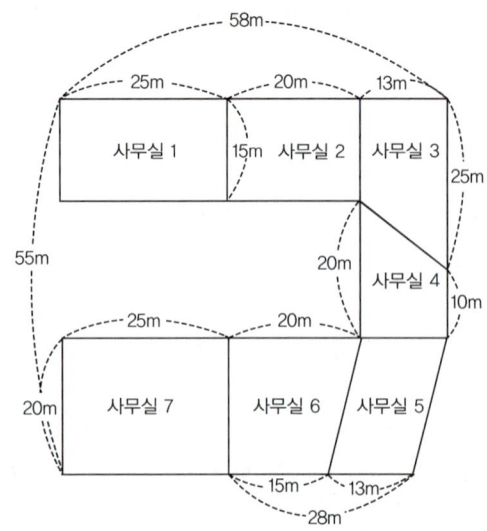

각 사무실의 가로, 세로 길이를 반영하여 계산한 면적은 다음과 같다.
- 사무실 1 : $25 \times 15 = 375(m^2)$
- 사무실 2 : $20 \times 15 = 300(m^2)$
- 사무실 3 : $\dfrac{25+15}{2} \times 13 = 260(m^2)$ (∵ 사다리꼴)
- 사무실 4 : $\dfrac{20+10}{2} \times 13 = 195(m^2)$
- 사무실 5 : $13 \times 20 = 260(m^2)$ (∵ 평행사변형)
- 사무실 6 : $\dfrac{20+15}{2} \times 20 = 350(m^2)$
- 사무실 7 : $25 \times 20 = 500(m^2)$

총면적이 직장어린이집 면적 기준의 1.5 ~ 2배여야 하므로, 이를 위해서는 총면적이 최소 $100 \times 4.5 \times 1.5 = 675(m^2)$, 최대 $100 \times 4.5 \times 2 = 900(m^2)$이어야 한다.

⑤는 면적 총합이 $195+260+500=1,045(m^2)$로 면적 기준의 2배를 초과하므로 조건에 맞지 않는다.

| 오답풀이 |
① $375+300+195=870(m^2)$
② $300+260+195=755(m^2)$
③ $260+195+350=805(m^2)$
④ $195+260+350=805(m^2)$

33 사고력 명제 판단하기

|정답| ①

|해설| 제시된 명제와 그 대우를 정리하면 다음과 같다.

- 투명한 컵 → 손잡이가 없음
  (대우 : 손잡이가 있음 → 투명한 컵×)
- 꽃무늬가 있음 → 손잡이가 없음
  (대우 : 손잡이가 있음 → 꽃무늬가 없음)
- 손잡이가 없음 → 무늬가 있음
  (대우 : 무늬가 없음 → 손잡이가 있음)

삼단논법에 의해 무늬가 없음 → 손잡이가 있음 → 투명한 컵×이 성립되므로 ①은 반드시 참이다.

|오답풀이|

②, ③, ④ 제시된 명제로는 알 수 없다.

⑤ 첫 번째 명제가 참이므로 그 명제의 대우인 '손잡이가 있는 컵은 투명하지 않다'도 참이다. 따라서 이는 거짓이다.

34 문제처리능력 휴가 신청일수 구하기

|정답| ①

|해설| 김 대리가 이번 주 월요일에 휴가를 쓰기 때문에 공휴일은 화, 수, 목, 금요일 중 하나이다.

- 공휴일이 화요일인 경우

월	화	수	목	금	토	일
김 대리	공휴일	휴가	휴가	휴가	휴일	휴일

- 공휴일이 수요일인 경우

월	화	수	목	금	토	일
김 대리		공휴일	휴가	휴가	휴일	휴일

- 공휴일이 목요일인 경우

월	화	수	목	금	토	일
김 대리		휴가	공휴일	휴가	휴일	휴일

- 공휴일이 금요일인 경우

월	화	수	목	금	토	일
김 대리		휴가	휴가	공휴일	휴일	휴일

화요일이 공휴일인 경우 박 과장이 이번 주에 휴가를 쓸 수 없으므로 공휴일은 수, 목, 금요일 중 하나이다. 또한 G 사원은 입사 후 휴가를 5일 사용했으므로 15일의 연차휴가 중 10일만 남아 있는 상태이고, 해외여행을 5일 가기 위해서는 수, 목, 금 중 휴가를 2일 신청해야 한다. 따라서 G 사원이 이번 달에 신청한 휴가일수는 2일이며, 잔여 휴가 일수는 8일이다.

35 문제처리능력 교육과정 이수 날짜 구하기

|정답| ①

|해설| 각각의 날짜에 수강할 수 있는 교육과정을 표시하면 다음과 같다. 괄호 안의 숫자는 남은 수강 횟수를 의미한다.

20X0년 2월

일	월	화	수	목	금	토
			1 자(0) 예(1) 직(1)	2 예(0) 직(0)	3 정(1) 커(2)	4
5	6 정(0) 커(1)	7 커(0)	8 문(2)	9 문(1)	10 문(0)	11
12	13 실(4)	14 실(3)	15 실(2)	16 실(1)	17 실(0)	18
19	20	21	22	23	24	25
26	27	28				

따라서 가장 빨리 모든 교육과정을 이수할 수 있는 날은 2월 17일이다.

36 문제처리능력 자료에 근거하여 업체 선정하기

|정답| ④

|해설| 제시된 조건에 따라 평가 항목별 환산 점수를 계산하면 다음과 같다.

(단위 : 점)

구분	서류 점수	가격 점수	실적 점수	총점
K 실업	90×40÷100 =36	90×40÷100 =36	95×20÷100 =19	91
F 물산	87×40÷100 =34.8	95×40÷100 =38	90×20÷100 =18	90.8
B 기획	89×40÷100 =35.6	90×40÷100 =36	90×20÷100 =18	89.6
S 산업	86×40÷100 =34.4	100×40÷100 =40	85×20÷100 =17	91.4
D 상사	92×40÷100 =36.8	85×40÷100 =34	100×20÷100 =20	90.8

따라서 우선협상 대상자로 선정될 업체는 S 산업이다.

37 문제처리능력 자료에 근거하여 추론하기

| 정답 | ④

| 해설 | 36번 표를 참고하면, 최하위 업체는 89.6점을 얻은 B 기획이다. 그러나 B 기획이 입찰 가격을 100만 원 낮출 경우 91.6점이 되어 우선협상 대상자가 선정될 수 있다.

| 오답풀이 |
① 서류 검토 점수에서 3점을 더 얻는다. → 총 90.8점
② 실적 건수를 1건 더 추가한다. → 총 90.6점
③ 실적 건수를 1건 더 추가하고 서류 검토 점수에서 1점을 더 얻는다. → 총 91점
⑤ 입찰 가격을 50만 원 낮추고 실적 건수를 1건 더 추가한다. → 총 90.6점

38 문제처리능력 흑자 전환 시기 파악하기

| 정답 | ⑤

| 해설 | 첫 달은 초기 투자금 3,000만 원만 들어가고 이후부터 매달 100만 원씩 지출된다. 반면 수익은 첫 달부터 매 달 300만 원이 생긴다. 흑자로 전환되는 시기는 수익이 비용보다 많아지는 시기이므로, 사업을 진행한 기간을 n개월이라고 할 때, 이에 대한 식을 정리하면 다음과 같다.

$3,000+100(n-1) < 300n$
$3,000+100n-100 < 300n$
$2,900 < 200n$
$14.5 < n$

따라서 15개월 차부터 A 사업은 흑자로 전환된다.

39 문제처리능력 순수익 계산하기

| 정답 | ③

| 해설 | A~D 사업의 3년간의 순수익을 '순수익=예상 월수익의 합계-(초기 투자금+예상 월지출의 합계)'로 계산하면 다음과 같다.

- A 사업 : $(300×12×0.5)+(300×24)-\{3,000+(100×35)\}=9,000-6,500=2,500$(만 원)
- B 사업 : $(120×12×2)+(120×24)-\{2,000+(20×11)+(20×24×2)\}=5,760-3,180=2,580$(만 원)
- C 사업 : $(300×36)-\{4,000+(50×35)\}=10,800-5,750=5,050$(만 원)
- D 사업 : $(200×36)-\{3,000+(10×11×2)+(10×24)\}=7,200-3,460=3,740$(만 원)

따라서 순수익이 큰 사업을 순서대로 나열하면 C, D, B, A이다.

40 문제처리능력 조건을 바탕으로 부서 배치하기

| 정답 | ③

| 해설 | 우선 희망 부서의 지망 순서와 관계없이 연수 부서와 희망 부서가 일치하는 가, 나를 각각 총무팀과 영업팀에 배치한 후, 나머지 신입사원들을 직원 평가가 높은 순서대로 배치하면 다음과 같다.

구분	직원 평가 점수	희망 부서 (1지망)	희망 부서 (2지망)	배치 부서
가	연수 부서에 배치			총무팀
나	연수 부서에 배치			영업팀
마	5점	영업팀	홍보팀	영업팀

라	4점	총무팀	생산팀	총무팀
바	3점	생산팀	총무팀	생산팀
사	3점	생산팀	총무팀	생산팀
아	2점	총무팀	영업팀	홍보팀
다	1점	영업팀	홍보팀	홍보팀

따라서 생산팀에 배치되는 사원은 바, 사이다.

41 문제처리능력 조건을 바탕으로 부서 배치하기

| 정답 | ⑤

| 해설 | 40번 표를 참고하면, 아 사원은 1지망 총무팀, 2지망 영업팀을 희망하였으나 실제로는 홍보팀에 배치되었다.

42 문제처리능력 조건을 바탕으로 부서 배치하기

| 정답 | ①

| 해설 | 모든 신입사원을 직원 평가 점수가 높은 순서대로 정렬하여 희망 부서에 따라 부서를 배치하면 다음과 같다.

구분	직원 평가 점수	희망 부서 (1지망)	희망 부서 (2지망)	배치 부서
마	5점	영업팀	홍보팀	영업팀
가	4점	영업팀	총무팀	영업팀
라	4점	총무팀	생산팀	총무팀
나	3점	총무팀	영업팀	총무팀
바	3점	생산팀	총무팀	생산팀
사	3점	생산팀	총무팀	생산팀
아	2점	총무팀	영업팀	홍보팀
다	1점	영업팀	홍보팀	홍보팀

따라서 영업팀에 배치되는 사원은 가, 마이다.

43 사고력 조건을 바탕으로 추론하기

| 정답 | ⑤

| 해설 | 네 사람이 배우는 기술들을 추론해 보면, 현재나 선우가 배우는 기술을 영훈이는 배우지 않고 영훈이가 배우는 기술을 학년이는 배우지 않는다. 따라서 영훈이는 다른 세 사람과 같은 기술을 배우지 않으므로 한 사람만 배우고 있는 노래를 배운다. 스피치를 배우는 사람은 모두 세 명이므로 영훈이를 제외한 나머지 세 사람이 배운다.

현재가 배우는 기술은 모두 학년이도 배우고 학년이가 배우는 기술 중 현재가 배우지만 선우는 배우지 않는 기술이 있다. 또한 기타는 두 사람이 배우고 춤은 최소 두 명이 배우므로 학년이는 기타, 춤, 스피치를 배운다는 것을 알 수 있다. 이를 정리하면 다음과 같다.

현재	선우	영훈	학년
		노래	
스피치	스피치		스피치
기타 (또는 춤)	춤 (또는 기타)		기타
			춤

따라서 반드시 참인 것은 ⑤이다.

| 오답풀이 |

③ 선우가 스피치 외에 춤을 배우는지 기타를 배우는지는 제시된 조건만으로 알 수 없으므로 반드시 참이라고 할 수 없다.

44 문제처리능력 물품 수량 파악하기

| 정답 | ⑤

| 해설 | E 부서 부장이 담당하는 5시험장에는 서류 봉투가 6개가 아닌 5개가 남아 있다.

45 문제처리능력 물품 수량 파악하기

| 정답 | ③

| 해설 | 각 시험장별로 추가로 구매해야 할 물품의 수량을 정리하면 다음과 같다.

시험장	최대 수용 인원 (명)	추가 구매물품(개)				합계 (개)
		컴퓨터용 사인펜	흑색 플러스펜	서류 봉투	생수 300mL	
1	150	40	0	4	100	144
2	180	95	80	8	100	283
3	130	100	0	0	60	160

4	200	40	20	3	20	83
5	100	50	30	5	60	145
합계		325	130	20	340	

따라서 흑색 플러스펜은 총 130개를 추가로 구매해야 한다.

46 문제처리능력 총 금액 파악하기

| 정답 | ④

| 해설 | '각 물품은 시험장별로 구매하고 사용한다'는 점을 고려한다. 따라서 45번 표를 참고하여 구매가 필요한 물품의 수량을 구매단위를 기준으로 각 시험장별로 정리하면 다음과 같다.

• 1시험장 : 컴퓨터용 사인펜 1단위, 서류봉투 1단위, 생수 4단위
• 2시험장 : 컴퓨터용 사인펜 1단위, 흑색 플러스펜 1단위, 서류 봉투 1단위, 생수 4단위
• 3시험장 : 컴퓨터용 사인펜 1단위, 생수 2단위
• 4시험장 : 컴퓨터용 사인펜 1단위, 흑색 플러스펜 1단위, 서류 봉투 1단위, 생수 1단위
• 5시험장 : 컴퓨터용 사인펜 1단위, 흑색 플러스펜 1단위, 서류 봉투 1단위, 생수 2단위

구매해야 할 물품의 총합은 컴퓨터용 사인펜 5단위, 흑색 플러스펜 3단위, 서류 봉투 4단위, 생수 13단위이다.

따라서 총 금액은 $(30,000 \times 5) + (45,000 \times 3) + (500 \times 4) + (12,500 \times 13) = 449,500$(원)에 부가세 10%를 포함한 494,450원이다.

47 사고력 조건을 바탕으로 추론하기

| 정답 | ④

| 해설 | 네 번째 조건에 따라 B, C는 1, 3, 5등이 가능하고 D는 2, 4등이 가능하다. 세 번째 조건에 따라 C와 E의 등수는 연속해야 하므로 E는 2, 4등이 가능하고, 두 번째 조건에 따라 A와 D의 등수는 연속해야 하므로 A는 1, 3, 5등이 가능하다. 정리하면 A, B, C는 1, 3, 5등이 가능하고 D, E는 2, 4등이 가능하다.

그런데 첫 번째 조건에 따라 D는 E보다 등수가 높아야 하므로 D가 2등, E가 4등이 되며, B는 E보다 등수가 높으므로 5등이 될 수 없다. 또한 D가 2등이므로 두 번째 조건에 따라 A도 5등이 될 수 없다.

따라서 가능한 달리기 등수는 A-D-B-E-C 혹은 B-D-A-E-C로, E는 어떠한 경우에도 4등이 된다.

48 문제처리능력 지불금액 계산하기

| 정답 | ⑤

| 해설 | A 씨 가구의 월평균소득은 1,950,000원으로 전년도 도시근로자 가구당 월평균소득인 3,958,439원의 50% 이하이므로 입주대상자에 해당된다.

전세금이 290,000,000원이므로 임대보증금은 5%인 14,500,000원이다. 월 임대료는 전세금 290,000,000원에서 임대보증금 14,500,000원을 뺀 금액의 1.5%인 이자 해당액을 월별로 분납한 금액이다. 먼저 이자 해당액을 계산하면, $(290,000,000 - 14,500,000) \times 0.015 = 4,132,500$(원)이고, 이를 월할 계산하면 $4,132,500 \div 12 = 344,375$(원)이므로 여기에 보증금을 합하면 14,844,375원이다.

따라서 첫 달 지불금액은 14,844,000원이다.

49 문제처리능력 업무 파악하기

| 정답 | ③

| 해설 | 〈신입사원 교육 준비 일정〉의 '장소 대관'을 보면 장소 대관은 총무지원실에서 진행하므로 김영웅 대리가 ◆◆시청에 연락하는 것이 아니라 총무지원실에 장소 대관 일정을 통보해야 한다.

50 문제처리능력 업무일정 파악하기

| 정답 | ③

| 해설 | 〈신입사원 교육 준비 일정〉을 바탕으로 업무 일정을 정리하면 다음과 같다.

4/15(수)	교육 담당자에게 업무 협조 요청
4/16(목)	장소 대관(총무지원실에 일정 통보)
4/17(금)	교육자료 제작
4/20(월)	도시락 예약
4/21(화)	-
4/22(수)	버스 대절

'교육자료 취합' 업무 중 취합 및 정리하는 업무는 교육 시작일 3일 전인 24일까지는 완료해야 하며, 교육자료는 한꺼번에 인계받아야 한다.

먼저 기획조정실의 교육자료는 편성 다음 주 수요일에 완성되므로 22일에 완성 예정임을 알 수 있다. 외부전문가는 당일인 15일에 완성할 예정이고, 직무전문가 갑은 17일(금)에 출장에서 돌아와 다음 출근일인 20일(월)에 완성 예정이다. 정보화본부와 직무전문가 을은 교육 시작일인 27일(월)로부터 일주일 전인 20일(월)에 완료 예정이다. 그러므로 가장 늦게 완성되는 22일 다음 날인 23일에 교육자료를 취합할 수 있다.

따라서 김영웅 대리는 4/23에 신입사원 교육 준비를 마무리할 수 있다.

4회 기출예상문제

▶ 문제 148쪽

01	①	02	①	03	①	04	①	05	②
06	⑤	07	④	08	⑤	09	⑤	10	④
11	⑤	12	①	13	④	14	①	15	⑤
16	④	17	④	18	④	19	①	20	④
21	⑤	22	③	23	⑤	24	②	25	③
26	④	27	①	28	③	29	⑤	30	②
31	②	32	②	33	②	34	①	35	④
36	③	37	③	38	③	39	③	40	④
41	③	42	①	43	④	44	②	45	①
46	②	47	④	48	③	49	④	50	①

01 문서작성능력 맞춤법에 맞게 쓰기

|정답| ①

|해설| 착하디 착한 → 착하디착한 : '-디'는 용언의 어간을 반복하여 그 뜻을 강조하는 연결어미이므로 붙여 쓴다.
예 흔하디흔한, 예쁘디예쁜, 곱디고운, 맑디맑은

|오답풀이|
② '할수록'의 '-ㄹ수록'은 앞 절 일의 어떤 정도가 그렇게 더하여 가는 것이, 뒤 절 일의 어떤 정도가 더하거나 덜하게 되는 조건이 됨을 나타내는 연결어미이므로 붙여 쓴다.
③ '다닌 지'의 '지'는 어떤 일이 있었던 때로부터 지금까지의 동안을 나타내는 의존명사로 앞말과 띄어 써야 한다. 또한, '사흘 만에'의 '만'은 시간이나 거리를 나타내는 말 뒤에 쓰여 앞말이 가리키는 동안이나 거리를 나타내는 의존명사로 앞말과 띄어 쓴다.
④ '나대로'의 '-대로'는 조사이므로 붙여 쓴다.
⑤ '구름 낀'은 구름 뒤에 조사 '이'가 생략된 형태로 띄어 쓴다.

02 문서작성능력 어법에 맞게 문장 쓰기

|정답| ①

|해설| '지금 편의점에 가는데 뭐 사다 줄까요?'의 '데'는

어떤 일을 설명하거나 묻거나 시키거나 제안하기 위하여 그 대상과 상관되는 상황을 미리 말할 때에 쓰는 연결어미이다. 따라서 붙여 쓰는 것이 적절하다.

| 오답풀이 |
② '추운 데서'의 '데'는 '곳'이나 '장소'의 뜻을 나타내는 의존명사로 띄어 쓴다.
③ '추운데'의 '데'는 연결어미로 쓰였으므로 붙여 써야 한다.
④ '하는 데'의 '데'는 '일'이나 '것'을 나타내는 의존명사로 띄어 쓴다.
⑤ '가는 데에는'의 '데'는 '경우'를 나타내는 의존명사로 띄어 쓴다. '데' 뒤에 격조사 '에'가 붙는 것을 통해 의존명사임을 알 수 있다.

03 문서작성능력 단어 관계 파악하기

| 정답 | ①

| 해설 | 돈을 내고 남의 물건을 빌려 쓰는 것이 임차이며, 집을 임차하여 쓰는 사람이 세입자이다. 돈을 받고 자신의 물건을 내어 주는 것을 임대라 하므로, 빈칸에 들어갈 단어는 임대하여 주는 사람인 주인이 된다.

04 문서작성능력 단어 관계 파악하기

| 정답 | ①

| 해설 | '장미꽃'과 '식물'은 상하 관계를 갖는다. 하의어 '호랑이'의 상의어는 '동물'이다.

05 문서작성능력 단어 관계 파악하기

| 정답 | ②

| 해설 | '치밀'과 '세밀'은 모두 '자세하고 꼼꼼하다'의 의미를 지니는 유의어이다. '어떤 대상을 이루는 낱낱을 모두 합친 것'의 의미를 지니는 '전부'와 유의 관계를 가지는 단어는 '개개 또는 부분의 집합으로 구성된 것을 몰아서 하나의 대상으로 삼는 경우에 바로 그 대상'의 의미를 지니는 '전체'이다.

06 문서이해능력 세부 내용 이해하기

| 정답 | ⑤

| 해설 | ⓒ '[3] 입찰참가자격'의 내용에서 '보험업법의 허가를 받아 보험업을 영위하는 국내보험회사 본사 또는 기타 특별법에 의거 보험업을 영위하는 자로서 손해보험협회에 등록된 손해보험회사'라고 명시했다.
ⓔ '[4] 입찰방법, (2) 낙찰 결정 방법 : 최저가 낙찰제 나.'에서 1순위 낙찰자라 할지라도 계약서류 확인 과정에서 입찰참가자격이 없는 업체일 경우 최종낙찰자 결정에서 제외됩니다'라고 명시되어 있으므로 반드시 계약을 체결할 수 있는 것은 아니다.

| 오답풀이 |
ⓐ 본 입찰에서 입찰보증금의 납부는 면제하되 입찰보증금 지급 각서는 당사에서 제공하는 서식에 따라 입찰 장소에서 직접 제출하여야 한다.
ⓑ 입찰 서류 접수는 국가종합전자조달시스템 홈페이지에서 이루어진다.

07 문서이해능력 세부 내용 이해하기

| 정답 | ④

| 해설 | 부당한 방식의 입찰 참가나 업체 간 담합에 대한 내용은 공고문에서 찾아볼 수 없다.

| 오답풀이 |
① ㉠ : '[4] 입찰방법, (2) 낙찰 결정 방법 나.'에서 알 수 있다.
② ㉡ : '[4] 입찰방법 (1) 입찰진행일정 나.'에서 알 수 있다.
③ ㉢ : '[4] 입찰방법 (4) 기타 사항 나.'에서 알 수 있다.
⑤ ㉤ : '[4] 입찰방법 (4) 기타 사항 다.'와 '(5) 문의처'에서 알 수 있다.

08 문서이해능력 세부 내용 이해하기

| 정답 | ⑤

| 해설 | 상생결제시스템 적용 기준 확대 시행 기준일은 계약 체결일 기준으로 20X9년 1월 1일이다. 즉 20X8년에 70억 원의 계약을 체결한 D사는 변경된 상생결제시스템을 적용받을 수 없다.

| 오답풀이 |
① '상생결제시스템 주요 개념'에 제시된 내용이다.
② '세부추진안'에서 변경된 기준에 따라 50억 원 이상의 하도급이 있는 계약의 건이어야 한다.
③ 공사의 계약 체결 후 당사 협약은행과 사전약정을 맺어야 상생결제시스템을 이용할 수 있다고 제시되어 있다.
④ 상생경제시스템(또는 하도급지킴이)을 활용한 거래 기업은 공사 동반성장 고유목적 사업 참여 시 가점을 부여받을 수 있다.

09 문서이해능력 세부 내용 이해하기

| 정답 | ⑤

| 해설 | 협력업체가 계약상 의무의 이행을 지체한 경우 국가계약·지방계약법령 등에서 정한 수준의 지체상금을 부과할 수 있으며, 그 이상으로 지체상금을 부과해서는 안 된다.

| 오답풀이 |
① 사업계획, 입찰단계부터 '저가 계약'을 유발하는 관행을 차단하기 위하여 최저가격이 아닌 적정가격을 적용해야 한다.
② 공정의 특성, 작업환경 등 제반 여건을 고려하지 않고 간접비 금액이나 비중을 일률적으로 제한해서는 안 된다.
③ '공공기관의 손해배상 책임을 관계법령 등에 규정된 기준에 비해 과도하게 경감해 주거나 협력업체의 손해배상 책임, 하자담보 책임 등을 과도하게 가중하여 정한 약정'을 거래조건에서 제하여야 한다고 하였으나, 이것이 반드시 공공기관의 책임이 가중되고 협력업체의 책임이 경감되어야 함을 의미하지는 않는다. 오히려 두 기관 및 업체 사이의 책임 분배가 적절해야 한다고 보는 것이 타당하다.
④ '계약내용 해석에 당사자 간 이견이 있는 경우 공공기관의 해석에 따르도록 하는 약정'을 거래조건에서 제하여야 한다. 즉 이견이 있을 경우, 협력업체의 해석도 함께 반영되어야 한다.

10 문서이해능력 내용을 바탕으로 추론하기

| 정답 | ④

| 해설 | 사업 수행 또는 그 준비 과정에서 협력업체가 취득한 정보·자료·물건 등의 소유·사용에 관한 권리를 부당하게 공공기관에게 귀속시키는 약정은 바람직하지 않다. 따라서 사업 종료 이후 양도되는 것 또한 부적절하다.

| 오답풀이 |
① 기존 관행에 따르면 최저가인 780,000원을 원가로 책정하나, 최저가격이 아닌 적정가격으로서 평균 가격인 843,000원을 적용하는 것이 바람직하다.
② 공공기관이 입찰참가 업체의 적격성을 심사할 때 적용하는 내부기준에서 품질·기술력에 관한 배점을 최대한 높이고 가격에 관한 배점을 축소하여야 한다.
③ 공공기관이 당초 예정에 없던 사항을 요구하는 과정에서 발생하는 비용을 협력업체에게 일괄 부담시키거나 협력업체가 그런 비용을 공공기관에게 지급해 달라고 청구할 수 없다는 내용의 약정은 제외되어야 한다.
⑤ 사업 수행기간을 정할 때에는 (사전) 준비기간, (사후) 정리기간, 휴일 등을 협력업체에게 충분히 보장해 주어야 한다.

11 문서이해능력 세부 내용 이해하기

| 정답 | ⑤

| 해설 | 두 번째 문단에 '개별냉방 대신 지역냉방 도입 시 전체 에너지 사용량의 약 30%를 절감할 수 있다는 내용이 제시되어 있으므로 개별냉방을 사용하기보다는 지역냉방을 도입하여야 에너지 효율성을 높일 수 있음을 알 수 있다. 이에 따라 지역냉방 도입 및 활성화를 추진할 것임을 파악할 수 있고, 세 번째 문단에서 ㉠을 통해 '압둘라 스마트시티의 지역냉방 조기 도입 및 활성화에 기여하고 국내 일자리 창출과 관련기업의 쿠웨이트 진출기회 제공' 등 다양한 사회적 가치를 실현할 것으로 기대된다고 하였으므로 ⑤는 적절하지 않다.

12 문서이해능력 | 세부 내용 이해하기

| 정답 | ①

| 해설 | '분양전환대상자' 항목에 따라 입주일 이후부터 분양전환 당시까지 당해 임대주택에 거주했어야 분양전환을 받게 됨을 알 수 있다. 따라서 적절한 설명이다.

| 오답풀이 |

② '분양전환시기' 항목에 따라 종료일이 속하는 월의 다음 달 1일부터 10년 이후에 분양전환을 받게 된다.
③ '분양전환 가격산정기준'에 따라 분양하기로 결정한 날을 기준으로 2인의 감정평가업자가 평가한 당해 주택의 감정평가금액의 산술평균금액으로 선정한다.
④ '분양전환 가격산정기준'에 따라 감정평가업자의 선정은 「공공주택 특별법 시행규칙」 별표7의 '공공건설임대주택 분양전환가격의 산정기준 제2호 나목'을 적용한다.
⑤ '분양전환 시 수선범위' 항목에 따라 장기수선(특별수선) 충당금 범위 내에서만 수선받을 수 있다.

13 문서작성능력 | 글의 흐름에 맞게 문단 배열하기

| 정답 | ④

| 해설 | 시간 순으로 글이 전개되므로 먼저 일제강점기에 대한 설명인 (라)가 오며, 이후 1980~90년대에 대한 설명인 (가)로 이어진다. 최근 경향을 언급하는 (나)와 (다) 중 (다)는 '그러나 무엇보다'로 앞선 내용을 보완하는 문단 형식으로 시작하고 있으므로 먼저 (나)를 서술한 이후 (다)를 배치하는 것이 적절하다. 따라서 (라)-(가)-(나)-(다) 순이 적절하다.

14 문서이해능력 | 문맥에 맞지 않는 문장 파악하기

| 정답 | ①

| 해설 | 제시된 글은 전반적으로 VR이 실내 공간에 활용되는 배경을 소개하고 있다. 첫 번째 문단은 글의 서두로서 VR이 점차 사람들에게 주목받고 있으며 다양한 분야에서 그 가능성을 인정받고 있다는 내용이다. 그러나 ㉠은 VR이 저널리즘 영역에서 활용되기 시작하고 있으나 이에 대한 비판도 존재한다는 내용으로 문맥상 적절하지 않다.

15 문서이해능력 | 세부 내용 이해하기

| 정답 | ⑤

| 해설 | 어반베이스가 증강현실과 가상현실의 발전을 목표로 하는 것이 아니라 증강현실과 가상현실의 발전으로 어반베이스와 같은 홈디자이닝 솔루션이 탄생한 것이다.

16 문서이해능력 | 내용을 실생활에 적용하기

| 정답 | ④

| 해설 | 가전제품의 전원을 켜고 끄는 기능은 3D 화면을 기반으로 공간데이터의 공간감을 최대한 살린 어반베이스 기술의 활용 사례로 적절하지 않다.

17 문서이해능력 | 문단별 주제 파악하기

| 정답 | ④

| 해설 | (가) ~ (라)의 주제를 정리하면 다음과 같다.

(가) 수출·기술 강소 500개 기업 선정, 자금 지원→글로벌 경쟁력 보유 기업을 위한 상품 개발(Ⅳ)
(나) 민간분양 산업단지 입주기업 지원→지역 산업단지 특성화 상품 개발(Ⅲ)
(다) 창업지원사업→창업기업 지원상품 개발(Ⅱ)
(라) 일자리 창출, 재창업 희망 중소기업 지원→일자리 창출 등 사회적 이슈 해결을 위한 상품 개발(Ⅰ)

따라서 (라)-(다)-(나)-(가) 순이 적절하다.

18 문서이해능력 | 세부 내용 이해하기

| 정답 | ④

| 해설 | '산업단지별 분양자금 대출'은 아직 예정 상태에 있는 대출 상품임을 확인할 수 있다.

| 오답풀이 |

①, ②, ③, ⑤ 모두 이미 개발되어 그 효과와 사회에 기여한 바를 설명하고 있다.

19 의사표현능력 빈칸에 들어갈 내용 파악하기

| 정답 | ①

| 해설 | 강 사원은 인공지능 기술이 인구 감소에 따른 노동력 부족 문제를 해결할 수 있는 대안이 될 것이라고 하였다. 이와 관련된 내용을 제시해야 하므로 인공지능이 일자리에 대해 긍정적인 영향을 미칠 것이라는 내용인 ①이 적절하다.

| 오답풀이 |
② 글의 중심내용인 인공지능 기술과 관련 없는 내용이다.
③ '실제로'로 시작하면서 앞선 사람의 말을 긍정하고 있다. 하지만 인공지능이 일자리에 대해 부정적인 영향을 미칠 것이라는 내용은 강 사원의 말과 일치하지 않으므로 적절하지 않다.
④ '그래서'로 시작하면서 앞선 사람의 말에 대한 결과를 말하고 있다. 하지만 유망 직업은 인공지능이 생산성에 미치는 결과와 관계없는 내용이므로 적절하지 않다.
⑤ '그럼에도'로 시작하면서 앞선 사람의 말을 부정하고 있다. 하지만 인공지능의 긍정적인 영향에 대한 내용은 강 사원의 말과 일치하므로 적절하지 않다.

20 문서이해능력 내용을 바탕으로 추론하기

| 정답 | ④

| 해설 | 세제개편과 관련된 내용은 언급되어 있지 않다.

| 오답풀이 |
① 첫째 항목에서 기존의 주택시장 정상화 정책을 일관되게 추진할 것이라고 언급하고 있다.
② 둘째 항목에 실수요자의 내 집 마련 기회를 확대할 것이라고 언급하고 있다.
③ 셋째 항목에서 주택시장의 수급 불균형 예방 등을 통해 주택경기의 지속적인 안정을 도모할 것이라고 언급하고 있다.
⑤ 넷째 항목에서 투명성 제고로 청약시장에서의 불법행위 근절을 통한 실수요자 보호를 강화할 것이라고 언급하고 있다.

21 의사표현능력 질문에 적절한 답변하기

| 정답 | ⑤

| 해설 | 〈계약종료 시 꼭 확인하세요〉의 【임차권등기명령신청】에서 확인 가능하다. 계약기간이 종료되어도 임대인이 보증금을 반환해 주지 않을 경우, 우선변제순위를 유지하기 위하여 임차권등기명령을 받아 등기부에 등재된 것을 확인한 후 이사를 하는 것이 좋은 방법이다.

| 오답풀이 |
① 〈계약기간 중 꼭 확인하세요〉의 【묵시적 갱신 등】에서 확인 가능하다.
②, ③ 〈계약체결 시 꼭 확인하세요〉에서 확인 가능하다.
④ 〈계약기간 중 꼭 확인하세요〉의 【차임증액청구】와 【묵시적 갱신 등】에서 확인 가능하다.

22 문서이해능력 단어의 문맥적 의미 파악하기

| 정답 | ③

| 해설 | '묵시적 갱신'은 미리 임대를 그만두겠다거나 임차를 그만하겠다는 의사를 표시하지 않고 가만히 있는 것을 말한다. 이는 주택임대차보호법에 사용되는 공식 어휘로 적절한 표현이다.

| 오답풀이 |
㉠ '우선변제권'이 적절한 표기이다.
㉡ 문맥상 계약금은 이미 지불된 상황에서 최종 잔금을 지불하고 계약을 맺기 전에 확인하는 사항에 대한 언급이므로 '계약금'이 아닌 '보증금'이 적절한 표현이다.
㉣ '해지'는 계약기간이 만료되어 계약이 종료되는 것을 의미하며 '해제'는 소급하여 원래부터 없던 일로 되돌린다는 의미이므로 이 경우 '해지'가 적절한 표현이다.
㉤ '청구'는 상대편에 대하여 일정한 행위나 급부를 요구하는 일을 의미하며 '제청'은 어떤 안건을 제시하여 결정하여 달라고 청구하는 것을 의미하므로 이 경우 실질적 금액을 정확히 요구하는 '청구'가 적절한 표현이다.

23 문서작성능력 | 글의 제목 파악하기

| 정답 | ⑤

| 해설 | 마지막 문단에서 갈등은 본질적으로 '나쁜' 것은 아니며, 사실 갈등이 좋은지 나쁜지는 전적으로 그것을 어떻게 다루느냐에 달려 있다고 언급하고 있다. 그리고 글 전반적으로 갈등의 부정적인 측면을 긍정적으로 바라보는 관점을 다루고 있으므로 제목으로 적절한 것은 ⑤이다.

| 오답풀이 |
① 인간관계에서 발생하는 여러 가지 갈등의 유형을 나열하고 있지는 않다.
② 갈등 해결을 위한 바람직한 의사소통 방법을 제시하고 있지는 않다.
③ 마지막 문단에서 '갈등은 친한 관계뿐만 아니라 직장, 동네, 가족, 클럽 혹은 다른 조직에서도 긍정적인 역할을 할 수 있다'고 하였으므로 적절하지 않다.
④ 갈등은 발생하였을 때 지혜롭게 해결하면 관계를 발전시킬 수 있다고 하였으나 관계 발전을 위해 갈등을 활용하라는 의미는 담고 있지 않다.

24 문서작성능력 | 빈칸에 들어갈 내용 파악하기

| 정답 | ②

| 해설 | ㉠에는 집단사고(Groupthink)에 대한 내용이 들어가야 한다. 집단사고란 강한 응집력을 보이는 집단에서 의사결정을 할 때 만장일치에 도달하려는 분위기로 인해 다른 대안들에 대한 평가를 억압할 때 나타나는 사고방식이므로 ②가 가장 적절하다.

25 문서작성능력 | 보도자료의 제목 파악하기

| 정답 | ③

| 해설 | 지원대상은 한국토지주택공사와 계약된 고객(공동주택)으로서 장기수선계획에 의한 난방배관 개체 공사 예정 단지이되, 지역난방 열공급 개시 1년 이상 경과하고 2020년도에 착공하여 준공하는 단지에 한하며 임대주택은 지원대상에서 제외됨을 안내하고 있다. 따라서 ③은 제목으로 적절하지 않다.

26 문제처리능력 | 남은 금액 계산하기

| 정답 | ④

| 해설 | 상품별 가격과 무게(g)당 가격을 구하면 다음과 같다.

브랜드	품목	가격	무게(g)당 가격
A	A001	60×(1−0.1) =54(만 원)	54÷36 =1.5(만 원/g)
B	B002	160×(1−0.15) =136(만 원)	136÷68 =2(만 원/g)
C	C003	280×(1−0.1) =252(만 원)	252÷252 =1(만 원/g)
D	D004	320×(1−0.25) =240(만 원)	240÷300 =0.8(만 원/g)
E	E005	350×(1−0.2) =280(만 원)	280÷560 =0.5(만 원/g)

무게(g)당 가격이 저렴한 것부터 순서대로 구입하지만, D 브랜드의 가방은 구입하지 않는다고 했으므로 E 브랜드 − C 브랜드 − A 브랜드 − B 브랜드 순으로 구입한다.
- E 브랜드 : 280만 원 사용, 320만 원 남음.
- C 브랜드 : 252만 원 사용, 68만 원 남음.
- A 브랜드 : 54만 원 사용, 14만 원 남음.

따라서 김유정 씨가 면세점에서 가방을 구입하고 남은 금액은 14만 원이다.

27 문제처리능력 | 프로그램 선정하기

| 정답 | ①

| 해설 | 제시된 기준에 따라 점수를 매기면 다음과 같다.

(단위 : 점)

구분	가격	난이도	수업 만족도	교육 효과	소요 시간	합계
요가	4	4	3	5	5	21
댄스 스포츠	5	5	3	2	5	20
요리	2	4	5	3	2	16
캘리그래피	2	2	3	2	5	14
코딩	3	1	4	5	1	14

따라서 ○○공사가 선정할 프로그램은 요가이다.

28 문제처리능력 프로그램 선정하기

| 정답 | ③

| 해설 | 변경된 기준에 따라 점수를 매기면 다음과 같다.

(단위 : 점)

구분	가격	난이도	수업 만족도	교육 효과	소요 시간	합계
요가	4	4	3	5	2	18
댄스 스포츠	5	5	3	2	4	19
요리	2	4	5	3	5	19
캘리그래피	2	2	3	2	4	13
코딩	4	1	4	5	2	16

따라서 ○○공사는 점수가 가장 높은 댄스 스포츠와 요리 중 교육 효과가 더 높은 요리를 선정한다.

29 문제처리능력 자료를 바탕으로 판단하기

| 정답 | ⑤

| 해설 | E 씨는 소유주택이 있기 때문에 영구임대주택을 신청할 수 없다.

30 문제처리능력 자료를 바탕으로 판단하기

| 정답 | ②

| 해설 | 보증금은 장기전세주택의 경우에는 시세의 80%, 나머지는 100%를 기간(월)으로 나누어야 한다. 또한 임대료는 주택유형별로 다른 비율이 적용되기 때문에 각각의 실제 임대료를 구해야 한다. 이를 바탕으로 보증금과 임대료를 계산하여 정리하면 다음과 같다.

구분	보증금 시세	임대료 시세	임대 기간	월별 보증금	월별 임대료	합
갑	4억 원	5만 원	5년	666.7만 원	4만 원	670.7만 원
을	2억 원	10만 원	50년	33.3만 원	3만 원	36.3만 원
병	4,500만 원	25만 원	10년	37.5만 원	15만 원	52.5만 원
정	4억 6,000만 원	-	20년	153.3만 원	0만 원	153.3만 원
무	5,000만 원	30만 원	10년	41.7만 원	24만 원	65.7만 원

따라서 금액을 가장 적게 내는 사람은 을이다.

31 사고력 조건을 바탕으로 추론하기

| 정답 | ②

| 해설 | 1, 3 ~ 6번째 진술을 표로 정리하면 다음과 같다.

첫 번째 방	두 번째 방	세 번째 방	네 번째 방
	C		B
	종로	잠실	송파

두 번째 진술에서 B는 D의 옆방에 있다고 했으므로 B와 D는 세 번째 방, 네 번째 방 중 각각 한 곳에 살고 있음을 알 수 있다. 그런데 세 번째 진술에서 B는 세 번째 방에 살고 있지 않다고 했으므로 D가 세 번째 방, B는 네 번째 방에 살고 있다.

첫 번째 방	두 번째 방	세 번째 방	네 번째 방
	C	D	B
	종로	잠실	송파

나머지 빈칸을 추론하면, A는 종로, C는 왕십리에 집을 뒀음을 알 수 있다.

첫 번째 방	두 번째 방	세 번째 방	네 번째 방
A	C	D	B
종로	왕십리	잠실	송파

따라서 왕십리에 집을 둔 학생은 C이다.

| 오답풀이 |

① D는 세 번째 방을 사용하고 있다.
③ A는 첫 번째 방을 사용하고 있다.
④ A ~ D는 순서대로 각각 종로, 송파, 왕십리, 잠실에 집을 두고 있다.
⑤ B는 네 번째 방을 사용하고 있다.

32 문제처리능력 핵심인재 선정하기

| 정답 | ②

| 해설 | 환산 비율을 적용한 각 인원의 평가 점수는 다음과 같다.

구분	1차 평가	2차 평가	3차 평가	총점	순위
강재연	9×3=27	7×3=21	4×4=16	64	공동5
노상철	8×3=24	7×3=21	6×4=24	69	2
박민재	4×3=12	7×3=21	6×4=24	57	7
심재민	9×3=27	5×3=15	7×4=28	70	1
이제용	8×3=24	8×3=24	4×4=16	64	공동5
강경수	8×3=24	5×3=15	7×4=28	67	3
추신수	9×3=27	6×3=18	5×4=20	65	4

이 중 4점 이하 점수가 있는 사람을 제외하고, 가장 총점이 높은 심재민이 핵심인재로 선정된다.

33 문제처리능력 부서 배치하기

| 정답 | ②

| 해설 | 32에서 구한 각 인원의 평가 점수와 이에 따른 부서 배치는 다음과 같다.

구분	총점	순위	1지망 부서	2지망 부서
강재연	64	공동5	–	영업관리팀
노상철	69	2	총무인사팀	–
박민재	57	7	전산관리팀	–
심재민	70	1	홍보마케팅팀	–
이제용	64	공동5	경영기획팀	–
강경수	67	3		영업관리팀
추신수	65	4	재무회계팀	–

강경수는 2위인 노상철과 1지망 부서가 같고, 강재연은 4위인 추신수와 1지망 부서가 같아서 2지망으로 부서를 배치 받게 된다. 이때 영업관리팀에 결원이 2명 있으므로 강재연, 강경수 모두 영업관리팀에 배치될 수 있다.

34 사고력 명제 판단하기

| 정답 | ①

| 해설 | 경감이 모두 30대일 때 어떤 경감이 본청 소속이 아니라 한다면, 30대 중 본청 소속이 아닌 경감이 있다.

35 문제처리능력 자료를 바탕으로 추론하기

| 정답 | ④

| 해설 | ㉠ 제습이 잘 되지 않을 때는 방의 온도와 습도가 낮지 않은지 확인하여야 한다고 나와 있다. H 씨의 경우 역시 희망 습도를 더 낮춘 후에야 작동이 되었으므로, 희망 습도가 방의 습도보다 높았기 때문에 제습이 잘 되지 않았음을 알 수 있다.
㉡ 전원 버튼을 눌러도 작동이 되지 않을 때는 물통이 올바르게 들어가 있지 않거나 물이 가득 차 있는 경우이다. H 씨의 경우 문제없이 사용하던 중에 작동이 멈추었으므로, 물통에 물이 가득 찼기 때문에 제습기가 동작을 멈췄음을 알 수 있다.

36 문제처리능력 자료를 바탕으로 추론하기

| 정답 | ③

| 해설 | 부품을 보유하고 있지 않을 경우 고객이 실수로 제품을 떨어뜨려 제품이 파손된 사항은 '2) 소비자의 고의, 과실로 인한 고장 발생'에 따라 처리한다. 제품 구매 후 1년이 지나지 않았으므로 유상수리금액 징수 후 교환을 해주어야 한다.

37 사고력 명제 판단하기

| 정답 | ③

| 해설 | 제시된 명제는 삼단논법에 따라 '비가 그치면 눈이 내리고 눈이 내리면 하늘은 점차 어두워지고, 하늘이 점차 어두워지면 달이 보이고, 달이 보이면 가로등에 불이 들어온다'가 성립한다. 따라서 '비가 그치면 가로등에 불이 들어온다'가 참이므로 그 대우인 '가로등에 불이 들어오지 않으면 비가 그치지 않는다'도 참이다.

38 문제처리능력 자료 내용 이해하기

| 정답 | ③

| 해설 | • 정◎◎ : 기초생활수급자, 연구원 소재지 지역 인재의 경우 서류전형 단계에서 가점을 받는다. 이때 우대

혜택이 중복되는 경우 가점이 제일 높은 항목 한 개만 적용되므로 우선 해당되는 증명서를 모두 제출하는 것이 유리하다.

- 류□□ : 관련 분야 최종학력 성적 증명서에서 출신학교를 삭제하였으므로 적절하다.

|오답풀이|

- 박○○ : 부연구위원 응시 시, 학위논문은 연구실적으로 인정하지 않는다.
- 김◇◇ : 전문연구원에 응시하기 위해서는 석사학위가 있어야 한다.
- 채△△ : 부연구위원급에서는 국제협상 및 국제관계 관련 분야 전공자를 모집하지 않는다.

39 문제처리능력 | 자료를 바탕으로 추론하기

|정답| ②

|해설| 제시된 자료에는 업무 분야 변경 가능 여부에 대한 내용이 언급되어 있지 않다.

40 문제처리능력 | 자료의 내용 이해하기

|정답| ④

|해설| 국제선 항공권 할인, K 여행사 패키지 할인, SW 호텔 숙박료 할인이 3개 카드에 모두 적용된다.

|오답풀이|

① 국제선 항공권 할인과 SW 호텔 숙박료 할인이 누락되어 있으며, 인천공항 주차요금 할인은 병 카드에 적용되지 않는다.
② 국제선 항공권 할인이 누락되어 있다.
③ K 여행사 패키지 할인이 누락되어 있다.
⑤ 국제선 항공권 할인, K 여행사 패키지 할인, SW 호텔 숙박료 할인이 누락되어 있으며, 인천공항 주차요금 할인은 병 카드에, 렌터카 비용 할인은 을 카드에 적용되지 않는다.

41 문제처리능력 | 자료를 바탕으로 혜택 파악하기

|정답| ③

|해설| 1) 갑 카드
- K 여행사 패키지 상품 : 5,500,000(원)×0.03=165,000(원)
- 주차요금 : 100,000(원)×0.3=30,000(원)
- JR 철도 : 120($)×0.15=18($)
  18($)×1,100=19,800(원)
- 식사 : 20,000(원)×0.1=2,000(원)
- 혜택 적용 금액 합계 : 165,000+30,000+19,800+2,000=216,800(원)

2) 을 카드
- K 여행사 패키지 상품 : 5,500,000(원)×0.05=275,000(원)
- 주차요금 : 100,000(원)×0.5=50,000(원)
- JR 철도 : 120($)×0.15=18($)
  18($)×1,100=19,800
- 도서 구매 : 30,000(원)×0.1=3,000(원)
- 혜택 적용 금액 합계 : 275,000+50,000+19,800+3,000=347,800(원)

3) 병 카드
- K 여행사 패키지 상품 : 5,500,000(원)×0.06=330,000(원)
- 혜택 적용 금액 합계 : 330,000(원)

따라서 347,800원으로 을 카드의 혜택이 가장 크다.

42 문제처리능력 | 자료를 바탕으로 혜택 비교하기

|정답| ①

|해설| SW 호텔 이용 시에는 병 카드가 숙박료의 7%를 할인해 주므로 숙박료의 5%를 할인해 주는 갑, 을 카드보다 혜택이 크다.

|오답풀이|

②, ④ 어디에서 어떤 지출 행위를 하느냐에 따라 달라진다.
③ 을 카드에는 적용되지 않는다.
⑤ 국제선 항공권 비용의 10%를 할인해 주는 병 카드의 혜택이 8%를 할인해 주는 갑 카드, 5%를 할인해 주는 을 카드보다 크다.

43 문제처리능력 자료의 내용 이해하기

| 정답 | ④

| 해설 | 만일 고객이 1년의 보증기간 연장을 구매한 경우, 총합 보증기간은 18개월과 12개월의 합인 30개월이 된다. 따라서 고객이 20X1년도 1월 1일에 제품을 구매했을 경우, 그로부터 30개월 후인 20X3년 7월 1일에 보증기간이 만료된다.

| 오답풀이 |

① 1년 연장 시 가격은 순수 제품 가격의 판매가의 5%이므로, 설치비용을 제한 금액에서 5%를 매기는 것이므로 옳은 설명이다.
② 최대 연장가능 기간은 3년까지이다. 따라서 규정 보증기한 18개월에 36개월을 합한 54개월이 최대 보증기간이다.
③ 규정 보증기한(18개월)이 지난 경우 연장이 되지 않으므로 옳은 설명이다.
⑤ 2년의 보증기간 연장 구매 시, 총합 보증기간은 18개월과 24개월의 합인 42개월이다. 그리고 규정 보증기한과 연장 기간의 합이 3년(36개월)을 초과할 경우에는 반드시 3년이 된 시기에 ▲▲전자 엔지니어에 의해 유지보수를 받아야만 한다. 따라서 2년 이상의 보증기간 연장을 구매한 고객은 반드시 중간에 유지보수를 받아야 한다.

44 문제처리능력 자료를 바탕으로 견적서 금액 계산하기

| 정답 | ②

| 해설 | A 일렉트릭의 판매가는 1,200만 원, C 공업사의 판매가도 동일하게 1,200만 원이다. 1년 연장 시 제품 가격(순수 제품 가격의 판매가)의 5%가 연장 비용이므로, 총금액은 1,200(만 원)×0.05+1,200(만 원)×0.05=120(만 원)이다.

45 사고력 조건을 바탕으로 추론하기

| 정답 | ①

| 해설 | 두 번째 일정에 따르면 화, 목, 토요일은 오후 7시~9시에 독일어 수업 때문에 영화를 볼 수 없으므로 ②, ⑤는 제외된다. 세 번째 일정에 따르면 금요일 퇴근 후에는 다양한 행사에 참여하여 다른 일정을 잡기 어려우므로 ③도 제외된다. 마지막으로 일요일 오후 5시 이후에는 집에서 휴식을 취하므로 ④도 제외된다. 따라서 유진이가 선택할 수 있는 영화 시작 시각은 수요일 오후 8시 40분이다.

46 문제처리능력 적절한 지침 추가하기

| 정답 | ②

| 해설 | 지침번호 1과 2에 의해 우정팀이 4개, 나머지 팀이 3개씩 과제를 수행하게 된다. 또한, 지침번호 1, 3, 4에 의해 8개의 과제는 (A, C), (B, D, E), (F), (G), (H)로 5개의 팀에게 부여된다. 따라서 과제 A, C는 사랑팀, B, D, E는 희망팀이 맡게 된다. 지침번호 5에 의해 과제 H는 소망팀 또는 끈기팀에서 맡게 되므로 ②가 지침으로 추가된다면, 과제 F는 우정팀, 과제 G는 소망팀, 과제 H는 끈기팀이 맡는 것으로 배분이 명확해진다.

47 문제처리능력 자료 내용 이해하기

| 정답 | ④

| 해설 | 과학 교과 선생님도 안내 책자 제작에 참여하므로 적절하지 않은 반응이다.

48 문제처리능력 경기의 승패 결정하기

| 정답 | ③

| 해설 | 가장 먼저 득실 차를 고려하고, 득실 차가 0일 경우 여자 경기에서 이긴 반이 승리한다. 따라서 득실 차가 0인 2학년 5반과 2학년 6반 경기는 여자 경기에서 이긴 2학년 6반이 승리한다.

| 오답풀이 |

① 득실 차를 고려할 때, 2점을 더 득점한 2학년 1반이 승리한다.
② 멀리차기에서 10m 더 멀리 찬 2학년 4반이 승리한다.
④ 매너 점수 규칙에 의해 1명 퇴장 당한 2학년 7반은 패배한다.
⑤ 득실 차를 고려할 때, 1점을 더 득점한 2학년 9반이 승리한다.

49 문제처리능력 | 행사 일정 수정하기

| 정답 | ④

| 해설 | 22일 오전 양떼목장 방문은 다른 예약이 차 있어 어렵다고 했으므로, 등산이 계획되어 있는 21일 오후에 예약이 가능한지 알아보고 일정을 교체하는 것이 적절하다.

| 오답풀이 |
① 자사 리조트 대관은 가능하다는 답변을 받았다.
② 일정 팸플릿 제작은 예정대로 내일인 9월 20일까지 인턴 K가 완료할 것이므로 차질이 없다.
③ 샌드위치 예약은 21일 아침 것만 주문하기로 하였으므로 김밥으로 대체할 필요가 없다.
⑤ 22일 아침식사는 리조트 내 식당에서 해결할 예정이다.

50 문제처리능력 | 야유회 예산 계산하기

| 정답 | ①

| 해설 | 필요한 예산은 총 $(40 \times 3,000) + (40 \times 2,000) + (2 \times 20,000) + 3,000 + (5,000 \times 40 \times 2) + (30,000 \times 60) + (300,000 \times 2) + (50,000 \times 10) + 300,000 = 3,843,000$(원)이다.

5회 기출예상문제

▶ 문제 194쪽

01	02	03	04	05
⑤	④	③	④	③
06 ②	07 ③	08 ④	09 ③	10 ①
11 ⑤	12 ④	13 ④	14 ⑤	15 ②
16 ⑤	17 ④	18 ③	19 ③	20 ①
21 ④	22 ②	23 ①	24 ②	25 ③
26 ③	27 ④	28 ③	29 ③	30 ④
31 ②	32 ④	33 ②	34 ②	35 ⑤
36 ①	37 ④	38 ⑤	39 ④	40 ①
41 ②	42 ⑤	43 ②	44 ③	45 ①
46 ④	47 ①	48 ⑤	49 ③	50 ②

01 문서작성능력 | 올바른 문장 작성하기

| 정답 | ⑤

| 해설 | 운용은 '무엇을 움직이게 하거나 부리어 씀'의 의미를 갖는 단어로 적절하게 사용되었으며 문장의 호응관계도 적절하다.

| 오답풀이 |
① 부사 '여간'은 '그 상태가 보통으로 보아 넘길 만한 것'의 의미를 지니는 단어로 '않다'와 같이 부정의 의미를 지니는 단어와 함께 쓰여야 한다.
② 문장의 호응이 맞지 않으므로 '불가피할 것으로 전망된다'로 수정해야 한다.
③ 김 과장이 관련 부서 담당자와 함께 협력업체 실무자를 방문한 것인지 관련 부서담당자와 협력업체 실무자를 동시에 방문한 것인지 알 수 없는 중의적인 문장이다.
④ '판매하다'는 상품 따위를 팔 때 쓰는 단어이므로 '신제품의 기능을 홍보하고 제품을 판매할 예정이다'로 수정해야 한다.

02 문서작성능력 | 맞춤법에 맞게 쓰기

| 정답 | ④

| 해설 | '매 때마다'라는 뜻의 '번번이'가 맞는 표현이다.

| 오답풀이 |

① 이미 있는 상태 그대로 있다는 뜻으로 '-은/는 채'의 구성으로 쓰인다.
② 동사 '조이다'에 어미 '-어'가 붙어 이루어진 말로 '조이어' 또는 '죄어'로 쓰인다.
③ 이것저것 따지고 가려 말하지 아니함을 뜻한다.
⑤ '가리어진'의 준말로, 무엇이 사이에 가리게 되어 보이지 않게 되거나 드러나지 않게 됨을 뜻한다.

03 문서작성능력 유의어 파악하기

| 정답 | ③

| 해설 | '문외한(門外漢)'은 '어떤 일에 전문적인 지식이 없는 사람'을 말하며, '소인(素人)'은 '어떤 일에 비전문적 · 비직업적인 사람 또는 익숙하지 아니한 사람'을 말하므로 이 둘은 유의어 관계에 있다.

| 오답풀이 |

① 태두(泰斗) : 어떤 분야에서 가장 권위가 있는 사람
② 대가(大家) : 학문이나 기술에 조예가 깊은 사람
④ 전문가(專門家) : 어떤 분야를 연구하거나 그 일에 종사하여 그 분야에 상당한 지식과 경험을 가진 사람
⑤ 소외(疏外) : 어떤 무리에서 기피하여 따돌리거나 멀리함.

04 문서작성능력 유의어 파악하기

| 정답 | ④

| 해설 | '끼우다'는 '벌어진 사이에 무엇을 넣고 죄어서 빠지지 않게 하다'의 의미를 지니고 있으므로 '채우다'의 유의어가 아니다.

| 오답풀이 |

① 메우다 : 뚫려 있거나 비어 있는 곳을 막거나 채우다.
② 충원하다 : 인원수를 채우다.
③ 충족시키다 : 욕구나 원하는 조건을 충분히 채우게 하다.
⑤ 보완하다 : 모자라거나 부족한 것을 보충하여 완전하게 하다.

05 문서작성능력 단어 관계 파악하기

| 정답 | ③

| 해설 | 편향은 한쪽으로 치우침을 뜻하고 중도는 한쪽으로 치우지지 않은 바른 길을 뜻하므로 서로 반의 관계이다. 선택지 중에서 반의관계에 해당하는 것은 순종과 거역이다.

06 문서이해능력 세부 내용 이해하기

| 정답 | ②

| 해설 | 제시된 원 그래프를 보면 공급 대상 중 가장 많은 비중을 차지하는 것은 신혼부부이며, 청약 자격에서 신혼부부는 혼인기간이 7년 이내인 부부를 말하며 입주 전까지 혼인사실 증명이 가능한 예비신혼부부도 포함됨을 알 수 있다.

07 문서이해능력 세부 내용 이해하기

| 정답 | ③

| 해설 | ㉢ 특별공급의 노부모 부양 청약 자격을 보면 먼저 입주자 저축 1순위 또는 2순위여야 하며 투기과열지구 및 청약과열지역은 과거 5년 내 세대구성원의 당첨사실이 없어야 함을 알 수 있다. 그런데 D는 3년 전 당첨된 적 있으므로 청약자격에 해당하지 않는다.
㉣ E는 혼인기간이 6년째이므로 신혼부부 청약자격 요건에 해당하지만 월평균소득이 소득기준액을 넘기 때문에 청약 자격에 해당하지 않는다.

08 문서이해능력 세부 내용 이해하기

| 정답 | ④

| 해설 | 국민신고 포상제도 안내문의 [포상금 지급 제외대상]을 보면 ○○공사 임직원뿐만 아니라 ○○공사에서 발주한 공사 또는 용역을 수행 중인 자(계약상대자 등)도 대상에서 제외됨을 알 수 있다. 따라서 최초 신고자가 ○○공사에서 발주한 공사의 용역을 수행 중인 자라면 그가 ○○공사 임직원에 해당하지 않는다 해도 포상금 지급대상에서 제외된다.

09 문서이해능력 세부 내용 이해하기

| 정답 | ③

| 해설 | 네 번째 문단에 'LH는 공동사업시행자로서 △사업비 융자 확대 △주택매입 확약 △주거 내몰림 방지 등 공공지원을 제공한다'고 하였으나 LH는 주사업시행자, 민간사업자는 부사업시행자가 된다는 내용의 언급은 없다.

10 문서작성능력 보도자료 제목 파악하기

| 정답 | ①

| 해설 | 제시된 글 전반에 걸쳐 LH에서 추진하는 자율주택정비사업 공공지원을 소재로 하고 있다. 그리고 이에 해당하는 내용인 LH 참여 자율주택정비사업 공모, 사업비 융자 확대, 주택매입 확약, 주거 내몰림 방지 등의 공공지원 내용을 설명하고 있다. 따라서 제목으로는 'LH, 자율주택정비사업 공공지원 본격 추진'이 적절하다.

| 오답풀이 |
② 자율주택정비사업은 지난 2018년 처음 도입되었다.
③ 주거 내몰림 방지 대책은 LH가 시행하는 자율주택정비사업 공공지원 내용의 일부로서, 글의 전체를 포괄하는 제목으로서는 적절하지 않다.
④ 찾아가는 사업설명회는 일곱 번째 문단에서 LH 도시정비사업처장의 언급에 있으나 글의 전체를 포괄하는 제목으로서는 적절하지 않다.
⑤ 제시된 글에 언급되어 있지 않은 내용이다.

11 문서이해능력 세부 내용 이해하기

| 정답 | ⑤

| 해설 | ISO9001 신청 시 해당 공사에서 컨설팅을 지원받는다.

| 오답풀이 |
① 지원 신청은 홈페이지에서, 지원금 신청은 이메일 또는 우편으로 가능하다.
② 지원금은 신청 후 분기별로 지급된다.
③ 국외에서 지적재산권을 취득하면 총 비용의 75%를 지원받는 것이 원칙이나 지원한도가 5백만 원이다.
④ 법인명의 지원금 입금계좌 통장사본은 지원금 신청 시에 제출한다.

12 문서이해능력 세부 내용 이해하기

| 정답 | ④

| 해설 |
• B 기업 : 공인기관 이외의 시험기관에서 인증시험을 시행한 경우에는 지원금이 지급되지 않는다. 해외규격 인증으로 인정되는 것은 ANSI, ASME, CE, PED로 명시되어 있다.
• D 기업 : 타사 명의사용 또는 타사와 공동 참가한 경우는 지원되지 않는다.

| 오답풀이 |
• A 기업 : 부채 비율이 1,000% 이상일 시 선정 대상에서 제외되나, 창업 2년 미만인 업체는 이에 해당되지 않는다.
• C 기업 : 해외규격은 2년 이내에 인증서를 받아 제출하면 된다.

13 문서이해능력 세부 내용 이해하기

| 정답 | ④

| 해설 | 첫 번째 문단을 보면 구멍가게는 손님들에게 무관심한 편의점과는 달리 단순히 물건을 사고파는 장소가 아닌 주민들의 교류를 이끄는 허브 역할을 하며, 주인은 손님들을 예외 없이 맞이한다고 나와 있다.

| 오답풀이 |
① 첫 번째 문단을 보면 '편의점은 인간관계의 번거로움을 꺼려하는 도시인들에게 잘 어울리는 상업 공간'이라고 나와 있다.
② 두 번째 문단을 보면 편의점 천장에 붙어 있는 CCTV는 도난 방지 용도만이 아니며, 그 외에 고객의 연령대와 성별 등을 모니터링하려는 목적도 있다고 하였다.
③ 두 번째 문단을 보면 편의점 본사는 일부 지점에서 입력한 구매자들에 대한 정보와 CCTV로 녹화된 자료를

주기적으로 받아 이를 토대로 영업 전략을 세우는 데 활용한다고 나와 있다.
⑤ 두 번째 문단을 보면 편의점에는 본사의 영업 전략에 활용하기 위해 계산기의 버튼, CCTV 등 소비자의 정보를 입수하기 위한 장치들이 설치되어 있다고 나와 있다.

14 문서작성능력 글의 흐름에 맞게 접속어 넣기

|정답| ①

|해설| (A)의 앞 문장을 보면 구멍가게의 주인은 손님을 예외 없이 맞이하고 있다는 내용이, 뒤 문장을 보면 손님은 무엇을 살지 확실히 정하고 들어가야 한다는 내용이 나와 있다. 앞 문장이 뒤 문장의 원인이 되고 있으므로 '따라서' 또는 '그러므로'가 들어가야 한다.
(B)의 앞부분에는 손님을 맞이하는 구멍가게에 대해 설명하고, 뒷부분에는 손님에게 무관심한 편의점에 대해 설명하고 있다. 앞뒤 내용이 상반되므로 '그러나', '그런데', '하지만'이 들어가야 한다.
(C)의 앞 문장을 보면 편의점의 점원은 손님에게 '무관심'한 배려를 건넨다는 내용이, 뒤 문장을 보면 손님은 특별히 살 물건이 없어도 부담 없이 매장을 둘러볼 수 있다는 내용이 나와 있다. 앞 문장이 뒤 문장의 원인이 되고 있으므로 '그래서' 또는 '그러므로'가 들어가야 한다.
(D)의 앞 문단을 보면 손님에 대해 무관심한 배려를 건네는 편의점의 특징에 대해 설명하고 있고, 뒤 문단을 보면 역설적으로 고객의 정보를 상세하게 입수하고 있는 편의점에 대해 설명하고 있다. 앞뒤 내용이 상반되므로 '그런데', '하지만'이 들어가야 한다.
따라서 (A) ~ (D)에 들어갈 접속어로 가장 적절한 것은 ①이다.

15 문서작성능력 빈칸에 들어갈 내용 파악하기

|정답| ②

|해설| 제시된 글은 이웃이 전보다 인접해 있으나 가까이 사귀지 못하는 도시의 생활 모습에 대하여 설명하고 있다.

따라서 글의 중심내용이 되는 ㉠에는 이로 인한 도시 생활의 문제점인 '가구의 고립화'가 들어가는 것이 적절하다.

|오답풀이|
⑤ 제시된 글에서는 도시가 전통적 이웃 형태에 비해 더 가깝고, 더 많은 이웃을 갖게 되었다고 언급하였을 뿐 전반적인 내용은 가구의 고립화에 초점이 맞추어져 있으므로 적절하지 않다.

16 문서이해능력 세부 내용 이해하기

|정답| ⑤

|해설| 최종 선정된 두 팀은 202X. 05. 15. ~ 07. 31.에 걸쳐 78일 동안 과제를 수행하므로 옳다.

|오답풀이|
① 제안서를 제출한 이들 중 서면 평가를 통과한 이들만이 발표심사를 받게 된다.
② 국토 균형발전과 관련한 자유주제이므로 제한이 전혀 없는 것은 아니다.
③ 전공제한 없이 국토 균형발전 관련 논문 작성이 가능한 대학 및 대학원 재학생 또는 학력제한 없이 국토 균형발전 관련 분야 종사자 및 관심 있는 자이면 참가 가능하다.
④ 공모는 온라인과 오프라인 두 가지 방식으로 진행되나 참여 신청은 이메일 접수만 가능하다.

17 문서이해능력 보도자료의 내용 이해하기

|정답| ④

|해설| 20X9 파크콘서트는 20X9년 7월 6일까지 매주 토요일에 열린다. 보도자료가 나간 시점은 20X9년 6월 24일이므로 20X9 파크콘서트는 오는 6월 29일과 7월 6일에 2번 더 열릴 예정이다.

|오답풀이|
① 보도자료에 대한 문의는 감사실의 김감사 차장을 통해 할 수 있다.

② 22일에 열린 20X9 파크콘서트 현장에서 '지역주민과 함께하는 청렴캠페인'이 실시되었다.
③ 파크콘서트는 20X2년부터 한국토지주택공사가 지속 후원 중이므로 보도자료가 나간 20X9년까지 8년째 지속 후원 중이다.
⑤ 이번 캠페인은 한국토지주택공사가 지역사회에 청렴문화를 전파하고 지역주민과 함께 청렴생태계를 조성하기 위한 취지로 시행되었다.

18 문서작성능력 글의 흐름에 맞게 문단 배열하기

| 정답 | ③

| 해설 | (가) ~ (라)는 전체적으로 인구고령화와 생산가능인구의 감소에 대한 내용임을 알 수 있다. 각 문단 첫 부분에 위치한 접속어의 유무, 개념이나 용어의 정의, 개념의 설명 등의 관점에서 볼 때, 첫 번째 문단으로 (다)가 오는 것이 가장 적절하다. 이후 이러한 인구고령화 문제가 야기할 수 있는 또 다른 문제점인 생산가능인구의 감소 및 그에 따른 노동 공급의 하락을 언급하고 있는 (가)가 바로 이어지는 것이 자연스럽다. 이어지는 (나)에서 생산가능인구의 감소라는 문제를 구체적 수치를 통하여 더욱 구체화하고 있으며, 그에 따른 사회적 파급 영향이 (라)에서 언급되며, 대응 방안 마련의 필요성도 제기되고 있다. 따라서 (다)-(가)-(나)-(라) 순이 적절하다.

19 문서이해능력 문맥에 맞지 않는 문장 파악하기

| 정답 | ③

| 해설 | ⓒ은 사망률의 일반적인 판단 기준을 설명하는 문장이다. (다) 단락은 인구고령화 현상을 설명하고 있으며, 전체 글의 방향은 생산가능인구의 감소에 초점을 맞추고 있다. 따라서 사망률의 기준을 설명하는 문장은 글이 제공하고자 하는 정보의 방향성과 어울리지 않고, 뒤에 이어지는 문장과의 연계성 역시 찾아볼 수 없다.

20 문서이해능력 세부 내용 이해하기

| 정답 | ①

| 해설 | 건강 상태를 측정하는 요소로 신진대사의 중요함을 언급한 뒤, 그에 못지않게 중요한 요소로 거동장애를 설명하고 있다. 따라서 신진대사와 거동장애가 노인 건강 파악의 가장 중요한 두 가지 기준이 된다.

| 오답풀이 |

② 대사증후군이 있을 경우 복부비만은 물론 혈당과 중성지방 그리고 콜레스테롤 수치들이 높게 형성된다고 하였으며, 거동장애증후군 환자들은 주로 나이가 많고 비만이며 근육량이 적고 골밀도가 낮다고 나와 있다.

21 문서이해능력 세부 내용 이해하기

| 정답 | ④

| 해설 | 우리나라의 대학 도서관에서는 DDC를 많이 쓰고, 한글로 된 책이 많은 공공도서관에서는 DDC를 우리나라의 특징에 맞게 고친 한국십진분류법(KDC)을 사용한다.

22 문서이해능력 문맥에 맞지 않는 문장 파악하기

| 정답 | ②

| 해설 | (ㄴ)의 앞부분은 세계에서 가장 널리 쓰이는 책 분류 방법인 DDC에 대해 설명하고 있으며, (ㄴ)은 미국에서 가장 많이 쓰이는 책 분류법인 LDC 방법에 대해 말하고 있다. 그러므로 이어지는 문장에는 이에 대한 설명이 나와야 한다. 그러나 (ㄴ) 뒤에 이어지는 문장에는 DDC 방법을 우리나라 특징에 맞게 고친 KDC 방법에 관한 내용이 서술되고 있다. 따라서 (ㄴ)은 적합하지 않은 문장이다.

23 문서이해능력 문맥상의 의미 파악하기

| 정답 | ①

| 해설 | 밑줄 친 ⓐ의 '난다'와 ①의 '나다'는 '어떤 작용에 따른 효과, 결과 따위의 현상이 이루어져 나타나다'의 의미이다.

| 오답풀이 |

② '이름이나 소문 따위가 알려지다'라는 의미를 나타낸다.
③ '철이나 기간을 보내다'라는 의미를 나타낸다.
④ '길, 통로, 창문 등이 생기다'라는 의미를 나타낸다.
⑤ '어떤 사물에 구멍, 자국 따위의 형체 변화가 생기거나 작용에 이상이 일어나다'라는 의미를 나타낸다.

24 문서이해능력 세부 내용 이해하기

| 정답 | ②

| 해설 |
- 윤 사원 : 기획재정부는 공공기관 공시 데이터의 신뢰성을 제고하기 위해 매년 상·하반기 2회에 나누어 점검을 실시한다고 하였다.
- 백 사원 : 최근 3년간 지속적으로 무벌점을 달성한 9개 기관은 차년도 통합공시 점검에서 제외한다고 나와 있다.

| 오답풀이 |
- 하 사원 : 통합공시 점검 시 상반기에는 직원평균보수, 신규채용 및 유연근무현황, 요약 재무상태표 등을 점검하고, 하반기에는 임직원 수, 임직원채용정보, 수입지출 현황, 납세정보 현황 등을 점검한다고 나와 있다.
- 정 사원 : 20X8년 대비 20X9년에 공시오류는 0.8점 감소하였으며, 불성실공시기관은 3개 감소하였다고 나와 있다.
- 손 사원 : 〈연도별 통합공시 점검결과〉 표를 보면 우수공시기관은 20X8년까지 매해 꾸준히 증가하다가 20X9년에 감소하였으며, 불성실공시기관은 감소와 증가를 반복하고 있음을 알 수 있다.

25 문서작성능력 올바른 단어 사용하기

| 정답 | ③

| 해설 | 홈페이지에 그 사실을 올려 여러 사람에게 알리고 두루 보게 하려는 목적이므로 '게시'가 올바른 쓰임이다.

| 오답풀이 |
① '사면'은 죄를 용서하여 형벌을 면제한다는 의미이고, '면제'는 책임이나 의무 따위를 면하여 준다는 의미이다. 문맥상 '면제'로 고치는 것이 알맞다.
② '수록'은 모아서 기록하거나 그렇게 한 기록을 의미하고, '반영'은 다른 것에 영향을 받아 어떤 현상이 나타남을 의미한다. 문맥상 '반영'으로 고치는 것이 알맞다.
④ '청구'는 남에게 돈이나 물건 따위를 달라고 요구함을 의미하고, '요청'은 필요한 어떤 일이나 행동을 청함을 의미한다. 문맥상 '요청'으로 고치는 것이 알맞다.
⑤ '재고'는 다시 되돌아보다는 의미이고, '제고'는 높이다는 의미이다. 문맥상 '제고'로 고치는 것이 알맞다.

26 문제처리능력 공고문 이해하기

| 정답 | ③

| 해설 |
㉠ 입찰 공고 개요 하위 항목의 자격제한에 해당 내용이 명시되어 있다.
㉣ '[3] 계약상대자 선정기준' 마지막 두 항에 해당 내용이 명시되어 있다.

| 오답풀이 |
㉡ 암호화된 파일의 비밀번호는 서류접수 제출기한 이후인 11월 25일 15:00 ~ 16:00에 제출하여야 한다.
㉢ 최저가격을 제출한 자가 2인 이상일 경우 희망공급량이 많은 사업자를 선정하며, 희망공급량까지 같은 경우 추첨을 통해 결정한다.

27 문제처리능력 자료에 근거하여 계산하기

| 정답 | ④

| 해설 |
- 계약보증금 = 계약 공급량 × 계약단가 × 0.1 × 1.1 = 30,000(REC) × 45,000(원/REC) × 0.1 × 1.1 = 148.5(백만 원)
- 지체상금 = 미인도 수량 × 계약단가 × $\frac{0.75}{1,000}$ × 지체일수 = 15,000(REC) × 45,000(원/REC) × $\frac{0.75}{1,000}$ × 8 = 405(만 원)

28 문제처리능력 자료에 근거하여 판단하기

| 정답 | ③

| 해설 | 제12조 제6호에 의하면 입찰서에 기재한 중요부분에 착오가 있음을 이유로 개찰현장에서 입찰자가 입찰의 취소의사를 표시하고, 계약담당자가 이를 인정해야 입찰이 무효가 된다.

29 문제처리능력 자료에 근거하여 판단하기

| 정답 | ④

| 해설 | 먼저 제시된 상황에 따라 남아있는 회비를 계산하면 다음과 같다.
- 한 달 회비 : 6(명)×20,000(원)=120,000(원)
- 남아있는 회비 : 120,000(원)×8(개월)×0.4
  =384,000(원)

④의 이용금액을 계산하면 다음과 같다.

(단위 : 원)

워터파크 이용권	구명재킷	실내로커	미니형 비치체어	합계
6×50,000 =300,000	6×6,000 =36,000	6×2,000 =12,000	3×14,000 =42,000	390,000

따라서 남아 있는 회비에서 워터파크 이용권 금액을 제외하면 6,000원이 필요하므로 1인당 1,000원만 추가로 내면 된다.

| 오답풀이 |
① 6월 1일이 화요일이므로 둘째 주 금요일은 6월 11일이다.
② 실내로커 이용비용은 총 12,000원이므로 이용권을 구입하고 회비를 추가로 걷지 않아도 이용 가능하다.
③ 대형타월은 쓰고 반납하면 보증금 3,000원을 돌려주므로 18,000원을 돌려받을 수 있다.
⑤ 주간권은 50,000원, 오후권은 42,000원이므로 8,000원의 차이가 나는 것을 알 수 있다. 따라서 주간권 대신 오후권을 산다면 8,000×6=48,000원을 절약할 수 있다.

30 문제처리능력 자료에 근거하여 판단하기

| 정답 | ④

| 해설 | 3주 후 금요일은 7월 2일로 하이시즌이므로 언니 가족과 P의 콤보 이용권 총액과 주간권 총액을 구하면 다음과 같다.

(단위 : 원)

구분	P	언니	형부	만 36개월 조카	만 57개월 조카	합계
콤보 이용권 (1일권)	84,000	84,000	84,000	67,000	67,000	386,000
주간권	60,000	60,000	60,000	47,000	47,000	274,000

따라서 콤보 이용권(1일권) 대신 주간권을 구입하면 386,000-274,000=112,000(원)을 절약할 수 있다.

| 오답풀이 |
① P와 언니 가족의 이용권 구입비용은 386,000원이다.
② 만 36개월 이상은 '소인'에 해당하므로 무료로 입장할 수 없다.
③ 구명재킷의 대여비용은 보증금 없이 6,000원이므로 조카 2명의 대여비용은 12,000원이다.
⑤ 실외로커는 보증금만 있고 대여료는 없으나 동절기 실내로커 인원 초과 시에만 운영하기 때문에 언니 가족과 방문한 날에는 이용할 수 없다.

31 문제처리능력 자료의 내용 이해하기

| 정답 | ②

| 해설 | 경력기간에서의 배점 8점의 차이는 해당 항목의 환산 전 항목의 평가 점수 차이이며, 이 차이는 점수 환산단계에서 5분의 1로 줄어들어 $8 \times \dfrac{20}{100} = 1.6$점 차이가 난다.

| 오답풀이 |
① 1차와 2차 평가 항목에서는 책임건축사와 건축회사 모두의 수행실적을 평가기준으로 삼고 있다.
③ 협력회사의 평가 기준상 착수 ~ 고시완료까지의 실적을 인정한다고 명시되어 있다.
④ 계약회사에 대한 평가 배점은 30점, 협력회사에 대한 평가 배점은 20점임을 통해 계약회사의 수행실적이 더 중요함을 알 수 있다.

⑤ 책임건축사의 경력에 대한 평가 배점은 20점, 수행실적에 대한 평가 배점은 30점임을 통해 수행실적이 더 중요함을 알 수 있다.

⑤ H 기업이 원하는 사용희망일자에 중강의실은 사용이 가능하지만 예상인원이 중강의실 최대 수용인원인 80×3=240명을 초과하므로 시설 사용을 수락할 수 없다.

32 문제처리능력 | 자료에 근거하여 환산점수 계산하기

| 정답 | ④

| 해설 | 다음과 같이 항목별 점수를 계산할 수 있다.

(단위 : 점)

구분		A 업체	B 업체
책임 건축사	경력기간	16	12
	실적	25	30
계약 회사	건수	12	9
	면적	9	12
협력 회사	정비계획	10	8
	지하 공간	6	8
계		78	79

따라서 환산점수는 A 업체가 78÷100×20=15.6(점)이며, B 업체가 79÷100×20=15.8(점)이 된다.

34 문제처리능력 | 자료에 근거하여 이용 요금 계산하기

| 정답 | ②

| 해설 | 실제 사용 내역으로 요금을 정산하면 다음과 같다.
- 교육시설
  - 대강당 : 180(만 원)×2(일)=360(만 원)
  - 중강의실(추가요금 부과) : {(50(만 원)×2(일)×3)}+{(7(만 원)×2(시간)×2(일)×3)}=384(만 원)
  - IT교육실 : 37만 원
- 숙박시설
  - 2인실 : 5(만 원)×3(박)×80=1,200(만 원)
  - 4인실 : 10(만 원)×3(박)×25=750(만 원)

경기도 소재의 기업체는 시설 이용료의 30%를 감면받으나 IT교육실은 이용료 감면 제외 시설이므로 IT교육실을 제외한 다른 시설 이용료에 30% 감면을 적용하면 1,885.8(만 원)+37(만 원)=1,922.8(만 원)이 된다.

33 문제처리능력 | 자료에 근거하여 판단하기

| 정답 | ②

| 해설 | W 기업의 사용희망일자에 소강의실의 내부 교육 일정이 없고, 소강의실은 2개로 최대 80명까지 수용할 수 있으므로 시설 사용을 수락할 수 있다.

| 오답풀이 |

① B 기업이 원하는 사용희망일자는 대강당을 이용하는 성희롱예방교육과 일정이 겹쳐 시설 사용을 수락할 수 없다.

③ C 기업이 원하는 사용희망일자는 중강의실을 이용하는 청렴교육, 인턴사원교육과 일정이 겹쳐 시설 사용을 수락할 수 없다.

④ P 기업이 원하는 사용희망일자에 중강의실은 사용이 가능하지만 소강의실은 창조역량 강화과정과 일정이 겹쳐 시설 사용을 수락할 수 없다.

35 문제처리능력 | 선발 기준을 바탕으로 선발하기

| 정답 | ⑤

| 해설 | 면접관 A부터 각 면접관의 기준을 적용한 결과는 다음과 같다.

- 면접관 A : 대전 거주자이고 한식 분야 경력의 지원자를 원한다.

번호	분야	경력	나이	거주자
지원자 1	한식, 중식	2년	25	대전
지원자 6	한식, 일식	3년	35	대전
지원자 9	한식, 양식	13년	47	대전

- 면접관 B : 경력이 전혀 없는 사람은 곤란하므로 최소 3년 이상의 경력자를 원한다.

번호	분야	경력	나이	거주자
지원자 6	한식, 일식	3년	35	대전
지원자 9	한식, 양식	13년	47	대전

• 면접관 C : 나이가 40세 이상인 지원자를 원한다.

번호	분야	경력	나이	거주자
지원자 9	한식, 양식	13년	47	대전

• 면접과 D : 두 가지 분야가 가능한 사람을 원한다.

번호	분야	경력	나이	거주자
지원자 9	한식, 양식	13년	47	대전

따라서 모든 조건에 부합하는 지원자 9가 채용된다.

36 문제처리능력 선발 기준을 바탕으로 추론하기

|정답| ①

|해설| 지원자 6과 9의 지원자 정보는 다음과 같다.

번호	분야	경력	나이	거주자
지원자 6	한식, 일식	3년	35	대전
지원자 9	한식, 양식	13년	47	대전

지원자 6과 지원자 9의 공통점은 대전 거주자, 한식 분야 경력자, 최소 3년 이상의 경력자, 두 가지 분야가 가능한 지원자라는 것이다. 이때, 면접관 C의 경우 지원자 6의 나이가 40세 이하이므로 안 되고, 면접관 D 포함될 경우 어떠한 경우에도 최종적으로 선발자가 2명이 되지 않으므로 안 된다. 따라서 면접관 A(대전 거주자, 한식 경력)와 면접관 B(경력 3년 이상)가 면접에 참석했다.

37 사고력 명제 판단하기

|정답| ④

|해설| 첫 번째 문장의 대우는 '그녀가 커피나 우유 중 어느 한 쪽을 싫어한다면 그녀는 카페라테를 싫어할 것이다'이다. 결론인 '그녀가 커피나 우유 중 어느 한 쪽을 싫어한다면 그녀는 녹차와 홍차를 좋아할 것이다'가 참이 되기 위해서는 '그녀가 카페라테를 싫어한다면 그녀는 녹차와 홍차를 좋아할 것이다' 혹은 그 대우인 '그녀가 녹차를 싫어하거나 홍차를 싫어한다면 그녀는 카페라테를 좋아할 것이다'라는 전제로 주어져야 한다.

38 문제처리능력 자료의 내용 이해하기

|정답| ⑤

|해설| 동물등록증 인증 방식으로 가입된 경우가 아니라면, 동물병원 진료 당일 포함 3일 이내에 보험 가입된 반려견 또는 반려묘의 코 근접사진을 3장 촬영하여 GH 보험사에 제출하여야 한다.

|오답풀이|

① 최초 가입은 생후 91일 이후부터이므로 생후 3개월이 지난 시점부터 가입이 가능하다.

② 해당 사항에 대한 내용은 제시된 자료로 알 수 없다.

③ 월 납입액 21,000원 상품은 모든 수술에 대하여 보험금을 지급하므로 반려묘의 슬개골 및 고관절 관련 질환 수술비를 보장받을 수 있으며, 1회 최대 지급액은 150만 원이다.

④ 배상 책임은 보험 상품에 가입한 반려견 및 반려묘가 다른 동물 및 사람의 신체에 손해를 끼쳤을 경우에 지급되는 내역이다.

39 문제처리능력 지급되는 보험금 계산하기

|정답| ④

|해설| • 고객 A : 3일간 통원치료로 매일 5만 원씩 지출하였고 이는 1일 10만 원 한도 범위 내에 해당된다. 한도금액 내에서 실비 지급을 원칙으로 하며, 보장 내역 이외의 자기 부담금은 고려하지 않으므로 사료비는 제외한다. 따라서 보험금은 총 5×3=15(만 원)이 지급된다.

• 고객 B : 다른 반려견을 물어 상해를 입혔으므로 1건당 800만 원 한도 내에서 보험금 수령이 가능하다. 이때 한도금액 내에서 실비 지급을 원칙으로 하며, 보장 내역 이외의 자기 부담금은 고려하지 않으므로 보양식 구매 10만 원 및 위로금은 제외한다. 따라서 보험금은 총 20+30=50(만 원)이 지급된다.

40 문제처리능력 | 자료에 근거하여 예산 책정하기

| 정답 | ①

| 해설 | 각 정책의 통과 여부를 정리하면 다음과 같다.

정책	계획의 충실성	계획 대비 실적	성과지표 달성도
A	통과	통과	미통과
B	통과	미통과	통과
C	통과	통과	통과
D	통과	미통과	미통과
E	통과	통과	미통과
F	통과	통과	통과

모든 영역이 통과로 판단된 정책에만 전년도와 동일한 금액을 편성한다고 하였으므로 C, F 2개의 정책만 전년도와 동일한 금액이 편성된다.

41 문제처리능력 | 자료에 근거하여 예산 책정하기

| 정답 | ②

| 해설 | '성과지표 달성도' 영역에서 '통과'로 판단된 정책은 B, C, F지만 정책 B는 '계획 대비 실적'이 '미통과'이므로 전년대비 15% 감액하여 편성된다.

42 사고력 | 조건을 바탕으로 추론하기

| 정답 | ⑤

| 해설 | 조사 결과를 정리하면 다음과 같다.
(ㄱ) B=C
(ㄴ) A=F+D → A>F, D
(ㄹ) E=C+A+D → E>A, C, D
(ㅁ) B=A+D → B>A, D
(ㅂ) D=3F → D>F

i) (ㄱ), (ㄹ), (ㅁ)에 의해 A<B=C<E가 성립한다.
ii) (ㄴ)과 (ㅂ)에 의해 F<D<A가 성립한다.
iii) i)와 ii)에 의해 F<D<A<B=C<E가 성립한다.
따라서 (ㄷ)까지 반영하여 난방비가 적은 순서대로 정리하면 G<F<D<A<B=C<E이다.

43 사고력 | 진위 판단하기

| 정답 | ②

| 해설 | 진실만을 말하는 여자사원 B가 신입사원 중 여자사원은 1명 이상이며, 여자사원은 진실만을 말한다고 하였다. 따라서 신입사원 C가 하는 말이 모두 거짓이라면, 신입사원 C는 여자가 아니므로 신입사원 D가 여자가 된다.

| 오답풀이 |
㉠, ㉡ 제시된 내용만으로는 알 수 없다.
㉢ 남자사원 A가 하는 말은 모두 거짓이므로 신입사원 D는 여자이다. 또한 진실만을 말하는 여자사원 B가 신입사원 중 여자사원이 하는 말은 모두 진실이라고 하였으므로 신입사원 D가 하는 말은 모두 진실이 된다. 따라서 이는 거짓이다.

44 문제처리능력 | 조건에 맞는 월세방 구하기

| 정답 | ③

| 해설 | 먼저 세 번째 조건인 책상과 침대가 모두 있어야 한다는 조건에 따라 3, 12, 13, 15, 16, 17, 18번을 제외한다. 나머지 중에서 네 번째 조건인 부엌과 생활공간이 분리된 곳은 2, 5, 14번뿐이다. 마지막으로 여섯 번째 조건인 2층 이상의 방이라는 조건을 충족시키는 5, 14번 중 옵션이 많을수록 좋다는 두 번째 조건에 따라 적합한 방은 14번이다.

45 문제처리능력 | 조건에 맞는 월세방 구하기

| 정답 | ①

| 해설 | 두 번째 조건을 보면 매년 지급받는 정부 지원금 1,000만 원으로 거주할 수 있어야 한다. 그러므로 보증금, 1년 월세, 관리비를 합한 총 금액이 1,000만 원을 넘는 1, 3, 4, 13, 15, 18, 19번을 제외한다. 또한 부모님이 차량을 가지고 자주 방문하실 예정이라는 네 번째 조건을 충족하는 것은 나머지 중 주차장이 있는 5, 9, 12, 14, 17번이다. 마지막으로 이 중에서 세 번째 조건인 지하철역과 가까운 방을 선택하면 가장 적합한 방은 5번이다.

46 문제처리능력 해야 할 업무 파악하기

|정답| ④

|해설| 교육 부서는 12일에 교육 프로그램에 참석할 수 있으므로 교육 1주일 전인 9월 5일에 메일을 보낸다.

|오답풀이|

①, ⑤ 회계 부서는 13일 14시에 부서 전체 회의가 있으므로 12일에 교육에 참석(2명)하여야 하고, 교육 부서는 13일 13시 ~ 15시에 부서 일정이 있으므로 12일에 교육에 참석(2명)하여야 한다. 영업과 마케팅 부서는 12일에 각각 출장과 보고서 작업이 있으므로 13일에 교육을 받아야 한다. 따라서 12일에는 4인분, 13일에는 6인분의 다과를 준비하여야 한다.

② 회계 부서는 13일 14시에 자체 회의가 있어 12일에 교육을 받아야 하므로 교육 1주일 전인 5일에 메일을 보낸다.

③ 영업 부서는 12일에 외부 출장이 있어 교육이 불가능하므로 13일에 교육을 받는다. 따라서 교육 1주일 전인 6일에 메일을 보낸다.

47 문제처리능력 해야 할 업무 파악하기

|정답| ①

|해설| 회계 부서와 교육 부서는 12일, 영업과 마케팅 부서는 13일에 오프라인 교육을 이수할 수 있으므로 온라인 계정은 필요 없다.

48 문제처리능력 이익발생 소요기간 계산하기

|정답| ⑤

|해설| 협력사로 A 업체를 선정할 경우 전기사용료는 33% 절감되므로 월 102×0.33(만 원)만큼 절감되며, 매년 계약금 300만 원이 지출된다. 이익은 절감금액이 계약금보다 많을 때 발생한다. n개월($n \leq 12$) 후 이익이 발생한다고 가정하면 $102 \times 0.33n \geq 300$, $n \geq 8.9\cdots$이다. 따라서 이익이 발생하기까지 9개월이 소요된다.

49 문제처리능력 협력사별 생산비용 계산하기

|정답| ③

|해설| 각 업체의 1년 생산비용은 다음과 같다.

(단위 : 만 원)

구분	전기사용료	연료사용료	계약금	계
A 업체	$102 \times 12 \times (1-0.33)$ $=820.08$	175×12 $=2,100$	300	3,220.08
B 업체	102×12 $=1,224$	$175 \times 12 \times (1-0.38)$ $=1,302$	200×2 $=400$	2,926

따라서 두 업체의 생산비용 차이는 32,200,800 - 29,260,000 = 2,940,800(원)이다.

50 사고력 명제 판단하기

|정답| ②

|해설|
- A : 전제의 두 번째 명제의 대우는 '직원들의 불만이 많지 않은 회사는 연봉이 높다'이므로 첫 번째 명제와의 삼단논법으로 '복지가 좋은 회사 → 직원들의 불만이 많지 않음 → 연봉이 높은 회사'가 성립한다. 따라서 복지가 좋은 회사는 연봉이 높은 회사이므로 결론 A는 옳지 않다.
- B : 전제의 세 번째 명제의 대우는 '직원들의 여가생활을 존중하지 않는 회사는 복지가 좋지 않다'이므로 결론 B는 옳다.

따라서 B만 옳다.

Memo

미래를 창조하기에 꿈만큼 좋은 것은 없다.
오늘의 유토피아가 내일 현실이 될 수 있다.
**There is nothing like dream to create the future.
Utopia today, flesh and blood tomorrow.**
빅토르 위고 Victor Hugo

고시넷
공기업 NCS & 대기업 인적성
수리능력 전략과목 만들기

237개 테마 | Lv1 ~ Lv3 단계적 문제풀이

빨강이 응용수리 **파랑이 자료해석** 완전 정복 시리즈

기초에서 완성까지
문제풀이 시간단축
모든유형 단기공략

고시넷 수리능력
빨강이 응용수리

고시넷 수리능력
파랑이 자료해석

동영상 강의 **WWW.GOSINET.CO.KR**

최신
LH 업무직
기출 유형

새롭게 바뀐
필기시험
출제영역

2025
고시넷
공기업

LH 한국토지주택공사
7급 업무직원 NCS
기출예상모의고사

www.gosinet.co.kr **gosi**net

공기업_NCS

최고 적중률에 도전한다!

채용시험의 모든 유형이 이 안에 있다.

초록이 NCS 최신판

고시넷 NCS
① 통합기본서

고시넷 NCS
② 통합문제집

고시넷 NCS
피듈형 통합 오픈봉투모의고사

주요출제대행사 NCS 최신판

고시넷 휴노 NCS
출제유형모의고사

고시넷 사람인 NCS
출제유형모의고사

고시넷 인크루트 NCS
출제유형모의고사

고시넷 휴스테이션+한사능 NCS
출제유형모의고사

고시넷 매일경제 NCS
출제유형모의고사

고시넷 행과연형
기출예상모의고사

최신
LH 업무직
기출 유형

새롭게 바뀐
필기시험
출제영역

2025
고시넷
공기업

LH 한국토지주택공사
7급 업무직원 NCS
기출예상모의고사

정가 24,000원

9791156469070
ISBN 979-11-5646-907-0
13320

고시넷 WWW.GOSINET.CO.KR